9급 공무원
개념서 + 문제집

말도 안되는 이 가격~ 실화임?

나두공
동영상강의

3만원 가격파괴

익사이팅한 초필살 이론 **개념서** 동영상 강의와
센세이셔널한 알짜 문제풀이 **문제집** 동영상 강의가

9급 공무원으로 가는 탄탄한 길!

KB207533

+ 개념서 국어
문제집 국어 | 민상윤 교수님

종합반 국어(3만원)

+ 개념서 영어
문제집 영어 | 조성열 교수님

종합반 영어(3만원)

+ 개념서 한국사
문제집 한국사 | 박기훈 교수님

종합반 한국사(3만원)

+ 개념서 행정법총론
문제집 행정법총론 | 김일영 교수님

종합반 행정법총론(3만원)

+ 개념서 행정학개론
문제집 행정학개론 | 이승철 교수님

종합반 행정학개론(3만원)

+ 개념서 국어+영어+한국사
문제집 국어+영어+한국사

종합반 3과목 패키지(7만원)

+ 개념서 국어+영어+한국사+행정법총론+행정학개론
문제집 국어+영어+한국사+행정법총론+행정학개론

종합반 5과목 패키지(10만원)

9급 공무원 한국사 문제집
동영상 강의 커리큘럼

※ 강의 커리큘럼은 사정에 따라 변경될 수 있습니다. 자세한 내용은 나두공 홈페이지를 참조하시기 바랍니다.

9급 공무원 응시자격

※ 경찰 공무원, 소방 공무원, 교사 등 특정직 공무원의 채용은 별도 법령에 의거하고 있어 응시자격 등이 다를 수 있으니 해당법령과 공고문을 참고하시기 바랍니다.

※ 매년 채용시험 관련 법령 개정으로 응시자격이 변경될 수 있으므로 필요한 경우 확인절차를 거치시기 바랍니다.

01 최종시험 예정일이 속한 연도를 기준으로 공무원 응시가능 연령(9급 : 18세이상)에 해당한다. (단, 9급 교정·보호직의 경우 20세 이상)

02 아래의 공무원 응시 결격사유 중 어느 하나에도 해당되지 않는다.

1. 피성년후견인
2. 파산선고를 받고 복권되지 아니한 자
3. 금고 이상의 실형을 선고받고 그 집행이 종료되거나 집행을 받지 아니하기로 확정된 후 5년이 지나지 아니한 자
4. 금고 이상의 형을 선고받고 그 집행유예 기간이 끝난 날부터 2년이 지나지 아니한 자
5. 금고 이상의 형의 선고유예를 받은 경우에 그 선고유예 기간 중에 있는 자
6. 법원의 판결 또는 다른 법률에 따라 자격이 상실되거나 정지된 자
7. 징계로 파면처분을 받은 때부터 5년이 지나지 아니한 자
8. 징계로 해임처분을 받은 때부터 3년이 지나지 아니한 자
   단, 검찰직 지원자는 금고 이상의 형을 선고받은 경우 응시할 수 없습니다.

03 공무원으로서의 직무수행에 지장을 주지 않는 건강상태를 유지하고 있어, 공무원 채용 신체검사에서 불합격 판정기준에 해당되지 않는다.

04 9급 지역별 구분모집 지원자의 경우, 시험시행년도 1월 1일을 포함하여 1월 1일 전 또는 후로 연속하여 3개월 이상 해당 지역에 주민등록이 되어 있다.

05 지방직 공무원, 경찰 등 다른 공무원시험을 포함하여 공무원 임용시험에서 부정한 행위를 한 적이 없다.

06 국어, 영어, 한국사와 선택하고자 하는 직류의 시험과목 기출문제를 풀어보았으며, 합격을 위한 최소한의 점수는 과목별로 40점 이상임을 알고 있다.

● 위의 요건들은 7급, 9급 공무원 시험에 응시하기 위한 기본 조건입니다.
● 장애인 구분모집, 저소득층 구분모집 지원자는 해당 요건을 추가로 확인하시기 바랍니다.

"나두 공무원 할 수 있다"

나두공

9급 공무원 한국사

문제집

2025
나두공 9급 공무원 한국사 **문제집**

인쇄일 2024년 10월 1일 4판 1쇄 인쇄
발행일 2024년 10월 5일 4판 1쇄 발행
등 록 제17-269호
판 권 시스컴2024

발행처 시스컴 출판사
발행인 송인식
지은이 나두공 수험연구소

ISBN 979-11-6941-416-6 13350
정 가 17,000원

주소 서울시 금천구 가산디지털1로 225, 514호(가산포휴) ㅣ **시스컴** www.siscom.co.kr / **나두공** www.nadoogong.com
E-mail siscombooks@naver.com ㅣ **전화** 02)866-9311 ㅣ **Fax** 02)866-9312

이 책의 무단 복제, 복사, 전재 행위는 저작권법에 저촉됩니다. 파본은 구입처에서 교환하실 수 있습니다.
발간 이후 발견된 정오 사항은 나두공 홈페이지 도서정오표에서 알려드립니다(나두공 홈페이지 → 교재 → 도서정오표).

최근 20, 30대 청년은 취업에 대한 좌절로 N포세대가 되는 경우가 많으며 그나마 국가의 지원으로 버티고 있는 실정이다. 취업의 안정성마저 불안해진 현재, 정규직 평가에서 떨어진 계약직 노동자들은 다른 일자리를 구해야 하는 실정이다.

이러한 사회 현상으로 인해 오래전부터 9급 공무원의 안정성은 청년들로 하여금 취업 안정성에 있어 좋은 평가를 받고 있으며 경쟁도 치열하다. 때문에 고등학생일 때부터 공무원시험을 준비하여 성인이 되자마자 9급 공무원이 되는 학생이 부쩍 늘어났으며, 직장인들 또한 공무원 시험을 고민하고 있다. 이에 발맞춰 지역인재를 채용하는 공고를 신설하기에 이르러 공개경쟁채용시험의 다양화로 시험 출제 방식도 체계화되었다.

이 책은 현재 출제되는 문제 위주로 고득점을 획득할 수 있도록 하였다. 대표 유형문제를 통해 최신 출제 유형을 파악할 수 있으며, 문제는 다양하고 풍부하게 구성하여 어려운 유형을 맞닥뜨리더라도 쉽게 풀어나갈 수 있게 해설 및 핵심정리를 덧붙여 점수 획득에 있어 도움이 될 수 있도록 하였다.

이 책을 통해 공무원 시험을 시작하려는 수험생과 기존에 시험을 봐왔던 수험생의 건승을 기원한다.

9급 공무원 시험 안내

시험 과목

직렬	직류	시험 과목
행정직	일반행정	국어, 영어, 한국사, 행정법총론, 행정학개론
	고용노동	국어, 영어, 한국사, 행정법총론, 노동법개론
	선거행정	국어, 영어, 한국사, 행정법총론, 공직선거법
직업상담직	직업상담	국어, 영어, 한국사, 노동법개론, 직업상담·심리학개론
세무직(국가직)	세무	국어, 영어, 한국사, 세법개론, 회계학
세무직(지방직)		국어, 영어, 한국사, 지방세법, 회계학
사회복지직	사회복지	국어, 영어, 한국사, 사회복지학개론, 행정법총론
교육행정직	교육행정	국어, 영어, 한국사, 교육학개론, 행정법총론
관세직	관세	국어, 영어, 한국사, 관세법개론, 회계원리
통계직	통계	국어, 영어, 한국사, 통계학개론, 경제학개론
교정직	교정	국어, 영어, 한국사, 교정학개론, 형사소송법개론
보호직	보호	국어, 영어, 한국사, 형사정책개론, 사회복지학개론
검찰직	검찰	국어, 영어, 한국사, 형법, 형사소송법
마약수사직	마약수사	국어, 영어, 한국사, 형법, 형사소송법
출입국관리직	출입국관리	국어, 영어, 한국사, 국제법개론, 행정법총론
철도경찰직	철도경찰	국어, 영어, 한국사, 형사소송법개론, 형법총론
공업직	일반기계	국어, 영어, 한국사, 기계일반, 기계설계
	전기	국어, 영어, 한국사, 전기이론, 전기기기
	화공	국어, 영어, 한국사, 화학공학일반, 공업화학
농업직	일반농업	국어, 영어, 한국사, 재배학개론, 식용작물
임업직	산림자원	국어, 영어, 한국사, 조림, 임업경영
시설직	일반토목	국어, 영어, 한국사, 응용역학개론, 토목설계
	건축	국어, 영어, 한국사, 건축계획, 건축구조
	시설조경	국어, 영어, 한국사, 조경학, 조경계획 및 설계

방재안전직	방재안전	국어, 영어, 한국사, 재난관리론, 안전관리론
전산직	전산개발	국어, 영어, 한국사, 컴퓨터일반, 정보보호론
	정보보호	국어, 영어, 한국사, 네트워크 보안, 정보시스템 보안
방송통신직	전송기술	국어, 영어, 한국사, 전자공학개론, 무선공학개론
법원사무직 (법원직)	법원사무	국어, 영어, 한국사, 헌법, 민법, 민사소송법, 형법, 형사소송법
등기사무직 (법원직)	등기사무	국어, 영어, 한국사, 헌법, 민법, 민사소송법, 상법, 부동산등기법
사서직 (국회직)	사서	국어, 영어, 한국사, 헌법, 정보학개론
속기직 (국회직)	속기	국어, 영어, 한국사, 헌법, 행정학개론
방호직 (국회직)	방호	국어, 영어, 한국사, 헌법, 사회
경위직 (국회직)	경위	국어, 영어, 한국사, 헌법, 행정법총론
방송직 (국회직)	방송제작	국어, 영어, 한국사, 방송학, 영상제작론
	취재보도	국어, 영어, 한국사, 방송학, 취재보도론
	촬영	국어, 영어, 한국사, 방송학, 미디어론

- 교정학개론에 형사정책 및 행형학, 국제법개론에 국제경제법, 행정학개론에 지방행정이 포함되며, 공직선거법에 '제16장 벌칙'은 제외됩니다.
- 노동법개론은 근로기준법 · 최저임금법 · 노동조합 및 노동관계조정법에서 하위법령을 포함하여 출제됩니다.
- 시설조경 직류의 조경학은 조경일반(미학, 조경사 등), 조경시공구조, 조경재료(식물재료 포함), 조경생태(생태복원 포함), 조경관리(식물, 시설물 등)에서, 조경계획 및 설계는 조경식재 및 시설물 계획, 조경계획과 설계과정, 공원 · 녹지계획과 설계, 휴양 · 단지계획과 설계, 전통조경계획과 설계에서 출제됩니다.

※ 추후 변경 가능성이 있으므로 반드시 응시 기간 내 시험과목 및 범위를 확인하시기 바랍니다.

응시자격

1. 인터넷 접수만 가능
2. 접수방법 : 사이버국가고시센터(www.gosi.kr)에 접속하여 접수할 수 있습니다.
3. 접수시간 : 기간 중 24시간 접수
4. 비용 : 응시수수료(7급 7,000원, 9급 5,000원) 외에 소정의 처리비용(휴대폰·카드 결제, 계좌이체비용)이 소요됩니다.
※ 저소득층 해당자(국민기초생활 보장법에 따른 수급자 또는 한부모가족지원법에 따른 지원대상자)는 응시수수료가 면제됩니다.
※ 응시원서 접수 시 등록용 사진파일(JPG, PNG)이 필요하며 접수 완료 후 변경 불가합니다.

학력 및 경력

제한 없음

시험방법

1. 제1·2차시험(병합실시) : 선택형 필기
2. 제3차시험 : 면접
   ※ 교정직(교정) 및 철도경찰직(철도경찰)의 6급 이하 채용시험의 경우, 9급 제1·2차 시험(병합실시) 합격자를 대상으로 실기시험(체력검사)을 실시하고, 실기시험 합격자에 한하여 면접시험을 실시합니다.

원서접수 유의사항

1. 접수기간에는 기재사항(응시직렬, 응시지역, 선택과목 등)을 수정할 수 있으나, 접수기간이 종료된 후에는 수정할 수 없습니다.
2. 응시자는 응시원서에 표기한 응시지역(시 도)에서만 필기시험에 응시할 수 있습니다.
   ※ 다만, 지역별 구분모집[9급 행정직(일반), 9급 행정직(우정사업본부)] 응시자의 필기시험 응시지역은 해당 지역모집 시·도가 됩니다.(복수의 시·도가 하나의 모집단위일 경우, 해당 시·도 중 응시희망 지역을 선택할 수 있습니다.)
3. 인사혁신처에서 동일 날짜에 시행하는 임용시험에는 복수로 원서를 제출할 수 없습니다.

양성평등채용목표제

1. 대상시험 : 선발예정인원이 5명 이상인 모집단위(교정·보호직렬은 적용 제외)
2. 채용목표 : 30%

   ※ 시험실시단계별로 합격예정인원에 대한 채용목표 비율이며 인원수 계산 시, 선발예정인원이 10명 이상
   인 경우에는 소수점 이하를 반올림하며, 5명 이상 10명 미만일 경우에는 소수점 이하는 버립니다.

응시 결격 사유

해당 시험의 최종시험 시행예정일(면접시험 최종예정일) 현재를 기준으로 국가공무원법 제33조(외무공무
원은 외무공무원법 제9조, 검찰직·마약수사직 공무원은 검찰청법 제50조)의 결격사유에 해당하거나, 국
가공무원법 제74조(정년)·외무공무원법 제27조(정년)에 해당하는 자 또는 공무원임용시험령 등 관계법령
에 의하여 응시자격이 정지된 자는 응시할 수 없습니다.

가산점 적용

구분	가산비율	비고
취업지원대상자	과목별 만점의 10% 또는 5%	• 취업지원대상자 가점과 의사상자 등 가점은 1개만 적용 • 취업지원대상자/의사상자 등 가점과 자격증 가산점은 각각 적용
의사상자 등	과목별 만점의 5% 또는 3%	
직렬별 가산대상 자격증 소지자	과목별 만점의 3~5% (1개의 자격증만 인정)	

기타 유의사항

1. 필기시험에서 과락(만점의 40% 미만) 과목이 있을 경우에는 불합격 처리됩니다. 필기시험의 합격선은
   공무원임용시험령 제4조에 따라 구성된 시험관리위원회의 심의를 통해 결정되며, 구체적인 합격자 결
   정 방법 등은 공무원임용시험령 등 관계법령을 참고하시기 바랍니다.
2. 9급 공채시험에서 가산점을 받고자 하는 자는 필기시험 시행 전일까지 해당요건을 갖추어야 하며, 반드
   시 필기시험 시행일을 포함한 3일 이내에 사이버국가고시센터(www.gosi.kr)에 접속하여 자격증의 종
   류 및 가산비율을 입력해야 합니다.
※ 자격증 종류 및 가산비율을 잘못 기재하는 경우에는 응시자 본인에게 불이익이 있을 수 있습니다.
※ 반드시 응시 기간 내 공고문을 확인하시기 바랍니다.

대표유형문제

각 장에 기출문제 또는 예상문제를 실어 대표적인 유형을 빠르게 파악할 수 있도록 하였습니다. 정답해설 및 오답해설을 통하여 문제 풀이의 핵심을 익히고, 핵심정리를 통하여 유사 주제의 문제에도 대비할 수 있도록 하였습니다.

단원별 구성

편과 장을 나두공 개념서 시리즈에 맞는 문제들로 구성하여 이론 학습과 문제 풀이를 간단하게 연계될 수 있도록 하였고, 최근 출제되는 유형들로 구성하여 효율적으로 시험에 대비할 수 있도록 하였습니다.

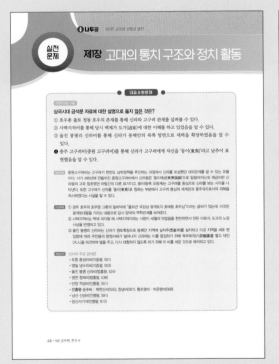

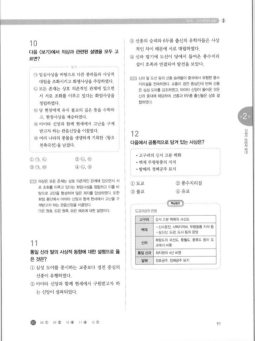

해 설

문제아래 해설을 통해 문제풀이 도중에 막히는 부분을 쉽게 알 수 있게 설명하여 주도적으로 정답을 찾을 수 있게 하였습니다. 또한 유사 문제를 풀 시에 오답을 방지할 수 있도록 보충 설명을 기재하였습니다.

핵심정리

문제에서 다룬 개념과 이론 등을 실어 주요 내용을 빠르게 파악할 수 있게 구성하였습니다. 요약한 이론을 통해 관련된 문제를 푸는데 있어 막힘이 없게 핵심만을 추려냈습니다.

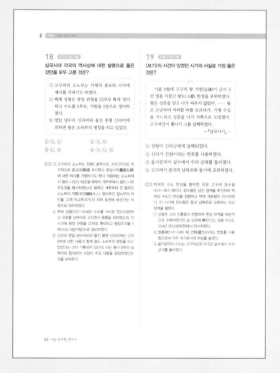

목 차

20일 완성 Study Plan

		분류	날짜	학습 시간
1편 선사 시대 및 국가의 형성	Day 1	제1장 한반도의 선사 시대		
	Day 2	제2장 국가의 형성과 발달		
2편 고대의 성립과 발전	Day 3	제1장 고대의 통치 구조와 정치 활동		
	Day 4	제2장 고대의 경제 구조와 경제 생활		
		제3장 고대의 사회 구조와 사회 생활		
	Day 5	제4장 고대 문화의 발달		
3편 중세의 성립과 발전	Day 6	제1장 중세의 통치 구조와 정치 활동		
	Day 7	제2장 중세의 경제 구조와 경제 생활		
		제3장 중세의 사회 구조와 사회 생활		
	Day 8	제4장 중세 문화의 발달		
4편 근세의 성립과 발전	Day 9	제1장 근세의 통치 구조와 정치 활동		
	Day 10	제2장 근세의 경제 구조와 경제 생활		
		제3장 근세의 사회 구조와 사회 생활		
	Day 11	제4장 민족 문화의 발달		
5편 근대 태동기의 변동	Day 12	제1장 정치 상황의 변동		
	Day 13	제2장 경제 구조의 변동		
		제3장 사회의 변화		
	Day 14	제4장 문화의 새 기운		
6편 근대의 변화와 흐름	Day 15	제1장 근대 사회의 정치 변동		
	Day 16	제2장 개항 이후의 경제와 사회		
		제3장 근대 문화의 발달		
7편 민족 독립 운동의 전개	Day 17	제1장 국권 침탈과 민족의 수난		
	Day 18	제2장 민족 독립 운동의 전개		
		제3장 사회 · 경제 · 문화적 민족 운동		
8편 현대 사회의 발전	Day 19	제1장 대한민국의 건국과 발전		
	Day 20	제2장 통일 정책		
		제3장 경제 발전과 사회 · 문화의 변화		

SISCOM Special Information Service Company
독자분들께 특별한 정보를 제공하고자 노력하는 마음

www.siscom.co.kr

나두공

제 1 편

선사 시대 및 국가의 형성

실전문제

제1장 한반도의 선사 시대

대표유형문제

〈보기〉를 보고 이 유적지가 나타난 시기에 대한 설명으로 옳지 <u>않은</u> 것은?

> ─── 보기 ───
>
> 상원 검은모루 유적, 연천 전곡리 유적, 공주 석장리 유적

① 이 시대가 시작된 것은 70만 년 전부터이다.

❷ 대표적인 사냥 도구로는 긁개, 밀개 등이 있다.

③ 석기를 다듬는 기법에 따라 전기, 중기, 후기로 구분하였다.

④ 무리 중에서 경험이 많고 지혜로운 사람이 지도자가 되었으나 권력을 가지지는 못하였다.

정답해설 〈보기〉에서 언급된 시기는 구석기시대이다. 긁개, 밀개, 자르개 등은 구석기시대의 조리용 도구이다. 구석기시대의 사냥 도구에는 찍개, 찌르개, 주먹도끼 등이 있다.

오답해설 ① 구석기시대는 대략 70만 년 전부터 시작되어 1만 년 전까지 이어졌다.

③ 구석기시대는 석기를 다듬는 기법에 따라 전기, 중기, 후기로 구분하기도 하는데, 전기에는 큰 석기 한 개를 가지고 다양한 용도로 사용하였다.

④ 구석기시대는 지도자가 권력을 갖지 못하는 평등한 사회였다(계급이 발생하지 않음).

핵심정리 구석기시대의 범위

① **시간적 범위** : 70만 년 전부터 1만 년 전까지(→ 구석기시대 최고의 유적인 단양 금굴은 약 70만 년 전에 형성)

② **시대구분** : 석기(뗀석기)를 다듬는 기법에 따라 전기 · 중기 · 후기로 구분하기도 함

전기 (대략 70만 ~ 10만 년 전)	• 큰 석기 한 개를 다양한 용도로 사용 • 주먹도끼, 찍개, 찌르개 등
중기 (대략 10만 ~ 4만 년 전)	• 큰 몸돌에서 떼어 낸 돌 조각인 격지(박편)를 잔손질하여 용도에 맞게 제작 · 사용(한 개의 석기가 하나의 용도로 사용됨) • 밀개, 긁개, 자르개, 새기개, 찌르개 등
후기 (대략 4만 ~ 1만 년 전)	• 쐐기 같은 것을 이용해 형태가 같은 여러 개의 돌날격지를 만드는 데까지 발달 • 슴베찌르개 등

③ **공간적 범위** : 구석기시대의 유적은 제주도에서 함경도까지 거의 전국 각지에 걸쳐 분포

01

역사의 의미에 대한 설명 중 옳지 않은 것은?

① 기록으로서의 역사는 객관적 의미의 역사이다.

② 사실로서의 역사는 시간적으로 현재까지 일어난 모든 과거의 사건을 말한다.

③ 역사를 배운다는 것은 역사가가 선정하고 연구한 기록으로서의 역사를 배우는 것이다.

④ 기록으로서의 역사는 과거의 사실을 토대로 역사가가 이를 조사·연구해 주관적으로 재구성한 것이다.

해설 기록으로서의 역사는 과거의 사실을 토대로 역사가가 이를 조사하고 연구하여 주관적으로 재구성한 것이다. 이 과정에서 필연적으로 역사가의 가치관과 같은 주관적 요소가 개입하게 되므로 주관적 의미의 역사라고 한다.

— 핵심정리 —

주관적 의미의 역사

특성	• 과거의 사실(史實) 또는 사료를 토대로 함 • 역사를 배운다는 것은 역사가가 선정·기록한 역사를 배우는 것을 말함
역사와 역사가에 대한 표현	• 역사란 역사가와 사실 간의 부단한 상호작용의 과정이며, 과거와 현재와의 끊임없는 대화이다(E. Karr). • 역사는 죽은 과거가 아니라 현재 속에 살아 있는 과거이다(콜링우드). • 역사는 아(我)와 비아(非我)의 투쟁이다(신채호).

02

'사실로서의 역사' 서술로 알맞은 것은?

① 고구려는 요동의 동쪽 천리에 있다. … 좋은 밭이 없어서 힘들여 일구어도 배를 채우기에는 부족하였다. 사람들의 성품은 흉악하고 급해서 노략질하기를 좋아했다.

② 묘청 등이 승리하였다면 조선사가 독립적, 진취적으로 진전하였을 것이니, 이 사건을 어찌 일천년래 제일대사건이라 하지 아니하랴.

③ 건국 초에 향리의 자제를 뽑아 서울에 머물게 하여 출신지의 일에 대하여 자문하였는데, 이를 기인이라고 한다.

④ 부여는 장성의 북쪽에 있으며 현도에서 천리쯤 떨어져 있다. … 사람들의 체격은 매우 크고 성품이 강직 용맹하며 근엄 후덕해서 다른 나라를 노략질 하지 않았다.

해설 사실로서의 역사는 역사가의 주관적 개입이 배제된 객관적 의미의 역사에 해당한다. ③은 역사가의 주관적 입장이 배제되어 있으므로 객관적 의미의 역사이다.

03

다음의 역사관에 입장에 따른 역사 연구 방법으로 옳지 않은 것은?

> • 역사가는 시대정신으로부터 자유로워야 한다.
> • 역사가는 자신을 숨기고 역사적 사실로 하여금 말하게 하라.
> • 역사는 과학이어야 한다. 따라서 인과 관계에 따른 사실의 설명이 가장 중요하다.

① 고대 무역항인 당항성에 가서 토성의 길이를 측정하였다.
② 김부식의 〈삼국사기〉는 불교 관련 기사가 거의 없다.
③ 돌무지무덤인 서울 석촌동 고분과 만주의 장군총을 비교하였다.
④ 고려시대 관료 중에서 과거 합격자와 문음으로 등용된 사람의 명단을 정리하였다.

해설 제시문은 '사실로서의 역사'에 대한 설명이다. ②는 고려 시대의 불교는 고려 사회에 많은 영향을 마쳤지만 저자 김부식이 유학자로서 유교 사관을 바탕으로 삼국사기를 서술하였다. 이는 역사 서술에 자신의 주관적 관점이 직접 반영된 '기록으로서의 역사'이다.

핵심정리

객관적 의미의 역사

특성	• 객관적 사실(事實) 또는 시간적으로 과거에서 현재에 이르기까지 일어났던 모든 사실을 역사의 구성요소로 함 • 역사가의 주관적 개입은 배제되고, 객관적 고증에 따른 연구를 토대로 함
역사와 역사가에 대한 표현	• 역사는 과학이어야 한다. 따라서 인과관계에 따른 사실의 설명이 가장 중요하다. • 역사에서의 객관적 진리는 존재한다. • 역사가는 자신을 숨기고 역사적 사실로 하여금 말하게 하라(L. Ranke).

04

다음 중 한반도 신석기인의 생활에 대한 설명으로 옳지 않은 것은?

① 땅을 넓게 파서 움집을 짓고 살았다.
② 일부 지방에서는 벼농사가 시작되었다.
③ 애니미즘, 샤머니즘, 토테미즘 등의 신앙의 형태가 있었다.
④ 혈연을 바탕으로 한 씨족을 기본 구성단위로 하여 마을을 형성하였다.

해설 벼농사가 시작된 것은 신석기 시대가 아니라 청동기 시대이다. 청동기 시대의 농업은 조·보리·콩 등 밭농사가 중심이었지만 일부 저습지에서 벼농사가 시작되었다. 청동기 시대의 유적지인 여주 흔암리와 부여 송국리, 서천 화금리 유적 등지에서 불에 탄 볍씨(탄화미)가 출토되었는데, 이는 청동기 시대에 벼농사가 시작되었음을 반영한다.

① 신석기인의 주거는 주로 해안이나 강가에 움집을 짓고 생활하였는데, 움집 자리의 바닥은 원형이나 둥근 방형이며, 규모는 4~5명 정도의 한 가족이 살기에 알맞은 크기였다.

③ 신석기 시대의 원시신앙 활동에는 애니미즘(Animism)과 샤머니즘(Shamanism), 토테미즘(Totemism)이 있었다. 애니미즘(정령신앙)은 자연계에 존재하는 모든 자연 현상이나 자연물에 정령(생명)이 있다고 믿는 신앙이었고, 샤머니즘(무격신앙)은 영혼이나 하늘을 인간과 연결시켜주는 존재인 무당(巫堂)과 그 주술을 믿는 신앙이었으며, 토테미즘(동물숭배)은 자기 부족의 기원을 특정 동·식물과 연결시켜 그것을 숭배하는 신앙을 말한다.

④ 신석기 시대는 혈연을 바탕으로 하는 씨족을 기본 구성단위로 하는 사회로, 씨족은 점차 다른 씨족과의 혼인(족외혼)을 통하여 부족을 이루어 나갔다.

05

세계화 시대의 역사의식에 대한 태도로 옳은 것은?

① 민족적 자존심을 버리고 세계 문화에 공헌하여야 한다.

② 근대사를 주도해 온 서구 문화의 전면적인 수용이 필요하다.

③ 민족사적 특수성과 세계사적 보편성을 조화시켜야 한다.

④ 외부 세계의 변화에 민감하게 반응하여 폐쇄적 민족주의에 바탕을 두어야 한다.

해설 세계화 시대의 역사의식은 안으로 민족 주체성을 견지하되, 밖으로는 외부 세계의 변화에 적극적으로 대응하는 개방적 민족주의에 기초하여야 한다. 내 것을 버리고 무조건 외래의 문화만을 추종하는 것은 세계화 시대에 버려야 할 닫힌 사고이다.

┌─────── **핵심정리** ───────┐

우리 민족 문화의 특성
• 세계사에서 보기 드문 단일민족 국가로 전통을 지님
• 선사시대에는 아시아와 북방 문화가 연계되는 문화를 이룩하였고, 이후 중국 문화의 영향을 받으며 독자적인 고대 문화를 형성
• 고려시대에는 불교를 정신적 이념으로 채택하였고, 조선시대에는 유교적 가치와 문화가 중심이 됨

└───────────────────┘

06 서울시 유공자 9급 기출

구석기시대의 사회 모습에 대한 설명으로 가장 옳지 않은 것은?

① 모든 사람이 평등한 공동체적 생활을 하였다.

② 집터는 대개 움집 자리로, 바닥은 원형이나 모서리가 둥근 사각형이었다.

③ 뼈 도구와 뗀석기를 가지고 사냥과 채집을 하였다.

④ 무리를 이루어 사냥감을 찾아다니며 생활하였다.

해설 구석기시대에는 평등한 공동체적 생활을 하였고 무리를 이루어 사냥감을 찾아다니며 이동생활을 하였다. 또한 뼈나 뿔로 만든 도구와 뗀석기를 사용하였다. 대부분 자연 동굴에 거주하였으며, 바위 그늘이나 강가에 막집을 짓고 거주하기도 하였다.
② 신석기시대의 주거 모습이다.

┌─────── **핵심정리** ───────┐

주거생활 비교
① **구석기시대**
• 대부분 자연 동굴에 거주하였으며, 바위 그늘(단양 상시리)이나 강가에 막집(공주 석장리)을 짓고 거주하기도 함
• 구석기 후기의 막집 자리에는 기둥 자리와 담 자리, 불 땐 자리가 남아 있음
• **주거지의 규모** : 작은 것은 3~4명, 큰 것은 10명 정도가 살 수 있을 정도의 크기
② **신석기시대**
• **주거 형태** : 주로 해안이나 강가에 움집을 짓고 생활
• **움집의 구조 및 규모**
  – 바닥은 원형이나 둥근 방형이며, 규모는 4~5명 정도의 한 가족이 살기에 알맞은 크기
  – 움집의 중앙에는 취사와 난방을 위한 화덕이 위치
  – 채광에 좋은 남쪽으로 출입문을 내었고, 화덕이나 출입문 옆에는 저장 구덩이를 만들어 식량이나 도구를 저장

└───────────────────┘

07

다음 유물을 통해 알 수 있는 당시의 생활 모습은?

> • 주먹도끼 • 팔매돌
> • 슴베찌르개 • 찍개

① 음식물을 조리하거나 저장할 수 있게 되었다.
② 옷이나 그물을 만들어 사용하였다.
③ 이삭을 잘라 추수하였다.
④ 사냥과 채집을 하면서 생활하였다.

해설 표에 나온 도구들은 사냥이나 채집을 할 때 사용하는 석기들이다. 구석기시대에는 농경이 시작되기 전이므로 사냥과 채집을 하면서 생활하였다.
① 음식물의 조리나 저장을 알 수 있는 유물은 토기이며, 토기의 사용을 통해 음식물의 조리 및 저장이 용이해져 생활이 개선된 것은 신석기시대이다.
② 옷이나 그물 등을 제작했음을 알 수 있는 유물은 가락바퀴나 뼈바늘이며, 이는 모두 신석기시대의 유물이다.
③ 이삭을 잘라 추수하였음을 알 수 있는 유물은 반달돌칼이며, 반달돌칼은 청동기시대의 유물이다.

핵심정리

구석기시대의 유물

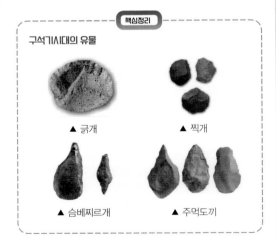

▲ 긁개   ▲ 찍개

▲ 슴베찌르개   ▲ 주먹도끼

08

다음 글과 관련 있는 시대의 유물은?

> 한반도와 그 주변 지역에는 약 70만 년 전부터 사람이 살기 시작하였다. 처음에는 돌을 거의 그대로 사용하다가 점차 쓰임새에 따라 여러 가지 뗀석기를 만들어 사용하였다. 짐승과 물고기를 잡아먹고 식물의 열매나 뿌리도 채취하여 먹었다. 또한 계절에 따라 이동하는 생활을 하면서 동굴에서 살거나 강가에 막집을 짓고 살았다.

① 거푸집 ② 주먹도끼
③ 반달돌칼 ④ 빗살무늬 토기

해설 제시문에서 언급된 시기는 구석기시대이다. 약 70만 년 전부터 1만 년 전까지 이어졌다. 주먹도끼는 구석기시대의 대표적 사냥 도구로서 사냥의 용도 외에도 동물의 가죽을 벗기고 땅을 팔 때 널리 사용되었다. 구석기시대에 사용된 사냥 도구에는 주먹도끼 외에도 찍개, 찌르개 등이 있다.
① 거푸집은 청동 제품을 제작하였던 틀을 말하며, 청동기시대와 철기시대에 사용되었다. 거푸집, 세형동검, 잔무늬 거울 등은 모두 한반도 내에서 청동기 문화의 독자성(토착화)을 보여주는 유물이다.
③ 반달돌칼은 이삭을 자르는 데 사용한 추수용 농기구로, 주로 청동기시대에 사용되었다.
④ 신석기시대의 대표적 토기인 빗살무늬 토기는 회색으로 된 사토질 토기로, 도토리나 달걀 모양의 뾰족한 밑 또는 둥근 밑 모양을 하고 있으며 크기도 다양하다.

핵심정리

구석기시대의 경제 · 사회생활

• **이동 생활** : 사냥이나 어로, 채집 생활을 영위하였으며, 농경은 시작되지 않음
• **도구의 사용**
  – 뗀석기와 함께 뼈 도구(골각기)를 용도에 따라 사용
  – 찍개, 주먹도끼 등을 여러 용도로 사용했으나 뗀석기 제작 기술이 발달하여 용도가 나누어짐
• **평등 사회** : 무리 중 경험이 많고 지혜로운 사람이 지도자가 되었으나, 권력을 갖지는 못해 모든 사람이 평등(계급이 없는 평등 사회)
• **매장의 풍습** : 시신을 매장하는 풍습이 발생함

09

다음 자료에서 선사시대와 역사시대를 구분하는 중요한 기준을 언급한 사실은?

> 이 시기의 사람들은 이전의 ㉠ 식량 채집 생활 단계에서 ㉡ 농경과 목축을 하기 시작 하였다. 이로써 인류의 생활은 크게 변하였다. 이후 철기를 사용하게 됨에 따라 농업 생산력이 발전하였고 그때까지의 청동기는 의식용 도구로 변하였다. 한편 철기와 함께 ㉢ 명도전, 오수전, 반량전 등이 사용되었고 경남 창원 다호리에서는 붓이 출토되어 한반도 남단까지 ㉣ 한자가 보급되었다.

① ㉠   ② ㉡
③ ㉢   ④ ㉣

해설 선사시대와 역사시대의 구분은 문자 사용 여부에 달려 있다. 즉, 선사시대는 문자를 사용하지 않은 구석기·신석기시대를 말하고, 역사시대는 문자를 만들어 쓰기 시작한 청동기시대 이후를 말한다.

핵심정리

선사시대와 역사시대

선사시대와 역사시대를 구분하는 일반적인 기준은 문자 사용 여부이다. 우리나라의 경우 문자를 사용하기 시작한 때가 초기 철기시대이므로, 이 시기를 역사시대의 시작으로 보고 있다. 선사시대는 문자 기록이 없으므로 유적이나 유물을 통해 당시의 상황을 유추할 수밖에 없는 반면, 역사시대는 유물이나 유적 이외에 문자 기록물을 통해 보다 쉽게 상세하게 그 시대의 모습을 파악할 수 있다. 창원 다호리 유적에서 붓이 출토되었는데, 이는 당시(B.C. 2세기경)의 문자(한자 사용 및 중국과의 교류)를 반영한다.

10 국가직 9급 기출

1960년대 전반 남북한에서 각기 조사 발굴되어 한국사에서 구석기 시대의 존재를 확인시켜 준 유적들을 바르게 짝지은 것은?

	남한	북한
①	제주 빌레못 유적	상원 검은모루 유적
②	공주 석장리 유적	웅기 굴포리 유적
③	단양 상시리 유적	덕천 승리산 유적
④	연천 전곡리 유적	평양 만달리 유적

해설 남한과 북한의 구석기 최초 출토 유적지는 각각 공주 석장리 유적(1964년 발굴), 웅기 굴포리 유적(1963년 발굴)이다.
① 제주 빌레못 유적(1973년 발굴), 상원 검은모루 유적(1966~1970년 발굴)
③ 단양 상시리 유적(1981년 발굴), 덕천 승리산 유적(1972~1973년 발굴)
④ 연천 전곡리 유적(1978년 발굴), 평양 만달리 유적(1980년 발견)

핵심정리

구석기시대의 예술활동
- 사냥감의 번성을 비는 주술적 성격을 지님
- 후기에 이르러 석회암이나 동물의 뼈 또는 뿔 등을 이용하여 조각품을 만듦
- 공주 석장리에서 개 모양의 석상 및 고래·멧돼지·새 등을 새긴 조각과 그림(선각화)이 발견되었고, 단양 수양개에서도 고래와 물고기 등을 새긴 조각이 발견됨

11

다음 지역에서 발견된 유적을 통해 알 수 있는 당시 사람들의 생활모습으로 옳은 것은?

- 경기도 연천 전곡리
- 충북 단양 수양개
- 평남 상원 검은모루동굴

① 농경이 처음으로 시작되었다.
② 태양과 물을 숭배하였다.
③ 동굴이나 바위 그늘에서 살았다.
④ 사유재산제도와 계급이 나타나 사회 전반에 걸쳐 큰 변화가 일어나게 되었다.

해설 구석기시대의 유적으로는 평남 상원 검은모루동굴, 경기도 연천 전곡리, 충남 공주 석장리 등이 있다.
①, ② 신석기시대, ④ 청동기시대

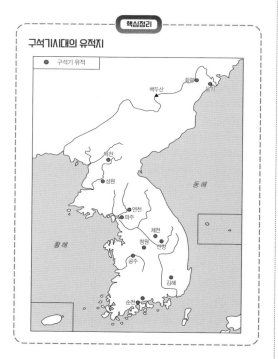

핵심정리

구석기시대의 유적지

12

다음과 일치하는 시대상은?

이 시기 사람들은 농경, 목축 생활을 하면서 정착 생활이 가능해졌고, 이로 인해 인류 문화는 비약적으로 발전하였다.

① 동굴이나 막집에서 10명 내외가 생활하였다.
② 씨족 중심 사회였으나 점차 족외혼 풍습이 일반화되었다.
③ 신분제가 확립되고 활발한 정복 사업이 이루어졌다.
④ 중국과의 문화 교류가 이루어지면서 한자를 사용하게 되었다.

해설 제시문은 신석기시대의 생활 모습이며, 부족은 혈연을 바탕으로 한 씨족을 기본 구성단위로 하였고, 씨족은 점차 다른 씨족과의 혼인을 통하여 부족을 이루었다.
① 구석기시대, ③ 철기시대, ④ 고대 국가

13

다음 유물이 등장한 시기의 생활 모습에 관한 설명으로 옳은 것은?

- 팽이처럼 밑이 뾰족하거나 둥글고, 표면에 빗살처럼 생긴 무늬가 새겨져 있다.
- 곡식을 담는 데 많이 이용되었다.

① 사유재산제 사회였다.
② 동굴이나 막집에 살았다.
③ 주로 동물 사냥과 어로를 했다.
④ 뗀석기, 골각기 등을 사용하였다.

해설 제시된 설명은 빗살무늬 토기에 대한 내용이다. 빗살무늬 토기가 주로 사용된 시기는 신석기시대이다. 신석기시대에는 농경이 시작되었으나 전반적으로는 사냥과 어로, 채집이 주된 경제생활이었다.
① 청동기시대, ②, ④ 구석기시대

핵심정리

신석기시대의 유물

▲ 가락바퀴   ▲ 돌도끼   ▲ 돌보습

▲ 뼈바늘   ▲ 돌갈판과 갈돌

14 지방직 9급 기출

다음 유물이 만들어진 시대의 사회상으로 옳은 것은?

- 충북 청주 산성동 출토 가락바퀴
- 경남 통영 연대도 출토 치레걸이
- 인천 옹진 소야도 출토 조개 껍데기 가면
- 강원 양양 오산리 출토 사람 얼굴 조각상

① 한자의 전래로 붓이 사용되었다.
② 무덤은 일반적으로 고인돌이 사용되었다.
③ 조, 피 등을 재배하는 농경이 시작되었다.
④ 반량전, 오수전 등의 중국 화폐가 사용되었다.

해설 가락바퀴, 치레걸이, 조개 껍데기 가면, 사람 얼굴 조각상 등은 신석기 시대 유물들이다. 뼈바늘이 출토되었다는 것은 당시 사회에서 옷이나 그물을 제작하는 원시적 수공업 생산이 이루어졌음을 의미한다. 신석기 시대에 농경의 시작되어 조, 피, 수수 등의 밭농사가 중심을 이루었다.
① 창원 다호리 유적에서 붓이 출토되었는데, 이는 철기 시대 당시(BC 2세기경)의 문자(한자)사용 및 중국과의 문화적 교류를 반영하고 있다.
② 고인돌은 우리나라 전역에 분포하는 청동기 시대의 대표적인 무덤양식으로, 건립에 막대한 노동력이 필요하다는 점에서 당시 계급의 분화 및 지배층의 정치 권력·경제력을 반영하고 있다.
④ 반량전, 오수전 등의 중국 화폐는 철기 시대 중국과 활발한 교류가 있었음을 보여 준다.

15 지방직 9급 기출

한반도 선사시대에 대한 설명으로 옳지 않은 것은?

① 구석기시대 전기에는 주먹도끼와 슴베찌르개 등이 사용되었다.
② 신석기시대 집터는 대부분 움집으로 바닥은 원형이나 모서리가 둥근 사각형이다.
③ 신석기시대 사람들은 조개류를 많이 먹었으며, 때로는 장식으로 이용하기도 하였다.
④ 청동기시대의 전형적인 유물로는 비파형동검·붉은간토기·반달돌칼·홈자귀 등이 있다.

해설 주먹도끼는 구석기시대 전기의 유물이지만, 슴베찌르개는 구석기시대 후기의 유물이다.

핵심정리

- **구석기시대 전기** : 주먹도끼, 찍개, 찌르개 등
- **구석기시대 중기** : 밀개, 긁개, 자르개, 새기개, 찌르개 등
- **구석기시대 후기** : 슴베찌르개 등

16

다음의 사실이 처음 발생했을 때의 사회 모습으로 옳은 것은?

> • 태양과 물을 숭배
> • 곰과 호랑이 숭배
> • 조상 숭배
> • 영혼 숭배
> • 무당과 주술을 믿는 샤머니즘

① 주먹도끼, 찍개, 찌르개, 밀개와 같은 도구를 사용하였다.
② 빗살무늬토기를 제작하였다.
③ 반달돌칼로 이삭을 잘랐다.
④ 세형동검, 거푸집 등이 대표적 유물이다.

해설 제시문은 신석기시대의 신앙 생활에 대한 내용이다.
① 구석기시대, ③, ④ 청동기시대

핵심정리

신석기시대의 원시신앙

구분	특징
애니미즘 (Animism)	• 정령 신앙 • 자연계에 존재하는 모든 자연 현상이나 자연물에 정령(생명)이 있다고 믿는 신앙 • 농경과 정착 생활을 하게 되면서 발생 • 풍요로운 생산을 기원하는 의미가 담겨 있으며, 농사에 큰 영향을 끼치는 태양과 물에 대한 숭배가 으뜸
샤머니즘 (Shamanism)	• 무격 신앙 • 영혼 · 하늘을 인간과 연결시켜 주는 존재인 무당과 그 주술을 믿는 신앙
토테미즘 (Totemism)	• 동물 숭배 • 자기 부족의 기원을 특정 동 · 식물과 연결시켜 그것을 숭배하는 신앙 • 단군왕검(곰), 박혁거세(말), 김알지(닭), 석탈해(까치), 김수로왕(거북이) 등이 이에 해당
영혼 숭배	사람이 죽어도 영혼은 영원하다고 생각
기타	금기(Taboo), 투우, 부당, 호신부의 지참 등

17

다음에 해당하는 시대의 상황으로 옳은 것은?

> • 각 씨족별로 대략 20~30명씩 무리를 이루어 생활하였다.
> • 공동 노동, 공동 분배의 공동체적인 삶을 영위하였다.

① 뼈바늘로 옷을 지어 입기도 하였다.
② 잉여 생산물의 축적이 계급의 분할을 촉진하였다.
③ 주로 강을 끼고 있는 야산이나 구릉 지대에 살았다.
④ 전형적인 유물로 반달돌칼, 홈자귀 등이 있다.

해설 제시된 시대의 상황은 신석기시대이다.
① 신석기시대는 가락바퀴(방추차)나 뼈바늘(골침)로 옷이나 그물을 제작하였다(원시 수공업 형태).
② 청동기시대에는 축적된 잉여 생산물을 두고 갈등이 발생하였고, 사유재산과 빈부 차가 생기면서 계급이 분화되었다.
③ 청동기시대에 강을 끼고 있는 야산이나 구릉 지대에 집단취락이 형성되기 시작하였다.
④ 반달돌칼(추수용), 홈자귀(경작용), 바퀴날 도끼 등은 청동기시대의 주요 유물이다.

핵심정리

씨족 중심의 사회

• 신석기시대는 혈연을 바탕으로 하는 씨족을 기본 구성 단위로 하는 사회로, 씨족은 점차 다른 씨족과의 혼인(족외혼)을 통하여 부족을 이룸
• 중요한 일은 씨족회의의 만장일치에 의해 결정(화백회의에 영향), 청소년 집단훈련이 존재(화랑도에 영향)
• 연장자나 경험이 많은 자가 부족을 이끄는 평등 사회
• 집단적 · 공동체적 제천행사나 신앙 활동이 존재

18 국가직 9급 기출

밑줄 친 '이 시대'의 사회 모습으로 옳은 것은?

> <u>이 시대</u>의 황해도 봉산 지탑리와 평양 남경 유적에서 탄화된 좁쌀이 발견되는 것으로 보아 잡곡류 경작이 이루어졌음을 알 수 있다. 농경의 발달로 수렵과 어로가 경제생활에서 차지하는 비중이 줄어들기 시작하였지만, 여전히 식량을 얻는 중요한 수단이었다. 한편 가락바퀴나 뼈바늘을 이용하여 옷이나 그물을 만드는 등 원시적인 수공업 생산이 이루어지기 시작하였다.

① 생산물의 분배 과정에서 사유 재산 제도가 등장하였다.
② 마을 주변에 방어 및 의례 목적으로 환호(도랑)를 두르기도 하였다.
③ 흑요석의 출토 사례로 보아 원거리 교류나 교역이 있었음을 알 수 있다.
④ 집자리는 주거용 외에 창고, 작업장, 집회소, 공공 의식 장소 등도 확인되었다.

해설 탄화된 좁쌀, 가락바퀴, 뼈바늘 등을 통해 제시된 내용이 신석기 시대의 사회 모습을 나타내고 있음을 알 수 있다. 신석기인은 이전 시대와 달리 사냥이나 식량 채집 단계에서 벗어나 농경과 목축 등 생산 경제활동(식량 생산 단계)을 전개함으로써 인류의 생활이 큰 변화를 초래하였다.
 ③ 광주 삼리 등 구석기시대의 유적지와 동삼동 패총 등 신석기시대의 유적지에서 출토되는 흑요석은 백두산이나 일본 큐슈 지역과 같이 화산과 관련된 지역에서 발견되는 광물이다. 이를 통해 당시 원거리 교류가 있었음을 추측할 수 있다.
 ① 사유 재산 제도가 등장한 것은 청동기 시대의 일이다.
 ② 환호(도랑)는 취락을 방어하기 위해 시설로 청동기 시대부터 만들어졌다.
 ④ 창고, 작업장, 집회소, 공공 의식 장소 등이 만들어진 것은 청동기 시대의 일이다.

19

다음은 어느 시기의 집터 형태에 관한 설명이다. 이 당시의 농업 형태에 대한 설명으로 옳은 것은?

> 직사각형 모양의 움집은 점차 지상 가옥으로 바뀌어 갔다. 움집 중앙에 있던 화덕은 한쪽 벽으로 옮겨지고, 저장 구덩이도 따로 설치하거나 한쪽 벽면을 밖으로 돌출시켜 만들어 놓았으며, 움집을 세우는 데 주춧돌을 이용하기도 하였다.

① 조, 보리, 콩, 수수 등 밭농사가 중심이었지만, 일부 저습지에서는 벼농사가 이루어졌다.
② 철제 농기구가 등장함에 따라 농사를 짓는 데 소를 이용하기 시작하였다.
③ 5곡과 채소류를 주로 재배하였으며 가축의 뒷거름을 비료로 사용하기도 하였다.
④ 탄화된 좁쌀이 출토된 것으로 보아 잡곡류가 경작되었으나 벼농사는 아직 이루어지지 않았다.

해설 제시문은 청동기시대의 집터 형태를 설명한 것이다. 청동기시대에는 밭농사(조, 보리, 콩, 수수 등) 중심이었지만, 일부 저습지에서는 벼농사를 하기도 하였다.

핵심정리

청동기시대의 집터
방형, 장방형, 원형 등이 있으나 대개 장방형이다. 내부에는 대체로 화덕자리가 있고 지붕을 받치기 위한 기둥구멍이 뚫어져 있으며 출입 시설과 저장 시설을 갖추고 있다. 대구 월성동, 서변동 유적과 김천 송죽리, 경주 황성동 유적 등이 있다.

20

다음과 같은 사실들이 행해질 당시에 나타난 현상으로 옳은 것은?

> • 고인돌, 돌널무덤, 돌무지무덤 등이 축조되었다.
> • 우세한 부족이 스스로를 하늘의 자손이라고 믿는 선민 사상이 나타났다.

① 정치 권력의 독점이 이루어져 고대 왕국이 확립되었다.
② 토기의 제작이 비로소 이루어져 삶의 질이 향상되었다.
③ 계급 사회가 형성되면서 군장이 등장하였다.
④ 우경을 이용하는 벼농사가 본격적으로 이루어졌다.

해설 제시문은 청동기시대에 대한 설명이다. 청동기시대에는 평등 사회에서 계급 사회로 바뀌어 권력과 경제력을 가진 지배자인 군장이 등장하였다.

21

우리나라 청동기시대에 계급이 발생하게 된 가장 근본적인 원인은?

① 금속제 무기 사용
② 잉여 생산물 발생
③ 부족 사회 형성
④ 선민 사상 유행

해설 청동기시대에 이르러 생산력의 증가에 따라 잉여 생산물이 생기게 되자 힘이 강한 자가 개인적으로 소유하게 되었다. 생산물의 분배와 사유화 때문에 사람들 사이에 갈등이 생겨나고 빈부의 격차와 계급의 분화를 촉진하였다.

22

다음은 어느 시대와 가장 관련이 깊은가?

> • 세형동검
> • 위만
> • 온돌 및 지상가옥 출현
> • 잔무늬거울

① 신석기시대 ~ 청동기시대 전기
② 신석기시대 ~ 청동기시대 후기
③ 청동기시대 후기 ~ 초기 철기시대
④ 청동기시대 전기 ~ 초기 철기시대

해설 청동기시대에서 철기시대로 넘어가는 시기의 유물이다.

23

서울 암사동 선사유적지에 대한 설명과 관계가 없는 것은?

① 빗살무늬 토기를 사용한 주민들의 유적지이다.
② 농경 생활이 시작되었지만, 여전히 수렵 생활에 의존하였다.
③ 움집의 규모는 대략 성인 4명 정도가 살기에 적당했다.
④ 집터는 대체로 직사각형이며, 움집은 점차 지상 가옥으로 바뀌어 갔다.

해설 서울 암사동 선사유적지에서는 신석기시대의 빗살무늬 토기가 발견되었다. 집터가 직사각형이고, 지상 가옥으로 바뀐 것은 청동기시대부터이다.

24

다음 중 청동기 시대에 대한 설명으로 옳은 것은?

① 부족은 혈연을 바탕으로 한 씨족을 기본 구성
   단위로 하였다.
② 움집의 구조는 장방에서 둥근 모양으로 변천
   되었다.
③ 청동으로 된 도끼 등의 공구가 출토되었지만
   농구는 발견되지 않았다.
④ 상원 검은모루 동굴, 연천 전곡리, 공주 석장
   리 등이 대표적 유적지이다.

해설 청동으로 된 무기나 공구는 출토되었으나 청동으로 된
농기구는 만들어지지 않았다.
  ① 신석기 시대는 혈연을 바탕으로 하는 씨족을 기본 구
    성 단위로 하는 사회이며, 씨족은 다른 씨족과의 혼
    인을 통해 부족을 이루었다.
  ② 반대로 설명되었다. 움집 구조는 원형이나 둥근 방형
    에서 장방형으로 변천되었다.
  ④ 상원 검은모루 동굴, 연천 전곡리, 공주 석장리 등은
    구석기 시대의 대표적인 유적지이다.

┌─ **핵심정리** ─┐

청동기시대의 유물

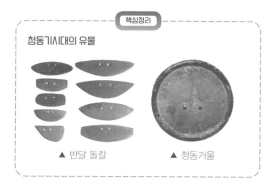

▲ 반달 돌칼   ▲ 청동거울

25

**우리나라 초기 철기 시대의 상황으로 옳지 않은
것은?**

① 청동기 문화가 더욱 발달하여 잔무늬 거울 등
   이 제작되었다.
② 민무늬 토기 외에 덧띠 토기, 검은 간 토기 등
   이 사용되었다.
③ 원형의 송국리형 주거가 등장하였다.
④ 중국으로부터 철기와 함께 명도전, 반량전 등
   이 유입되었다.

해설 부여의 송국리 유적지는 청동기시대의 대표 유적지인
데, 청동기시대의 주거 형태는 원형이 아니라 장방형의
움집 형태이다.
  ① 철기 시대에는 거친무늬 거울은 잔무늬 거울로 형태
    가 변화하였다.
  ② 청동기 시대부터 사용된 민무늬 토기와 검은 간 토기
    (흑도)는 계속 사용되었다.
  ④ 철기와 함께 중국 화폐인 명도전, 반량전 등이 유입
    되었다.

┌─ **핵심정리** ─┐

청동기시대와 철기시대의 주거 생활
- 청동기시대
  - 처음에는 장방형의 움집(수혈 주거)으로 깊이가 얕
    았으며, 점차 지상 가옥에 근접하여 가면서 움집을
    세우는 데에 주춧돌을 이용하기도 함
  - 후기의 지상 가옥은 농경 생활의 영향으로 점차 배
    산임수의 지역에 취락을 형성하고, 구릉이나 산간
    지에 집단 취락(마을)의 형태를 이룸
- 철기시대
  - 배산임수가 확대되고 지상 가옥 형태가 보편적으로
    나타나기 시작했으며, 산성에 거주하기도 함
  - 농경의 발달과 인구의 증가로 정착 생활의 규모가
    점차 확대되어 대규모의 취락 형태가 나타남

26

우리나라 청동기 문화에 대한 설명으로 옳지 않은 것은?

① 청동기시대에는 농경문화가 이전 시대보다 발달했으며, 이는 청동제 농기구의 보급에 따른 결과였다.

② 철기시대 이후 철제 무기와 철제 연모를 쓰게 되면서 청동기는 의례용 도구로 사용되었다.

③ 한반도 지역 청동기 문화는 기원전 10세기경부터 시작하였으며 비파형동검과 민무늬 토기가 대표적 유물이다.

④ 청동기시대의 대표적인 유적인 고인돌은 우리나라 전역에 걸쳐 분포되어 있다.

해설 청동기시대에는 농경문화가 이전 시대보다 발달했지만 여전히 돌도끼나 홈자귀, 괭이, 나무로 만든 농기구를 이용하여 농사를 지었다.

27

고인돌을 많이 만들던 시대에 대한 설명으로 옳지 않은 것은?

① 대표적인 유적으로 제천 창내 유적, 서울 암사동 유적 등이 있다.

② 계급이 분화되고 지배자가 등장하였다.

③ 추수용 도구로 반달돌칼을 사용하였다.

④ 대표적인 토기는 민무늬 토기이다.

해설 제천 창내 유적은 구석기시대 유적이며, 서울 암사동 유적은 신석기시대의 유적이다.

② 청동기시대에는 정치 권력과 경제력을 가진 지배자가 등장하였다.

③ 반달돌칼은 청동기시대에 주로 사용된 추수용 도구이다. 반달돌칼은 신석기시대에 처음 등장하였으나 본격적인 농경이 시작된 청동기시대에 주로 사용되었다.

④ 청동기시대에 대표적인 토기는 민무늬토기로 지역에 따라 모양이나 형태가 조금씩 다르다.

핵심정리

무덤과 고인돌

• **무덤양식** : 청동기시대에는 고인돌과 돌무지무덤 · 돌널무덤, 돌덧널무덤(돌곽무덤), 석곽묘 등이 주로 만들어짐

• **고인돌(지석묘)** : 고인돌은 청동기시대의 대표적인 무덤으로, 족장 등 권력계급의 무덤

  – 형태 : 우리나라 전역에 분포하며 북방식(탁자식)과 남방식(기반식, 바둑판식)이 있는데 굄돌을 세우고 그 위에 거대하고 편평한 덮개돌을 얹은 북방식이 일반적인 형태

  – 의의 : 건립에 막대한 노동력이 필요하다는 점에서 고인돌은 당시 계급의 분화 및 지배층의 정치 권력과 경제력을 잘 반영

▲ 북방식 고인돌   ▲ 남방식 고인돌

28

(가) 시대에 대한 설명으로 옳은 것은?

(가)시대에는 농경과 정착 생활을 시작하면서 농사에 영향을 주는 자연 현상이나 태양, 물 등 자연물에도 정령이 있다고 믿는 애니미즘이 생겨났다. 또한, 하늘이나 영혼을 인간과 연결해주는 무당과 그 주술을 믿는 샤머니즘이 나타났고, 자기 부족의 기원을 특정한 동식물과 연결해 그 동식물을 숭배하는 토테미즘이 나타났다.

① 고인돌을 만들었다.

② 세형동검을 사용하였다.

③ 가락바퀴를 사용하였다.

④ 명도전, 반량전 등 중국화폐를 사용하였다.

해설 (가)에 해당하는 시기는 신석기 시대이다. 농경과 정착 생활의 시작, 원시신앙의 발생 등의 내용을 통해 이를 알 수 있다. 가락바퀴는 뼈바늘과 함께 그물이나 의복을 제작할 때 사용한 도구로, 신석기 시대부터 사용되었다.
① 고인돌은 청동기 시대의 대표적 무덤 양식이다.
② 세형동검은 초기 철기 시대의 유물이다.
④ 명도전, 반량전 등 중국 화폐는 중국과의 교류 사실을 보여주는 유물로, 철기 시대 유적지에서 발견된다.

핵심정리

구석기 시대와 신석기 시대 비교

구분	구석기 시대	신석기 시대
주거 형태	동굴, 강가의 막집, 바위 그늘	해안이나 강가에 원형·둥근 방형의 움집
경제 생활	사냥과 채집	농경과 목축의 시작, 사냥·채집·어로, 원시 수공업
사회 생활	무리·이동 생활, 평등 사회	정착 생활, 부족 사회, 평등 사회
예술 활동	사냥감의 번성을 비는 주술적 성격	토우, 안면상, 여인상, 패면(조개껍데기 가면) 등
종교 생활	주술	애니미즘, 샤머니즘, 토테미즘, 영혼 및 조상 숭배
유물	• 뗀석기 : 주먹도끼, 찍개, 슴베찌르개 • 골각기	• 간석기 • 토기 : 이른 민무늬 토기, 덧무늬 토기, 빗살무늬 토기, 변형즐문토기

제 **1** 편

선사 시대 및 국가의 형성

29

기원전 4세기의 사실에 대한 설명으로 옳지 않은 것은?

① 철기가 보급되어 철제 무기와 철제 연모가 만들어지면서 청동기는 의식용 도구로 변하였다.

② 이 시기에 명도전, 반량전, 오수전 등이 출토되는 것으로 보아 중국과의 교류가 활발했음을 알 수 있다.

③ 이 시기 유적에서는 청동기 때 사용되었던 세형동검, 잔무늬 거울은 발견되지 않았다.

④ 청동기시대부터 만들어진 민무늬 토기 이외에 덧띠 토기, 검은 간 토기 등도 사용되었다.

해설 우리나라는 기원전 4세기경에 철기가 도입되기 시작했는데, 이 시기(초기 철기시대)는 청동기 후기와 시기상 겹치며, 오랫동안 청동기와 철기가 함께 사용되었다. 따라서 청동기시대부터 사용된 민무늬 토기와 검은 간 토기는 계속 사용되었으며 청동기시대의 비파형동검과 거친무늬 거울은 각각 세형동검과 잔무늬 거울로 변화·발전하였다.

핵심정리

철기시대의 유물

▲ 거푸집

▲ 민무늬 토기

▲ 잔무늬 거울

▲ 세형 동검

30

철기가 보급됨에 따라 나타나는 현상으로 옳지 않은 것은?

① 철제 무기와 농기구 사용으로 청동기는 자취를 감추었다.

② 각지에 보다 강력한 정치 조직체인 국가가 성립되었다.

③ 생산력이 증가되어 지배자의 부의 축적이 확대되었다.

④ 부족들 간의 교역이 활발해짐에 따라 문화가 융합되었다.

해설 철제 농기구의 사용으로 농업이 발달하여 경제 기반이 확대되었고, 철제 무기와 철제 연모를 씀에 따라 그때까지 사용해 오던 청동기는 의식용 도구로 변하였다.

핵심정리

철기 문화의 성립

· 성립 시기
 - 기원전 5 ~ 4세기경부터 중국 스키타이 계통의 철기가 전래됨
 - 초기 철기시대는 청동기 후기와 시기상 겹치며, 오랫동안 청동기와 철기가 함께 사용됨

· 특징
 - 철제 농기구의 보급·사용으로 농업이 발달하고 경제 기반이 확대됨
 - 철제를 무기와 연모 등에 보편적으로 사용하게 되면서 청동기는 의식용 도구가 됨
 - 철기 도입으로 청동기 문화도 더욱 발달하여 한반도 안에서 독자적인 발전을 이룸

31

다음의 내용이 설명하는 시대 상황과 관련이 있는 것은?

> - 어떤 사람이 주택을 건설하려고 집터를 공사했는데 큰 돌이 나와서 더 깊이 파보았더니 4개의 판석 형태의 굄돌이 세워져 있었다.
> - 우리나라의 남부 지방에서 고운 흙으로 만든 붉은색의 간 토기가 발견되었다.

① 반달돌칼
② 가락바퀴
③ 용도가 뚜렷한 뗀석기
④ 둥근 움집

해설 제시문은 청동기시대의 북방식(탁자식) 고인돌과 붉은 간 토기에 대한 내용이다. 반달돌칼은 청동기시대에 이삭을 자르는 용도(추수용)로 사용되었던 농기구이다.
② 가락바퀴(방추차)는 신석기시대에 실을 뽑을 때 사용된 도구이다. 신석기시대에는 가락바퀴나 뼈바늘로 옷이나 그물을 제작하였는데, 이는 당시 원시 수공업의 형태가 존재했음을 보여준다.
③ 뗀석기는 구석기시대의 도구이다.
④ 움집은 신석기시대의 대표적 주거 형태인데, 움집의 바닥은 원형이나 둥근 방형이며, 4~5명 정도의 한 가족이 살기에 알맞은 크기를 갖추었다. 움집의 중앙에는 취사와 난방을 위해 화덕을 두었다.

32

청동기와 철기시대의 생활에 대한 설명으로 옳지 않은 것은?

① 집터의 형태는 대체로 직사각형이며 움집은 점차 지상 가옥으로 바뀌어 갔다.
② 농경의 발달과 인구의 증가로 정착 생활의 규모가 확대되어 취락형태를 이루고 있었다.
③ 이 시기 사람들은 돌로 만든 농기구 외에 청동으로 만든 농기구로 땅을 개간하여 농경을 더욱 발전시켰다.
④ 청동이나 철로 된 금속제 무기의 사용으로 정복활동이 활발해졌고, 지배와 피지배의 분화는 촉진되었다.

해설 청동제 농기구는 사용되지 않았다. 신석기시대에는 석기나 목기가 사용되었고, 철기가 보급되어 주로 사용된 후에는 기존의 석기나 목기 외에 철제 농기구가 사용되었다.

핵심정리

농기구의 개선 및 발달
- 이전 시대부터 사용되던 석기 농기구가 다양해지고 기능도 개선되었으며, 철제 농기구가 새로 도입되어 농업이 전보다 발달하고 생산 경제가 크게 향상됨
- 청동기시대에는 농기구로 돌도끼나 반달돌칼, 홈자귀, 나무로 만든 농기구 등을 주로 사용하였고, 철기시대에 접어들면서 기존의 석기나 목기 외에도 점차 낫·쟁기 등의 철제 농기구가 보급됨

실전문제

제2장 국가의 형성과 발달

● 대표유형문제 ●

다음은 어느 나라에 대한 기록이다. (가)에 들어갈 내용으로 옳은 것을 모두 고른 것은?

모든 대가들은 스스로 사자, 조의, 선인을 두었는데, 이들의 명단을 반드시 왕에게 보고해야 한다. 대가의 사자, 조의, 선인은 마치 중국의 경(卿)이나 대부(大夫)의 가신과 같은 것으로, 회합할 때에 좌석의 순서상 왕의 사자, 조의, 선인과 같은 줄에 앉지 못한다. _____(가)_____

– 〈삼국지〉, 위서 동이전

㉠ 10월에 동맹이라는 제천행사를 치렀다.
㉡ 왕 아래에 가축의 이름을 딴 관리들이 있었다.
㉢ 제가회의에서 범죄자를 처벌하였고, 서옥제가 있었다.
㉣ 단궁, 과하마, 반어피 등이 유명하고, 책화라는 제도가 있었다.

① ㉠, ㉡　　　　　　　　　　❷ ㉠, ㉢
③ ㉡, ㉢　　　　　　　　　　④ ㉢, ㉣

정답해설 제시문은 고구려에 대한 설명이다. 고구려는 부여와 마찬가지로 왕 아래에 상가, 고추가 등의 대가들이 있었으며, 이들은 각기 사자, 조의, 선인 등 관리를 거느리고 독립된 세력을 유지하였다. 그리고 중대한 범죄자가 있으면 제가회의에 의해 사형에 처하고, 그 가족을 노비로 삼았다. 또한, 고구려에는 서옥제의 풍속이 있었고 건국 시조인 주몽과 그 어머니 유화부인을 조상신으로 섬겨 제사를 지냈으며, 10월에는 추수 감사제인 동맹이라는 제천행사를 성대하게 지냈다.

오답해설 ㉡ 왕 아래 가축의 이름을 딴 마가, 우가, 저가, 구가와 대사자 · 사자 등의 관리가 있었던 나라는 부여이다.
㉣ 책화는 각 부족의 영역을 함부로 침범하지 못하게 하는 제도로서, 동예의 풍습이다.

핵심정리 국가의 형성
농경의 발달로 잉여 생산물이 생기고 청동기가 사용되면서 사유재산 제도와 계급이 발생하였다. 그 결과 부와 권력을 가진 족장(군장)이 출현하였다. 족장은 세력을 키워 주변 지역을 아우르고 마침내 국가를 이룩하였다. 이 시기 성립된 우리나라 최초의 국가가 고조선이었다. 이후 기원전 5세기경부터 철기가 보급되었고, 만주와 한반도 각지에는 부여, 고구려, 옥저, 동예, 삼한 등의 여러 나라가 성립되었다. 이 나라들은 철기를 사용하여 농업을 발전시키고 독특한 사회 풍습을 가지고 있었다. 이들 가운데 일부는 다른 나라에 통합되었고, 일부는 연맹 왕국으로 발전하여 중앙집권국가를 형성할 수 있는 기반을 마련하였다.

▲ 초기 국가의 위치

01

고조선의 영역(세력 범위)을 알아보기에 적합한 것은?

① 미송리식 토기　　② 세형동검
③ 바둑판식 고인돌　　④ 돌무지덧널무덤

해설 고조선의 세력 범위는 미송리식 토기, 비파형동검과 고인돌(북방식)의 출토 분포로 알 수 있다. 미송리식 토기는 평북 의주 미송리 동굴에서 처음 나타났으며 주로 청천강 이북, 길림, 요령 일대에 분포한다.

─── 핵심정리 ───

고조선의 세력 범위 관련 유물

• 비파형동검 : 비파형으로 생긴 칼날과 손잡이가 따로 주조된 조립식 검이다.
• 미송리식 토기 : 바닥이 평평하여 세워 둘 수 있으며, 토기의 표면에 집선무늬가 있고, 양쪽에 손잡이가 달렸다.
• 고인돌 : 고인돌 중에서도 탁자식 고인돌이 고조선의 영역과 관련이 깊다. 탁자식 고인들은 굄돌의 다리가 길고, 뚜껑돌이 평평하며 묘실이 지상으로 나와 있다.

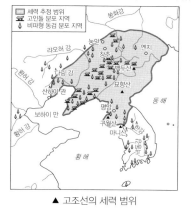

▲ 고조선의 세력 범위

02 지방직 9급 기출

㉠ 국가에 대한 설명으로 옳은 것은?

(㉠)에서는 백성들에게 금하는 법 8조가 있었다. 그것은 대개 사람을 죽인 자는 즉시 죽이고, 남에게 상처를 입히는 자는 곡식으로 갚는다. 도둑질을 한 자는 노비로 삼는다. 용서받고자 하는 자는 한 사람마다 50만 전을 내야 한다. 비록 용서를 받아 보통 백성이 되어도 사람들이 이를 부끄럽게 여겨 혼인을 하고자 해도 짝을 구할 수 없다.

① 옥저와 동예를 정복하였다.
② 족외혼과 책화의 풍습이 있었다.
③ 별도의 행정구역인 사출도가 있었다.
④ 중국의 한과 대립할 정도로 성장하였다.

해설 제시된 자료는 고조선의 8조법이므로 ㉠ 국가는 고조선이다. 8조법은 고조선 사회의 기본 규율을 정한 법으로, 만민법·공동법적 성격을 갖고 있었다. 현재는 3개 조목만이 반고의 『한서지리지』에 전한다. 이를 통해 고조선이 생명과 노동력을 중시하고 사유 재산을 보호하였음을 알 수 있다. 위만 왕조에 접어들면서 철기가 본격적으로 수용되자 군사력이 증강되어 활발한 정복 전쟁이 이루어졌으며, 농업 생산력도 증가하여 수공업·상업·무역이 발달하였다. 성장한 위만 왕조는 한과 예·진이 직접적으로 무역하는 것을 막고 중계무역을 실시하여 많은 이익을 얻는 한편 이에 불만을 품은 한과 대립하였다.

03

다음 '한서의 8조법'에 나타난 고조선 사회에 대한 설명으로 옳지 않은 것은?

> • 살인자는 사형에 처한다.
> • 남에게 상해를 입힌 자는 곡식으로 배상한다.
> • 도둑질한 자는 노비로 삼으며, 용서받고자 할 때는 50만 냥을 내야 한다.

① 제정 분리   ② 생명 존중

③ 사유재산제   ④ 농경 사회

해설 단군은 제사장, 왕검은 정치적 지배자를 뜻하는 말로, 고조선은 제정일치 사회였다.

04

고조선에 대한 다음 설명 중 옳지 않은 것은?

① 〈삼국유사〉의 기록에 따르면 단군왕검이 고조선을 건국하였다.

② 고조선은 한반도 중심으로 성장하여 점차 세력을 확대하면서 요령 지방까지 발전하였다.

③ 고조선은 기원전 3세기경 왕을 칭할 정도의 국가체제를 갖추었다.

④ 위만조선은 발전된 철기 문화를 적극 수용하여 경제적 기반을 확대하였고, 그 토대 위에서 중앙정치조직을 갖춘 강력한 국가로 성장해 갔다.

해설 고조선은 요령지방을 중심으로 성장하여 점차 인접한 족장 사회들을 통합하면서 한반도까지 발전하였다.

① 우리나라의 〈삼국유사〉와 〈동국통감〉, 중국의 〈관자〉(최초의 기록), 〈산해경〉, 〈사기〉 등이 있다. 〈삼국유사〉와 〈동국통감〉에서는, 고조선은 단군왕검이 기원전 2333년 건국하였다고 기록하고 있다.

③ 고조선은 기원전 3세기경 부왕, 준왕 같은 강력한 왕이 등장하면서 왕위세습제가 마련되었고, 그 밑에 상·대부·대신·장군 등의 중앙관직을 두고 박사·도위 등의 지방관을 파견하였다

④ 위만조선은 발전된 철기 문화를 본격적으로 수용하면서 농업과 무기 생산을 중심으로 한 수공업, 상업, 무역이 발달했으며 이러한 사회·경제적 발전을 기반으로 하여 중앙정치조직을 갖춘 강력한 국가로 성장해 갔다.

핵심정리

위만 왕조의 고조선(위만조선)

• **유이민의 이주와 위만의 집권**
 - 기원전 3세기 말 전국시대의 혼란으로 유이민들이 고조선으로 이주하였고 진·한 교체기를 거치며 다시 대규모 이주가 있었는데, 위만은 이때 1,000여 명의 무리를 이끌고 이주
 - 위만은 유이민 세력을 규합하여 세력을 확대하고, 고조선과 한(漢) 사이의 긴장관계를 이용해 준왕을 몰아내고 스스로 왕이 됨(B.C. 194년)

• **위만조선의 성격** : 고조선의 토착세력과 유민, 유이민 세력이 규합하여 성립한 연맹국가

• **위만이 조선인이라는 근거**
 - 위만이 상투를 틀고 조선인의 옷을 입고 있었다는 점(사마천의 〈사기〉에 기록)
 - 고조선의 준왕이 위만을 신임하여 서쪽 변경 수비를 맡긴 점
 - 나라 이름을 그대로 조선이라 하였고, 토착민 출신으로 높은 지위에 오른 자가 많았음

• **정치조직의 정비**
 - 통치체제 : 왕 아래 비왕과 상(相)이라는 독립적 군장과 경·대신·장군 등의 관료체계를 갖춤
 - 군사체제 : 기병과 보병 형태를 갖춘 상비군체제를 갖추고 한(漢)에 대항
 - 중앙 및 지방 지배체제 : 중앙정부는 국왕을 중심으로 직접 통치를 하였으나, 지방의 경우 독자적 권력을 가진 군장에 의해 간접적으로 지배

05 서울시 9급 기출

다음 보기 중 같은 나라에 대한 설명으로 묶인 것은?

> ㉠ 간음한 자와 투기가 심한 부인을 사형에 처하는 엄격한 법이 있었다.
> ㉡ 다른 부족의 경계를 침범할 경우에는 가축이나 노비로 변상해야 하는 풍습이 있었다.
> ㉢ 전쟁이 일어났을 때 소를 죽여 그 굽으로 점을 치는 풍습이 있었다.
> ㉣ 남자가 일정 기간 처가에서 살다가 본가로 돌아가는 풍속이 있었다.
> ㉤ 가족이 죽으면 가매장을 하였다가 뼈만 추려서 목곽에 넣는 풍습이 있었다.

① ㉠, ㉡   ② ㉠, ㉢
③ ㉡, ㉣   ④ ㉣, ㉤

해설 ㉠, ㉢은 부여의 4대금법과 우제점법에 해당한다. 4대금법에서는 살인, 절도, 간음, 질투를 규정하고 있다.
  ㉡ 각 부족의 영역을 엄격히 구분하여, 다른 부족의 생활권을 침범하면 노비나 소와 말로 변상하도록 하는 책화는 동예의 풍습이다. 이를 통해 지역구분의 엄격함, 사유재산 중시, 법률의 발달 등을 엿볼 수 있다.
  ㉣ 서옥제는 고구려의 풍습으로, 데릴사위제라고도 한다. 남녀가 혼인을 정한 뒤, 신랑이 신부집의 뒤꼍에 작은 집(서옥)을 짓고 거기서 자식을 낳아 기르다가, 자식이 장성하면 가족이 함께 신랑 집으로 돌아가는 제도이다.
  ㉤ 가족의 시체를 가매장했다가 나중에 그 뼈만 추려서 커다란 목곽에 안치하는 세골장제(두벌묻기)는 옥저의 풍습이다. 옥저에서는 가족 공동묘인 이 목곽 입구에 죽은 자의 양식으로 쌀을 담은 항아리를 매달아 놓기도 하였다.

06

만주와 한반도 지역에 철기 문화를 기반으로 건국한 여러 나라 중 부여에 대한 설명으로 옳지 않은 것은?

① 이미 1세기 초에 왕호를 사용하였다.
② 왕이 죽으면 순장을 하는 풍습이 있었다.
③ 만주 송화강 유역의 평야 지대를 중심으로 성장하였다.
④ 살인자와 그 가족 모두 사형에 처했다.

해설 살인을 하면 사형에 처했는데 그 가족은 노비로 삼는 연좌제가 있었다.
  ① 부여는 이미 1세기 초(49)에 중국식 왕호를 사용하는 등 발전된 국가의 모습을 보였다.
  ② 왕이 죽으면 많은 사람(노비)들을 함께 묻는 순장의 풍습이 존재했다.
  ③ 1세기 경 만주의 송화강(쑹화강) 유역 평야 지대를 중심으로 본격적으로 성장했다.

핵심정리

부여의 4대금법
- **살인죄** : 살인자는 사형에 처하고 그 가족은 노비로 삼음(연좌제 적용)
- **절도죄** : 남의 물건을 훔쳤을 때에는 물건 값의 12배를 배상(1책 12법)
- **간음죄** : 간음한 자는 사형에 처함
- **투기죄** : 부녀가 투기하면 사형에 처하되 그 시체를 수도 남쪽 산에 버려 썩게 하며, 시체를 가져가려면 소 · 말을 바쳐야 함(투기죄도 사형에 처하고, 매장하지 못하게 함)

07

옥저에 대한 설명으로 옳지 않은 것은?

① 어물과 소금 등 해산물이 풍부하였다.

② 민며느리제의 풍습이 있었다.

③ 벼슬로는 상가, 고추가, 대로, 패자 등이 있었다.

④ 가족이 죽으면 시체를 가매장하였다가 나중에 그 뼈를 추려서 가족 공동무덤인 목곽에 안치하였다.

해설 '상가, 고추가, 대로, 패자'는 고구려의 벼슬이다.

핵심정리

옥저

• 성립 지역 : 함흥 평야 일대에 위치

• 발달 모습

정치	• 왕이 없고 각 읍락에는 읍군 · 삼로라는 군장이 있어서 자기 부족을 통치하였으나, 큰 정치 세력을 형성하지는 못함 • 옥저현후 세력이 가장 강대하였으나, 고구려의 압박과 변방에 위치한 탓에 연맹 왕국으로 발전하지 못하고 고구려에 흡수됨
경제	• 소금과 어물 등 해산물이 풍부하였으며, 이를 고구려에 공납으로 바침 • 토지가 비옥하여 농사가 잘되어 오곡이 풍부
풍속	• 고구려와 같은 부여족 계통으로, 주거 · 의복 · 예절 등에 있어 고구려와 유사(혼인풍속 등에서는 차이도 존재) • 매매혼의 일종인 민며느리제(예부제)가 존재 • 가족의 시체를 가매장하였다가 나중에 그 뼈를 추려 가족 공동묘인 커다란 목곽에 안치(세골장제, 두벌 묻기) • 가족 공동묘와 목곽 입구에는 죽은 자의 양식으로 쌀을 담은 항아리를 매달아 놓기도 함

08

다음 괄호 안에 공통으로 들어갈 나라에 대한 설명으로 옳은 것은?

> • 고구려, 백제는 (　　　) 계통이다.
> • (　　　)는 이미 1세기 초에 왕호를 사용하였고, 중국과 외교 관계를 맺는 등 발전된 국가의 모습을 보였다.

① 무천이라는 제천행사를 매년 10월에 열었다.

② 소도가 있어, 이곳에서 천군은 농경과 종교에 대한 의례를 주관하였다.

③ 책화라 하여 각 부족의 영역을 함부로 침범하지 못하게 하였다.

④ 농경과 목축이 주산업이었으며 말, 주옥, 모피 등이 유명하였다.

해설 제시문은 부여에 대한 설명으로, 부여는 비록 연맹 왕국의 단계에서 멸망하였지만 고구려나 백제의 건국 세력이 부여의 한 계통임을 자처하는 등 역사적 의미가 매우 크다.
①, ③ 동예의 풍속, ② 삼한의 풍속

09

국가와 그 나라의 풍습이 바르게 짝지어지지 않은 것은?

① 고구려 – 동맹　　　② 부여 – 영고

③ 삼한 – 무천　　　④ 동예 – 책화

해설 무천은 동예의 제천행사이다. 삼한은 해마다 씨를 뿌리고 난 뒤인 5월 수릿날과 가을 곡식을 거두어들이는 10월에 계절제를 열어 하늘에 제사를 지냈다.

10

다음에서 설명하고 있는 국가의 특징에 해당하는 것은?

> 북으로는 고구려, 옥저(沃沮)와 접하고, 남으로는 진한(辰韓)에 이어지며, 서로는 낙랑군과 접하였다고 전해진다. 해마다 10월에는 공동으로 하늘에 제사를 지냈고, 밤낮으로 마시고 춤과 노래를 즐겼다. 이 축제를 '무천'이라 하였다.

① 사람을 죽인 자는 즉시 죽이고, 남에게 상처를 입힌 자는 곡식으로 갚으며, 도둑질을 한 자는 노비로 삼되, 용서받고자 하는 자는 한 사람마다 50만 전을 내게 했다.

② 중앙에는 왕 아래에 가축의 이름을 딴 마가, 우가, 저가, 구가 등의 관리가 있어서 각기 읍락들을 통솔했다.

③ 정치적 지배자 외에 제사장인 천군이 존재하였고, 천군이 농경과 종교의 의례를 주관하는 소도가 있었는데, 죄인이 이곳으로 도망하면 잡아 가지 못했다.

④ 산천을 중시하여 남의 부족의 영역을 함부로 침범하지 못하게 하였는데, 만약 다른 부족의 영역을 침범하면 책화라 하여 소나 말, 노비로 변상하게 했다.

해설 제시된 내용은 초기 국가인 동예의 위치와 제천 행사인 무천에 대한 설명이다. 동예는 산천 등 각 부족의 영역을 엄격히 구분하여, 다른 부족이 이를 침범하면 노비와 소·말로 변상하게 하는 책화(責禍)가 존재하였다.

① 사람을 죽인 자는 사형에 처하고(相殺以當時償殺), 상해를 입힌 자는 곡식으로 배상하며(相傷以穀償), 도둑질한 자는 그 주인의 노비로 삼되 자속하려면 1인당 50만 전을 내야한다(相盜者男沒入爲其家奴 女子爲婢)는 것은 모두 고조선의 8조법에 해당한다. 이러한 8조법은 반고(班鋼)의 「한서지리지」에 전하는데, 고조선 사회 전체에 해당되는 만민법이자 보복법의 성격을 지니고 있다.

② 부여는 왕 아래에 가축의 이름을 딴 마가(馬加)·우가(牛加)·저가(猪加)·구가(狗加) 등의 4가(加)를 두며, 4가는 각기 행정 구획인 사출도(四出道)를 다스리고 있어, 왕이 직접 통치하는 중앙과 합쳐 5부를 구성하였다.

③ 삼한에는 정치적 지배자의 권력·지배력이 강화되면서 이와 분리하여 제사장인 천군(天君)이 따로 존재하는 제정분리의 모습을 나타냈다. 별읍의 신성지역인 소도(蘇塗)는 천군이 의례를 주관하고 제사를 지내는 곳으로 군장의 세력이 미치지 못하며, 죄인이 이곳으로 도망을 하여도 잡아가지 못하였다.

11

다음 설명 중 옳은 것은?

① 비파형 동검, 미송리식 토기는 고구려의 특징 적인 유물이다.

② 결혼 풍습으로 고구려의 서옥제와 옥저의 민 며느리제가 있었다.

③ 고조선은 기원전 10세기경 철기 문화를 기반 으로 성립되었다.

④ 삼한은 청동기 문화를 바탕으로 농업이 발달 하였다.

해설 고구려는 처가에 머무르며 봉사하는 봉사혼의 일종인 서옥제가 존재하였고, 옥저는 매매혼의 일종인 민며느 리제가 있었다.

　① 비파형동검과 미송리식 토기는 고인돌, 거친무늬 거 울과 함께 고조선의 특징적인 유물이다.

　③ 고조선은 기원전 2333년에 청동기 문화를 기반으로 성립되었다.

　④ 삼한은 철제 농기구의 사용으로 농경이 발달하였고 벼농사를 지었다.

핵심정리

결혼제도

고구려의 서옥제는 남자가 여자의 노동력을 가져오기 위해 일정 기간 여자 집에 머물며 자신의 노동력을 여자 집에 제공하는 것이다. 또한 옥저의 민며느리제는 여자 가 제대로 된 노동력을 제공할 정도의 나이가 될 때까지 남자 집에서 먹여 주고, 재워 주어 양육 비용을 대신 맡 아 주는 것인데 이로써 여자 집의 손실을 대신하는 것이 다. 이를 통해 그 시기에는 노동력이 상당히 중요한 요 소였음을 알 수 있으며, 여자 집의 노동력 소실을 보상 해 주기 위한 노력이 결혼제도에 스며들었던 것으로 볼 수 있다.

12

다음 자료를 통해 알 수 있는 고조선과 부여의 공 통점을 모두 고르면?

〈고조선〉

• 사람을 죽인 자는 사형에 처한다.

• 사람을 상해한 자는 곡물로써 배상한다.

• 남의 물건을 훔친 자는 노비로 삼되 자속하 려는 자는 돈 50만을 내야 한다.

• 부인들은 정신하여 음란하지 않았다.

〈부여〉

• 살인자는 사형에 처하고 그 가족은 노비로 삼는다.

• 절도자는 물건 값의 12배를 배상한다.

• 간음자는 사형에 처한다.

• 투기가 심한 부인은 사형에 처하되 그 시체 를 산 위에 버려 썩게 한다. 단, 그 여자의 집 에서 시체를 가져가려면 소와 말을 바쳐야 한다.

㉠ 사유재산, 노동력 중시

㉡ 계급 사회

㉢ 가부장제 사회

㉣ 제정분리 사회

---

① ㉠, ㉡

② ㉠, ㉣

③ ㉠, ㉢, ㉣

④ ㉠, ㉡, ㉢

해설 고조선과 부여에서는 사유재산과 노동력을 중시하였고, 농업 중심의 계급 사회였으며, 가부장적 사회였음을 알 수 있다.

13 지방직 9급 기출

다음에 해당하는 나라에 대한 설명으로 옳은 것은?

- 은력(殷曆) 정월에 지내는 제천행사는 나라에서 여는 대회로 날마다 먹고 마시고 노래하고 춤추는데, 이를 영고라 하였다. 이때 형옥을 중단하고 죄수를 풀어주었다.
- 국내에 있을 때의 의복은 흰색을 숭상하며, 흰 베로 만든 큰 소매 달린 도포와 바지를 입고 가죽신을 신는다. 외국에 나갈 때는 비단옷·수 놓은 옷·모직옷을 즐겨입는다.
  　　　　　　　　　－『삼국지』 위서 동이전 －

① 사람이 죽으면 뼈만 추려 가족 공동 무덤인 목곽에 안치하였다.

② 읍군이나 삼로라고 불린 군장이 자기 영역을 다스렸다.

③ 가축 이름을 딴 마가, 우가, 저가, 구가 등이 있었다.

④ 천신을 섬기는 제사장인 천군이 있었다.

해설 영고라는 제천행사와 의복은 흰색을 숭상하는 것으로 보아 부여와 관련된 사료라는 것을 알 수 있다. 왕 아래에 가축의 이름을 딴 마가(馬加)·우가(牛加)·저가(猪加)·구가(狗加)와 대사자·사자 등의 관리를 두었다. 4가(加)는 각기 행정 구획인 사출도(四出道)를 다스리고 있어서, 왕이 직접 통치하는 중앙과 합쳐 5부를 구성하였다.

① 옥저는 가족의 시체를 가매장하였다가 나중에 그 뼈를 추려 가족 공동묘인 커다란 목곽에 안치하는 풍속이 있었다.

② 동예와 옥저의 군장인 읍군, 삼로는 자기 부족을 통치하였다.

④ 삼한은 정치적 지배자의 권력·지배력이 강화되면서, 이와 분리하여 제사장인 천군(天君)이 따로 존재하였다.

핵심정리

부여의 풍속

- **백의를 숭상** : 흰 옷을 입는 풍속(백의민족의 유래)
- **형사취수제(兄死娶嫂制)** : 부여·고구려에서 존재한 풍습으로 노동력 확보를 목적으로 한 근친혼제
- **순장·후장** : 왕이 죽으면 사람들을 함께 묻는 순장과, 껴묻거리를 함께 묻는 후장의 풍습이 존재하였는데 그 대상은 평민이 아닌 노비였으며, 부여·고구려·신라·가야·삼한 등에서 행해짐
- **우제점복** : 점성술이 발달. 소를 죽여 그 굽으로 길흉을 점치는 우제점법이 존재하였으며 전쟁이 일어났을 때 제천의식을 행하고 우제점법을 시행하였다. 부여·고구려·삼한 등에 존재하던 풍습
- **영고(迎鼓)** : 수렵사회의 전통을 보여주는 제천행사로, 매년 음력 12월에 개최하였다. 하늘에 제사를 지내고 노래와 춤을 즐기며 죄수를 풀어주기도 함

14

다음과 같은 신성지역이 있었던 고대 국가는?

> 천군이 주관하는 소도는 군장의 세력이 미치지 못하는 곳으로, 죄인이 도망을 하여 이곳에 숨으면 잡아가지 못하였다.

① 고구려　　　　② 옥저
③ 삼한　　　　　④ 부여

해설 삼한에는 정치적 지배자 외에 제사장인 천군이 있었고 신성지역으로 소도가 있었는데, 이곳에서 천군은 농경과 종교에 대한 의례를 주관하였다. 이런 제사장의 존재에서 고대 신앙의 변화와 제정의 분리를 엿볼 수 있다.

핵심정리

삼한의 제정분리

• 정치적 지배자의 권력 · 지배력이 강화되면서, 이와 분리하여 제사장인 천군(天君)이 따로 존재(고조선이나 부여 등의 제정일치 사회보다 진화)
• 국읍의 천군은 천신 제사를, 별읍의 천군은 농경과 종교적 의례를 주관
• 별읍의 신성지역인 소도(蘇塗)는 천군이 의례를 주관하고 제사를 지내는 곳으로 제정분리에 따라 군장(법률)의 세력이 미치지 못하며 죄인이 이곳으로 도망을 하여도 잡아가지 못함(솟대를 세워 신성지역을 표시)

15

동예에 대한 설명으로 옳은 것은?

① 족외혼을 엄격히 지켰다.
② 동천왕이 관구검을 피해 이곳으로 도망했다.
③ 고구려에 미인을 바쳤으며, 이들을 노복처럼 부렸다.
④ 제가회의에서 국가의 중대사를 결정했다.

해설 동예는 같은 씨족 · 종족 · 계급 안에서의 혼인을 금하고 다른 집단에서 배우자를 구하는 엄격한 족외혼의 풍습을 지켰다.

핵심정리

동예

• **성립 지역** : 강원도 북부의 동해안(영흥, 덕원, 안변 지방)에 위치
• **발달 모습**

정치	• 왕이 없고, 후 · 읍군 · 삼로 등의 군장이 하호를 통치 • 불내예후국이 중심 세력이었으나, 연맹체를 형성하지 못하고 고구려에 병합됨
경제	• 토지가 비옥하고 해산물이 풍부하여 농경 · 어로 등 경제 생활이 윤택 • 명주와 베를 짜는 등 방직 기술이 발달 • 특산물로 단궁(檀弓, 나무 활), 과하마(果下馬, 키 작은 말), 반어피(班魚皮, 바다표범의 가죽)가 유명
풍속	• 엄격한 족외혼으로 동성불혼 유지(씨족 사회의 유습) • 각 부족의 영역을 엄격히 구분하여 다른 부족의 생활권을 침범하면 노비와 소 · 말로 변상하게 하는 책화(責禍)가 존재(씨족 사회의 유습) • 별자리를 관찰하여 농사의 풍흉을 예측 • 10월에 무천(舞天)이라는 제천행사 • 농경과 수렵의 수호신을 숭배하여 제사를 지내는 풍습이 존재

16

다음 제시문에 해당하는 것과 관련 있는 내용은?

> 구릉과 넓은 못이 많아서 동이 지역 가운데서 가장 넓고 평탄한 곳이다. 토질은 오곡을 가꾸기에는 알맞지만 과일은 생산되지 않았다. 사람들 체격이 매우 크고 성품이 강직 용맹하며 근엄하고 후덕하여 다른 나라를 노략질하지 않았다.

① 소굽으로 점을 보았다.
② 삼로, 읍군 등이 존재하였다.
③ 가족공동묘를 시행하였다.
④ 단궁, 과하마, 반어피 등을 생산하였다.

해설 제시문은 부여에 대한 설명으로, 부여는 전쟁이 일어났을 때 제천의식을 행하고 소를 죽여 그 굽으로 길흉을 점치기도 하였다.
　　② 옥저와 동예, ③ 옥저, ④ 동예

17

초기 고구려에 대한 설명으로 옳은 것은?

① 압록강 중류의 국내성에서 졸본 지방으로 옮겨 발전하였다.
② 행정구획인 사출도가 있었다.
③ 민며느리제의 풍습이 있었다.
④ 옥저를 정복하고 낙랑에 대해서도 압력을 가하였다.

해설 고구려는 활발한 정복 전쟁으로 한의 군현을 공략하여 요동 지방으로 진출하였고, 동쪽으로는 부전 고원을 넘어 옥저를 정복하였다.
　　① 졸본 지방에 자리를 잡았다가 국내성으로 옮겨 발전하였다.
　　② 사출도는 부여의 행정구역이다.
　　③ 고구려는 서옥제의 풍속이 있었다.

18

초기 여러 국가들에 대한 설명으로 옳지 않은 것은?

① 고구려 – 각 부족장들도 사자, 조의, 선인 등을 거느렸다.
② 옥저 – 소금, 어물 등의 해산물을 고구려에 공납으로 바쳤다.
③ 동예 – 다른 씨족의 생활권을 침범하지 못하게 하였다.
④ 부여 – 초기 국가의 단계를 거쳐 고대 국가 단계로까지 발전하였다.

해설 부여는 연맹 왕국 단계에서 멸망하였다.

핵심정리

부여의 쇠퇴
- 대외관계에 있어 북쪽으로는 선비족(鮮卑族), 남쪽으로는 고구려와 대립하고 후한과 친교를 맺어 긴밀한 관계 유지
- 3세기 말(285) 선비족의 침략으로 쇠퇴하기 시작하였고, 346년 선비족의 침략으로 수많은 부여인이 포로로 잡혀가는 등 어려움을 겪음
- 이후 고구려의 보호하에 있다가 결국 고구려(문자왕, 494)에 항복

19

다음과 관련 있는 나라에 대한 설명으로 옳은 것은?

> • 큰 산과 깊은 골짜기가 많아 평원과 연못이 없어서 계곡을 따라 살며 골짜기 물을 식수로 마셨다.
> • 좋은 밭이 없어서 힘들여 일구어도 배를 채우기는 부족하였다.
> • 사람들의 성품은 흉악하고 급해서 노략질하기를 좋아하였다.

① 요령을 중심으로 시작해서 한반도로 발전해 나갔다.
② 특산물로 단궁, 과하마, 반어피를 생산하였다.
③ 마가, 우가, 저가, 구가와 대사자, 사자 등의 관리가 있었다.
④ 10월에 동맹이라는 제천행사를 성대하게 행했다.

해설 제시문은 초기 고구려에 대한 설명이다.
　　① 고조선, ② 동예, ③ 부여

──── 핵심정리 ────

고구려의 풍속
• 장례 풍속
　– 결혼 후 수의 장만, 부모나 남편의 상은 3년으로 함
　– 후장제가 유행하여 부장품을 함께 묻어 주었고, 장례 시 북을 치고 노래를 부르며 송별의식을 행함
• 제천행사 등
　– 10월에 동맹(東盟)을 국동대혈에서 성대하게 거행
　– 건국 시조인 주몽(국조신)과 그의 어머니 유화부인(지신·수신)을 조상신으로 섬겨 제사를 지냄

20

삼한에 대한 설명으로 옳은 것은?

① 철이 많이 생산되어 낙랑과 왜 등에 수출하였다.
② 제정일치 사회였다.
③ 12월에 영고라는 제천 행사를 열었다.
④ 책화라는 풍속이 있었다.

해설 마산 성산동과 진해의 야철지 등에서 철(鐵)이 많이 생산되어 낙랑·왜 등에 수출하였다.
　　② 천군이 주관하는 소도는 군장의 세력이 미치지 못하였다는 점에서, 제정분리의 사회임을 알 수 있다.
　　③ 부여의 제천 행사는 영고이며 수렵 사회의 전통을 보여 준다.
　　④ 동예에는 책화라는 풍속이 있었다.

──── 핵심정리 ────

삼한의 성립 및 발전
• 성립
　– B.C. 4세기 무렵 고조선 남쪽 지역에서는 경기·충청·전라 서해안 지방을 중심으로 진(辰)이 성장
　– B.C. 2세기 무렵 고조선 사회의 변동으로 인해 유이민이 대거 남하함에 따라 새로운 문화(철기 문화)가 토착 문화와 융합되면서 진은 마한·변한·진한 등의 연맹체로 분화·발전
• 발전
　– 마한 : 삼한 중 세력이 가장 컸던 마한은 천안·익산·나주를 중심으로 한 경기·충청·전라도 지방에서 성립하였는데, 후에 마한 54국의 하나인 목지국(백제국)이 마한을 통합하여 백제로 발전
　– 진한 : 대구·경주를 중심으로 성립하였으며, 후에 진한 12국의 하나인 사로국이 성장하여 신라로 발전
　– 변한 : 낙동강 유역(김해, 마산)을 중심으로 발전하였으며, 후에 변한의 구야국이 6가야 연맹체의 중심 세력으로 성장

정답　19 ④　20 ①

제 **2** 편

고대의 성립과 발전

실전 문제

제1장 고대의 통치 구조와 정치 활동

● 대표유형문제 ●

지방직 9급 기출

삼국시대 금석문 자료에 대한 설명으로 옳지 않은 것은?

① 호우총 출토 청동 호우의 존재를 통해 신라와 고구려 관계를 살펴볼 수 있다.

② 사택지적비를 통해 당시 백제가 도가(道家)에 대한 이해를 하고 있었음을 알 수 있다.

③ 울진 봉평리 신라비를 통해 신라가 동해안의 북쪽 방면으로 세력을 확장하였음을 알 수 있다.

❹ 충주 고구려비(중원 고구려비)를 통해 신라가 고구려에게 자신을 '동이(東夷)'라고 낮추어 표현했음을 알 수 있다.

정답해설 중원고구려비는 고구려가 한반도 남하정책을 추진하는 과정에서 신라를 포섭했던 대외관계를 알 수 있는 유물이다. 서기 495년에 만들어진 중원고구려비에서 신라왕은 '동이매금(東夷寐錦)'으로 일컬어지는데, 매금이란 신라왕의 고유 칭호였던 마립간의 다른 표기이고, 동이(동쪽 오랑캐)는 고구려를 중심으로 신라를 보는 시각을 나타낸다. 또한 고구려가 신라를 '동이(東夷)'로 칭하는 부분에서 고구려 중심의 세계관과 종주국으로서의 의복을 하사하였다는 사실을 알 수 있다.

오답해설 ① 경주 호우의 호우명 그릇의 밑바닥에 "을묘년 국강상 광개토지 호태왕 호우십"이라는 글씨가 있는데, 이것은 광개토대왕을 기리는 내용으로 당시 양국의 역학관계를 보여준다.
② 사택지적비는 백제 의자왕 때 사택지적이라는 사람이 세월의 덧없음을 한탄하면서 만든 비로서, 도교의 노장사상을 반영하고 있다.
③ 울진 봉평리 신라비는 신라가 영토확장으로 동해안 지역에 실직주(悉直州)를 설치하고 이곳 지역을 새로 편입함에 따라 주민들의 항쟁사태가 일어나자 신라에는 이를 응징하기 위해 육부회의(六部會議)를 열고 대인(大人)을 파견하여 벌을 주고, 다시 대항하지 않도록 하기 위해 이 비를 세운 것으로 해석되고 있다.

핵심정리 신라의 주요 금석문
• 포항 중성리비(지증왕, 501)
• 영일 냉수리비(지증왕, 503)
• 울진 봉평 신라비(법흥왕, 524)
• 영천 청제비(법흥왕, 536)
• 단양 적성비(진흥왕, 551)
• **진흥왕 순수비** : 북한산비(555), 창녕비(561), 황초령비 · 마운령비(568)
• 남산 신성비(진평왕, 591)
• 임신서기석(진평왕, 612)

01

삼국이 중앙집권국가로 발전해가는 과정을 잘못 설명한 것은?

① 종래의 군장세력은 자기 부족에 대한 지배권을 강화하였다.

② 율령의 반포로 체제 정비가 가속화되었다.

③ 불교를 수용하여 중앙집권화의 사상적 뒷받침을 하였다.

④ 영토 국가로 발전해 가면서 국왕의 권력이 강화되었다.

해설 고대 국가가 형성되면서 왕은 자기 집단 내부의 지배력을 강화하는 동시에, 다른 집단에 대한 지배력을 키워나 갔다. 이런 과정에서 군장세력은 중앙세력에 통합되어 중앙의 귀족이나 관료로 흡수되었다.

02

다음 왕들의 공통점은?

- 소수림왕
- 침류왕
- 법흥왕

① 왕권 강화

② 율령 반포

③ 정복 활동

④ 불교 공인

해설 고구려의 소수림왕, 백제의 침류왕, 신라의 법흥왕은 불교를 공인하여 중앙집권체제를 사상적으로 뒷받침 하였다.

핵심정리

삼국의 국가별 발전 순서

- **고대 국가의 기틀 마련(중앙집권적 토대 구축)** : 고구려(태조왕) → 백제(고이왕) → 신라(내물왕)
- **율령 반포** : 백제(고이왕) → 고구려(소수림왕) → 신라(법흥왕)
- **고대 국가 완성(중앙집권체제의 완성)** : 백제(근초고왕) → 고구려(소수림왕) → 신라(법흥왕)

03

다음은 고구려와 백제의 발전 과정을 서술한 것이다. 이러한 고구려와 백제의 팽창이 가능하였던 시대적 배경으로 가장 적절한 것은?

- 고구려가 한 군현세력을 축출하고, 이어서 요동지역을 확보하였다.
- 백제가 요서지방으로 진출하고, 이어서 산둥지방과 일본에까지 진출하였다.

① 위, 촉, 오 삼국이 형성되어 중국 사회가 혼란해졌다.

② 고구려와 백제가 율령을 반포하여 집권체제가 강화되었다.

③ 북방 민족의 침입으로 중국의 혼란 상태가 장기간 지속되었다.

④ 고구려와 백제는 동맹을 맺어 중국의 압력에 공동으로 대항하였다.

해설 당시 중국은 여러 나라로 분열된 상태가 지속되고 있었다. 이를 틈타 고구려, 백제의 영토 확장은 활기를 띠었다.

제2편

고대의 성립과 발전

04

다음 중 이 나라에서 일어났던 사실로 옳은 것은?

> • 수도는 6부로 정리하고 지방은 5주 2소경으로 정비하였다.
> • 불교를 수용하여 국가의 통치이념으로 이용하였다.
> • 율령을 반포하고 17관등 및 백관의 공복을 정하였다.

① 율령을 반포하고 태학을 설립하여 인재를 육성하였다.
② 건원이란 연호를 사용하고 병부를 설치하였다.
③ 남부여로 개칭하고 중앙관서와 지방제도를 강화하였다.
④ 한군현을 몰아내고 중국의 침입을 막는 방파제 역할을 하였다.

해설 제시문은 신라의 정치적 발전을 설명한 내용이다.
　　①, ④ 고구려에 대한 설명이다.
　　③ 백제에 대한 설명이다.

핵심정리

신라의 정치적 발전
• **눌지왕(417~458)** : 백제와 동맹을 맺어 고구려의 간섭을 배제하고자 함
• **소지왕(479~500)** : 6촌을 6부의 행정구역으로 개편, 백제 동성왕과 결혼 동맹 체결
• **지증왕(500~514)** : 국호를 신라로 바꾸고, 왕호도 마립간에서 왕으로 고침, 수도와 지방 행정구역을 정리, 우산국 복속(512)
• **법흥왕(514~540)** : 병부 설치, 율령 반포, 공복 제정 등을 통하여 통치 질서 확립, 골품제도 정비, 불교 공인, 건원이라는 연호 사용, 금관가야 정복

05

4세기경 삼국의 정세에 대한 설명으로 옳지 않은 것은?

① 고구려는 낙랑을 쳐서 중국 세력을 몰아내는 데 성공하였다.
② 백제의 영역은 남으로 전라도 남해안에 이르렀으며, 북으로는 고구려의 평양성까지 공격하였다.
③ 신라에서 김씨가 왕위를 독점하여 세습하게 되었다.
④ 대가야가 신라에 통합되었다.

해설 대가야가 신라에 멸망한 시기는 562년(6세기)이다.
　　① 고구려는 미천왕 때(313) 낙랑군을 완전히 몰아내고 압록강 중류 지역을 벗어나 남쪽으로 진출할 수 있는 발판을 마련하였다.
　　② 백제는 근초고왕 때(4세기 중반) 마한의 세력을 정복하여 전라도 남해안에 이르렀으며, 북으로는 황해도 지역을 놓고 고구려와 대결하였다.
　　③ 신라는 내물왕 때(4세기) 김씨에 의한 왕위 계승권이 확립되었고, 왕의 칭호도 마립간으로 바뀌었다.

핵심정리

백제의 전성기(4세기)

06

다음은 칠지도에 새겨진 글이다. (가)와 (나)에 들어갈 나라는?

> 이 칼은 모든 군대를 물리칠 수 있는 것이다. 마땅히 후왕(侯王)에게 줄 만하다. 아직까지 이런 칼이 없었다. (가) 왕세자 기생성음(奇生聖音)이 일부러 (나) 왕을 위해 만들었다. 후세에 전하도록 하라.

	(가)	(나)
①	신라	백제
②	백제	왜
③	고구려	당
④	백제	당

해설 칠지도는 백제 근초고왕의 아들 근구수왕이 사신을 통하여 일본 왕에게 보낸 것이다. 모두 7개의 칼날을 이루고 있어 칠지도라는 이름이 붙여졌다.

───── 핵심정리 ─────

칠지도(七支刀)
- **의의** : 백제 근초고왕이 일본의 신공황후에게 친선 외교의 목적으로 하사한 칼로서, 일본서기(日本書紀)에 칠지도라 기록되어 있다.
- **명문의 기록 내용** : 공공후왕(供供侯王)의 공(供)은 초기에 바친다는 뜻으로 해석하여 일본에서 백제 봉헌설을 제기하기도 했고 "侯王"은 "제후인 왕"으로 해석하여 동진(東晉)에서 백제를 통해 왜왕에서 하사했다는 동진 하사설이 제기되기도 하였으나 현재는 백제 하사설이 가장 유력하다.

▲ 칠지도

07

다음 중 삼국의 발전 과정에 대한 설명이 옳은 것은?

① 고구려는 고국천왕 때 귀족자제의 교육기관인 태학을 설립하였다.

② 4세기 백제는 활발한 영토 확장과 대외 활동을 전개하였다.

③ 백제는 근초고왕 때 동진으로부터 불교를 수용하였다.

④ 신라 법흥왕 때 왕호를 마립간에서 왕으로 개칭하였다.

해설 4세기 근초고왕(346~375) 때 백제는 북으로 고구려의 평양성을 공격하고 마한의 나머지 세력을 정복(369)하여 오늘날의 경기·충청·전라도와 낙동강 중류, 강원·황해도의 일부 지역에 이르는 최대 영토를 확보하였다. 또한 대외 활동을 활발히 하여 요서·산둥·일본 규슈 지방에 이르는 고대 상업 세력권을 형성하였다.
① 태학은 고구려 소수림왕(371~384) 때 설치된 국립교육기관으로 우리나라 최초의 학교이다. 귀족자제의 교육기관이며 유교경전과 문학, 무예를 교육하였다.
③ 백제 근초고왕 때 동진과 수교(372)를 맺었으나 불교를 수용한 것은 침류왕 때이다. 침류왕(384~385)은 동진의 마라난타로부터 불교를 수용(384)하여 중앙 집권체제를 사상적으로 뒷받침하였다.
④ 신라 지증왕(500~514)은 왕의 칭호를 '마립간'에서 '왕'으로 바꾸었고, 국호를 '사로국'에서 '신라'로 바꾸었다.

08

다음 비문의 내용에 해당하는 고구려 왕의 업적으로 옳은 것은?

> 영락 10년(400) 경자에 보병과 기병 5만을 보내 신라를 구원하게 하였다. 후퇴하는 왜적을 추격하여 종발성을 함락하고 병사를 두어 지키게 하였다.

① 임진강 등 한강 이북을 장악하였다.
② 태학을 설립하여 인재를 양성하였다.
③ 당의 침입에 대비하여 천리장성을 쌓았다.
④ 평양으로 천도하여 남진 정책을 본격화하였다.

해설 제시된 내용은 광개토대왕릉비의 내용으로, 광개토대왕 때 고구려가 신라 해안에 침입한 왜를 토벌(400)한 것을 기록한 것이다. 광개토대왕은 남쪽으로 백제의 위례성을 공격하여 임진강·한강선까지 진출하였다.
② 소수림왕 시기에 국립 유학 교육 기관인 태학을 설립하였다.
③ 7세기 초 연개소문이 주도하여 천리장성을 쌓았다.
④ 장수왕의 업적으로 평양 천도를 통해 남진 정책을 본격화하였다.

━━ 핵심정리 ━━

광개토대왕(391~413)의 업적

- 만주에 대한 지배권을 확대
- 선비족의 후연(모용씨)을 격파하여 요동지역 확보
- 백제의 위례성을 공격하여 임진강·한강선까지 진출
- 신라에 침입한 왜구를 낙동강 유역에서 토벌함으로써 한반도 남부에까지 영향력 행사(400) → 광개토대왕 비문에 백제·왜·가야 연합군을 격파한 내용이 기록
- 우리나라 최초로 '영락(永樂)'이라는 독자적 연호를 사용하여 중국과 대등함을 과시

09

5세기 고구려에 관한 설명으로 옳은 것은?

① 옥저를 정복하였다.
② 부여성과 비사성을 연결하는 천리장성을 축조하였다.
③ 국가 체제를 개혁하여 중앙집권국가로의 체제를 강화하였다.
④ 남한강 유역까지 진출하게 되었으며 중원 고구려비를 세웠다.

해설 5세기 고구려 장수왕은 한강 전 지역을 포함하여 죽령 일대로부터 남양만을 연결하는 선까지 그 판도를 넓혔다.
① 2세기, ② 7세기, ③ 4세기

━━ 핵심정리 ━━

장수왕(413~491)의 영토 확장

- 평양으로 천도(427) → 왕권강화 및 남하정책
- 한강 이남 지역 차지 → 백제와 신라를 압박

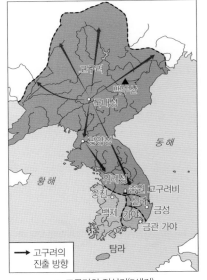

▲ 고구려의 전성기(5세기)

10

삼국의 대외관계에 대한 설명으로 옳은 것을 모두 고른 것은?

> ㉠ 고구려와 백제, 신라와 백제는 동맹관계없이 적대관계만 유지하였다.
> ㉡ 백제는 4세기 중엽 이후에 요서, 산둥지방, 일본에 세력을 미치고 있었다.
> ㉢ 고구려의 장수왕이 활약할 당시 중국은 위, 촉, 오 등으로 분열되었다.
> ㉣ 신라는 수 · 당과의 연결을 꾀하여 고구려와 백제의 압력에 대항하고자 하였다.

① ㉠, ㉡
② ㉡, ㉢
③ ㉡, ㉣
④ ㉢, ㉣

해설 ㉠ 고구려와 백제는 신라에 대항하기 위하여 여 · 제 동맹을 맺었고, 신라와 백제는 5세기에 고구려의 남하 정책에 대비하기 위하여 나 · 제 동맹을 맺었다.
㉢ 장수왕은 중국 남북조와 교류하면서 대립하고 있던 두 세력을 조종하는 외교정책을 써서 중국을 견제하였다.

┌─ **핵심정리** ─┐

시기별 동맹관계
한강 유역을 장악한 전성기 국가를 제외한 나머지 두 국가는 동맹을 맺어 대비하였다.
• 4세기 : 백제의 한강 유역 장악 ↔ 고구려 · 신라 동맹
• 5세기 : 고구려의 한강 유역 장악 ↔ 신라 · 백제 동맹
• 6세기 : 신라의 한강 유역 장악 ↔ 고구려 · 백제 동맹

11 국가직 9급 기출

고구려와 신라의 관계를 다음과 같이 알려주고 있는 삼국시대의 금석문은?

> • 고구려의 군대가 신라 영토에 주둔했던 것으로 이해할 수 있는 기록이 보인다.
> • 고구려가 신라의 왕을 호칭할 때 '동이 매금(東夷寐錦)'이라고 부르고 있다.
> • 고구려가 신라의 왕과 신하들에게 의복을 하사하는 의식을 거행한 것으로 보인다.

① 광개토왕비
② 집안고구려비
③ 중원고구려비
④ 영일냉수리비

해설 고구려 장수왕의 중원고구려비에 대한 설명이다. 중원고구려비는 고구려가 한반도 남하정책을 추진하는 과정에서 신라를 포섭했던 대외관계를 알 수 있는 유물이다. 서기 495년에 만들어진 중원고구려비에서 신라왕은 '동이매금(東夷寐錦)'으로 일컬어지는데, 매금이란 신라왕의 고유 칭호였던 마립간의 다른 표기이고, 동이(동쪽 오랑캐)는 고구려를 중심으로 신라를 보는 시각을 나타낸다. '신라토내당주(新羅土內幢主)'라는 표현은 중원고구려비 건립 단계에 고구려 군대가 신라 영토 내에 주둔하고 있는 실정을 알려주어 당시 양국 간의 관계를 상징적으로 보여주는 자료이다. 또한 고구려가 신라를 '동이(東夷)'로 칭하면서 종주국으로서의 의복을 하사하였다는 사실도 이 비를 통해 알 수 있다.
① 광개토대왕릉비(장수왕 2, 414)에는 비려 정복(395), 백제 정벌(396), 읍루(숙신)(398) 정벌, 신라 · 가야 지방의 왜구 토벌(400), 동부여 정복(410) 등에 대한 기록이 있으나, 북위를 무찌른 내용은 기록되어 있지 않다. 광개토대왕이 활약하던 4세기 후반에서 5세기 초에 고구려는 북위와 형식상의 화친관계가 형성되었다.
② 집안고구려비는 중국 지린성 지안시에서 발견된 고구려 비석이다.
④ 영일냉수리비는 경북 영일군(현 포항시)에 있는 가장 오래된 신라의 비석(국보 제264호)으로 영일 지방의 재산 관련 분쟁 판결에 관한 내용이 기록되어 있다.

핵심정리

광개토대왕릉비의 내용
- **전반** : 고구려의 건국 내력(주몽 설화), 광개토대왕의 치적에 대한 칭송
- **중반** : 영락 5년 비려 정복(395), 백제 정벌(396), 읍루(숙신) 정벌(398), 400년 신라 · 가야 지방의 왜 토벌, 동부여 정복(410) 등 64성 1,400촌을 공략한 내용이 기록
- **후반** : 무덤을 지키는 수묘인에 관한 기록

핵심정리

장수왕의 남하정책이 미친 영향
- 신라와 백제의 나 · 제 동맹 체결(433~553)
- 백제의 개로왕이 북위(후위)에 군사 원조를 요청(472)
- 백제가 수도를 한성에서 웅진(공주)으로 천도(475)
- 충북 중원 고구려비의 건립

12

다음의 상황이 전개된 시기를 아래 연표에서 고른 것은?

18년	2월	백제왕이 좋은 말 두 필을 보내왔다.
18년	9월	백제왕이 다시 흰 매를 보내왔다. ……
39년	10월	고구려가 백제를 침범하므로 왕이 군사를 보내 구원하였다.

- 『삼국사기』 눌지 마립간

(가)	(나)	(다)	(라)
	371년	427년 고구려 평양천도	533년 신라 한강 유역 확보

① (가) 　　　　② (나)
③ (다) 　　　　④ (라)

해설 제시된 상황이 전개된 시기는 신라의 눌지 마립간(눌지왕, 417~458) 18년과 39년 때이므로 연표의 (다) 시기에 해당된다. 눌지왕은 고구려 장수왕이 평양으로 천도하고 남하정책을 펴자, 백제 비유왕과 나 · 제 동맹을 체결(433)하였으며, 왕위의 부자상속제를 확립하여 왕권을 강화하였다.

13

6세기 초 신라의 정치적 발전 상황으로 가장 타당한 것은?

① 우산국(울릉도)을 복속하였다.
② 중국의 요서지방과 산둥지방까지 진출하였다.
③ 만주지방에 대한 대규모의 정복사업을 단행하였다.
④ 고령의 대가야를 정복하여 낙동강 서쪽을 장악하였다.

해설 신라는 지증왕 때 우산국(울릉도)을 복속시켰다(512). 대가야를 정복한 것은 진흥왕 때이다(562).
② 백제의 근초고왕, ③ 고구려의 광개토대왕

14

신라가 한강 유역을 장악한 이후에 발생한 역사적 사실로 옳은 것은?

① 백제의 근초고왕은 중국의 요서와 산둥지방으로 진출하였다.
② 고구려는 중국의 남북조와 외교관계를 맺었다.
③ 신라와 백제는 나 · 제 동맹을 맺어 고구려에 대항하였다.
④ 신라는 중국과 직접 외교관계를 맺고 중국 문화를 수용하였다.

해설 신라의 한강 유역의 장악으로 황해를 통하여 중국과 직접 교섭할 수 있는 유리한 발판을 마련하였다.

15

다음은 삼국의 발전 과정에서 있었던 사실이다. 시대순으로 바르게 나열한 것은?

> ㉠ 고구려의 침공을 받은 백제는 웅진으로 도읍을 옮겼다.
>
> ㉡ 수의 위협을 받던 고구려는 돌궐, 백제와 연합 세력을 구축하였다.
>
> ㉢ 한강 유역을 차지하고 대가야를 병합한 신라가 삼국 경쟁의 주도권을 장악하게 되었다.

① ㉠ → ㉡ → ㉢   ② ㉠ → ㉢ → ㉡

③ ㉡ → ㉠ → ㉢   ④ ㉢ → ㉠ → ㉡

해설 ㉠ 백제는 고구려의 남하정책에 밀려 웅진(공주)으로 도읍을 옮겼다(475).
㉡ 신라의 팽창으로 나·제 동맹이 결렬되자 고구려와 백제, 돌궐이 연결하여 신라를 공격하였다(6세기 말).
㉢ 진흥왕 때 고령의 대가야를 정복하여 낙동강 서쪽을 장악하였다(562).

16

백제 근초고왕의 업적에 대한 다음의 설명 중 옳지 않은 것은?

① 남쪽으로는 마한을 멸하여 전라남도 해안까지 확보하였다.

② 박사 고흥으로 하여금 백제의 역사서인 『書記(서기)』를 편찬하게 하였다.

③ 중국의 동진, 일본과 무역활동을 전개하였다.

④ 북쪽으로는 고구려의 평양성까지 쳐들어가 고국천왕을 전사시켰다.

해설 4세기 백제 근초고왕 때인 371년 백제가 고구려 평양성을 공격했을 때 고구려 고국원왕은 이를 막다 전사하였다.
①, ③ 4세기 근초고왕(346~375) 때 백제는 북으로 고구려의 평양성을 공격하고 마한의 나머지 세력을 정복(369)하여 오늘날의 경기·충청·전라도와 낙동강 중류, 강원·황해도의 일부 지역에 이르는 최대 영토를 확보하였다. 또한 대외 활동을 활발히 하여 요서·산동·일본 규슈 지방에 이르는 고대 상업 세력권을 형성하였다.
② 근초고왕 때 고흥은 『서기(書記)』를 편찬하였다.

17

신라의 영역이 다음 지도와 같았을 때 일어난 사실은?

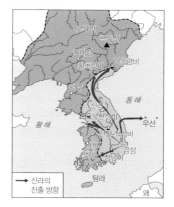

① 나·제 동맹의 결성   ② 황룡사 건립

③ 불교 공인   ④ 율령 반포

해설 지도는 6세기 신라의 전성기인 진흥왕(540~576) 때이다. 진흥왕은 영토를 확장하고 삼국 항쟁을 주도하였고, 화랑도를 공인(제도화)하였다. 황룡사·흥륜사를 건립하여 불교를 부흥하고, 불교 교단을 정비하였다. 또한 최고 정무기관 품주(稟主)를 설치하여 국가기무와 재정을 담당하게 하였고 순수비를 건립하였다.
① 5세기 초 눌지왕, ③, ④ 6세기 초 법흥왕

18 국가직 9급 기출

삼국시대 각국의 역사상에 대한 설명으로 옳은 것만을 모두 고른 것은?

> ㉠ 고구려의 소노부는 자체의 종묘와 사직에 제사를 지내기도 하였다.
> ㉡ 백제 성왕은 중앙 관청을 22부로 확대 정비하고 수도를 5부로, 지방을 5방으로 정비하였다.
> ㉢ 영일 냉수리 신라비와 울진 봉평 신라비에 의하면 왕은 소속부의 명칭을 띠고 있었다.

① ㉠, ㉡
② ㉠, ㉢
③ ㉡, ㉢
④ ㉠, ㉡, ㉢

해설 ㉠ 고구려의 소노부는 전(前) 왕족으로, 3세기까지도 독자적으로 종묘(宗廟)를 유지했고 영성사직(靈星社稷)에 대한 제사를 거행하기도 했다. 처음에는 소노부에서 왕이 나오다 태조왕 때부터 계루부에서 왕이 나와 주도권을 행사하였는데, 왕족인 계루부와 전 왕족인 소노부의 적통대인(嫡統大人), 왕비족인 절노부의 대인을 '고추가(고추대가)'라 하여 왕권에 버금가는 세력으로 대우하였다.

㉡ 백제 성왕(523~554)은 수도를 사비로 천도(538)하고 국호를 남부여로 고치면서 중흥을 꾀하였는데, 이 시기에 중앙 관청을 22부로 확대하고 행정조직을 5부(수도) 5방(지방)으로 정비하였다.

㉢ 신라의 영일 냉수리비와 울진 봉평 신라비에는 신라 6부에 대한 내용과 함께 왕도 소속부의 명칭을 띠고 있었다는 것이 기록되어 있는데, 이는 왕이 6부의 실력자와 합의하여 국정의 주요 내용을 결정하였다는 것을 보여준다.

19 서울시 9급 기출

<보기>의 사건이 있었던 시기의 사실로 가장 옳은 것은?

> ── 보기 ──
> 가을 9월에 고구려 왕 거련(巨璉)이 군사 3만 명을 이끌고 왕도(王都) 한성을 포위하였다. 왕은 성문을 닫고 나가 싸우지 않았다. …… 왕은 곤궁하여 어찌할 바를 모르다가, 기병 수십을 거느리고 성문을 나가 서쪽으로 도망쳤다. 고구려인이 쫓아가 그를 살해하였다.
> – 『삼국사기』 –

① 성왕이 신라군에게 살해되었다.
② 신라가 건원이라는 연호를 사용하였다.
③ 을지문덕이 살수에서 수의 군대를 물리쳤다.
④ 고구려가 중국의 남북조와 동시에 교류하였다.

해설 백제의 수도 한성을 함락한 것은 고구려 장수왕(413~491) 때이다. 장수왕은 남진 정책을 추진하여 백제의 수도인 한성을 점령하고 백제 개로왕이 전사하였다. 이 시기에 장수왕은 중국 남북조와 교류하는 외교정책을 펼쳤다.

① 성왕은 신라 진흥왕과 연합하여 한강 유역을 부분적으로 수복하였지만 곧 신라에 빼앗기고, 성왕 자신도 554년 관산성(옥천)에서 전사하였다.

② 법흥왕(514~540) 때 건원(建元)이라는 연호를 사용함으로써 자주 국가로서의 위상을 높였다.

③ 을지문덕이 이끄는 고구려군은 612년 살수에서 수의 군대를 물리쳤다.

20

다음 중 왕과 업적이 바르게 연결된 것은?

① 자비왕 – 주(州)와 군(郡)의 지방행정구역을 정리하고 우산국을 복속
② 무령왕 – 신라와 연합하여 한강 유역을 수복하고 일본에 불교를 전함
③ 법흥왕 – 율령의 반포, 불교의 공인, 태학의 설립 등으로 국가체제를 개혁
④ 장수왕 – 중국 남북조와 각각 교류하고 남양만 일대까지 판도를 넓힘

해설 장수왕(413~491)은 중국 남북조와 교류하며 한강 전 지역을 포함하여 죽령 일대로부터 남양만을 연결하는 선까지 장악하였다.
① 지증왕(500~514)은 국호(사로국 → 신라)와 왕의 칭호(마립간 → 왕)를 바꾸고, 행정구역을 정리(중국식 군현제 도입, 소경제 설치)하였으며, 우산국을 복속(512)하고, 우경을 시작(권농책)하였다.
② 백제 성왕(523~554)은 신라 진흥왕과 함께 한강 유역을 수복하였고, 노리사치계를 통하여 일본에 불교를 전파하였다(552).
③ 고구려 소수림왕(371~384)은 불교 수용(372), 태학 설립(372), 율령 반포(373) 등을 실시하여 국가체제를 확고히 하였다.

핵심정리

장수왕(413~491)의 업적
- **외교정책** : 중국 남북조와 각각 교류하여 대립하고 있던 두 세력을 조종 · 이용
- **평양 천도와 남하정책** : 수도를 국내성에서 평양으로 천도(427)하여 안으로는 왕권을 강화하고 밖으로는 백제와 신라를 압박
- **영토 확장** : 백제의 수도인 한성을 함락(백제 개로왕 전사, 475)하고 한강 전 지역을 포함하여 죽령 일대로부터 남양만을 연결하는 선까지 장악
- **제도 정비** : 지방 행정제도로 5부를 신설 · 정비, 청소년에게 무예와 한학을 교육하기 위해 경당을 설치(최초의 사학)

21

다음 사료에 나타난 국가에 대한 설명으로 옳지 않은 것은?

…(전략)… 여섯 개의 알은 화하여 아기가 되어 있었는데 용모가 매우 깨끗했으며 이내 평상 위에 앉았다. 사람들은 모두 절하고 하례하면서 극진히 공경했다. 이들은 나날이 자라더니 10여일이 지나자 키가 9척으로 은나라 천을과 같고, 얼굴이 용안임은 하나라 고조와 같았다. 눈동자가 겹으로 된 것은 우나라 순임금과 같았다. 그 달 보름에 왕위에 올랐는데 세상에 처음 나타났다고 하여 이름을 수로라 하거나 혹은 수릉이라 했다. 나라를 대가락이라 하고, 또 가야국이라고도 했으니 곧 여섯 가야 중의 하나이다. 나머지 다섯 사람도 각기 가서 다섯 가야국의 임금이 되었다. 가야는 동쪽은 황산강, 서남쪽은 창해, 서북쪽은 지리산, 동북쪽은 가야산이며 남쪽은 나라의 끝이었다.

① 3세기경 김해의 금관가야를 중심으로 연맹 왕국으로 발전하였다.
② 철의 생산과 낙랑, 왜와의 중계 무역으로 크게 번성하였다.
③ 고대 국가로 발전했지만 신라에게 멸망당하였다.
④ 5세기 후반에는 고령지방의 대가야를 중심으로 후기 가야 연맹을 이룩하였다.

해설 김해 가야국의 수로왕 신화이다. 가야는 고대 국가로 발전하지 못하고 연맹 왕국 단계에서 멸망하였다.

22 지방직 9급 기출

시기 순으로 바르게 나열한 것은?

> ㉠ 고구려의 흥안령 일대 장악
> ㉡ 백제의 사비 천도
> ㉢ 신라의 마운령비 건립
> ㉣ 전기 가야 연맹의 약화

① ㉠ → ㉣ → ㉢ → ㉡
② ㉠ → ㉣ → ㉡ → ㉢
③ ㉣ → ㉠ → ㉡ → ㉢
④ ㉣ → ㉠ → ㉡ → ㉢

해설 ㉣ 금관 가야를 중심으로 한 전기 가야 연맹은 4세기 말부터 5세기 초에 고구려군의 공격으로 중심세력이 해체되고 낙동강 서안으로 축소되며, 이후 고령을 중심으로 한 대가야가 주도권을 행사하였다.
㉠ 고구려는 5세기 장수왕 때인 479년에 유연(柔然)과 연합하여 거란족 일파인 지두우(地豆于)를 분할점령하여 흥안령 일대의 초원지대를 장악하였다.
㉡ 백제는 6세기 성왕 때 수도를 사비(부여)로 천도(538)하고 국호를 남부여로 개칭하였다.
㉢ 신라는 진흥왕 때 함흥평야까지 점령하여 함경남도로 진출하고 황초령비와 마운령비(568)를 건립하였다.

───────── 핵심정리 ─────────
가야의 성립과 해체
• **성립** : 삼국이 국가 조직을 정비해 가던 시기에 낙동강 하류 유역의 변한 지역에서 철기 문화를 토대로 사회 통합을 거쳐 2세기 이후 여러 정치 집단들이 등장(변한 12국)
• **해체**
 − 신라와 백제의 다툼 속에서 연맹이 분열되어 금관가야가 신라 법흥왕 때 복속(532)
 − 대가야가 신라 진흥왕 때 점령(562)되어 가야 연맹은 완전히 해체됨

23

다음 글에 나타난 당의 야욕을 분쇄한 결정적 싸움으로 묶인 것을 모두 고른 것은?

> 이것은 현재 중국의 역사학계가 인정하고 있는 중국의 역사 지도입니다. 여기 한반도 쪽을 한번 보시죠. 어떻게 된 게 백제와 고구려 지역이 중국 당나라의 영토로 표시돼 있습니다. 당나라는 신라와 연합해 백제와 고구려를 무너뜨린 뒤 백제와 고구려를 당의 지배하에 두려고 백제의 옛 땅에는 웅진 도독부를, 고구려의 옛 땅에는 안동 도호부를 설치했는데요, 중국에서는 이것을 당나라의 지배로 보고 지금 역사 지도에 이렇게 그려 놓은 것입니다. 만약 신라가 나·당 전쟁에서 승리하지 않았다면 이 지도는 한반도 전체를 당나라 것으로 그려 놓고 있을 겁니다.

> ㉠ 살수에서 수의 30만 대군을 격파하였다.
> ㉡ 황산벌에서 계백의 5천을 격파하였다.
> ㉢ 안시성에서 당의 30만 대군을 격파하였다.
> ㉣ 기벌포에서 당의 해군 4천을 격파하였다.
> ㉤ 매소성에 주둔한 당의 20만 대군을 격파하였다.

① ㉠, ㉡
② ㉡, ㉢
③ ㉢, ㉣
④ ㉣, ㉤

해설 신라는 남침해 오던 당의 20만 대군을 매소성에서 격파하여 나·당 전쟁의 주도권을 장악하였으며, 금강 하구의 기벌포에서 당의 수군을 섬멸하여 당의 세력을 완전히 몰아내 삼국통일을 이루었다.

24

다음 시는 조준이 지은 한시를 우리말로 번역한 것이다. 이 시의 배경이 되는 사건에 대한 설명이 옳지 않은 것은?

> 살수의 푸른 물결 굽이쳐 흐르는데
> 수의 백만 대군 고기밥이 되었구나.
> 촌부들은 지금도 웃으며 이야기한다.
> 수양제의 헛된 정복의 꿈을

① 이 사건의 영향으로 수는 곧 멸망하였다.
② 수의 한반도에 대한 침략을 저지하였다.
③ 30만 대군이 거의 전멸하였다.
④ 이 사건 후 고구려는 중국에 저자세 외교로 전환하였다.

해설 수양제의 침입 때 을지문덕은 살수에서 수나라 군대를 유인하여 크게 격파하여 결정적인 승리를 거두었다. 이후 고구려는 국경 지방에 천리장성을 쌓으면서 중국의 침략에 강하게 대응하였다.

핵심정리

수 문제와 양제의 침략

제1차 침입 (영양왕, 598)	수 문제의 30만 대군이 침입했으나 장마와 전염병으로 실패
제2차 침입 (영양왕, 612)	수 양제의 113만 대군이 침입했으나 을지문덕이 이끄는 고구려군에게 살수에서 대패(살수대첩)
제3·4차 침입 (영양왕, 613·614)	수 양제가 침입했으나 모두 실패

25

다음의 내용을 시대 순으로 바르게 나열한 것은?

> ㉠ 살수대첩   ㉡ 백제 멸망
> ㉢ 나·당 전쟁   ㉣ 고구려 멸망
> ㉤ 안시성 싸움

① ㉠ → ㉡ → ㉢ → ㉣ → ㉤
② ㉠ → ㉤ → ㉡ → ㉣ → ㉢
③ ㉡ → ㉢ → ㉣ → ㉤ → ㉠
④ ㉢ → ㉣ → ㉤ → ㉠ → ㉡

해설 살수대첩은 612년, 백제 멸망은 660년, 나·당 전쟁은 668~676년, 고구려 멸망은 668년, 안시성 싸움은 645년에 일어났다.

26

다음의 공통점으로 알맞은 것은?

> • 김유신은 무열왕을 왕으로 추대하여 이때부터 진골이 왕이 되었다.
> • 문무왕 때 통일 왕국을 이룩하였다.
> • 유교 정치 이념이 확립되고 지방관이 파견되었다.

① 전제 왕권의 강화
② 귀족 사회의 동요
③ 농민 생활의 안정
④ 율령·제도의 정비

해설 통일을 전후하여 나타난 중요한 정치적 변화는 왕권의 전제화로, 이때부터 태종 무열왕의 직계 자손만이 왕위를 세습하였다.

27 [국가직 9급 기출]

(가) 시기에 신라에서 있었던 사실은?

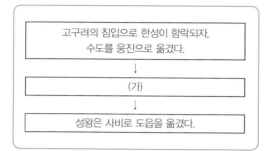

고구려의 침입으로 한성이 함락되자,
수도를 웅진으로 옮겼다.

↓

(가)

↓

성왕은 사비로 도읍을 옮겼다.

① 대가야를 정복하였다.
② 황초령순수비를 세웠다.
③ 거칠부가 『국사』를 편찬하였다.
④ 이차돈의 순교를 계기로 불교가 공인되었다.

[해설] 고구려의 침입으로 백제의 한성이 함락되자 수도를 웅진으로 천도한 것은 475년, 성왕이 사비로 도읍을 옮긴 것은 538년이다. 신라는 법흥왕 때 이차돈의 순교를 계기로 527년에 공인되었다. 신라는 불교 수용 과정에서 전통적 민간 사상과의 마찰이 심하고 보수적인 귀족 세력의 반대로 수용 후 100년이 지나서 공인되었다.
　① 진흥왕은 고령의 대가야를 정복하는 등 낙동강 유역을 확보하였다(561).
　② 진흥왕은 원산만과 함흥 평야 등을 점령하여 함경남도에 진출하여 세운 비석이다(568).
　③ 진흥왕은 거칠부로 하여금 『국사(國史)』를 편찬하게 하였다(545).

28

통일신라에 대한 설명으로 옳지 않은 것은?

① 경덕왕은 왕권을 강화하기 위하여 관료전을 지급하고 녹읍을 폐지하였다.
② 군사조직으로 중앙에 9서당과 지방에 10정을 두었다.
③ 신라 말기에 중앙정부의 통제에서 벗어나 반독립적인 세력으로 성장한 세력을 '호족'이라 한다.
④ 신라 말기에 6두품과 선종 승려들은 호족과 연계하였다.

[해설] 전제왕권 강화를 위해 관리에게 관료전을 지급(687)하고 귀족의 경제 기반이던 녹읍을 폐지(689)한 왕은 신문왕이다.
　② 통일신라시대에는 중앙군으로 9서당, 지방군으로 10정을 두었다.
　③ 신라 말기에 중앙통제가 약화되자 농민 봉기를 배경으로 호족세력이 반독립적 세력으로 성장하였다. 호족세력의 출신 유형으로는 몰락하여 낙향한 중앙귀족, 해상세력, 토호세력 등이 있다.
　④ 신라 말기에는 6두품과 선종세력은 사회비판적 세력으로 변모하면서 호족세력과 연계하여 사회개혁을 추구하였다.

29

다음 글이 나타내는 의미를 통해 해석한 시대적 상황으로 옳은 것은?

> 이 섬의 대나무는 낮이면 갈라져 둘이 되고 밤이면 합하여 하나가 되는지라. 왕은 이 기이한 소식을 듣고 현장에 거동하였다. 이때 나타난 용에게 왕이 대나무의 이치를 물으니 용은 비유하건대, 한 손으로는 어느 소리도 낼 수 없지만 두 손이 마주치면 능히 소리가 나는지라. 이 대도 역시 합한 후에야 소리가 나는 것이오.……

① 통일전쟁이 시작되었다.
② 6두품이 등용되어 왕의 조언을 맡았다.
③ 석굴암 · 불국사를 창건하였다.
④ 귀족의 반발로 녹읍이 부활하고 사원의 면세전이 증가하였다.

해설 만파식적의 유래는 〈삼국유사〉에 전해지는데, 신문왕(681~692)이 대나무를 베어 피리를 부니 나라의 온갖 걱정과 근심이 사라졌다는 내용이다. 신문왕은 통일신라 중대의 인물로, 이 시기에는 왕권의 전제화가 이루어지고 6두품 세력이 왕권과 결탁하여 왕의 정치적 조언자로 활동하고 행정 실무를 담당하였다.
① 676년 신라는 삼국을 통일하였다.
③ 경덕왕 때 석굴암 · 불국사가 창건(751)되었다.
④ 신문왕은 귀족의 경제 기반이었던 녹읍을 폐지하였다. 경덕왕 때 녹읍이 부활하고 사원의 면세전이 증가하였다.

30

다음은 통일신라의 어느 관직을 비교한 것이다. 이와 관련된 설명으로 가장 타당한 것은?

> (가) 그는 국왕의 한정적 대변자이며 중요한 국정을 총괄적으로 담당하였다. 왕과 혈연적으로 가까웠으며 천재지변이 일어나면 그 책임을 지고 자리에서 물러나기도 했다.
> (나) 그는 비록 거느린 관부나 하급관리는 없지만 화백회의의 의장으로, 귀족의 대표로서 왕권을 견제하다가 어느 정도 왕권과 귀족 세력의 균형을 이루는 데 기여하였다.

① (가)와 (나) 모두 6두품 출신이다.
② (가)는 중대에, (나)는 상대에 세력이 강하였다.
③ (가)는 귀족세력의 이익을 대변하였다.
④ (나) 세력의 강화로 왕권이 전제화될 수 있는 바탕이 마련되었다.

해설 (가)는 시중으로 왕명을 받들고 기밀 사무를 관장하는 집사부의 장관이고, (나)는 상대등으로 진골 이상의 귀족 중신들이 모여 국가의 중대사를 의논 · 결정하는 귀족회의의 의장이다. (가)와 (나)는 대립되는 세력으로 왕권이 약했던 신라 상대와 하대에는 상대등이, 왕권이 강했던 중대에는 시중의 권한이 컸다.

핵심정리

신라의 중앙관제
• 수상격인 상대등은 귀족회의를 주관하며 왕권 견제
• 진덕여왕 이후 집사부가 설치되면서, 집사부의 시중이 수상 역할
• 수상의 변천 : 이벌찬 → 상대등 → 중시 → 시중

31

다음 사건이 일어났던 시기의 사실로 옳지 않은 것은?

> 신문왕 즉위년 8월 16일에 왕은 교서를 내리어 가로되, …… 상중(喪中)에 난이 서울에서 일어날 줄을 누가 생각하였으랴? 적괴(賊魁)인 흠돌·흥원·진공 등은 그 벼슬이 재능으로 높아간 것도 아니요, 실상 왕은(王恩)으로 올라간 것이지만, …… 부귀를 보전하지 못하고, 이에 불인(不仁)·불의(不義)로 위복(威福)을 작(作)하고, …… 같은 악인들이 서로 도와 기일을 약정한 후 반역을 행하려 하였다. …… 이러므로 병중(兵衆)을 모아 그 무도한 자들을 없애려 하매, 혹은 산곡으로 도망가고 혹은 궁궐에 와서 투항하였다.

① 귀족세력을 축출하고 정치세력을 다시 편성하였다.
② 화랑도를 국가적인 조직으로 개편하였다.
③ 녹읍을 폐지하고 관리에게 관료전을 지급하였다.
④ 유학 교육을 위하여 국학을 설립하였다.

해설 신문왕이 즉위하던 해에 왕의 장인 김흠돌의 모역 사건이 있었다. 이 사건에는 많은 귀족들이 관련되어 있어서 귀족들에 대한 대대적인 숙청이 행해졌고, 이를 계기로 왕권이 전제화되었다. 화랑도를 국가적인 조직으로 개편한 것은 진흥왕 때의 일이다.

32

신라 중대에 대한 설명으로 옳은 것은?

① 상대등의 권한이 강화되고, 6두품이 주요 관서의 장관이 되었다.
② 9주 5소경을 비롯한 행정조직이 혜공왕 때 완성되었다.
③ 골품제가 쇠퇴하고 유학자들은 강력한 왕권에 반대하였다.
④ 녹읍의 폐지와 관료전의 지급으로 귀족들의 직접적인 지배력을 배제하였다.

해설 신문왕(681~692)은 관리에게 관료전을 지급하고 귀족의 경제 기반이었던 녹읍을 폐지하여 왕권을 강화하였다.
　① 중대에는 시중의 권한이 강화되고, 진골세력이 장관을 독점하였다.
　② 9주 5소경을 비롯한 행정조직은 신문왕 때 완성되었다.
　③ 신라 하대에 일어난 현상이다.

33

다음과 같은 상황이 나타난 시기의 사실로 옳은 것은?

> 나라 안의 여러 주와 군에서 공부(貢賦)를 바치지 않으니, 창고가 텅 비고 나라의 쓰임이 궁핍해졌다. 왕이 사신을 보내 독촉하였지만, 오히려 이로 말미암아 곳곳에서 도적이 벌떼같이 일어났다. 이에 원종, 애노 등이 상주에서 의거하여 반란을 일으켰다.

① 거대한 돌무지 덧널무덤이 많이 만들어졌다.

② 불국토의 이상을 조화롭고 균형 있게 표현한 불국사가 건립되었다.

③ 정진과 사색하는 모습의 미륵반가사유상이 많이 만들어졌다.

④ 승려의 사리를 봉안하는 승탑과 탑비(塔碑)가 유행하였다.

해설 제시된 내용은 주와 군의 조세납부 거부로 인해 국가재정이 악화된 신라 하대의 상황에 대한 〈삼국사기〉의 기록이다. 진성여왕 때는 원종·애노 등이 사벌주에서 반란을 일으켰는데, 정부에서 이를 진압하지 못해 난이 전국으로 확산되기도 하였다. 신라 하대에는 선종의 유행에 따라 승려의 사리를 안치한 묘탑인 승탑과 탑비(塔碑)가 다수 제작되었다.
① 돌무지덧널무덤(적석목곽분)은 5~6세기 신라에서 주로 만든 무덤양식이다.
② 불국사(佛國寺)는 신라 중대에 건립되었다.
③ 미륵반가사유상은 삼국시대 신라와 백제에서 많이 만들어졌다.

핵심정리

신라 하대의 사회
- 농민들은 토지를 상실하고 소작농이 되기도 하고, 걸식(乞食)하거나 산간에서 화전을 일구기도 함
- 정부의 기강이 문란해지고, 지방의 조세 납부 거부로 인해 국가재정이 악화
- 촌주에 대한 국가통제력이 약화되면서 지방행정의 지배체제가 붕괴
- 농민층의 봉기로 인해 중앙정부의 통제력 상실(원종과 애노의 난이 발발하여 전국으로 확산)

34

신라 말 호족 세력이 성장하게 된 배경과 관련이 없는 것은?

① 중앙에서 지방으로 내려간 진골과 6두품 귀족들이 호족화되었다.

② 진골세력과 6두품세력이 왕위 쟁탈전을 벌임으로써 중앙 정부의 권위가 하락하였다.

③ 가혹한 수탈로 전국 각처에서 농민 봉기가 일어났다.

④ 지방의 토착세력도 중앙 정부의 통제력에서 벗어나 반독립적 세력을 형성하였다.

해설 신라 하대의 왕위 쟁탈전은 진골 귀족들 사이에 일어났다. 신라 하대에 6두품세력은 진골세력에 의하여 탄압과 배척을 당하자 호족세력과 연결되어 반신라적 성향을 띠게 되었다.

핵심정리

신라 하대의 정치적 변동
- **귀족의 반란과 하대의 시작**
  - 혜공왕(765~780) 때인 768년 대공의 난 발생
  - 김양상(내물왕계)이 상대등이 되어 권력을 장악
  - 김양상과 이찬, 김경신이 김지정의 난을 진압하는 과정에서 혜공왕이 죽자, 김양상이 거병하여 스스로 왕(선덕왕)이 되어 신라 하대가 시작됨(780)
- **권력 투쟁의 격화**
  - 왕위 쟁탈전의 전개 : 진골 귀족들은 경제 기반을 확대하여 사병을 거느렸으며, 이러한 군사력과 경제력을 토대로 왕위 쟁탈전 전개 → 진골 귀족 내부의 분열을 의미하며, 이로 인해 신라 하대 155년 간 20명의 왕이 교체됨
  - 왕권의 약화 : 왕권이 약화되고 귀족 연합적인 정치가 운영되었으며, 집사부 시중보다 상대등의 권력이 다시 강대해짐 → 상대등 중심의 족당 정치
  - 지방 통제력의 약화 : 김헌창의 난(822)은 중앙 정부의 지방 통제력이 더욱 약화되는 계기로 작용

35 서울시 9급 기출

〈보기〉의 (가) 인물에 대한 설명으로 가장 옳은 것은?

── 보기 ──

- 태조는 정예 기병 5천 명을 거느리고 공산 (公山) 아래에서 (가) 을/를 맞아서 크게 싸웠다. 태조의 장수 김락과 신숭겸은 죽고 모든 군사가 패하였으며, 태조는 겨우 죽음을 면하였다.
- (가) 이/가 크게 군사를 일으켜 고창군(古 昌郡)의 병산 아래에 가서 태조와 싸웠으나 이기지 못하였다. 전사자가 8천여 명이었다.

① 오월에 사신을 보내 교류하였다.

② 송악에서 철원으로 도읍을 옮겼다.

③ 기훤, 양길의 휘하에서 세력을 키웠다.

④ 예성강을 중심으로 성장한 해상 세력이다.

해설 (가)의 인물은 후백제를 건국하였던 견훤이다. 견훤은 신라 경애왕을 제거하고 고려와 공산 전투에서 승리하였으며 고창 전투에서 고려에게 패하였다. 견훤은 중국 오월(吳越)·후당(後唐)과 통교(적극적 대중국 외교)하였다.
② 궁예는 송악에서 철원으로 도읍을 옮겼다.
③ 궁예는 기훤, 양길을 몰아내고 세력을 키웠다.
④ 태조 왕건은 예성강을 중심으로 성장하였다.

핵심정리

후삼국의 성립

구분	후백제의 성립	후고구려의 성립
건국	견훤이 전라도 지방의 군사력과 호족세력을 중심으로 완산주(전주)에서 건국(900)	궁예가 초적·도적세력을 기반으로 반신라 감정을 자극하면서 세력을 확대한 후, 양길을 몰아내고 송악(개성)에서 건국(901)
영토	차령 이남의 충청, 전라 지역을 차지하여 경제력과 군사력을 확보	상주, 영주 일대까지 차지하는 등 옛 신라 땅의 절반 이상을 확보
한계	• 확실한 세력기반이 없었고 신라의 군사 조직을 흡수하지 못하였다. • 신라에 적대적이었고 농민에게 지나치게 조세를 수취하였으며, 호족을 포섭하는 데 실패	• 전쟁을 위하여 지나친 수취로 세(稅)부담이 가중되고, 가혹한 수탈을 자행 • 무고한 관료와 장군을 살해하였고 미륵신앙을 이용하여 전제 정치 도모 • 신하들에 의해 축출

36 국가직 9급 기출

발해의 대외관계에 대한 설명으로 옳지 않은 것은?

① 당과 신라를 견제하기 위해 돌궐과 외교관계를 맺기도 하였다.

② 일본과는 서경 압록부를 통해 여러 차례 사신이 왕래하였다.

③ 당에 유학생을 보냈는데 빈공과에 급제한 사람이 여러 명 나왔다.

④ 일본은 발해에 보낸 국서에서 발해왕을 고려왕으로 표현하기도 하였다.

해설 **발해의 대외 교통로**
- 일본도 : 수도 상경에서 동경 용원부 방향
- 신라도 : 수도 상경에서 남경 남해부 방향
- 조공도 : 수도 상경에서 서경 압록부 방향
- 영주도 : 수도 상경에서 장령부 방향
- 거란도 : 수도 상경에서 부여 방향

핵심정리

발해의 대외관계
- **당(唐)과의 관계** : 초기(무왕)에는 적대적이었다가 중기 이후(문왕) 친선관계로 전환
- **신라와의 관계** : 대체로 대립하였으나 친선관계를 형성하기도 함
- **돌궐과의 관계** : 당의 군사적 침략 견제를 위해 친선관계 유지
- **일본과의 관계** : 당과 연결된 신라를 견제하기 위해 친선관계 유지

37

발해에 대한 설명으로 옳지 않은 것은?

① 당의 연호를 사용하였다.

② 국립대학인 주자감을 설치하였고 당과의 교류로 불교 발전을 위해 노력하였다.

③ 전략적 요충지에 5경을 두었고 지방행정의 중심인 15부에는 도독을 두었다.

④ 최대 영토는 북으로는 흑룡강에서 송화강, 남으로는 대동강과 원산만을 형성하였다.

해설 발해는 중국과 대등한 지위에 있음을 대외적으로 과시하기 위하여 천통(고왕), 인안(무왕), 대흥(문왕), 건흥(선왕) 등의 독자적 연호를 사용했다.

38

발해가 고구려를 계승했다는 증거가 아닌 것은?

① 무덤양식이 굴식돌방무덤이고 온돌장치를 사용하였다.

② 발해가 왜에 보내는 문서에 고려 국왕을 자처하였다.

③ 지배층이 고씨와 대씨 등 고구려 계통이 거의 대부분이었다.

④ 상경에 주작대로를 건설하고 3성 6부 제도를 도입하였다.

해설 발해는 당의 제도인 3성 6부 제도를 도입하여 왕을 중심으로 하는 중앙집권적 지배체제를 갖추었다. 수도인 상경은 당시 당의 수도인 장안을 본떠 건설하였으며, 외성을 쌓고, 남북으로 넓은 주작대로를 내었다.

39

삼국시대의 통치체제에 관한 설명 중 옳지 않은 것은?

① 촌은 지방 세력가인 촌주가 다스렸다.

② 신라의 군사조직으로 서당과 정이 있었다.

③ 지방행정조직과 군사조직이 이원화되어 있었다.

④ 백제의 수상격인 상좌평은 정사암 회의에서 선출하였다.

해설 삼국시대에는 지방행정조직과 군사조직이 일원적 체제를 갖추어 지방행정조직이 그대로 군사조직이 되어 지방관이 곧 군대의 지휘관이었다.
   ① 삼국시대에는 부·방·주나 성·군 단위까지는 지방관을 파견했으며, 말단 행정단위인 촌에는 지방관을 파견하지 않고 지방 세력인 촌주를 통해 간접적으로 지배하였다.
   ② 신라는 중앙군으로 서당(誓幢)이라는 군대가 있었고, 지방군으로 정(停)을 주 단위로 설치하였다(통일 전 1서당 6정에서 통일 후 9서당 10정으로 확대).
   ④ 백제의 수상격인 상좌평(또는 내신좌평)은 국정을 총괄적으로 운영하는 관직으로, 3년마다 정사암 회의에서 선출되었다.

40

다음은 삼국 정치조직과 관련된 설명이다. 이를 바탕으로 당시 정치의 특성을 유추한 것으로 옳은 것은?

> 삼국시대에는 왕권의 성장에도 불구하고 여전히 귀족들 간의 합의제가 존재하였다. 고구려의 제가회의, 백제의 정사암회의, 신라의 화백회의가 이를 보여주는 것이다. 특히 신라의 화백은 상대등을 의장으로 하는 귀족들의 회의 기구로서 국가 중대사를 결정하였다.

① 국왕 중심의 귀족 연합적인 정치가 행해지고 있었다.

② 왕권이 미약하여 귀족 중심의 정치가 행해지고 있었다.

③ 왕권을 제한하기 위하여 귀족들이 한 장소에 모였다.

④ 중앙집권체제를 바탕으로 강력한 전제 정치가 행해지고 있었다.

해설 삼국은 중앙집권국가로 성장하였으면서도 귀족들의 합의로 국가의 중대사를 결정하였다. 이러한 귀족회의제는 왕권에 대한 견제보다는 합의체 정치체제의 운영에 관심이 더 컸다.

41

다음 중 삼국 시대에 대한 설명으로 옳지 않은 것은?

① 고구려는 삼국 중에서 가장 먼저 국가체제를 정비하였다.

② 신라는 진한 소국의 하나인 사로국에서 발전하였고, 내물왕 때부터 김씨 왕위세습이 이루어졌다.

③ 백제는 고구려 계통의 유이민 세력과 금강 유역의 토착세력의 결합으로 성립되었다.

④ 가야는 풍부한 철의 생산과 해상교통을 이용하여 낙랑과 규슈지방을 연결하는 중계무역이 발달하였다.

해설 백제는 한강 유역의 토착세력과 고구려 계통의 유이민 세력의 결합으로 성립되었으며(BC 18), 우수한 철기 문화를 보유한 유이민 집단이 지배층을 형성하였다.
   ① 고구려는 태조왕(53~146) 때 삼국 중 가장 먼저 국가의 집권체제를 정비하였다(고구려, 백제, 신라의 순서로 고대국가 체제가 정비됨).

② 대구 · 경주 지역을 중심으로 발전한 진한 12국의 하나인 사로국이 성장하여 신라로 발전하였다. 또한 내물왕(356~402) 때 체제가 정비되면서 김씨에 의한 왕위 계승권이 확립(형제상속)되고 왕의 칭호도 대군장을 뜻하는 마립간으로 바뀌었다.

④ 가야는 풍부한 철 생산과 함께 해상교통을 이용한 낙랑, 왜의 규슈 지방과 중계무역이 번성하였다.

핵심정리

초기의 통치체제
• 지배집단

구분	수도	지방(장관)	특수행정구역
고구려	5부	5부(부 · 성제) – 장관 : 욕살 – 성 : 처려근지	3경(평양성 · 국내성 · 한성)
백제	5부	5방(방 · 군제) – 장관 : 방령 – 군 : 군장	22담로(무령왕, 웅진시대)
신라	6부	5주(주 · 군제) – 장관 : 군주 – 군 : 태수	2소경(중원경 · 동원경)

• 귀족회의체 : 국가의 중요한 일의 결정은 각 부의 귀족들로 구성된 회의체에서 행함(고구려의 제가회의, 백제의 정사암회의, 신라의 화백회의)

42

남북국의 통치체제에 대한 설명으로 옳지 않은 것은?

① 통일신라는 집사부 아래에 위화부를 비롯한 13부를 두었다.
② 발해의 중앙조직은 3성과 6부를 근간으로 편성하였다.
③ 발해는 지방관을 감찰하기 위하여 외사정을 파견하였다.
④ 통일신라는 군사 · 행정상의 요지에 5소경을 두어 지방의 균형 있는 발전을 꾀하였다.

해설 외사정을 파견한 국가는 통일신라이다. 통일신라는 지방관을 감찰하기 위하여 외사정을 파견하고 지방 세력을 견제하기 위하여 상수리제도를 실시하였다.

43

발해의 정치조직은 당의 제도를 기본으로 하였지만 독자성은 유지하였다. 다음 중 독자성의 근거로 볼 수 있는 것을 모두 고른 것은?

⊙ 관리를 감찰하는 기구를 두었다.
ⓒ 중앙관제의 명칭을 당과 달리하였다.
ⓒ 중앙관제를 3성 중심으로 편성하였다.
ⓔ 좌사정과 우사정이 3부씩 각각 나누어 관할하였다.

① ⊙, ⓒ   ② ⊙, ⓒ
③ ⓒ, ⓒ   ④ ⓒ, ⓔ

해설 발해의 중앙 관제
• 3성 6부
– 왕(가독부) 아래 최고 권력기구이자 귀족 합의기구인 정당성을 둠
– 정당성은 왕명을 반포하는 선조성(좌상)과 왕명을 작성하는 중대성(우상)과 함께 3성을 구성. 충 · 인 · 의 · 지 · 예 · 신부의 6부를 두어 업무 분장
– 정당성의 장관인 대내상이 수상으로 국정 총괄. 그 아래의 좌사정이 충 · 인 · 의부를, 우사정이 지 · 예 · 신부를 각각 분장(2원적 통치 체제)
• 독자성 : 당의 제도를 수용하였지만, 6부의 명칭 · 운영은 독자적
• 특별 기관
– 중정대 : 관리들의 비위(非違)를 감찰하는 감찰기관
– 문적원 : 서적의 관리 담당(도서관)
– 주자감 : 중앙의 최고 교육기관(국립대학)

실전문제 제2장 고대의 경제 구조와 경제 생활

● 대표유형문제 ●

서울시 9급 기출

〈보기〉의 통일신라시대의 경제제도를 시간 순으로 바르게 나열한 것은?

── 보기 ──

ㄱ. 중앙과 지방의 여러 관리에게 매달 주던 녹봉을 없애고 다시 녹읍을 주었다.

ㄴ. 중앙과 지방 관리들의 녹읍을 폐지하고 해마다 조(租)를 차등 있게 주었으며 이를 일정한 법으로 삼았다.

ㄷ. 처음으로 백성들에게 정전(丁田)을 지급하였다.

ㄹ. 교서를 내려 문무 관료들에게 토지를 차등 있게 주었다.

① ㄴ → ㄱ → ㄹ → ㄷ
② ㄴ → ㄹ → ㄱ → ㄷ
③ ㄹ → ㄷ → ㄴ → ㄱ
❹ ㄹ → ㄴ → ㄷ → ㄱ

정답해설 ㄹ. 신문왕 때에 문무 관료들에게 토지를 차등 지급하는 관료전을 시행하였는데, 관료전은 관리들이 관직에 복무하는 대가로 받은 토지로 조세만을 받을 수 있으며 농민을 지배할 권한은 없고 관직에서 물러나면 국가에 반납해야 했다(687).

ㄴ. 신문왕 때에 중앙과 지방 관리들의 녹읍을 폐지하고 해마다 조(租)를 차등 있게 지급하였는데, 이는 귀족들에 의한 농민의 인신적 지배를 억제하고 왕권강화와 국가재정 및 민생안정을 위한 조치였다(689).

ㄷ. 성덕왕 때에 백성들에게 처음으로 정전(丁田)을 지급하여 농민에 대한 국가의 토지 지배력을 강화하였다.(722).

ㄱ. 경덕왕 때에 귀족들의 반발로 중앙과 지방의 여러 관리에게 매달 주던 녹봉을 없애고 녹읍을 다시 주었다(757).

오답해설 ①, ②, ③ 시간 순서가 아니다.

핵심정리 신라시대의 토지제도

녹읍의 지급	• 녹읍(祿邑)은 관료 귀족에게 지급한 토지로서 조세 수취와 노동력 징발 가능 • 왕권은 아직 미약
관료전 지급 (신문왕)	• 왕권강화와 귀족세력 억압을 위해 관료전 지급(687) • 관리에게 녹읍 폐지(689)
정전 지급 (성덕왕)	• 왕토사상에 의거하여 백성에게 정전 지급 → 국가에 일정한 역의 대가로 지급한 것으로, 국가의 농민(토지)에 대한 지배 강화(722) • 귀족에 대한 국왕의 권한을 강화하고 농민 경제를 안정시키는 것이 목적
녹읍 부활 (경덕왕)	• 신라 중대의 전제 왕권이 동요되기 시작하면서 진골 귀족이 반발로 녹읍이 부활(757) • 녹읍을 토대로 한 귀족들의 지배가 유지되고 대토지 소유가 확대되면서 농민의 부담은 더욱 가중

01

다음 신라의 녹읍에 대한 내용을 토대로 알 수 있는 사실이 아닌 것은?

> "녹읍은 관료에게 일정한 지역의 토지를 지급하는 데 있어 그 수조권뿐만 아니라 그 토지에 딸린 노동력과 공물을 수취할 수 있는 것이다. 신문왕 9년에는 녹읍을 혁파하고 대신 매년 단순한 급료인 녹봉을 지급하였다."

① 녹읍의 부활은 귀족 세력의 완강함을 말해준다.
② 녹읍이 부활된 시기는 신라 하대이다.
③ 녹읍의 혁파는 귀족 관료에 대한 억압책이다.
④ 관료는 녹읍에서 조세, 공물, 요역을 징발할 수 있었다.

해설 녹읍은 국가에서 관료 귀족에게 지급한 일정 지역의 토지로서 조세를 수취할 뿐만 아니라 그 토지에 딸린 노동력을 징발할 수 있었다. 신문왕은 전제 왕권을 강화하고 귀족세력을 억압하기 위한 방책으로 녹읍을 폐지하고 관리들에게 녹봉 대신 관료전을 지급하였다. 녹읍제는 귀족들의 반발로 신라 중대인 경덕왕 16년(757)에 다시 부활하였다. 위 제시문으로는 녹읍이 부활된 시기를 알수 없다.

02

다음 중 고대 농민의 생활상이 아닌 것은?

① 삼국시대 농업 생산력은 저조하였다.
② 삼국시대 지방 농민은 잡역과 군역을 담당하였다.
③ 통일신라에서는 왕토사상에 기초하여 일반 백성에게도 토지를 지급하였다.
④ 일본 동대사 정창원에서 발견된 민정문서를 통해 삼국의 생활상을 알 수 있다.

해설 민정문서는 통일신라시대의 촌락의 경제 생활과 국가의 세무 행정을 알 수 있는 자료이다.
  ① 삼국시대는 농업 생산력의 수준이 낮았다.
  ② 지방 농민은 전쟁 물자를 조달하거나 잡역부로 동원되었으며 전쟁에 군사로 참여하기도 하였다.
  ③ 성덕왕 21년(722)에 농민에게 국가에 대한 일정한 역의 대가로 토지를 지급하였다.

핵심정리

왕토사상
왕토사상이란 "모든 토지는 왕토 아닌 것이 없고 모든 백성은 왕의 신하 아닌 것이 없다."라고 하여 나라 안의 모든 땅과 백성은 왕의 것이라는 전제적인 사상이다. 이러한 사상은 중앙집권국가가 등장한 삼국시대에 대두되어 고려, 조선시대까지 계승되었다.

03

다음 자료를 바탕으로 삼국시대의 수취제도를 바르게 설명한 것을 모두 고른 것은?

- 세(인두세)는 포목 5필에 곡식 5섬이다. 조(租)는 상호가 1섬이고, 그 다음이 7알이며, 하호는 5말을 낸다.(고구려)
- 세는 포목, 명주실과 삼, 쌀을 내었는데, 풍흉에 따라 차등을 두어 받았다.(백제)
- 3월, 주·군에 영을 내려 "토목 공사 때문에 농사지을 시기를 놓치지 않게 하라."고 하였다.(신라)

- ㉠ 재산의 정도에 따라 호를 나누어 세금을 거두었다.
- ㉡ 삼국의 조세는 화폐로 납부하는 것이 일반적이었다.
- ㉢ 국가는 노동력이 필요하면 임노동자를 고용하였다.
- ㉣ 삼국은 가능한 한 합리적인 방식으로 세금을 부과했다.

① ㉠, ㉡
② ㉡, ㉢
③ ㉢, ㉣
④ ㉠, ㉣

해설 삼국시대에 농민에 대한 과도한 수취는 농민 경제의 발전을 억누르고 농민을 토지로부터 이탈시켜 사회 체제가 동요하는 계기가 되었다. 이런 이유로 삼국은 가능한 한 합리적인 방식으로 세금을 부과하여 대체로 재산의 정도에 따라 호를 나누어 곡물과 포를 거두었으며, 그 지역의 특산물도 거두었다.

핵심정리

삼국의 농민에 대한 수취

수취 체제의 정비	• 합리적 세금 부과 : 노동력의 크기로 호를 나누어 곡물과 포 징수 • 국가에서 노동력이 필요하면 15세 이상의 남자 동원
농민 경제의 안정책	• 구휼정책 : 진대법 실시 • 철제 농기구 보급, 저수지 축조 • 우경이나 황무지의 개간 권장

04

다음 내용에 해당하는 성격의 토지는?

- 농민이 소유하고 국가에서 세금 징수
- 매매, 상속, 개간이 가능한 토지

① 정전
② 녹읍
③ 공음전
④ 내장전

해설 성덕왕 21년에는 일반 백성에게 정전을 지급하여 농민이 직접 경작하고 국가에 조를 바치게 하여 국가의 농민에 대한 지배권이 강화되었다. 신라의 농민들은 조상으로부터 물려받은 정전을 경작하고 조를 바치는 자영 농민이 대부분이었다.
② 국가에서 관료로 일하는 귀족에게 지급한 토지로, 조세 수취와 노동력 징발이 가능했다.
③ 고려시대 5품 이상 고위 관리나 특별한 업적이 있는 관리에게 지급하던 토지이다.
④ 고려시대 왕실이 소유하여 직접 경영하던 직속 토지이다.

05 [지방직 9급 기출]

통일신라시대 민정문서(장적)에 대한 설명으로 옳지 않은 것은?

① 인구, 가호, 노비 및 소와 말의 증감까지 매년 작성하였다.

② 토지에는 연수유전답, 촌주위답, 내시령답이 포함되어 있다.

③ 사람은 남녀로 나누고, 연령을 기준으로 하여 6등급으로 구분하였다.

④ 호(戶)는 상상호(上上戶)에서 하하호(下下戶)까지 9등급으로 구분하였다.

해설 민정문서는 촌주가 자연촌을 단위로 매년 변동 사항을 조사하여 3년마다 촌단위로 다시 작성하였다.
　② 토지에는 연수유전답. 촌주위답. 내시령답. 관모전답 등이 포함되어 있다.
　③ 인구는 남녀별 · 연령별로 구분하여 6등급으로 구분하였다.
　④ 호(戶)는 인정(人丁)의 수에 따라 상상호(上上戶)에서 하하호(下下戶)까지 9등급으로 구분하였다.

```
┌──── 핵심정리 ────┐
```

민정문서의 내용

구분		연수유전답	기타 재산			
			우	마	상목	백자목
사해 점촌	답	94결 2부 4속	22	25	1004	120
	전					
실하 지촌	답	62결 10부	12	18	1280	?
	전					

구분	호등					인구		
	중하	하상	하중	하하	수좌	남	여	노비
사해 점촌	4	2	―	5	―	64	78	9
실하 지촌	1	2	5	6	1	47	78	7

토지의 종류

- **연수유전답** : 국가가 농민에게 지급한 논밭
- **관모전답** : 관청의 경비 조달을 위한 토지
- **내시령답** : 관리에게 지급된 토지
- **촌주위답** : 촌주에게 지급된 토지

06

다음 자료에 대한 설명으로 옳은 것은?

> 토지는 논 · 밭 · 촌주위답 · 내시령답 등 토지의 종류와 면적을 기록하고, 사람들은 인구 · 가호 · 노비의 수와 3년 동안의 사망 · 이동 등 변동 내용을 기록하였다. 그 밖에 소와 말의 수, 뽕나무 · 잣나무 · 호두나무의 수까지 기록하였다. …… 기록된 4개 촌은 호구 43개에 총인구는 노비 25명을 포함하여 442명(남 194명, 여 248)이며, 소 53마리, 말 61마리, 뽕나무 4,249그루 등의 재산을 소유하고 있었다.

① 남자 나이 16세에서 60세까지의 인구를 연령별 9등급으로 조사하였다.

② 국가에서 노동력 수취를 위해 만들어졌다.

③ 촌주가 매년 변동사항을 조사하여 5년마다 작성하였다.

④ 촌주를 견제하기 위해 기인제도를 실행하였다.

해설 제시문은 통일신라시대의 민정문서에 관한 자료이다.
　① 16세에서 60세의 남자의 연령을 기준으로 나이에 따라 6등급으로 구분하였다.
　③ 매년 변동 사항을 조사하여 3년마다 문서를 작성하였다.
　④ 통일신라시대에는 지방세력을 견제하기 위하여 지방호족을 일정 기간 서울에 머물게 한 상수리제도가 있었다. 기인제도는 고려시대의 제도이다.

핵심정리

민정문서

- 서원경 부근 4개 촌락에 대한 내용으로, 1933년 일본 나라시 동대사 정창원에서 발견
- 조사 및 작성 : 경덕왕 14년(755)부터 매년 변동 사항을 조사하여 촌주가 3년마다 다시 작성
- 목적 및 의의 : 자원과 노동력을 철저히 편제하여 조세 수취와 노동력 징발의 기준을 정하기 위한 것으로 율령 정치의 발달을 엿볼 수 있음
- 내용 : 남녀별·연령별 인구수, 촌락의 토지 크기, 소·말 등 가축의 수, 토산물, 유실수 파악
- 가호 등급 : 노동력이 많고 적음에 따라 9등급
- 인구 : 남녀별·연령별 6등급

07

다음은 신라시대의 토지의 변천 모습이다. (가)에 들어갈 토지에 대한 설명으로 옳은 것은?

> 녹읍·식읍 → (가) → 정전 → 녹읍제 부활

① 수조권만 인정하였다.
② 귀족세력을 유지·강화하기 위하여 지급되었다.
③ 수조권과 노동력 징발권까지 인정하였다.
④ 성덕왕 때 백성에게 지급되었다.

해설 (가)에 들어갈 토지는 관료전이다.
 ② 관료전은 귀족세력을 억압하기 위하여 지급되었다.
 ③ 수조권과 노동력 징발권까지 인정된 토지는 녹읍과 식읍이다.
 ④ 신문왕 때 관료들에게 지급되었다.

08 국가직 9급 기출

통일신라시대 귀족경제의 변화를 말해주고 있는 밑줄 친 '이것'에 대한 설명으로 옳은 것은?

> 전제왕권이 강화되면서 신문왕 9년(689)에 이것을 폐지하였다. 이를 대신하여 조(租)의 수취만을 허락하는 관료전이 주어졌고, 한편 일정한 양의 곡식이 세조(歲租)로서 또한 주어졌다. 그러나 경덕왕 16년(757)에 이르러 다시 이것이 부활되는 변화과정을 겪었다.

① 이것이 폐지되자 전국의 모든 국토는 '왕토(王土)'라는 사상이 새롭게 나오게 되었다.
② 수급자가 토지로부터 조(租)를 받을 뿐 아니라, 그 지역의 주민을 노역(勞役)에 동원할 수 있었다.
③ 삼국통일 이후 국가에 큰 공을 세운 육두품 신분의 사람들에게 특별히 지급하였다.
④ 촌락에 거주하는 양인농민인 백정이 공동으로 경작하였다.

해설 녹읍은 관료 귀족에게 지급한 일정 지역의 토지로서 조세 수취권 외에 해당 지역민에 대한 노동력 징발의 특권도 부여되었다. 신문왕 9년(689)에 귀족의 경제기반이었던 녹읍을 폐지하고 관료전을 지급하였다가 경덕왕 16년(757) 때 다시 부활하게 되었다.
 ① 직전법이 폐지되자 전국의 모든 국토는 국가의 소유라는 '왕토(王土)'라는 사상이 새롭게 나오게 되었다.
 ③ 삼국통일 이후 국가에 큰 공을 세운 사람들에게 지급된 것은 식읍이다. 6두품 신분의 사람들에게 한정하여 지급하지는 않았다.
 ④ 촌락에 거주하는 양인농민을 백정이라 칭한 것은 통일신라시대가 아닌 고려시대의 일이다.

핵심정리

식읍, 녹읍, 관료전, 정전

• 식읍
  - 공로를 세운 대가로 왕족이나 공신에게 지급한 토지와 가호
  - 조세 수취와 노동력 징발권을 부여
• 녹읍
  - 귀족 관료에게 관직 복무의 대가로서 지급한 일정 토지로, 녹과(祿科)의 성격을 지님
  - 조세 수취와 노동력 징발 가능
• 관료전
  - 신라 중대 신문왕 때 관리들에게 지급된 전지로, 수조권만을 부여
  - 신문왕은 귀족세력을 억압하고 왕권을 강화하기 위해 관료전을 지급하고, 식읍을 제한하고 녹읍도 폐지(689)
• 정전
  - 당의 규전제를 모방하여 16세 이상 60세 이하의 정남에게 일정한 역의 대가로 지급한 토지
  - 성덕왕은 왕토사상에 의거하여 정전을 지급하여 국가의 토지 지배권을 강화

09

다음 사료를 통해 알 수 있는 역사적 변화로 적절한 것은?

재상가에는 녹(祿)이 끊이지 않았다. 노동(奴僮)이 3,000명이고 비슷한 수의 갑옷과 무기, 소, 말, 돼지가 있었다. 바다 가운데 섬에 길러 필요할 때 활로 쏘아서 잡아먹었다. 곡식을 꾸어서 갚지 못하면 노비로 삼았다.

① 국가에서 귀족에게 녹읍 및 식읍을 주었다.
② 중앙 통제가 약해지면서 반 독립적 세력이 적극적으로 사회변화를 추구하였다.
③ 처음으로 백성에게 정전을 지급하였다.
④ 여러 내외관의 월봉을 없애고 다시 녹읍을 나누어 주었다.

해설 사료의 내용은 신라 하대의 모습으로, 중앙 통제가 약해지고 몰락한 중앙 귀족, 해상 세력 등이 반 독립적 세력으로 성장한 지방 세력인 호족에 대한 설명이다. 이들은 근거지에 성을 쌓고 스스로 성주 및 장군이라 칭하였으며 중앙 정부의 가혹한 수탈에 대항하여 농민과 함께 무장 조직을 갖추었다.

핵심정리

귀족의 경제생활

• 경제적 기반
  - 국가로부터 녹읍·식읍을 지급 받음
  - 대토지와 많은 노비 소유
• 경제 기반 확대
  - 전쟁 참여로 더 많은 토지와 노비 소유
  - 고리대를 이용하여 농민 수탈
• 생활 모습
  - 중국에서 수입한 비단, 보석 등으로 치장
  - 기와집 등 호화 주택 이용

10

다음 사료는 고구려 농민들의 삶의 일면을 나타내고 있다. 이와 같은 상황에서 실시되었던 정책으로 옳은 것은?

> 왕이 사냥을 나갔을 때 길거리에서 우는 사람이 있어서 왜 우느냐고 물었더니 "신(臣)은 가난하여 품팔이로 어머니를 봉양하는데 금년에는 곡식이 잘되지 않아 품팔이도 할 수 없고, 한 되, 한 말의 식도 얻을 수 없어 웁니다." 이에 왕이 "아, 내가 백성의 부모가 되어 백성들에게 이처럼 어려움을 겪게 했으니, 이 모든 것이 나의 죄로구나." ……
>
> – 〈삼국사기〉

① 궁핍한 백성에게 봄에 곡식을 빌려주고 가을에 갚게 하였다.
② 백성들을 징발하여 성곽과 도로를 보수하였다.
③ 민정문서를 작성하여 조세와 노동력 징발의 자료로 삼았다.
④ 특산물세를 쌀로 대신 내게 하고 군포도 경감하였다.

해설 진대법은 고국천왕 때 가난한 농민을 구제하기 위한 시책으로, 먹을거리가 부족한 봄에 곡식을 빌려주었다가 가을에 추수한 것으로 갚도록 한 제도이다.

핵심정리

고구려의 진대법
• 2세기 고국천왕 때 시행
• 흉년이나 춘궁기에 국가가 농민에게 양곡을 대여해주고 수확기에 갚게 한 전근대 시대의 구휼제도
• 몰락 농민의 귀족 예속을 막고 공민 확보를 위해 실시

11

삼국시대 농업에 대한 설명으로 옳지 않은 것은?

① 지증왕 때 우경이 시작되었다.
② 거름을 주는 기술이 발달하여 휴경지가 줄어들었다.
③ 농민은 자기 소유의 땅을 경작하거나 귀족의 땅을 소작하였다.
④ 농기구는 돌이나 나무로 만든 것과 일부분을 철로 보완한 것을 사용하다가 점차 철제 농기구가 보급되었다.

해설 삼국시대는 농업기술이 발달하지 못하여 매년 경작이 곤란하였다. 고려시대부터 거름을 주는 시비법이 발달하여 밑거름과 덧거름을 주게 되면서 경작지를 묵히지 않고 계속해서 농사를 지을 수 있게 되었다.

12

다음과 같은 시기에 해당하는 신라의 농업기술은?

> 국호를 신라로 바꾸고, 왕의 칭호도 마립간에서 왕으로 고쳤으며, 대외적으로 우산국을 복속하였다.

① 타조법이 시행되었다.
② 모내기법이 확산되었다.
③ 가축의 배설물을 거름으로 사용하였다.
④ 철제 농기구의 사용과 우경이 확대되었다.

해설 6세기의 신라 지증왕 때의 사실이다.
① 조선 초기, ② 조선 후기, ③ 고려시대

13

남북국 시대의 경제에 대한 설명으로 옳지 않은 것은?

① 발해의 수취 제도는 조세, 공물, 요역 등으로 구분할 수 있다.

② 발해는 당으로부터 비단, 서적 등을 수입하고, 말과 자기 등을 수출하였다.

③ 삼국 통일 후 비약적인 경제 발전으로 신라의 수도 경주에 처음으로 시장이 설치되었다.

④ 삼국 통일 후에도 신라에서는 시비법이 발달하지 못하여 같은 토지를 해마다 경작할 수 없었다.

해설 통일 이전에도 경주에 동시가 설치되어 있었고 통일 이후 동시만으로는 상품 수요를 감당할 수 없어 서시와 남시를 설치하였다.
① 토지에 대한 세금인 조세, 특산물을 거두는 공물, 공사에 백성들을 동원하는 역으로 구분되는 수취제도는 발해에서도 시행되었다.
② 발해의 수출품은 주로 모피, 인삼 등 토산물과 불상, 자기 등 수공업품이었다. 당으로부터는 귀족의 수요품인 비단, 책 등을 수입하였다.
④ 통일 이후 사회 안정으로 농업 생산이 늘어나기는 했지만 아직 매년 경작하는 단계에는 이르지 못했다. 1년 또는 몇 년을 묵혀 두었다가 경작해야 하였다. 고려 후기~조선 초 시비법의 발달로 휴경지가 줄어들고 연작 생산이 이루어졌다.

14

통일신라의 경제생활에 대한 설명으로 옳은 것은?

① 진대법을 실시하여 춘궁기에 백성을 구휼하였다.

② 비단과 책을 중국에 수출하였다.

③ 노동력과 생산 자원을 철저하게 편제하여 관리하였다.

④ 일반 백성에게 녹읍과 식읍을 나누어 주었다.

해설 민정문서를 작성하여 노동력 및 자원의 파악과 관리를 하였다.
① 진대법은 고구려에서 실시한 구휼 정책이다.
② 비단과 서적은 중국에서 수입하였고, 베·견직물·인삼·금은 세공품 등을 수출하였다.
④ 녹읍과 식읍은 통일 전 귀족들에게 지급, 통일 후에 일반 백성에게는 정전이 지급되었다.

15

삼국시대 대외무역에 대한 설명으로 옳지 않은 것은?

① 고구려는 남북조 및 북방 민족과 무역을 하였다.

② 4세기 이후의 삼국의 국제 무역이 크게 발달하였다.

③ 왕실과 귀족의 필요에 의하여 공무역의 형태로 이루어졌다.

④ 삼국은 촌락 공동체 중심의 자급자족 경제 단계에 있었다.

해설 삼국은 촌락 공동체 중심의 자급자족 단계에서 벗어나 시장이 생기고 특산물을 수출하기도 하였다.

16

고대 국가의 무역 활동에 관한 설명으로 옳지 않은 것은?

① 고구려 : 남북조 및 유목민인 북방 민족과 무역을 하였다.

② 백제 : 남중국 및 왜와 무역을 활발하게 전개하였다.

③ 신라 : 한강 유역 진출 후 중국과 직접 교역하였다.

④ 발해 : 일본과는 적대관계에 있어 교역하지 않았다.

해설 발해는 일본과 외교관계를 중시하여 무역을 활발히 전개하였는데, 무역 규모가 커서 한 번에 수백 명이 오가기도 하였다.

17

다음 (가) 국가의 경제에 대한 설명으로 옳지 않은 것은?

> 고려가 (가)의 역사를 편찬하지 않았으니, 고려가 떨치지 못한 것을 알겠다. …… 부여씨가 망하고 고씨가 망하게 되니 김씨가 그 남쪽 땅을 차지하고, 대씨가 그 북쪽 땅을 소유하여 (가)라고 하였다. 이것을 남북국이라고 한다. 그러니 마땅히 남북국사가 있어야 할 것이다. 고려가 이것을 편찬하지 않은 것은 잘못이다.

① 밭농사를 주로 지었고 목축이 발달하였다.

② 중국의 남북조 및 북방 유목 민족과 무역을 하였다.

③ 모피, 인삼, 말, 불상, 자기 등을 수출하였다.

④ 철·구리·금 등 금속 가공업과 삼베·명주·비단 등의 직물업이 발달하였다.

해설 제시문은 유득공이 지은 한국 최초의 발해사서인 〈발해고〉이다. (가)에 들어갈 나라는 발해이며 중국의 남북조 및 북방 유목 민족과 무역을 한 것은 고구려이다.

핵심정리

발해의 경제와 무역

• **발해의 경제**

농업	• 밭농사 중심, 철제 농기구 사용 • 수리시설이 확충되면서 일부에서 벼농사 지음
목축과 수렵	• 목축(돼지, 소, 말, 양) 발달, 솔빈부의 말은 주요 수출품 • 모피, 녹용, 사향 등을 해외에 수출
수공업	• 철·구리·금은 등 금속가공업과 삼베·명주·비단 등의 직물업 발달 • 철의 대량생산, 좋은 품질의 구리 생산
상업	• 도시와 교통 요충지에 상업 발달 • 현물 화폐를 주로 사용하나 외국 화폐가 유통

• **발해의 대외무역**

당	• 발해관(발해 사신들이 머물던 숙소) 설치 • 모피, 인삼 등 토산물과 불상, 자기 등 수공업품 수출 • 비단, 책 등 수입
일본	• 일본과의 외교관계를 중시하여 무역을 활발히 전개
신라	• 초기에는 원만하지 못했으나 필요에 따라 사신 교환

18

다음 (가)에 들어갈 나라의 대외무역에 관한 설명으로 틀린 것은?

> 장보고는 (가)로 돌아와 흥덕왕을 찾아보고 말하기를 "중국에서는 널리 우리나라 사람들을 노비로 삼으니 청해진을 만들어 적으로 하여금 사람들을 약탈하지 못하도록 하기를 원하나이다."라고 하였다. 청해는 (가) 해로(海路)의 요충으로 지금의 완도를 말하는데, 대왕은 그 말을 따라 장보고에게 군사 만 명을 거느리고 해상을 방비하게 하니, 그 후로는 해상으로 잡혀가는 사람이 없었다.

① 당과의 관계가 긴밀해지면서 무역이 번성하였다.
② 산둥 반도와 양쯔강 하류에 신라방을 설치하였다.
③ 이슬람 상인이 울산까지 와서 무역하였다.
④ 산둥 반도의 덩저우에 발해관을 설치하였다.

해설 제시문은 통일신라시대 때 장보고의 활동에 대한 사료로, (가)에 들어갈 나라는 신라이다. 산둥 반도의 덩저우에 발해관을 설치한 것은 발해의 대외 무역에 관한 설명이다.

핵심정리

통일신라의 무역
• **대당 무역** : 공무역, 사무역
 – 수출품 : 금·은 세공품, 인삼
 – 수입품 : 귀족들의 사치품, 비단, 책, 약제
• **대일 교류** : 초기에는 제한, 8세기 이후 활발
• **이슬람과의 교류** : 국제 무역이 발달하면서 이슬람 상인이 울산까지 왕래
• **무역항** : 당항성(남양만), 영암, 울산(국제 무역항)
• **청해진** : 장보고가 완도에 설치, 해적 소탕, 남해와 황해의 해상 무역권 장악
• **신라인의 중국진출**
 – 산둥 반도, 양쯔강 하류
 – 신라방·신라촌(집단 거주지), 신라소(행정 기관), 신라관(숙소), 신라원(사원, 장보고가 설치한 법화원이 대표적)

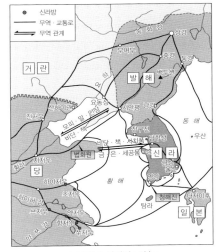

▲ 남북국 시대의 무역로

제3장 고대의 사회 구조와 사회 생활

대표유형문제

국가직 9급 기출

다음 자료에 나타난 통일신라시대의 신분층과 연관된 설명으로 옳은 것은?

> (그들의) 집에는 녹(祿)이 끊이지 않았다. 노동(奴僮)이 3천 명이며, 비슷한 수의 갑병(甲兵)이 있다. 소, 말, 돼지는 바다 가운데 섬에서 기르다가 필요할 때 활로 쏘아 잡아먹는다. 곡식을 남에게 빌려 주어 늘리는데, 기간 안에 갚지 못하면 노비로 삼아 부린다.
> – 『신당서』 –

① 관등 승진의 상한은 아찬까지였다.
② 도당 유학생의 대부분을 차지하였다.
③ 돌무지덧널무덤을 묘제로 사용하였다.
❹ 식읍·전장 등을 경제적 기반으로 하였다.

정답해설 지문에서 설명하고 있는 통일신라시대의 신분층은 진골귀족이다. 이들은 식읍·전장 등을 경제적 기반으로 하는 등 부유한 생활을 하였다.

오답해설 ① 관등 승진의 상한이 아찬까지인 신분은 6두품이고, 진골귀족은 상한이 없었다.
② 도당 유학생은 대부분 6두품이다. 이들은 당에서 빈공과에 합격하는 등 활발한 활동을 하였다.
③ 돌무지덧널무덤은 신라시대의 무덤양식이며, 통일신라시대에는 굴식돌방무덤의 무덤양식이 많이 사용되었으며, 화장도 성행하였다.

핵심정리 골품제의 구성
- **성골** : 김씨 왕족 중 부모가 모두 왕족인 최고의 신분으로, 폐쇄적 혼인정책(족내혼)으로 인해 진덕여왕을 끝으로 사라짐
- **진골** : 집사부 장관인 시중(중시) 및 1관등에서 5관등까지 임명되는 각 부 장관을 독점, 왕이 될 자격이 없는 왕족이었으나, 중대(태종 무열왕) 이후 성골 출신의 도태로 진골에서 왕이 나옴
- **6두품(득난)** : 진골 아래 있는 두품 중 최고 상급층, 진골에 비해 관직 진출이나 신분상 제약이 큼, 종교나 학문 분야에서 활동하여 통일 초기(중대) 왕권의 전제화에 공헌했으나 하대에는 반신라 세력으로 변모, 최고 6관등 아찬까지 진출(관직 상한은 있으나 하한은 없음), 가옥은 21자로 제한

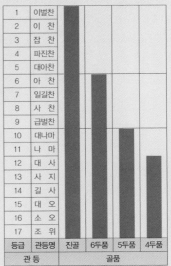

등급	관등명	진골	6두품	5두품	4두품
1	이벌찬				
2	이 찬				
3	잡 찬				
4	파진찬				
5	대아찬				
6	아 찬				
7	일길찬				
8	사 찬				
9	급벌찬				
10	대나마				
11	나 마				
12	대 사				
13	사 지				
14	길 사				
15	대 오				
16	소 오				
17	조 위				
관등		골품			

01

다음 자료에 나타난 삼국의 사회 모습으로 옳은 것은?

> 고구려 왕 사유(고국원왕) 보병과 기병 2만을 거느리고 와서 치양(황해도 백주)에 주둔하고 군사를 나누어 민가를 약탈하였다. 왕(근초고왕)이 태자에게 군사를 주니 곧장 치양으로 가서 고구려군을 급히 깨뜨리고 5,000명을 사로잡았다. 그 포로를 장사에게 나누어 주었다.

① 개인의 능력에 따른 신분 이동이 많았을 것이다.
② 개인의 재산과 생명을 존중하는 사회였을 것이다.
③ 삼국시대에는 전쟁이 빈번하여 전쟁 노비가 많았을 것이다.
④ 전쟁 포로보다 빚을 갚지 못해 노비가 된 자가 많았을 것이다.

해설 삼국시대에는 전쟁이 빈번하여 전쟁 노비가 많았다.
① 삼국시대에는 혈통이나 출신 가문의 등급에 따른 엄격한 신분제도가 있었다.
② 삼국시대에는 정복과 복속이 빈번하게 이루어지면서 개인의 재산과 생명은 경시될 수밖에 없었다.
④ 삼국시대에는 전쟁이 빈번하여 부채 노비보다 전쟁 노비가 더 많았으며, 통일신라 이후 전쟁 노비는 사라졌다.

02

삼국 사회의 성격으로 옳은 것은?

① 율령을 제정하여 지배층은 특권을 유지하였다.
② 계층상의 차이가 분명하였으나 어느 정도 신분 이동이 촉진되었다.
③ 개인의 신분은 능력에 따라 결정되었다.
④ 지배층만을 대상으로 한 별도의 신분제는 없었다.

해설 삼국시대에는 율령을 제정하여 지배층의 신분을 유지하였으며, 개인의 신분은 능력보다는 그가 속한 친족의 사회적 위치에 따라 결정되었다.

──────── 핵심정리 ────────

삼국시대 신분의 구성
- **귀족** : 왕족을 비롯한 부족장 세력이 귀족으로 재편성되어, 정치 권력을 소유하고 사회 · 경제적 특권을 누림
- **평민** : 대부분 농민, 자유민이었으나 정치적 · 사회적 제약을 받았으며 조세를 납부하고 노동력을 징발 · 제공
- **천민**
  - 향 · 부곡민 : 촌락을 단위로 한 집단 예속민으로, 평민보다 무거운 부담을 짐(하층 양인 또는 천민으로 분류되나, 노비와 같이 주인에게 예속된 것은 아님)
  - 노비 : 왕실이나 관청, 귀족 등에 예속되어 신분이 자유롭지 못했으며, 가족을 구성하는 데 제약이 따름(전쟁 포로나 범죄 채무 등으로 노비로 전락하는 경우가 다수)

03

삼국 사회에 대한 설명으로 옳지 않은 것은?

① 고구려에서는 정치를 주도하며 사회적으로 높은 지위를 누린 계층은 왕족인 고씨를 비롯하여 5부 출신의 귀족들이었다.

② 신라에서는 각 지방의 족장세력을 통합하기 위해 골품제도를 마련하여 통치 기반을 만들었다.

③ 백제에서는 남의 물건을 훔친 자는 훔친 물건의 12배를 물게 하였다.

④ 삼국은 귀족, 평민, 천민의 계층 구조를 바탕으로 그 지배층 내부에서 엄격한 신분제도를 운영하였다.

해설 훔친 물건의 12배를 물게 하는 형법은 고구려의 법이고, 백제에서는 도둑질한 자는 귀양 보냄과 동시에 2배를 물게 하였다.

┌─ 핵심정리 ─┐

고구려와 백제의 형률

- **고구려**
  - 사회질서와 기강 유지를 위해 형법이 매우 엄격하여 법률을 어기거나 사회질서를 해치는 자가 드물었음
  - 반역·반란은 중죄로 보아 죄인은 사형에 처하고 그 가족은 노비로 삼음
  - 적에게 항복한 자나 전쟁에서 패한 자 역시 사형에 처함
  - 1책 12법 : 도둑질한 자는 12배를 물게 함
- **백제**
  - 반역자나 전쟁에서 퇴각한 자, 살인자는 사형(참형)
  - 절도범은 귀양을 보내는 동시에 훔친 물건의 2배 또는 3배를 배상
  - 관리의 뇌물죄·횡령죄는 3배를 배상하고 종신토록 금고형에 처함
  - 부인으로서 간음한 자는 남편집의 노예로 삼음

04

다음의 내용이 공통으로 의미하는 것은?

- 고구려 : 감옥이 없고 범죄자가 있으면 제가들이 모여서 논의하여 사형에 처하고 처자는 몰수하여 노비로 삼는다.
- 백제 : 호암사에는 정사암이라는 바위가 있다. 국가에서 재상을 뽑을 때 후보자 3~4명의 이름을 써서 상자에 넣어 바위 위에 두었다. 얼마 뒤에 열어 보아 이름 위에 도장이 찍혀 있는 자를 재상으로 삼았다. 이 때문에 정사암이라는 이름이 생기게 되었다.
- 신라 : 큰일이 있을 때는 반드시 중의에 따른다. 이를 화백이라 부른다. 한 사람이라도 반대하면 통과하지 못하였다.

① 만장일치제로 회의 내용을 결정하였다.

② 계급 간의 대립과 갈등을 조절·완화하는 구실을 하였다.

③ 귀족들의 영향력이 강하였다.

④ 전제 왕권이 확립되었다.

해설 제시문은 삼국시대에 있었던 귀족들의 합의제도를 나타낸다. 이들 합의제도는 공통적으로 왕권을 견제하면서 귀족들의 권한이 강력하였음을 보여준다.

┌─ 핵심정리 ─┐

삼국의 귀족회의와 수상

- **고구려** : 제가회의, 대대로(임기 3년)
- **백제** : 정사암회의, 상좌평(임기 3년)
- **신라** : 화백회의(만장일치제), 상대등(임기 3년)

05

다음에서 설명하는 것은?

신라의 신분제도로서 왕권을 강화하며 각 지방의 족장세력을 통합하는 과정에서 성립되었다. 혈연에 따라 사회적 제약이 가해지며 신라 사회에서 개인의 사회 활동과 정치 활동의 범위까지 엄격히 제한하였다.

① 화랑도
② 골품제도
③ 화백회의
④ 제가회의

해설 제시문의 내용은 골품제(骨品制)에 대한 것이다.

────── 핵심정리 ──────

신라의 골품제

• 성립 : 부족 연맹체에서 고대 국가(중앙집권국가)로 발전하는 과정에서 각 지방의 족장을 지배 계층으로 흡수·편제하면서 그들의 신분 보장을 이해 마련

• 성격
  - 왕권을 강화하면서 혈연에 따라 사회적 제약이 가해지는 폐쇄적 신분제도
  - 개인의 사회 활동과 정치 활동의 범위까지 엄격히 제한
  - 관등 승진의 상한선이 골품에 따라 정해져 불만 세력 발생
  - 가옥의 규모와 장식물, 복색, 수레 등 일상 생활까지 규제하는 기준

06

신라의 골품제도에 대한 설명으로 옳은 것은?

① 4두품은 '득난'이라고도 하였다.
② 정치적 지위는 물론 일상생활에도 영향을 미쳤다.
③ 신라의 삼국 통일 이후 왕권 강화 과정에서 성립되었다.
④ 고구려, 백제에는 이와 유사한 신분제도가 없었다.

해설 골품제도는 개인의 사회 활동과 정치 활동의 범위까지 엄격히 제한되었다.
  ① 6두품은 득난(得難)이라고도 불렸으며 제6관등인 아찬까지 승진할 수 있었다.
  ③ 골품제도는 통일 전 고대국가 성립 시기에 지방 족장세력을 통합·편제하는 과정에서 성립된 폐쇄적인 신분제도이다.
  ④ 고구려는 고씨와 5부 출신의 귀족들이 연합하여 정치를 주도하였고, 백제는 왕족인 부여씨와 8성의 귀족이 연합하여 정치를 주도하였다.

────── 핵심정리 ──────

신라의 골품에 따른 규제

• 복색
"진골대 등은 복두를 임의로 쓰되 겉옷과 반소매옷·바지에는 모두 계수금라를 금하며, 허리띠에는 연문백옥을 금한다. 가죽신에는 자주색 가죽 사용을 금하고, 가죽신 띠에는 은문백옥을 금하며, 버선은 능이 하를 임의로 사용하고, 신발은 가죽·실·삼을 임의로 사용하라. 포는 26승 이하 짜리를 쓰라. ……"라고 하였다.
                                    - 〈삼국사기〉

• 방의 규모
진골의 방은 길이와 폭이 24척을 넘을 수 없으며, 6두품의 방은 길이와 폭이 21척을 넘을 수 없고, 5두품의 방은 길이와 폭이 18척을 넘어서는 안 되며 4두품 이하 백성의 방은 길이와 폭이 15척을 넘지 말아야 한다. 지방의 진촌주는 5품과 같으며, 차촌주는 4품과 같다.
                                    - 〈삼국사기〉

07

다음 자료를 통해 화랑도가 신라 사회에 미친 영향이 아닌 것은?

> 귀산 등이 그 문하에 가서 단정한 태도로 "저희 세속의 선비들이 어리석어 아는 바가 없으니, 원컨대 한 말씀을 내려주셔서 종신토록 계명을 삼았으면 합니다."라고 말하였다. 법사는 "불교의 계율에는 보살계가 있는데 그 종목이 10가지라서 너희처럼 남의 신하된 자로서는 아마 감당하기 어려울 것이다. 여기 세속 5계가 있으니, 하나는 충으로써 임금을 섬기고, 둘은 효로써 부모를 섬기며, 셋은 믿음으로써 친구를 사귀고, 넷은 전장에 나아가 물러서지 않으며, 다섯은 생명 있는 것을 가려서 죽인다는 것이다. 너희는 실행에 옮기되 소홀히 하지 말라."라고 하였다.

① 계층 간의 대립과 갈등을 조절 · 완화하는 역할을 하였다.
② 화랑도 활동을 통해 국가에서 필요로 하는 인재가 양성되었다.
③ 중대사를 합의제로 결정하여 국민 통합에 기여하였다.
④ 사군이충(事君以忠)으로 보아 충성을 중시하는 사회임을 알 수 있다.

해설 화랑도는 귀족 자제 중에서 선발된 화랑을 지도자로 삼고 귀족은 물론 평민까지 망라한 많은 낭도들이 그를 따랐다. 이와 같이 여러 계층이 같은 조직 속에서 일체감을 갖고 활동함으로써 화랑도는 계층 간의 대립과 갈등을 조절 · 완화하는 구실을 하였다. 신라가 정복 활동을 강화하던 진흥왕 때 국가 차원에서 화랑도를 장려하고 조직으로 확대한 결과 삼국 통일에 기여한 많은 인재를 배출할 수 있었다. 원광은 세속 5계를 가르쳐 마음가짐과 행동의 규범을 제시하였다.
중대사를 합의제로 결정한 기구는 화백제도로, 귀족들의 단결을 굳게 하고 국왕과 귀족 간의 권력을 조절하는 기능을 담당하였다.

핵심정리

화랑도(花郎徒)
- **기원 및 발전** : 씨족 공동체 전통을 가진 원화(源花)가 발전한 원시 청소년 집단으로, 정복 활동을 강화하던 진흥왕 때 국가 조직으로 공인 · 발전
- **구성**
  - 화랑 : 단장(수령)이며, 진골 귀족 중 낭도의 추대로 선임
  - 낭도 : 신분(귀족~평민)에 관계없이 왕경 6부민이면 입단 가능
  - 승려 : 구성원의 교육 및 지도
- **목적 및 기능**
  - 제천의식의 거행, 전통적 사회 규범을 배우고 협동과 단결 정신 고취
  - 심신의 연마, 사냥과 전쟁에 대한 교육 및 군인 양성
  - 종교나 의례적 기능에서 점차 교육과 군사적 기능이 강화됨(통일 후 군사적 기능은 약화)
- **특성**
  - 여러 계층이 한 조직 속에 구성되어 일체감을 형성
  - 계층 간 대립과 갈등의 조절 · 완화
  - 사회적 중견 인물을 양성하고 국민의 단결과 삼국 통일의 원동력으로 작용(김유신, 사다함, 관창 등을 배출)

08

나말 여초의 지방 사회에서 일어나고 있던 상황을 잘못 설명한 것은?

① 촌주를 중심으로 촌락 행정을 주관하고 지방관의 통제를 받는 지배체제가 강화되었다.

② 지방 통제력이 약화되면서 호족들이 성장할 수 있는 배경이 되었다.

③ 6두품으로 은거하기도 하고 지방 호족세력과 연계하여 사회 개혁을 추구하였다.

④ 골품제의 한계에 대한 불만이 크게 늘어 새로운 정치 이념이 제시되었다.

해설 신라 말 중앙 정부의 통제력이 전반적으로 약화되면서 토착세력인 촌주에 대한 통제력과 이를 통한 지방의 지배체제도 약화되었다. 신라 말 촌주세력은 지방 호족세력이나 선종세력과 결탁하고 스스로 지방 호족이 되는 등 독립적·반신라적 성향을 보였다.
② 신라 말 중앙 통제가 약화되고 농민봉기가 늘어나면서 각처에서 호족들이 반독립적인 세력으로 성장하였다. 이들은 자기 근거지에 성을 쌓고 군대를 보유하여 스스로 성주 혹은 장군이라고 칭하면서 지방의 행정권·군사권, 경제적 지배력을 장악하였다.
③, ④ 6두품 세력은 골품제의 한계로 인해 정치적 출세에 제한을 받아 은둔생활을 하기도 하였고, 사회 비판의식이 커지면서 새로운 정치 이념을 제시하여 반신라 세력으로 성장하였다. 또한 이들은 선종 세력과 지방의 호족세력과 연계하여 사회 개혁을 추구하기도 하였는데, 이는 새로운 사회 개창의 원동력으로 작용하였다.

09

다음은 신라의 어느 인물에 대한 기록 중의 일부이다. 그가 활동하던 시기의 동향을 가장 바르게 설명한 것은?

> 무열왕이 즉위하자 당나라에서 사자가 와서 조서를 전했는데, 읽기 어려운 곳이 있었다. 왕이 강수를 불러 물으니 조서를 한 번 보고서 해석하여 설명하는데, 의심나거나 막힘이 없었다. 이에 왕이 당 황제의 조서에 회답하는 표문을 짓게 하였는데 글이 잘 짜여지고 문장이 극진하였다.
>
> – 〈삼국사기〉

① 과거제도의 시행 등 새로운 정치 이념을 제시하였다.

② 왕의 정치적 조언자로 활동하거나 행정실무를 담당하였다.

③ 골품제도의 모순을 시정하고자 개혁의 방향을 제시하였다.

④ 지방에 학교를 설치하여 학문을 확산시키는 데 공헌하였다.

해설 제시문은 7세기 신라 무열왕 때부터 신문왕 때까지 활약했던 6두품 출신의 관리 강수에 대한 설명이다. 이 시기는 통일 이후, 즉 신라 중대로서 6두품은 학문·종교 분야에서 뛰어나 활발한 정치적 진출을 이루었다.

10 기상직 9급 기출

다음 밑줄 친 인물이 속한 사회 계층에 대한 설명으로 옳은 것을 〈보기〉에서 고른 것은?

태종대왕(太宗大王)이 즉위하자 당의 사신이 와서 조서를 전했는데, 그 가운데 해독하기 어려운 부분이 있었다. 왕이 그를 불러 물으니, 그가 왕 앞에서 한번 보고는 설명하고 해석하는데 의심스럽거나 막히는 데가 없었다. 왕이 놀랍고도 기뻐 서로 만남이 늦은 것을 한탄하고 그의 성명을 물었다. 그가 대답하여 아뢰었다. "신은 본래 임나가량(任那加良) 사람이며 이름은 우두(牛頭)입니다."왕이 말했다. "경의 두골을 보니 강수 선생이라고 부를 만하다." 왕은 그에게 당 황제의 조서에 감사하는 회신의 표를 짓게 하였다. 문장이 세련되고 뜻이 깊었으므로, 왕이 더욱 그를 기특히 여겨 이름을 부르지 않고 임생(任生)이라고만 하였다.

『삼국사기』

─ 보기 ─

ㄱ. 속현에서 농민들의 실질적인 지배세력이었다.
ㄴ. 학문과 종교분야에서 활발히 활동하였다.
ㄷ. 신분은 양인이었으나 직역이 천해 사회적 차별이 심하였다.
ㄹ. 6관등인 아찬까지만 승진할 수 있었다.

① ㄱ, ㄴ   ② ㄱ, ㄷ
③ ㄴ, ㄹ   ④ ㄷ, ㄹ

해설 제시된 자료는 신라 중대 무열왕 때 외교 문서 작성에 능통했던 강수에 대한 내용으로 그가 속한 신분은 6두품이다.

ㄱ. 고려의 향리에 대한 설명이다. 향리는 속군 속현의 조세와 공물 징수, 노동력 징발 사무를 담당하였다.
ㄷ. '신량역천(身良役賤)' 계층에 대한 설명이다. 이들은 법제적으로는 양인이지만 직역이 천하다고 하여 '신량역천(身良役賤)' 계층이라고 하였고, 천역(賤役)에서 벗어나지 않는 한 양인으로서의 권리를 행사할 수 없었다.

11

다음 설명과 관계 깊은 사실을 모두 고른 것은?

신라 지배층은 삼한(삼국)이 하나가 되었다는 자부심을 갖게 되었다.

㉠ 백제와 고구려 유민을 9서당에 편성하였다.
㉡ 백제와 고구려의 옛 지배층에게 신라의 관등을 주었다.
㉢ 6두품이 활발하게 정치적 진출을 하였다.
㉣ 골품의 구분이 하급 신분층부터 무의미해졌다.

① ㉠, ㉡   ② ㉠, ㉢
③ ㉡, ㉣   ④ ㉢, ㉣

해설 신라는 통일 직후에 백제와 고구려의 유민들을 9서당에 편성함으로써 민족 통합에 노력하였으며, 백제와 고구려의 옛 지배층에게 신라 관등을 주어 포용하였다.

12

발해에 대한 설명이 사실과 다른 것은?

① 고구려 계승의식이 강하였다.

② 발해의 주민 구성에서 다수를 차지한 것은 거란인이다.

③ 발해의 지식인은 당으로 유학가 빈공과에 응시하기도 하였다.

④ 발해의 지배층들은 중앙과 지방의 중요한 관직을 차지하고 노비와 예속민을 거느리고 있었다.

해설 발해의 다수를 차지한 것은 말갈인이며, 이들은 주로 피지배층이었다.

핵심정리

발해 사회의 모습

① 사회 구성
- 지배층
  - 왕족인 대씨와 귀족인 고씨 등의 고구려계 사람들이 대부분
  - 주요 관직을 차지하고, 수도나 큰 고을에 살면서 노비와 예속민을 거느림
- 피지배층
  - 주로 주민의 다수를 차지한 말갈인으로 구성
  - 일부는 지배층이 되거나 촌장이 되어 국가 행정을 보조

② 생활 모습
- 상층 사회 : 당의 제도와 문화를 수용하였으며, 지식인들은 당에 유학하여 빈공과에 합격하기도 함
- 하층 사회 : 촌락민들은 촌장(수령)을 통해 국가의 지배를 받았으며, 고구려나 말갈 사회의 전통적인 생활 모습을 오랫동안 유지

13

다음 사료는 신라 말기의 사회 모습을 보여주고 있다. 이러한 현상이 일어나게 된 원인은?

> 진성여왕 3년(889) 나라 안의 여러 주·군에서 공부(貢賦)를 바치지 않으니 창고가 비어 버리고 나라의 쓰임이 궁핍해졌다. 왕이 사신을 보내어 독촉하였지만, 이로 말미암아 곳곳에서 도적이 벌떼같이 일어났다. 이에 원종, 애노 등이 사벌주(상주)에 의거하여 반란을 일으키니 왕이 나마 벼슬의 영기에게 명하여 붙잡게 하였다. 영기가 적진을 쳐다보고는 두려워하여 나아가지 못하였다.

① 국가 기강 해이에 따른 수취 체제의 문란

② 전쟁으로 인한 재정의 파탄

③ 외적의 침입에 따른 농토의 황폐화

④ 중앙집권 강화에 따른 지방 세력의 약화

해설 9세기 말 진성여왕 때에는 중앙 정부의 기강이 극도로 문란해졌으며, 지방의 조세납부 거부로 국가 재정이 바닥이 드러났다. 그리하여 한층 더 강압적으로 조세를 징수하자 상주의 원종과 애노의 난을 시작으로 농민의 항쟁이 전국적으로 확산되었다.

핵심정리

신라 말기의 반란

진성여왕 3년(889) 나라 안의 여러 주·군에서 공부(貢賦)를 바치지 않으니 창고가 비어 버리고 나라의 쓰임이 궁핍해졌다. 왕이 사신을 보내어 독촉하였지만, 이로 말미암아 곳곳에서 도적이 벌떼 같이 일어났다. 이에 원종·애노 등이 사벌주(상주)에 의거하여 반란을 일으키니 왕이 나마 벼슬의 영기에게 명하여 잡게 하였다.

– 〈삼국사기〉

실전
문제

제4장 고대 문화의 발달

● 대표유형문제 ●

국가직 9급 기출

신라 하대 불교계의 새로운 경향을 알려주는 다음의 사상에 대한 설명으로 옳은 것은?

> 불립문자(不立文字)라 하여 문자를 세워 말하지 않는다고 주장하고, 복잡한 교리를 떠나서 심성(心性)을 도야하는 데 치중하였다. 그러므로 이 사상에서 주장하는 바는 인간의 타고난 본성이 곧 불성(佛性)임을 알면 그것이 불교의 도리를 깨닫는 것이라는 견성오도(見性悟道)에 있었다.

① 전제왕권을 강화해주는 이념적 도구로 크게 작용하였다.
❷ 지방에서 새로이 대두한 호족들의 사상으로 받아들여졌다.
③ 왕실은 이 사상을 포섭하려는 노력에 관심을 기울이지 않았다.
④ 인도에까지 가서 공부해 온 승려들에 의해 전파되었다.

정답해설 제시문은 신라 하대 선종에 대한 설명이다. 선종은 귀족세력의 분열과 지방세력의 성장과 함께 신라 하대에 유행하였고, 지방호족의 세력과 함께 반신라적 움직임과 결부되어 새로운 사회의 사상적 토대를 마련하였다.

오답해설 ① 교종은 전제왕권을 강화해주는 이념적 도구로 작용하였다.
③ 왕실은 이 사상을 포섭하려고 노력하였다.
④ 선종은 도의가 당에서 귀국하며 도입된 것으로 보고 있다.

핵심정리 **선종의 발달**
• **전래 및 발전** : 통일 전후에 전래되었으나 교종의 위세에 눌려 관심의 대상이 되지 못하다가 신라 말 지방 세력의 발호에 맞추어 기반 확대(6두품과 호족의 후원으로 발전)
• **특징**
　– 기존 사상에 의존하지 않고 스스로 사색해 진리를 깨닫는 실천 수행과 좌선을 중시
　– 교종에 반대하고 반체제적 입장에서 독자 세력을 구축하려는 호족의 성향에 부합
• **의의**
　– 지방 문화의 역량 증대 및 중국 문화의 이해와 인식의 확대
　– 새로운 시대의 이념 제공(반신라적 움직임과 결부되어 새 왕조 개창의 사상적 기반이 됨)

01

다음 중 백제 예술의 성격은?

① 패기와 정열이 넘치는 문화

② 우아하고 세련된 문화

③ 소박한 전통적 문화

④ 부드러우면서도 웅장한 문화

해설 백제는 우아하고 세련된 귀족적 성격을 지녔으며, 중국 문화의 수입과 전달의 역할로 세련된 문화를 이룩하였다. ①은 고구려, ③은 신라, ④는 발해 예술의 성격이다.

핵심정리

삼국의 문화
① 삼국 문화의 기본 성격
- 2원적 성격
  - 초기 : 소박한 전통 문화의 성격이 지배(토우, 설화, 음악 등)
  - 통일기 : 중국 남북조 등 여러 문화를 수용하고 불교의 영향을 받으면서 고도의 세련미를 보여줌(사원, 불상 등)
- 불교 문화의 영향 : 문화의 폭을 확대하고 국민 사상의 통합과 국력 강화에 기여하였으며, 귀족 문화 형성에 큰 영향을 미침
- 문화적 동질성 : 경쟁 과정에서 자라난 동족 의식으로 인해 언어와 풍습, 사상 등에 있어 동질적인 문화적 특성을 보임
② 삼국 문화의 특징

고구려	• 중국 문화에 대한 비판 능력 함양 • 패기와 정열이 넘치는 문화
백제	• 우아하고 세련된 귀족적 성격을 지님 • 중국 문화의 수입과 전달의 역할로 세련된 문화를 이룩
신라	• 초기에는 소박한 전통을 유지 • 고구려와 백제의 영향으로 조화미와 세련미를 이룩

02

다음 중 삼국시대의 문화에 대한 내용으로 옳지 않은 것은?

① 삼국시대에는 유교 중심의 통치체제가 뿌리내리기 시작하였다.

② 고구려에서는 국통, 주통, 군통을 두어 교단을 조직하였다.

③ 삼국시대에는 귀족사회를 중심으로 도교가 유행하였다.

④ 삼국은 중앙집권 체제의 확립과 지방세력 통합에 힘쓰던 시기에 불교를 수용하였다.

해설 국통(승통), 주통, 군통 등을 통해 불교 교단을 정비하고, 황룡사, 흥륜사 등을 건립하여 불교를 부흥한 것은 신라 진흥왕이다.
① 삼국시대에는 유교 중심의 통치체제가 뿌리내리기 시작했다. 고구려의 경우 중국과 인접하여 비교적 일찍부터 유교 사상을 수용하였고, 전통적 사상과 유교 사상을 잘 조화시켜 국가발전을 이룩하는 등 유교가 통치원리와 규범으로서 자리 잡게 되었다. 백제의 경우도 유교에 영향을 받은 충·효의 유교 윤리, 정치기구인 육좌평, 16관등, 남당 등은 그 저변에 유학 사상이 깔려있다. 신라의 유교 사상은 지증왕에서 법흥왕 때 체제정비를 기점으로, 국가체제와 사회질서를 유지하는 기본이념으로서 유교가 뿌리내리게 되었다.
③ 도교는 고구려 영류왕(624) 때 전래되었는데, 삼국의 귀족사회를 중심으로 산천 숭배나 신선 신앙과 결합하면서 도교가 유행하였다.
④ 삼국의 불교는 왕권 및 중앙집권 체제의 강화를 위해 지배층이 중심이 되어 수용되었고, 왕실의 지원으로 국가적·호국적 성격이 강하였다.

03

통일신라시대의 김대문, 최치원 등은 많은 저술을 남긴 학자들이다. 이들의 저술 중 현존하는 것은?

① 고승전　　　　② 한산기

③ 화랑세기　　　④ 계원필경

해설 〈계원필경〉은 최치원의 시문집으로 현재 전하고 있다.

━━━━━ **핵심정리** ━━━━━

최치원

- 당의 빈공과에 급제하고 귀국 후 진성여왕에게 개혁안 10여 조를 건의(→ 수용되지 않음)
- 골품제의 한계를 자각하고 과거제도를 주장하였으며, 반신라적 사상을 견지
- 〈계원필경〉, 〈제왕연대력〉, 〈법장화상전〉 등을 저술

04

통일신라시대의 유학에 관한 설명으로 옳지 않은 것은?

① 신문왕은 유학을 통치 이념으로 확립하기 위하여 국학을 설립하였다.

② 유교적 성격을 띤 향가가 많았고, 6두품 출신의 유학자들이 향가를 지어 유학의 이념을 확산시켰다.

③ 원성왕은 독서삼품과를 설치하여 골품 위주의 관리 등용을 지양하고 유학의 교양에 따른 능력 위주의 관리 선발 제도를 확립하려 하였다.

④ 설총은 군주에게 도덕 정치를 요구하는 화왕계를 지어 신문왕의 노력을 뒷받침하였다.

해설 향가는 불교적 성격을 띠었으며 승려나 화랑의 작품이 많았다.

05

다음 중 삼국시대 불교에 관한 설명으로 옳지 않은 것은?

① 고구려의 승랑은 삼론종 발전에 기여하였다.

② 백제에서는 개인의 해탈을 강조하는 계율종이 성행하였다.

③ 삼국의 불교는 고구려, 백제, 신라 순서로 도입되었다.

④ 신라 왕족보다 귀족이 옹호하여 귀족 중심으로 발달하였다.

해설 신라의 불교는 왕실의 강력한 비호아래 호국적 성격을 띠며 발달하였다. 신라의 경우 5세기 눌지왕 때 불교가 전래되었으나, 민간의 전통신앙 및 보수적 귀족세력과의 마찰로 6세기 법흥왕 때 와서야 공인(527)되었다.

① 고구려에서는 6세기 이후 공(空)을 중시하는 삼론종이 발달하였는데, 승랑은 6세기 무렵 삼론종 발전에 기여하였고, 중국에서 활약하며 중국 삼론종의 3대조가 되었다.

② 백제는 계율을 통해 개인의 소승적 해탈을 강조하는 계율종이 성행하였고, 일본에 전파되어 큰 영향을 미쳤다.

③ 삼국의 불교는 고구려, 백제, 신라의 순서로 도입되었다. 고구려의 경우 소수림왕 때 중국 전진(前秦)의 순도를 통하여 불교가 전래(372)되었고, 백제는 동진(東晉)의 마라난타를 통해 침류왕 때 전래(384)되었으며, 신라는 고구려 묵호자를 통해 전래된 후 6세기 법흥왕 때 국가적으로 공인(527)되었다.

━━━━━ **핵심정리** ━━━━━

불교 전래 및 공인

고구려	중국 전진의 순도를 통하여 소수림왕 때 전래 (372)
백제	동진의 마라난타를 통해 침류왕 때 전래(384)
신라	고구려 묵호자를 통해 전래, 6세기 법흥왕 때 국가적으로 공인(527)

06

삼국시대 불교에 대한 설명으로 옳은 것은?

① 고구려는 전진의 아도로부터 불교를 들여왔다.

② 일반 민중도 불교의 영향을 받아서 현세구복을 기원하였다.

③ 신라의 진흥왕은 자신을 전륜성왕이라 자처하였다.

④ 백제는 남조의 영향으로 왕즉불 사상을 받아들였다.

해설 진흥왕은 자신의 두 아들의 이름도 전륜성설화에서 이름을 따 금륜과 동륜이라고 했다. 인도의 아소카왕과 비교하여 자신을 전륜성왕이라 자처했다.

① 고구려에 불교를 전래한 것은 전진의 순도이고 소수림왕 때 불교를 수용하였다.

② 삼국시대의 불교는 현세구복적 성격을 갖고 있으나 왕실에서 불교를 수용하였고 일반 민중까지 불교가 확대된 것은 통일 신라 이후의 사실로 본다.

④ 신라는 왕이 곧 부처라는 왕즉불 사상을 받아들여 왕권을 강화하였다.

핵심정리

삼국시대 불교의 성격

• 중앙집권 체제가 정비되고 지방세력이 통합될 무렵 왕실과 귀족을 중심으로 수용 · 공인(왕권강화와 중앙집권화에 기여하였고, 특권 귀족 계층을 옹호)

• 지배층 중심의 호국적 성격이 강하였고, 신분제를 합리화(지배층 중심의 미륵신앙 성행, 윤회설 · 업보 사상 중시)

• 대승 불교와 소승 불교가 혼재되어 전래되었으나 대승 불교가 주류를 이루었으며, 여러 종파 간 사상적 대립과 발전을 거침

• 전통적 토착신앙을 흡수하여 샤머니즘 성격과 현세구복적 성격이 강함

• 선진 문화 수용과 고대 문화 발달에 기여하였고, 새로운 문화 창조에 중요한 가치관으로 작용

• 철학적 인식 토대를 확립하고 신앙의 기능을 제공하여 인간 사회의 갈등이나 모순을 해소

07

다음 사료를 통해 알 수 있는 종교에 대한 설명으로 옳은 것은?

> 진지왕 때에 와서 흥륜사의 승려 진자가 법당의 미륵상 앞에서 소원을 빌며 말했다. "원컨대, 우리 부처님이 화랑으로 변하여 세상에 나타나시면 내가 항상 얼굴을 가까이 뫼시고 받들어 모시겠습니다." 그 정성스럽고 지극한 기원의 심정이 날로 더해 가더니 어느 날 꿈에 한 승려가 나타나 말했다. "웅천의 수원사에 가면 미륵선화(彌勒仙花)를 볼 수 있으리라." 진자가 꿈에서 깨어 놀랍고도 기뻐서 그 절을 찾아가니, 한 소년이 친절하게 맞이하며 자신도 서울 사람이라고 하였다. 진자가 다시 서울로 올라와 마을을 찾아다니면서 그를 찾았다. 그러다가 화장을 하고 장신구를 갖춘 수려한 남자 아이가 영묘사의 동북쪽 길가에서 노는 것을 보았다. 진자는 그가 미륵선화라고 생각하여 가마에 태우고 들어와서 왕에게 보였다. 왕은 그를 공경하고 사랑하여 받들어 국선(國仙)으로 삼았다. 그는 자제(子弟)들을 화목하게 했으며, 예의와 가르침이 다른 사람과 다르고, 풍류가 세상에 빛났다.

① 노자와 장자의 사상을 토대로 하고 신선사상을 근본으로 하였다.

② 신라에서 널리 받아들인 불교의 중심 교리는 미륵불 신앙이었다.

③ 신라 말기의 도선과 같은 선종 승려들이 중국에서 들여왔다.

④ 도참신앙과 결부되어 산수의 생김새로 미래를 예측하는 경향이 나타났다.

해설 지문은 미륵신앙과 화랑에 대한 사료이다. 미륵불 신앙은 왕이 곧 부처라는 사상을 통하여 왕의 권위를 높여주는 한편, 귀족들의 특권을 인정해 주는 일면이 있었다. 아울러 미륵불이 나타나 이상적인 불국토를 건설한다는 미륵불 신앙은 화랑제도와 밀접한 관련을 가지면서 신라 사회에 정착되었다.
① 은 도교, ③, ④는 풍수지리설에 대한 설명이다.

08

다음 중 불교 사상과 관련된 설명으로 옳지 않은 것은?

① 고구려의 승려 승랑은 삼론종 발전에 기여하였다.
② 고구려계 유민인 진표는 법상종(法相宗)의 학문적 확립에 큰 역할을 하였다.
③ 신라 불교의 호국성을 보여주는 것으로 원광의 세속오계가 있다.
④ 의상은 당나라에서 화엄종을 전해와 해동 화엄종(海東華嚴宗)의 시조가 되었다.

해설 진표(眞表)는 김제 금산사를 중심으로 법상종을 개척하였는데, 법상종은 학문적 연구보다는 점찰로서 자신의 과보를 점치고 참회 수행하는 실천적 경향이 강하였다. 따라서 ②는 옳지 않다.
① 고구려의 승려 승랑은 6세기 무렵 삼론종 발전에 기여하였고, 중국 남조에서 활약하며 중국 삼론종학을 확립하였다.
③ 신라 진평왕 때 활약한 원광(圓光)의 세속오계는 화랑의 기본 계율이자 불교의 도덕률로서, 당시 불교의 호국정신을 포함하고 있다.
④ 의상(義湘)은 당에 유학하여 중국 화엄종의 제2조인 지엄의 문하에서 화엄종을 연구하였으며, 「화엄일승법계도(華嚴一乘法界圖)」를 저술하여 화엄사상을 정립하고 해동화엄종의 시조가 되었다.

09 지방직 9급 기출

다음과 같은 불교 사상의 영향을 받아 만들어진 문화재는?

> 이 불교 사상은 개인적 정신세계를 추구하는 경향이 강하였기 때문에 지방에서 독자적인 세력을 이루어 성주나 장군을 자처하던 자들로부터 큰 호응을 받았다.

① 성덕대왕신종
② 쌍봉사 철감선사탑
③ 경천사지 십층석탑
④ 금동미륵보살 반가사유상

해설 신라 하대에는 개인적 정신세계를 찾는 경향이 강하여 좌선을 중시하는 선종(禪宗)이 발달하였는데, 교종에 반대하고 반체제적 입장에서 지방의 독자적 세력을 구축하려는 호족의 성향에 부합하였다. 선종의 영향으로 쌍봉사 철감선사탑이나 4산비명 등 이름난 승려의 사리를 보존하는 승탑과 탑비가 유행하였다.

핵심정리

선종의 특징과 의의

특징	• 기존의 사상체계에 의존하지 않고 스스로 사색하여 진리를 깨닫는 것을 중시(실천 수행 강조, 실천적 경향) • 개인적 정신세계를 찾는 경향이 강하여 좌선을 중시 • 교종에 반대하고 반체제적 입장에서 지방의 독자적 세력을 구축하려는 호족의 성향에 부합
의의	• 경주 중심의 문화를 극복하고 지방 문화의 역량을 증대 • 새로운 시대의 이념과 사상을 제공 • 불교의식과 권위를 배격, 종파 불교가 본격적으로 전개됨 • 쌍봉사 철감선사 승탑과 같은 승탑과 탑비가 유행

10

다음 〈보기〉에서 의상과 관련된 설명을 모두 고르면?

─────── 보기 ───────

㉠ 일심사상을 바탕으로 다른 종파들과 사상적 대립을 조화시키고 화쟁사상을 주장하였다.
㉡ 모든 존재는 상호 의존적인 관계에 있으면서 서로 조화를 이루고 있다는 화엄사상을 정립하였다.
㉢ 당 현장에게 유식 불교의 깊은 뜻을 수학하고, 현장사상을 계승하였다.
㉣ 아미타 신앙과 함께 현세에서 고난을 구제받고자 하는 관음신앙을 이끌었다.
㉤ 여러 나라의 풍물을 생생하게 기록한 〈왕오천축국전〉을 남겼다.

① ㉠, ㉡   ② ㉡, ㉢
③ ㉠, ㉤   ④ ㉡, ㉣

해설 의상은 모든 존재는 상호 의존적인 관계에 있으면서 서로 조화를 이루고 있다는 화엄사상을 정립하고 이를 바탕으로 교단을 형성하여 많은 제자를 양성하였다. 또한 화엄 종단에서 아미타 신앙과 함께 현세에서 고난을 구제받고자 하는 관음신앙을 이끌었다.
㉠은 원효, ㉢은 원측, ㉤은 혜초에 대한 설명이다.

11

통일 신라 말의 사상적 동향에 대한 설명으로 옳은 것은?

① 심성 도야를 중시하는 교종보다 경전 중심의 선종이 유행하였다.
② 아미타 신앙과 함께 현세에서 구원받고자 하는 신앙이 설파되었다.

③ 선종의 승려와 6두품 출신의 유학자들은 사상적인 차이 때문에 서로 대립하였다.
④ 신라 말기에 도선이 당에서 들여온 풍수지리설이 호족과 연결되어 발전을 보았다.

해설 신라 말 도선 등의 선종 승려들이 중국에서 유행한 풍수지리설을 전래하였다. 교종이 경전 중심인데 반해 선종은 심성 도야를 강조하였고, 아미타 신앙이 들어온 것은 신라 중대에 해당하며, 선종과 6두품 출신들은 상호 결합하였다.

12

다음에서 공통적으로 담겨 있는 사상은?

• 고구려의 강서 고분 벽화
• 백제 무령왕릉의 지석
• 발해의 정혜공주 묘지

① 도교   ② 풍수지리설
③ 불교   ④ 유교

──── 핵심정리 ────

도교사상의 반영

고구려	강서 고분 벽화의 사신도
백제	• 신수문전, 사택지적비, 무령왕릉 지석 등 • 삼신산, 도관, 도사 등의 문양
신라	화랑도의 국선도, 풍월도, 풍류도 등이 도교에서 비롯
통일 신라	최치원의 4산 비명
발해	정효공주, 정혜공주 묘지

13

고대의 과학기술에 대한 설명으로 틀린 것은?

① 고구려에는 별자리를 그린 천문도가 만들어졌고, 고분 벽화에도 별자리 그림이 남아 있다.

② 통일신라시대의 석굴암의 석굴 구조는 정밀한 수학적 지식이 이용되었음을 알 수 있다.

③ 불국사 3층 석탑에서 발견된 무구정광대다라니경은 현존하는 가장 오래된 목판인쇄물이다.

④ 신라 지역의 고분 벽화에는 철을 단련하고 수레바퀴를 제작하는 기술자의 모습이 그려져 있다.

해설 고구려는 철 생산이 중요한 국가적 산업이었으며, 철광석이 풍부하여 일찍부터 철을 다루는 기술이 발달하였다. 고구려에서 출토된 철제 무기와 도구 등은 그 품질이 우수하며, 고분 벽화에는 철을 단련하고 수레바퀴를 제작하는 기술자의 모습이 사실적으로 그려져 있다.

------ **핵심정리** ------

금속 제련술의 발달

① **고구려**
- 철광석이 풍부하여 제철 기술이 발달함(철 생산이 국가의 중요 산업)
- 고구려 지역에서 출토된 철제 무기와 도구 등은 그 품질이 우수됨
- 고분 벽화에 철을 단련하는 기술자의 모습이 사실적으로 묘사됨

② **백제**
- **칠지도(七支刀)**
  - 강철로 만든 우수한 제품으로, 금으로 상감한 글씨가 새겨져 있음
  - 4세기 후반에 근초고왕이 왜왕에게 하사한 것으로, 당시 양국의 교류 관계를 보여줌
  - 백제 금동대향로 : 백제의 금속 공예 기술이 중국을 능가할 정도로 매우 뛰어났음을 보여주는 걸작품, 불교와 도교의 요소 반영

③ **신라**
- **신라** : 고분에서 출토된 금관들은 제작 기법이 뛰어나며 독특한 모양이 돋보임
- **통일신라** : 12만 근의 구리와 아연이 함유된 청동으로 제작한 성덕대왕 신종의 신비한 종소리는 당시의 금속 주조 기술이 매우 뛰어났음을 입증

14 서울시 9급 기출

〈보기〉에서 발해 문화가 고구려를 계승하였음을 보여주는 문화유산을 모두 고른 것은?

------ 보기 ------

ㄱ. 온돌 장치   ㄴ. 벽돌무덤
ㄷ. 굴식돌방무덤   ㄹ. 주작대로

① ㄱ, ㄴ   ② ㄱ, ㄷ
③ ㄴ, ㄹ   ④ ㄷ, ㄹ

해설 발해는 건국 주도 세력과 지배층, 사신이 대부분 고구려인이고 일본과의 외교 문서에서 고려 및 고려국왕이라는 명칭을 사용하기도 하는 등 고구려 계승 근거를 보여준다.

ㄱ. 발해 궁전의 온돌 장치는 고구려 계승 근거를 보여준다.

ㄷ. 대표적인 굴식 돌방무덤인 정혜 공주 묘는 고구려 양식을 계승한 것이다.

ㄴ. 벽돌무덤인 정효 공주 묘는 당의 영향을 받은 것이다.

ㄹ. 당의 수도인 장안성을 모방하여 주작대로를 건설하였다.

15 국가직 9급 기출

신라 승려 ㉠과 ㉡에 대한 설명으로 옳지 않은 것은?

> (㉠)은(는) 불교 서적을 폭넓게 이해하고, 일심(一心) 사상을 바탕으로 여러 종파들의 사상적 대립을 조화시키며, 분파 의식을 극복하려고 노력하였다. 한편 (㉡)은(는) 모든 존재가 상호 의존적인 관계에 있으면서 서로 조화를 이룬다는 화엄 사상을 정립하고, 교단을 형성하여 많은 제자를 양성하였다.

① ㉠은 미륵 신앙을 전파하며 불교 대중화의 길을 열었다.

② ㉠은 무애가라는 노래를 유포하며 일반 백성을 교화하였다.

③ ㉡은 관음 신앙과 함께 아미타 신앙을 화엄 교단의 주요 신앙으로 삼았다.

④ ㉡은 국왕이 큰 공사를 일으켜 도성을 새로이 정비하려 할 때 백성을 위해 이를 만류하였다.

해설 ㉠은 원효, ㉡은 의상에 대한 설명이다. 미륵 신앙이 일반 백성에 널리 유포되는 데 기여한 승려는 진표이다.
　② 무애가는 원효가 지은 불교가요로 정확한 제작연대를 모르고 가사도 현존하지 않는다. 〈삼국유사〉와 〈파한집〉에 노래의 유래가 기록되어 있다.
　③ 의상은 아미타 신앙과 함께 현세에서 고난을 구제받고자 하는 관음 신앙을 설파하였다.
　④ 왕(문무왕)이 수도(금성)에 성곽을 쌓으려고 할 때, 정도(正道)만 행하면 복업(福業)이 오래갈 것이라 말하며 만류하였다.

16

다음 시기의 고분에 대한 설명으로 옳은 것은?

① 한성 시대 : 작고 세련된 무덤을 축조하였다.

② 웅진 시대 : 계단식 돌무지무덤을 축조하였다.

③ 웅진 시대 : 굴식 돌방무덤과 벽돌무덤이 함께 발굴되었다.

④ 사비 시대 : 석촌동 고분이 대표적이다.

해설 한성 시대에는 계단식 돌무지무덤을 만들었으며 석촌동 고분이 대표적이다. 웅진 시대에는 굴식 돌방무덤과 벽돌무덤이 발굴되었고, 사비 시대에는 규모가 작고 세련된 굴식 돌방무덤이 유행하였다.

핵심정리

백제 시대의 고분

- **한성 시대** : 초기 한성 시기에는 같은 계통인 고구려의 영향을 받아 계단식 돌무지무덤(석촌동 고분 등)이 중심
- **웅진 시대** : 굴식 돌방무덤과 널방을 벽돌로 쌓은 벽돌무덤(공주 송산리 고분군의 무령왕릉), 6세기경 중국 남조의 영향을 받음
- **사비 시대** : 규모가 작지만 세련된 굴식 돌방무덤(부여 능산리 고분)

17

다음에서 설명하는 무덤 양식으로 된 고분은?

> 신라에서 주로 만든 무덤으로 지상이나 지하에 시신과 껴묻거리를 넣은 나무덧널을 설치하고 그 위에 댓돌을 쌓은 다음에 흙으로 덮었다. 도굴이 어려워 껴묻거리가 그대로 남아 있다.

① 장군총 ② 무령왕릉
③ 석촌동 고분 ④ 천마총

해설 지문은 돌무지덧널무덤에 대한 설명이다. 신라는 삼국 통일 직전에 거대한 돌무지덧널무덤을 많이 만들었으며, 통일 후 점차 규모가 작은 굴식돌방무덤으로 바뀌었다. 돌무지덧널무덤의 대표 고분은 천마총과 황남총이다.
① 돌무지무덤, ② 벽돌무덤, ③ 계단식 돌무지무덤

─ 핵심정리 ─

신라의 무덤양식

통일 전	돌무지 덧널무덤	천마총, 호우총	• 돌무지덧널무덤이 주로 만들어졌으며 벽화가 없음(천마도는 마구에 그린 그림) • 도굴이 어려워 대부분 부장품이 그대로 남아 있음
통일 후	굴식 돌방무덤	괘릉	• 돌무지덧널무덤이 규모가 작은 굴식돌방무덤으로 바뀜 • 봉토 주위에 둘레돌을 두르고 12지신상을 조각
	불교식 화장		• 불교의 영향으로 화장이 유행(고려·조선에 계승) • 문무왕릉(수중릉)

18

다음은 발해의 유물과 유적에 대한 설명이다. (가)에 공통으로 들어갈 국가는?

> • 정혜공주 묘는 굴식돌방무덤으로 모줄임 천장 구조가 (가)의 고분과 닮았다.
> • 발해의 벽돌과 기와 무늬는 (가)의 영향을 받아 소박하고 힘찬 모습을 띠고 있다.
> • 상경과 동경의 절터에서는 (가)의 양식을 계승한 것으로 여겨지는 불상이 발굴되었다.

① 백제 ② 고구려
③ 신라 ④ 고조선

해설 발해의 문화는 고구려 문화를 토대로 당의 문화를 흡수하여 재구성하였다. 굴식돌방무덤, 모줄임 구조, 벽돌과 기와 무늬 등은 고구려의 영향을 받은 모습이며, 상경의 구조와 주작대로 등은 당의 영향을 받았다.

─ 핵심정리 ─

발해의 공예

• **조각**
  – 전체적으로 균형이 잘 잡혀 있으며, 고구려의 영향을 받아 기와·벽돌 등의 문양이 소박하고 직선적
  – 상경에 남아 있는 석등은 8각의 기단 위에 볼록한 간석을 두고 연꽃을 조각(고구려의 영향을 받았으며, 발해 석조 미술의 대표로 꼽힘)
• **자기** : 가볍고 광택이 있으며 종류나 크기·모양·색깔 등이 매우 다양하여 당나라로 수출
• 금·은으로 정교하고 아름다운 그릇이나 사리함 제작

19 [국가직 9급 기출]

고구려 고분에 그려진 벽화의 내용으로 가장 적절한 것은?

① 흰 수염의 노인이 호랑이를 탄 채로 담배를 피우는 모습
② 무명옷을 입고 목화밭을 일구는 여인의 모습
③ 은하수를 사이에 두고 견우와 직녀가 만나는 모습
④ 초가지붕 옆에서 감자, 고추 등의 농작물을 재배하는 모습

[해설] 견우직녀도는 평안남도 대안시 덕흥리에 있는 대표적인 고구려 전기의 벽화 고분이다. 이 고분에는 견우직녀도 외에 수렵도, 하례도(賀禮圖), 기마행렬도, 기사도(騎射圖), 마구간·외양간 등의 다양한 벽화가 있으며 5세기 초 당시, 고구려 고분의 구조와 벽화 양식을 알게 해주는 자료이다.

①, ④ 담배, 감자, 고추 등은 모두 조선 후기에 전래·재배되었다. 즉, 담배와 고추는 17세기경 일본에서, 감자는 19세기경 청에서 전래되었다.

② 목화는 고려 말 원에서 전래되었으며, 조선시대에 재배가 확대되면서 무명옷이 보편화되는 등 의생활이 크게 개선되었다.

---- **핵심정리** ----

고구려의 고분 벽화

• 당시 고구려 사람들의 생활·문화·종교 등을 파악할 수 있는 귀중한 자료
• 무용총의 수렵도와 강서대묘의 사신도에서 패기와 진취성을 엿볼 수 있음
• 초기에는 주로 생활을 표현한 그림이 많았고, 후기로 갈수록 점차 추상화되어 사신도와 같은 상징적 그림으로 변함

20

다음 중 삼국시대 무덤에 대한 설명으로 옳지 않은 것은?

① 사후에도 삶이 있다고 믿어 부장품을 넣었다.
② 신라는 고구려와 백제의 영향으로 돌널이 있는 돌방무덤을 만들었다.
③ 신라무덤에서는 부장품이 많이 출토된다.
④ 백제는 중국남조의 영향을 받은 벽돌무덤으로 무령왕릉이 있었다.

[해설] 신라는 돌무지 덧널무덤을 많이 만들었으며, 고구려와 백제의 영향으로 굴식 돌방무덤(횡혈식 석실분)을 만들었다. 굴식 돌방무덤은 돌로 방을 만들고 입구에 통로를 만든 무덤 형태로, 돌널(石棺)이 있는 형태는 아니었다.

① 무덤의 부장품은 사후(死後) 세계를 인정하게 되면서 생전의 생활이 계속되도록 많은 부장품을 넣게 되었는데, 삼국시대에는 부장품이 중국의 후장 풍습의 영향을 받아 수량이 늘고 질적으로도 호화롭게 바뀌었다.

③ 신라는 주로 돌무지덧널무덤을 많이 만들었는데, 천마총이나 호우총 등 돌무지덧널무덤은 도굴이 어려워 대부분 부장품이 그대로 남아 있는 것이 특징이다. 돌무지덧널무덤(적석목곽분)은 지상이나 지하에 시신과 껴묻거리를 넣은 나무 덧널을 설치하고 그 위에 댓돌을 쌓은 다음 흙으로 덮은 구조로, 공간이 부족해 방이 따로 없고 벽화도 없는 것이 특징이다.

④ 백제는 중국 남조의 영향으로 널방을 벽돌로 쌓은 벽돌무덤이 유행하였는데, 대표적인 벽돌무덤으로 공주 송산리 고분군의 무령왕릉이 있다.

핵심정리

고구려의 고분 벽화

고분	벽화	특징
삼실총	무사 · 역사의 벽화	원형으로 된 봉분 안에 세 개의 널방이 ㄱ자 형으로 위치
각저총	씨름도	만주 통거우에 있는 토총. 귀족 생활, 별자리 그림
무용총	무용도 수렵도	14명이 춤추는 무용도, 수렵 · 전쟁을 묘사한 수렵도, 거문고 연주도
쌍영총	기사도 우거도 여인도	서역 계통의 영향. 전실과 후실 사이의 팔각쌍주와 두팔천정은 당대의 높은 건축술과 예술미를 반영
강서 대묘	사신도	사신도와 선인상. 사신도는 도교의 영향을 받은 것으로 색의 조화가 뛰어나며 정열과 패기를 지님
장천 1호분	예불도 기린도	장천 1호분의 기린상과 천마총의 천마상은 고구려와 신라의 문화적 연계성을 보여줌
안악 3호분	대행렬도 수박도	고구려 지배층의 행사를 그린 대행렬도와 수박도 등이 발견됨

21

고대 국가의 문화에 대한 설명으로 틀린 것은?

① 정림사지 5층 석탑은 백제의 대표적인 석탑으로 안정되면서도 경쾌한 모습으로 유명하다.

② 발해의 벽돌과 기와 무늬는 신라의 영향을 받아 소박하고 힘찬 모습을 띠고 있다.

③ 연가 7년명 금동여래입상은 북조 양식을 따르나 강인한 인상은 고구려의 독창성이 보인다.

④ 불국사는 불국토의 이상을 조화와 균형 감각으로 표현한 사원이다.

해설 발해의 벽돌과 기와 무늬는 고구려의 영향을 받아 소박하고 힘찬 모습을 띠고 있다.

22 지방직 9급 기출

다음 괄호 안에 들어갈 사항으로 옳은 것만을 〈보기〉에서 모두 고른 것은?

> 2000년 12월에 유네스코 세계 유산으로 지정된 경주 역사 유적 지구는 남산 지구, 월성 지구, 대릉원 지구, 황룡사 지구, 산성 지구로 세분된다. 이 중에 남산 지구에 해당하는 문화유산으로는 (   ) 등이 있다.

보기

ㄱ. 계림　　　　　　ㄴ. 나정(蘿井)
ㄷ. 포석정　　　　　ㄹ. 분황사
ㅁ. 첨성대　　　　　ㅂ. 배리 석불 입상

① ㄱ, ㄴ, ㄷ　　　　② ㄱ, ㄹ, ㅁ
③ ㄴ, ㄷ, ㅂ　　　　④ ㄹ, ㅁ, ㅂ

해설 **경주 역사 유적 지구**

- 남산 지구 : 나정, 포석정, 용장사곡 석불 좌상(보물 187), 신선암 마애보살상(보물 199), 칠불암 마애석불(보물 200), 불곡 석불 좌상(보물 198), 탑곡 마애조상군(보물 201), 용장사곡 삼층석탑(보물 186), 천룡사지 삼층석탑(보물 1188), 남산리 삼층석탑(보물 124), 배리 석불입상(보물 63) 등
- 월성 지구 : 황성옛터, 계림, 경주 월성, 임해전지, 안압지, 첨성대(국보 31), 전랑지, 내물왕릉
- 대릉원 지구 : 미추왕릉, 황남리 고분군, 노동리 고분군, 노서리 고분군, 오릉, 동부사적지대, 재매정
- 황룡사 지구 : 황룡사지, 분황사 석탑(국보 30)
- 산성 지구 : 명활산성

23

발해 문화에 대한 설명으로 옳은 것은?

① 국가에서 정책적으로 유학을 장려하였기 때문에 불교가 쇠퇴하였다.

② 외교 문서와 공식 기록은 한자를 개량한 발해 문자를 사용하였다.

③ 고구려와 당 문화를 받아들여 독자적인 문화를 이룩하였다.

④ 발해 문화는 고려에 이어져 신라 문화보다 큰 영향을 미쳤다.

해설 발해는 고구려 문화의 바탕 위에 당 문화가 혼합된 특징을 가진다.
> ① 고구려의 불교를 계승한 발해의 불교는 왕실과 귀족을 중심으로 성행하였다.
> ② 대외적인 문서와 국내외 공식 문서는 한문을 사용하였다.
> ④ 고려는 신라 문화의 영향을 받아 독창적인 문화로 성장하였다.

핵심정리

발해의 학문 연구
- 학문 발달 장려 : 당에 유학생을 보내고 서적을 수입
- 한학 교육을 장려
  - 주자감을 설립하여 귀족 자제들에게 유교 경전을 교육
  - 6부의 명칭이 유교식이며, 정혜공주 · 정효공주 묘비문은 4 · 6 변려체의 한문으로 작성됨. 5경과 〈맹자〉, 〈논어〉, 3사(〈사기〉 · 〈한서〉 · 〈후한서〉), 〈진서〉, 〈열녀전〉 등을 인용
  - 외교 사신(양태사, 왕효렴 등)과 승려(인정, 인소 등) 중 많은 사람이 한시에 능통
- 발해 문자 : 외교 문서나 공식 기록에는 한자를 사용하였으나, 이와는 다른 발해 문자가 수도 동경성의 압자 기와에서 발견됨

24

한국 고대 사회 문화의 일본 전파와 관련된 설명으로 옳지 않은 것은?

① 백제의 아직기는 일본에 한자를 전해주었다.

② 고구려의 승려 혜자는 쇼토쿠 태자의 스승이 되었다.

③ 신라인들은 배를 만드는 조선술과 제방을 만드는 축제술을 일본에 전해 주었다.

④ 다카마쓰 무덤에서 발견된 벽화를 통해 가야 문화가 일본에 영향을 미쳤음을 알 수 있다.

해설 일본 다카마쓰 고분 벽화는 고구려 수산리 고분 벽화의 영향을 받았다.
> ① 백제 4세기 아직기는 일본의 태자에게 한자를 가르쳤다.
> ② 고구려의 혜자는 쇼토쿠 태자(성덕 태자)의 스승이 되었다.
> ③ 신라는 일본과 문화 교류는 적었지만, 조선술과 축제술을 전해 주어 '한인의 연못'이라는 이름까지 생겼다.

핵심정리

고구려 문화의 일본 전파
- 7세기 초에 담징이 종이 · 먹의 제조 방법과 맷돌 · 붓 등을 전하였고, 호류사의 금당 벽화를 그림
- 혜자는 쇼토쿠 태자(성덕 태자)의 스승이 됨
- 혜관은 삼론종을 전파하여 불교 전파에 큰 공을 세움
- 일본 나라 시에서 발견된 다카마쓰 고분 벽화가 고구려 수산리 고분 벽화와 흡사함. 일본에서 발견된 고송총은 고구려 계통의 기마 민족 문화의 영향을 받음

25

삼국과 통일신라 문화의 일본 전파에 관한 설명으로 옳지 않은 것은?

① 삼국은 일본 고대 문화를 형성 · 발전시켜 주었다.

② 백제의 아직기와 왕인은 일본에 건너가서 한문을 가르쳐 주었다.

③ 고구려의 담징은 호류사의 벽화를 그렸다고 전해진다.

④ 일본은 통일신라 문화를 수입함으로써 아스카 문화를 이룩하였다.

해설 일본은 견신라사 및 유학생을 보내어 신라 문화를 수입해 갔고, 원효 · 강수 · 설총 등의 불교 · 유교 문화는 하쿠호 문화에 영향을 주었다.

핵심정리

통일신라 문화의 전파
- **전파 경로 및 특징**
  - 통일신라 문화의 전파는 주로 일본에서 수시로 파견한 사신(견신라사)을 통해 이루어짐
  - 불상, 가람 배치, 탑, 율령과 정치 제도 등은 특히 신라의 영향이 가장 컸음
- **하쿠호 문화의 성립**
  - 원효 · 강수 · 설총이 발전시킨 불교와 유교 문화는 일본 하쿠호 문화의 성립에 기여
  - 심상에 의해 전해진 의상의 화엄사상은 일본 화엄종을 크게 일으키는 데 많은 영향을 줌

26

삼국 문화의 일본 전파 내용으로 옳은 것을 〈보기〉에서 고르면?

── 보기 ──

㉠ 왕인 – 천자문과 논어 전파
㉡ 담징 – 종이와 먹의 제조술 전파
㉢ 혜자 – 호류지 금당 벽화 제작
㉣ 아직기 – 조선술과 제방 축조술 전파
㉤ 노리사치계 – 일본 쇼토쿠 태자 교육

① ㉠, ㉡   ② ㉡, ㉢

③ ㉢, ㉣   ④ ㉣, ㉤

해설 ㉠ 백제의 왕인은 천자문과 논어를 일본에 전파하여 일본 아스카 문화에 영향을 주었다.
㉡ 고구려의 담징은 종이와 먹의 제조술을 전파하고 맷돌 · 붓 등을 전하였다.
㉢ 호류사의 금당 벽화를 그린 사람은 담징이다.
㉣ 조선술과 제방 축조술을 전파한 것은 신라이다.
㉤ 일본 쇼토쿠 태자를 교육한 사람은 혜자이다. 백제의 노리사치계는 일본에 불경과 불상 등의 불교 문화를 전하였다.

핵심정리

백제 문화의 전파
- 삼국 중에서 백제가 삼국문화의 일본 전수에 가장 크게 기여
- **한문학의 전파** : 4세기 아직기는 일본의 태자에게 한자를 가르쳤고, 왕인은 〈천자문〉과 〈논어〉를 전수
- **불교 문화의 전파** : 6세기에는 노리사치계가 불경과 불상을 전함
- 5경 박사 · 의박사 · 역박사와 천문박사, 화가, 공예 기술자 등이 건너갔으며, 그 영향으로 5층 석탑이 세워지고 백제 가람이라는 건축 양식이 생겨남

27

통일신라의 문화에 대한 틀린 것은?

① 유교경전 중 〈논어〉와 〈효경〉이 가장 중시되었다.

② 국학에서는 박사를 두어 유교경전, 천문학, 법률 등을 가르쳤다.

③ 향가의 주요 내용은 동료 간의 의리, 형제 간의 사랑, 국왕의 선정에 대한 촉구 등이다.

④ 혜초와 같은 시기에 중국에서 활동한 김교각은 신라 왕족 출신으로 지장보살의 화신으로 숭앙되었다.

해설 신문왕 때 국학이라는 유학교육 기관을 설립하여 〈논어〉와 〈효경〉 등의 유교경전을 가르쳤으며 천문학, 수학, 의학, 법률학 등은 따로 학교를 세워 가르쳤다.

핵심정리

국학

• 신문왕 때 설립한 유학 교육 기관으로, 충효사상 등 유교적 정치 이념으로 전제 왕권 강화에 기여

• 경덕왕 때 태학이라 고치고 박사와 조교를 두어 〈논어〉와 〈효경〉 등의 유교 경전을 교육, 혜공왕 때 국학으로 환원

• 입학 자격은 15~30세의 귀족 자제로 제한되며, 졸업 시 대나마 · 나마의 관위를 부여

• 〈논어〉와 〈효경〉을 필수 과목으로 하여, 〈주역〉 · 〈상서〉 · 〈모시〉 · 〈예기〉 · 〈좌씨전〉 등을 수학

• 골품제로 인해 그 기능을 제대로 발휘하지 못했으나, 학문과 유학의 보급에 기여하고 무치를 문치로 바꾸는 계기가 됨

28

시기 순으로 바르게 나열한 것은?

> ㄱ. 노리사치계는 일본에 불경과 불상을 전하였다.
>
> ㄴ. 최승로는 시무 28조 개혁안을 올려 유교를 치국의 근본으로 삼을 것을 주장하였다.
>
> ㄷ. 김부식은 기전체 역사서인 '삼국사기'를 편찬하였다.
>
> ㄹ. 원효는 일심사상을 바탕으로 다른 종파들과의 사상적 대립을 조화시키고자 노력하였다.

① ㄱ → ㄹ → ㄷ → ㄴ

② ㄱ → ㄹ → ㄴ → ㄷ

③ ㄹ → ㄱ → ㄴ → ㄷ

④ ㄹ → ㄱ → ㄷ → ㄴ

해설 ㄱ. 백제의 노리사치계가 일본에 불경과 불상, 경론 등을 전파(552)한 것은 6세기 중반 성왕 때이다.

ㄹ. 신라의 원효(元曉, 617~686)는 7세기의 승려로, 통일 전후로 크게 활약하였다. 원효는 〈대승기신론소〉, 〈금강삼매경론〉, 〈십문화쟁론〉 등을 저술하여 불교의 사상적 이해 기준을 확립하였고, '모든 것이 한마음에서 나온다'는 일심사상(一心思想)을 바탕으로 다른 종파들과 사상적 대립을 조화시키고자 노력하였다.

ㄴ. 최승로는 10세기 후반 고려 성종(981~997) 때 활약한 유학자로, 982년에 시무책으로 시무 28조의 개혁안을 성종에게 올리고, 유교를 치국의 본으로 삼을 것을 주장하였다.

ㄷ. 김부식 등이 왕명으로 〈삼국사기〉(1145)를 편찬한 것은 12세기 중반인 고려 인종 때이다. 〈삼국사기〉는 유교적 합리주의 사관에 기초하여 신라를 중심으로 서술한 기전체(紀傳體) 사서로, 현존하는 우리나라 최고(最古)의 역사서이다.

나두공

제 **3** 편

중세의
성립과 발전

실전문제 제1장 중세의 통치 구조와 정치 활동

대표유형문제

서울시 9급 기출

〈보기〉의 밑줄 친 '왕'이 재위하던 시기에 대한 설명으로 가장 옳은 것은?

─ 보기 ─

왕이 명령하여 노비를 안검하고 시비를 살펴 분별하게 하였다. (이 때문에) 종이 그 주인을 배반하는 자가 헤아릴 수 없을 정도였다. 이 때문에 윗사람을 능멸하는 기풍이 크게 행해지니, 사람들이 모두 원망하였다. 왕비가 간절히 말렸는데도 듣지 않았다.

① 서경 천도를 추진하였다.
❷ 광덕, 준풍 등의 연호를 사용하였다.
③ 지방관을 파견하고 향리제도를 마련하였다.
④ 기인제도를 최초로 실시하여 호족들을 통제하였다.

정답해설 〈보기〉의 밑줄 친 왕은 노비 안검을 통해 고려 광종임을 알 수 있다. 노비 안검법은 양인이었다가 불법으로 노비가 된 자를 해방시켜 줌으로써, 호족·공신 세력을 약화시키고 국가 재정 수입 기반을 확대한 것을 말한다. 광종은 국왕을 황제라 칭하고 광덕·준풍 등의 독자적 연호를 사용하였다.

오답해설 ① 고려 정종(3대, 945~949)은 서경 천도 계획을 세워 풍수도참을 명분으로 훈신 세력 제거를 위해 계획하였으나, 공신의 반대와 정종의 병사로 실현되지 못하였다.
③ 고려 성종(6대, 981~997)은 12목을 설치하여 지방관(목사)을 파견하고 향리 제도를 정비하였다.
④ 고려 태조(1대, 918~943)는 지방 호족 세력의 회유·견제를 위해 기인 제도를 활용하였다.

핵심정리 광종(4대, 949~975)의 왕권 강화 정책
• 개혁 주도 세력 강화
• 군사 기반 마련
• **칭제 건원** : 국왕을 황제라 칭함, 광덕·준풍 등 독자적 연호 사용, 개경을 황도라 함
• **노비 안검법 실시**
• **과거 제도 실시** : 후주 사람 쌍기의 건의로 실시
• **백관의 공복 제정** : 지배층의 위계 질서 확립을 목적으로 제정, 4등급으로 구분
• **주현공부법, 불교의 장려**

01 [서울시 9급 기출]

다음 밑줄 친 왕에 대한 설명으로 옳은 것은?

> 왕의 이름은 소(昭)다. 치세 초반에는 신하에게 예를 갖추어 대우하고 송사를 처리하는데 현명하였다. 빈민을 구휼하고, 유학을 중히 여기며, 노비를 조사하여 풀어 주었다. 밤낮으로 부지런하여 거의 태평의 정치를 이루었다. 중반 이후로는 신하를 많이 죽이고, 불법(佛法)을 지나치게 좋아하며 절도가 없이 사치스러웠다.
>
> ― 『고려사절요』 ―

① 쌍기의 건의로 과거제를 실시하였다.

② 12목을 설치하고 지방관을 파견하였다.

③ 호족을 견제하기 위해 사심관과 기인제도를 마련하였다.

④ 승려인 신돈을 등용하여 전민변정도감을 설치하였다.

해설 노비안검법(956)을 실시한 광종에 대한 내용이라는 것을 알 수 있다. 과거 제도는 후주인 쌍기의 건의로 실시(958)되었는데, 호족 세력을 누르고 신구 세력의 교체를 도모하려는 의도가 담겨 있었다.
② 최승로가 올린 시무 28조에 따라 전국에 12목을 설치하고 지방관을 파견한 왕은 성종이다.
③ 지방 호족 세력의 회유 · 견제를 위해 사심관제도와 기인제도를 활용한 것은 태조이다.
④ 신돈을 등용하여 전민변정도감을 운영한 것은 공민왕이다.

광종의 왕권강화

- **개혁 주도 세력 강화** : 개국 공신 계열의 훈신 등을 숙청하고 군소 호족과 신진 관료 중용
- **군사 기반 마련** : 내군을 장위부로 개편
- **칭제 건원** : 국왕을 황제라 칭하고 광덕 · 준풍 등 독자적 연호를 사용(자주의식의 표현, 국왕 권위 제고)
- **노비안검법 실시** : 양인이었다가 불법으로 노비가 된 자를 조사하여 해방
- **과거제도의 실시** : 유학을 익힌 신진 인사를 등용해 호족세력을 누르고 신구 세력의 교체를 도모
- **백관의 공복 제정** : 지배층의 위계질서 확립을 목적으로 제정, 4등급으로 구분
- **주현공부법(州縣貢賦法)** : 국가 수입 증대와 지방호족 통제를 위해 주현 단위로 공물과 부역의 양을 정함
- **불교의 장려**

02 [지방직 9급 기출]

(가)에 들어갈 기구로 옳은 것은?

> 고려 시대 중서문하성과 중추원의 고위 관료들은 도병마사와 (가)에서 국가의 중요한 일을 논의하였다. 도병마사에서는 국방과 군사 문제를 다루었고, (가)에서는 제도와 격식을 만들었다.

① 삼사

② 상서성

③ 어사대

④ 식목도감

해설 고려는 2성 6부의 중앙 관제를 마련하고 중서문하성과 중추원의 고위 관료들은 도병마사와 식목도감에서 국가의 중요한 일을 논의하였다. (가)는 식목도감으로 법의 제정이나 각종 시행 규정을 다루고 국가 중요 의식을 관장하였다.
① 삼사(三司)는 전곡(화폐와 곡식)의 출납에 대한 회계와 녹봉 관리를 담당하였다.
② 상서성은 실제 정무를 나누어 담당하는 육부를 두고 정책의 집행을 담당하였다.
③ 어사대(御史臺)는 정치의 잘잘못을 논하고 관리들의 비리를 감찰하는 곳이다.

03

고려의 건국이 중세 사회의 성립임을 나타내 주는 설명으로 잘못된 것은?

① 유교 사상에 입각한 새로운 질서가 마련되었다.
② 지방호족 출신이 과거를 통하여 중앙 관료로 진출하였다.
③ 춘대추납의 빈민구제제도가 시행되었다.
④ 폐쇄적 사회체제에서 개방적 사회체제로 발전하였다.

해설 춘대추납의 빈민구제제도는 고구려의 진대법으로, 중세 사회의 특징이라고 볼 수 없다.

04

다음 중 최승로가 시무 28조에서 제시한 정책이 아닌 것은?

① 귀족정치의 지향
② 불교와 토속신앙 옹호
③ 유교정치 이념의 구현
④ 중앙집권의 추진

해설 최승로의 시무 28조는 유교정치 이념에 입각한 중앙 집권적 귀족정치가 목표이기 때문에 불교에 대한 비판과 토속신앙에 대한 제한적 태도를 보였다.

05

고려 광종 ~ 성종대에 있었던 일로 옳은 것을 〈보기〉에서 모두 고른 것은?

─ 보기 ─
㉠ 백관의 공복을 제정하였다.
㉡ 전국적으로 전시과제도를 마련하였다.
㉢ 조계종에서 선종과 교종을 통합하려고 하였다.
㉣ 과거제도를 실시하여 신구세력 교체를 통해 왕권을 강화하였다.
㉤ 원의 내정간섭이 본격화되었다.

① ㉠, ㉡, ㉢　　　　② ㉠, ㉡, ㉣
③ ㉡, ㉢, ㉤　　　　④ ㉡, ㉣, ㉤

해설 ㉢ 조계종에서 선종과 교종을 통합하려고 한 때는 무신 집권 시기이다.
㉤ 고려 후기에 원의 내정간섭이 시작되었다.
㉠, ㉣ 광종은 백관의 공복을 제정하였고 과거제도를 실시하였다.
㉡ 경종은 전시과제도를 마련하였다.

06

다음 중 고려시대 정치 체제에 대한 설명으로 옳은 것은?

① 삼사는 군사 기밀과 왕명의 출납을 담당하였다.

② 상서성의 장에 문하시중을 임명하였다.

③ 중정대는 정치의 잘잘못을 논하고 관리의 비밀을 감찰하였다.

④ 도병마사와 식목도감은 재신과 추밀이 회의하여 결정하는 독자적 기구였다.

해설 도병마사와 식목도감은 모두 고려의 독자기구였다.
① 고려의 삼사는 화폐와 곡식의 출납에 대한 회계를 맡았다.
② 상서성의 장은 상서령이다. 문하시중은 중서문하성의 장관이다.
③ 관리들의 비리를 감찰하는 임무를 맡은 기관은 어사대이다.

핵심정리

고려의 중앙정치조직

2성 6부	• 중서문하성(재부) : 최고 정무기관 – 재신과 낭사로 구성 • 상서성 : 실제 정무를 나누어 담당하는 육부를 두고 정책의 집행을 담당 • 이부, 병부, 호부, 형부, 예부, 공부의 육부를 둠
중추원과 삼사	• 중추원(추부, 추밀원) : 왕명 출납·궁궐·숙위·군국기무 등의 정무를 담당 – 2품 이상 추신과 3품 이하 승선으로 구성 • 삼사 : 전곡(화폐와 곡식)의 출납에 대한 회계와 녹봉 관리를 담당
도병마사와 식목도감	• 도병마사 : 국방 문제를 담당하는 임시 기구 • 식목도감 : 법의 제정이나 각종 시행 규정을 다루고 국가 중요 의식을 관장
기타 기관	어사대, 한림원, 춘추관, 통문관, 보문각, 사천대

07 지방직 9급 기출

고려시대의 정치 기구에 대한 설명으로 옳지 않은 것은?

관부	장관	특징
㉠	문하시중 (종1)	정치의 최고관부로서 재부라고 불림
㉡	판원사 (종2)	왕명출납, 숙위, 군기(軍紀)
㉢	판사 (재신 겸)	국방, 군사문제의 회의 기관
㉣	판사 (재신 겸)	법제, 격식문제의 회의 기관

① ㉠의 관직은 2품 이상의 재신과 3품 이하의 낭사로 구분되었다.

② ㉠과 ㉡의 고관인 재추들이 모여 국가의 중대사를 협의·결정하는 기구가 ㉢과 ㉣이었다.

③ ㉢은 고려 후기에 이르러 국가의 모든 정무를 관장하는 최고 기구로 발전하였다.

④ ㉢은 당의 관제를, ㉣은 송의 관제를 본 딴 것이었다.

해설 국방 문제를 담당하는 도병마사(㉢)와 법의 제정이나 국가 중요 의식·격식을 관장하는 식목도감(㉣)은 모두 고려의 독자적 정치 기구에 해당한다.
① 정치의 최고 관부인 중서문하성(재부)은 재신(2품 이상)과 낭사(3품 이하)로 구성된다.
② 도병마사와 식목도감은 중서문하성의 고관인 재신과 중추원의 고관인 추신(추밀)이 국가 중대를 협의·결정하는 재추합의기구에 해당한다.
③ 도병마사는 국방 문제를 담당하는 임시 기구였으나 고려 후기에 도평의사사(도당)로 개편되면서 국정 전반의 중요 사항을 합의·집행하는 최고 상설정무기구로 발전하였다.

핵심정리

도병마사와 식목도감

- 도병마사
  - 국방 문제를 담당하는 임시기구, 성종 때 시행
  - 무신정변 후 중추원(추신)과 중서문하성(재신)이 참여하여 국방 문제를 심의하는 합의기구로 발전
  - 고려 후기의 원 간섭기(충렬왕)에 도평의사사(도당)로 개편되면서 구성원이 확대되고 국정 전반의 중요 사항을 합의 · 집행하는 최고 상설 정무기구로 발전(조선 정종 때 혁파)
- 식목도감 : 법의 제정이나 각종 시행 규정을 다루고 국가 중요 의식을 관장, 장은 판사

08 국가직 9급 기출

고려의 농민을 위한 정책으로 옳지 않은 것은?

① 농민 자제의 과거를 위한 기금으로 광학보를 설치하였다.

② 개간지는 일정 기간 면세하여 줌으로써 농민의 부담을 경감해 주었다.

③ 재해를 당했을 때에는 세금을 감면해 농민 생활의 안정을 꾀하였다.

④ 농번기에는 잡역 동원을 금지하여 농사에 지장을 주지 않으려 하였다.

해설 정종 때 설치된 광학보는 승려의 면학을 위한 장학 재단이었다.

09

고려시대 지방행정에 대한 설명으로 옳지 않은 것은?

① 성종 때 12목이 설치되었다.

② 양계 지역은 계수관이 관할하였다.

③ 향 · 소 · 부곡 등의 특수행정조직이 있었다.

④ 5도에는 안찰사가 파견되었으며 도내의 지방을 순찰하였다.

해설 양계 지역은 북방 국경 지대의 군사 중심지인 동계 · 북계를 말하는데, 병마사가 파견되어 관리하였다.
  ① 성종은 시무 28조에 따라 전국에 12목을 설치하고 지방관을 파견하였다.
  ③ 고려에는 농민들이 주로 거주하는 향과 부곡, 공납품을 만들어 바치는 공장(工匠)들이 집단 거주하던 소라는 특수 행정 구역이 있었다.
  ④ 5도는 행정의 중심이며, 경상도 · 전라도 · 양광도 · 교주도 · 서해도를 말한다. 도에는 지방관으로 안찰사를 파견하며, 아래에는 주 · 군 · 현과 향 · 소 · 부곡을 두었다.

핵심정리

지방행정조직의 정비

① 성종(981~997)
- 성종 초부터 정비되기 시작
- 3경(三京) : 풍수지리설에 따라 개경(개성)·서경 (평양)·동경(경주)을 설치
- 전국에 12목을 설치하고 지방관 파견

② 현종(1009~1031) : 전국의 5도 양계와 4도호부, 8 목을 완성(지방 제도의 완비)
- 5도
  - 행정의 중심이며, 경상도·전라도·양광도·교 주도·서해도를 일컬음
  - 도에는 지방관으로 안찰사를 파견하며, 아래에 주·군·현과 향·소·부곡을 둠
- 양계(兩界)
  - 북방 국경 지대의 군사 중심지인 동계·북계를 말하며, 병마사가 파견됨
  - 양계 아래 국방상의 요충지에 진(군사적 특수지 역)을 설치하고, 촌을 둠
- 4도호부 : 군사적 방비의 중심지, 안북(안주)·안남 (전주)·안동(경주)·안변(등주)
- 8목 : 지방행정의 실질적 중심부이며 공납(향공선 상)의 기능을 담당, 광주(廣州)·청주·충주·전 주·나주·황주·진주·상주 등

▲ 고려의 5도 양계

10 지방직 9급 기출

고려시대에 대한 설명으로 옳지 않은 것은?

① 지방의 모든 군현에 지방관이 파견되어 행정 을 담당하였다.

② 중앙군은 2군 6위, 지방군은 주현군·주진군 으로 편성되었다.

③ 발해의 유민들을 받아들였으며, 발해 세자 대 광현을 왕족으로 대우하였다.

④ 광종은 황제라 칭하였고, 개경을 황도(皇都)라 불렀으며, 독자적 연호를 사용하였다.

해설 고려시대에는 지방관이 파견된 주군·주현보다 지방관 이 파견되지 않은 속군·속현이 더 많았다. 이는 중앙의 통제력이 지방까지 완전히 미치지 못했음을 보여준다. 조선시대에 지방과 백성에 대한 국가의 지배력이 강화 (중앙집권의 강화)되면서 모든 군현에 지방관이 파견되 어 속군·속현은 소멸되었다.

② 고려시대의 중앙군은 2군 6위로 편성되었고, 지방군 은 5도의 일반 군현에 주둔하는 주현군과 국경지방 인 양계에 주둔하는 주진군으로 편성되었다. 2군은 응양군과 용호군(국왕의 친위대)으로 구성되었고, 6 위는 수도와 국경의 방비를 담당하는 좌우위·신호 위·흥위위와 금오위(경찰), 천우위(의장), 감문위(궁 궐·성문 수비)로 구성되었다.

③ 고려는 고구려 계승의식이 강해 고구려 지역을 차지 하고 있던 발해도 고구려를 계승한 것으로 보아 함께 포용했는데, 발해 멸망 시 발해의 유민을 수용하고 발해의 왕자 대광현을 왕족으로 우대하여 동족 의식 을 분명히 하였다.

④ 광종은 국왕을 황제로, 수도 개경을 황도라 칭하였고, 광덕·준풍 등의 독자적 연호를 사용하였다. 이는 자 주의식의 표현이며, 국왕의 권위를 제고하여 왕권을 다지기 위한 목적을 담고 있다.

제3편

중세의 성립과 발전

11 인사위 9급 기출

다음 자료의 밑줄 친 '새로운 군대'의 활약으로 일어난 사실은?

> "신이 오랑캐에게 패한 것은 그들의 기병인데 우리는 보병이라 대적할 수 없었기 때문이었습니다." 이에 왕에게 건의하여 <u>새로운 군대</u>를 편성하였다. 문·무 산관, 상인, 농민들 가운데 말을 가진 자를 신기군으로 삼았고, 과거에 합격하지 못한 20살 이상 남자들 중 말이 없는 자를 모두 신보군에 속하게 하였다. 또 승려를 뽑아서 항마군으로 삼았다.
>
> – 〈고려사절요〉

① 귀주에서 거란군을 격파하였다.
② 개경까지 침입했던 홍건적을 격퇴하였다.
③ 처인성에서 몽고군의 공격을 막아냈다.
④ 여진족을 물리치고 동북지방에 9성을 쌓았다.

해설 고려는 윤관의 건의에 따라 기병을 보강한 특수 부대인 별무반을 편성하여 여진 정벌을 준비하였다. 윤관은 별무반을 이끌고 여진족을 물리쳐 동북지방 일대에 9성을 쌓았다.

핵심정리

특수군

- **광군(光軍)** : 정종 때 거란에 대비해 청천강에 배치한 상비군(30만)
- **별무반** : 백정(농민)이 주력인 전투 부대로, 신기군(기병)·신보군(보병)·항마군(승병)으로 편성
- **도방** : 무신 정권의 사적 무력 기반
- **삼별초** : 수도의 치안 유지를 담당하던 야별초(좌·우 별초)에 신의군(귀환 포로)을 합쳐 편성
- **연호군** : 농민과 노비로 구성된 지방 방위군

12

고려시대의 과거제도에 대한 설명으로 틀린 것은?

① 과거에 합격한 사람은 시험관인 좌주와 특별히 돈독한 관계를 유지하였다.
② 법제적으로 양인 이상은 과거에 응시할 수 있었다.
③ 5품 이상의 고위 관료의 자손들은 과거를 거치지 않고도 음서의 혜택을 받았다.
④ 고려의 과거에는 정기적인 식년시 외에도 알성시, 증광시 등의 별시가 있었다.

해설 ④는 조선시대의 과거제도에 대한 설명이다. 고려시대의 과거는 3년에 한 번씩 실시하는 식년시가 원칙이었고, 격년시도 유행하였다.

핵심정리

과거제도

- **시행 및 목적**
  - 시행 : 광종 9년(958) 후주인 쌍기의 건의로 실시
  - 목적 : 호족세력 억압, 유교적 문치·관료주의의 제도화, 신구 세력 교체를 통한 왕권강화
- **종류**
  - 제술과(제술업, 진사과) : 문예(서술·문장) 등을 시험하는 문과로, 과거 중 가장 중시(조선의 진사과)
  - 명경과(명경업, 생원과) : 유교 경전(경서·논리)을 시험하는 문과(조선의 생원과)
  - 잡과(잡업) : 법률·회계·지리·의약 등 실용 기술학을 시험하여 기술관 선발
  - 승과 : 교종시와 선종시로 구분되며, 합격 후 '승통'과 '대선사' 등의 승계를 받고 토지를 지급받음
  - 무과 : 실시되지 않음 → 예종 때 일시 실시, 공양왕 때 상설, 무학재를 통해 무인 등용
- **실시** : 예부에서 관장, 3년에 한 번 보는 식년시가 원칙이나 격년시가 유행

13 [지방직 9급 기출]

다음 왕의 재위 기간에 있었던 사실로 옳은 것은?

> 왕은 중국에 36명의 승려를 파견하여 법안
> 종을 배우도록 하였다. 또한 제관과 의통을 파
> 견하여 천태학에 대한 관심을 보였다.

① 승과 제도를 시행하였다.

② 요세가 세운 백련사를 후원하였다.

③ 의천이 국청사를 창건하는 것을 후원하였다.

④ 거란과의 전쟁을 물리치기 위해 초조대장경을
조성하였다.

해설 고려의 광종은 균여로 하여금 귀법사를 창건하여 화엄
종을 통합케 하고, 법안종(선종)과 천태학(교종)을 통한
교선 통합을 모색하는 등 불교 통합 정책에 힘썼다. 승
과 제도는 승려를 대상으로 실시했던 과거를 말한다. 광
종 때인 958년에 처음으로 과거제도를 실시하면서 승과
도 함께 설치하였다.
② 요세의 백련사를 후원한 것은 최씨 무신 정권이다.
③ 숙종 재위 기간에 있었던 일이다.
④ 현종 때 초조대장경을 조성하였다.

14

**고려시대의 과거와 음서제도에 대한 설명으로 틀
린 것은?**

① 명경과에서는 유교 경전에 대한 이해 능력을
시험하여 문신을 뽑았다.

② 음서의 범위는 공신, 5품 이상의 자제로 제한
되었다.

③ 과거에 합격한 사람은 시험관인 좌주와 결속
을 강화하였다.

④ 양인 이상이면 원칙적으로 과거에 응시할 수
있었다.

해설 음서제의 혜택은 공신과 종실의 자손 외에 5품 이상의
관료의 아들, 손자, 사위, 동생 등에게도 주어졌다.

```
┌──────── 핵심정리 ────────┐

  고려의 관리등용 특채제도
  • 음서제도(성종)
    – 공신과 종실 및 5품 이상 관료의 자손, 즉 아들·손
      자·사위·동생·조카에게 과거를 거치지 않고도
      관료가 될 수 있도록 부여한 특혜
    – 고려 관료 체제의 귀족적 특성을 반영(조선시대에
      는 그 비중에 감소해 문음의 대상은 2품 이상의 자
      손이며, 출세에 있어 과거보다 영향을 덜 미침)
  • 천거 : 고급 관료의 추천으로 가문이 어려운 인재를
    중용하는 제도 → 천거자의 연대 책임이 수반됨
  • 고려 관리 선발제도의 특성
    – 신분에 치중하던 고대 사회와 달리 능력이 중시하
      는 사회임을 반영
    – 문벌귀족 사회의 성격을 반영(교육과 과거가 연결
      되어 문벌귀족 출신의 합격자가 많음)
    – 관직 진출 후 대부분 산관만을 받고 대기하다가 하
      위의 실직으로 진출
```

제3편 중세의 성립과 발전

15 서울시 9급 기출

다음의 밑줄 친 ⊙과 관련된 설명으로 가장 옳지 않은 것은?

> 원의 간섭을 받으면서 그에 의존한 고려의 왕권은 이전 시기에 비하여 상대적으로 안정되었고 ⊙ 중앙 지배층도 개편되었다. …… 그들은 왕의 측근 세력과 함께 권력을 잡아 농장을 확대하고 양민을 억압하여 노비로 삼는 등 사회 모순을 격화시켰다.

① ⊙은 가문의 권위보다는 현실적인 관직을 통하여 정치 권력을 행사하였다.

② 공민왕은 ⊙의 경제력을 약화시키기 위해 전민변정도감을 설치하였다.

③ ⊙은 사원 세력의 대표인 신돈과 연대하여 신진사대부에 대항하였다.

④ ⊙에는 종래의 문벌 귀족 가문, 무신정권기에 등장한 가문, 원과의 관계에서 성장한 가문 등이 포함되었다.

해설 원 간섭기의 중앙 지배층은 권문세족이다. 신돈은 권문세족의 경제 기반을 약화시키고자 한 인물로, 전민변정도감을 설치하는 등 왕권 강화와 국가재정 확보를 위해 힘썼다.

① 권문세족은 현실적 관직인 도평의사사와 정방을 장악하여 권력을 행사하였다.

② 공민왕은 전민변정도감을 운영(1366)하여 권문세족들이 부당하게 빼앗은 토지와 노비를 본래의 소유주에게 돌려주거나 양민으로 해방시켰다.

④ 권문세족에는 고려 전기부터 그 세력을 이어 온 문벌 귀족 가문, 무신 정권기에 대두한 가문(무신 가문, 능문능리의 신진관인 가문), 원의 세력을 배경으로 성장한 가문 등이 있다.

핵심정리

권문세족과 신진사대부

구분	권문세족	신진사대부
유형	• 전기 이래의 문벌귀족 • 무신 집권기에 성장 • 친원파	• 지방 향리 출신 • 공로 포상자(동적직·겸교직) • 친명파
정치 성향	• 음서 출신 • 여말의 요직 장악 • 보수적·귀족적	• 과거 출신 • 행정적·관료 지향적 • 진취적·개혁적
경제 기반	• 부재 지주 • 토지의 점탈·겸병·매입 등	• 재향 중소 지주, 소규모 농장을 가진 자영농민 • 토지의 개간·매입 등
사상	• 유학사상 • 불교신봉 • 민간의식 → 상장 제례	• 성리학 수용 : 주문공가례 채택(민간의식 배격) • 실천주의·소학 보급

16

다음과 같은 개혁 정책을 추진한 왕은?

> • 정방 폐지
> • 의염창과 전농사를 설치
> • 사림원을 설치하여 신진사대부 양성

① 광종 ② 공민왕

③ 충렬왕 ④ 충선왕

해설 지문은 충선왕의 개혁 정책이다. 충선왕은 전농사와 의염창을 설치하여 국가 수입을 확대하고 농민 생활을 안정시키려고 하였으며, 사림원을 설치하여 유교 이념에 따라 관료 정치를 회복하고자 하였다.

17

다음과 같이 주장한 고려시대의 정치 세력에 대한 설명으로 옳은 것은?

> • 개경은 지덕이 쇠하였으므로 서경으로 서울을 옮기자.
> • 금에 대한 사대외교는 굴욕적이므로 금국을 정벌하자.
> • 고려는 송이나 금에 못지않은 나라이므로 우리도 황제를 칭하고 연호를 사용하자.

① 유교 정치사상을 기본 이념으로 채택하였다.
② 보수적인 집단으로 신라 계승의식이 강하였다.
③ 현실 안정을 추구하는 실리 위주의 대외정책을 폈다.
④ 국초의 북진정책을 계승하였고, 풍수지리설과 결부된 전통사상을 중시하였다.

해설 서경천도운동을 주도한 묘청세력에 대한 설명이다. 묘청세력은 풍수지리설을 내세워 서경으로 도읍을 옮겨 보수적인 개경의 문벌귀족 세력을 누르고 왕권을 강화하면서 자주적인 혁신 정치를 시행하려 하였다. ①, ②, ③은 개경 귀족 세력에 대한 설명이다.

핵심정리

개경파와 서경파의 대립

구분	개경 중심 세력	서경 중심 세력
대표자	김부식 · 김인존 등	묘청 · 정지상 등
특징 및 주장	• 왕권 견제, 신라 계승, 보수적 · 사대적 · 합리주의적 유교사상 • 정권 유지를 위해 금과의 사대관계 주장 • 문벌 귀족 신분	• 왕권의 위상 강화, 고구려 계승, 풍수지리설에 근거한 자주적 · 진취적 전통 사상 • 서경 천도론과 길지론, 금국 정벌론 주장

18 서울시 9급 기출

다음 사건을 시기순으로 바르게 나열한 것은?

> (가) 정중부와 이의방이 정변을 일으켰다.
> (나) 최충헌이 이의민을 제거하고 권력을 잡았다.
> (다) 충주성에서 천민들이 몽골군에 맞서 싸웠다.
> (라) 이자겸이 척준경과 더불어 난을 일으켰다.

① (가) → (나) → (라) → (다)
② (가) → (다) → (나) → (라)
③ (라) → (가) → (나) → (다)
④ (라) → (가) → (다) → (나)

해설 (라) 이자겸은 반대파(인종의 측근 세력)를 제거하고 척준경과 함께 난을 일으켜 권력을 장악 하였다 (1126).
(가) 정중부 · 이고 · 이의방 등이 다수의 문신을 살해, 의종을 폐하고 명종을 옹립한 무신정변이 일어났다 (1170).
(나) 최충헌이 이의민을 제거하고 무신 간의 권력 쟁탈전을 수습하여 강력한 독재 정권을 이룩하였다 (1196). 1196년부터 1258년까지 4대 60여 년간 최씨의 무단 독재 정치가 이어졌다.
(다) 몽골의 5차 침입(1253~1254)으로 충주성에서 김윤후가 이끄는 민병과 관노의 승리로 이어졌다.

핵심정리

무신 간의 권력 쟁탈전

• 이의방(1171~1174) : 중방 강화
• 정중부(1174~1179) : 이의방을 제거하고 중방을 중심으로 정권을 독점
• 경대승(1179~1183) : 정중부를 제거하고 집권, 신변 보호를 위해 사병 집단인 도방을 설치
• 이의민(1183~1196) : 경대승의 병사 후 정권을 잡았으나 최씨 형제에게 파살
• 최충헌(1196~1219) : 이의민을 제거하고 무신 간의 권력 쟁탈전을 수습하여 강력한 독재 정권을 이룩 (1196년부터 1258년까지 4대 60여 년간 최씨 무단 독재 정치)

19

〈보기〉에 ㉠에 대한 설명으로 가장 옳은 것은?

보기

(㉠)은 임금을 폐하고 세우는 것을 자기 마음대로 하였으며, 항상 조정 안에 있으면서 자기 부하들과 함께 가만히 정안(政案, 관리들의 근무 성적을 매긴 것)을 가지고 벼슬을 내릴 후보자로 자기 당파에 속하는 자를 추천하는 문안을 작성하고, 승선이라는 벼슬아치에게 주어 임금께 아뢰게 하면 임금이 어쩔 수 없이 그대로 쫓았다. 그리하여 (㉠)의 아들 이(훗날의 우), 손자 항, 항의 아들 의의 4대가 정권을 잡아 그런 관행이 일반화되었다.

– 이제현, 〈역옹패설〉

① 정방을 설치하여 인사권을 장악하였다.
② 최고 국정 총괄 역할을 하는 교정도감을 설치하여 운영하였다.
③ 정동행성이문소를 폐지하고 2성 6부의 관제를 복구했다.
④ 몽골 침략으로 소실된 초조대장경을 대신하여 재조대장경(팔만대장경)을 조판하였다.

해설 ㉠은 '아들 이(우), 손자 항, 항의 아들 의'를 통해 최충헌임을 알 수 있다. 최충헌은 최고 권력 기구인 교정도감을 설치하여 운영하였다.
① 최우는 문무 관직에 대한 인사권을 장악하기 위해 정방을 설치하였다(1225).
③ 정동행성이문소가 폐지된 것은 반원 자주 정책으로 공민왕 때이다.
④ 팔만대장경은 최우 때 조판을 시작하여 최항 시기에 완성하였다(1236∼1251).

20

다음 중 고려시대 무신집권기 때 일어난 사실이 아닌 것은?

① 전민변정도감의 설치
② 피지배층의 민란 발생
③ 교정도감과 서방 설치
④ 패관문학의 발생

해설 전민변정도감을 설치하여 권문세족들이 부당하게 빼앗은 토지와 노비를 본래 소유주에게 돌려준 것은 공민왕 때의 일이다.
② 대단위 농장이 발달함에 따라 국가 경제가 피폐해지고 농촌이 몰락하여 민란의 배경이 되었다.
③ 최충헌은 교정도감, 최우는 서방을 설치하여 권력을 행사하였다.
④ 유학이 침체되고 사대부의 수필 형식의 문학이 패관문학으로 발달하였다.

핵심정리

무신정변의 영향

정치적	왕권의 약화를 초래, 중방의 기능 강화, 문벌 귀족 사회가 붕괴되면서 관료 사회로의 전환이 촉진됨
경제적	전시과가 붕괴되어 사전(私田)과 농장이 확대(지배층의 대토지 소유가 증가)
사회적	신분제 동요(향·소·부곡이 감소하고 천민의 신분 해방이 이루어짐), 중앙 정부의 지방 통제력 약화로 농민과 천민의 대규모 봉기 발발
사상적	선종의 일종인 조계종 발달, 천태종의 침체
문학적	유학이 쇠퇴하고 패관문학 발달, 시조문학 발생, 낭만적 성향의 문학 활동 전개
군사적	사병의 확대, 권력 다툼의 격화

21

고려 후기 정국에 대한 동향으로 옳지 않은 것은?

① 정치기구는 첨의부 – 4사 체제로 개편되었다.

② 충렬왕과 충선왕의 계승은 원나라 무종의 옹립과 관련이 있다.

③ 원의 기황후 세력이 충혜왕 정권을 위협하였다.

④ 공민왕 12년, 흥왕사의 변을 계기로 외척의 입지가 강화되었다.

해설 흥왕사의 변(1363, 공민왕 12년)은 김용(金鏞) 등의 측근 세력이 공민왕의 반원 개혁정책에 반감을 갖고 흥왕사의 행궁(行宮)에 머무르고 있던 공민왕을 시해하려고 한 사건이다. 공민왕은 이 사건 직후 측근 세력을 모두 축출하고 승려 신돈을 등용하여 개혁정치를 추진하였다.

① 고려 후기 원 간섭기인 1275년(충렬왕 1년) 중서문하성(中書門下省)과 상서성(尙書省)이 합쳐진 첨의부(僉議府)가 중앙 행정의 최고 관부가 되었고, 6부(六部)는 전리사(典理司) · 군부사(軍簿司) · 판도사(版圖司) · 전법사(典法司)의 4사(四司)로 통폐합되었다.

② 충렬왕과 충선왕의 왕위 계승을 둘러싼 갈등은 원나라 무종의 옹립과 관련이 있는데, 충선왕이 지지한 원나라 무종이 황제에 옹립되면서 일시적으로 갈등이 봉합되기도 했으나 이때의 정치적 혼란은 이후 충숙왕과 충혜왕 때의 왕위를 둘러싼 혼란에도 영향을 미쳤다.

③ 충혜왕은 충숙왕에 이어 즉위(1330)하였으나 1332년 왕위에서 쫓겨나 원나라로 갔다가 1339년 충숙왕 사후 다시 즉위하게 되었다. 충혜왕은 집권 당시 원의 기황후 세력에 의해 위협을 받았으며, 결국 친원 세력의 반감을 사 원나라에 의해 귀양을 가다 죽음을 맞았다.

22

다음 중 고려시대 몽고의 영향력하에서 있었던 일이 아닌 것은?

① 만적의 난 등 하층민의 동요가 있었다.

② 결혼도감을 통하여 공녀를 요구하였다.

③ 권문세족이 등장하여 도평의사사를 장악하였다.

④ 다루가치라는 감찰관을 파견하여 내정에 간섭하였다.

해설 만적의 난은 무신집권 시대에 최충헌의 사노 만적이 신분 해방을 외치며 일으켰던 사건으로, 반란은 비록 실패로 끝났지만 무신집권기에 신분 해방을 목표로 일어난 천민 반란 중 가장 대표적이었다는 점에 커다란 의미가 있다.

핵심정리

무신집권기 하층민의 봉기
- 망이 · 망소이의 난(공주 명학소 봉기, 1176)
- 전주 관노의 난(전주의 관노비 봉기, 1182)
- 만적의 난(만적의 신분 해방 운동, 1198)

23

고려의 영토가 다음의 지도와 같았던 시기의 역사적 상황이 아닌 것은?

① 무력으로 쌍성총관부를 공격하여 철령 이북 땅을 공략하였다.
② 전민변정도감을 운영하여 토지를 돌려주고 노비를 양민으로 해방시켰다.
③ 신돈을 등용하여 개혁 정치를 추진하였다.
④ 사림원을 설치하고 신진사대부를 양성하여 개혁 정치를 주도하였다.

해설 제시된 지도는 공민왕 때의 영토와 국경을 나타낸 것이다. 공민왕은 쌍성총관부를 공격하여 철령 이북의 땅을 수복하였다. 개혁 정치 기구로 사림원(詞林院)을 설치한 것은 충선왕 때이다.
 ① 공민왕은 무력으로 쌍성총관부를 공격하여 철령 이북의 땅을 수복하였고, 요동을 공략하고 요양을 점령하기도 하였다.
 ② 공민왕은 전민변정도감을 설치하여 권문세족들이 부당하게 빼앗은 토지를 본래 소유주에게 돌려주고 노비를 양민으로 해방시켰다(권문세족의 약화와 국가 재정 수입의 확대를 추구).
 ③ 공민왕은 흥왕사의 변(김용의 난, 1363)으로 측근 세력 붕괴, 신돈을 등용(1365)하여 개혁 정치를 추진하였다.

24

다음에서 설명하고 있는 왕이 실시한 정책으로 옳은 것은?

> 충숙왕의 둘째 아들로서 원나라 노국대장공주를 아내로 맞이하고 원에서 살다가 원의 후원으로 왕위에 올랐으나 고려인의 정체성을 결코 잃지 않았다.

① 수도를 한양으로 옮겼다.
② 정동행성의 이문소를 폐지하였다.
③ 연구기관인 만권당을 설립하였다.
④ 삼군도총제부를 설치하였다.

해설 제시된 '왕'은 고려 공민왕이다. 공민왕은 내정 간섭기구인 정동행성 이문소를 폐지하는 등 반원·개혁정책을 추진하였다.
 ① 조선 태조 때 조선(朝鮮)을 세우고 도읍을 한양(漢陽)으로 옮겨 초기 국가의 기틀을 다졌다.
 ③ 만권당(萬卷堂)은 고려의 충선왕이 원나라 연경(燕京)에 설치한 학문연구소이다.
 ④ 삼군도총제부는 고려 말 조선 초인 1391년(공양왕 3)에 군대를 통솔하던 관청으로, 기존의 5군 제도를 없애고 3군으로 중앙군을 재편하면서 설치된 기관이다.

핵심정리

공민왕의 대내적 개혁
• 왕권을 제약하고 신진사대부의 등장을 억제하고 있던 정방을 폐지
• 신돈을 등용하여 개혁정치 추진
• 전민변정도감을 운영하여 권문세족들이 빼앗은 토지를 돌려주거나 노비를 양민으로 해방
• 국자감을 성균관으로 개칭하고 순수유학 교육기관으로 개편하여 유학교육 강화, 과거제도 정비

25

공민왕의 개혁정치가 실패로 끝난 이유로 옳지 않은 것은?

① 신진사대부 세력이 강력히 반발하였다.

② 왜구가 빈번히 침범하였다.

③ 원나라의 압력이 심하였다.

④ 권문세족과 대결할 만한 힘이 없었다.

해설 공민왕의 개혁정치는 권문세족의 견제, 신진사대부 세력의 미약, 원의 압력, 왜구의 빈번한 침략 등으로 실패하고 말았다.

26

고려의 대외 교섭에 대한 설명으로 옳지 않은 것은?

① 남송은 금나라와의 분쟁에 고려가 개입하기를 원했다.

② 광종은 후주의 사신이 온 것을 계기로 과거 제도를 실시하며 혁신정치를 추진하였다.

③ 고려의 외교교섭은 외왕내제(外王內帝)였다.

④ 고려와 일본의 물자교류가 활발했던 것은 현종 때였다.

해설 고려와 일본은 정식 외교관계가 맺어지지 않아 상대적으로 물자교류가 활발하지 않았다. 주로 11세기 후반부터 일본 상인은 수은·유황 등을 가져와 식량·인삼·서적 등과 바꾸어 가는 식으로 물자교류가 이루어졌다.

① 남송이 취한 연려제금책(聯麗制金策)은 '고려와 연합하여 금을 억제하는 정책'을 의미한다. 따라서 금나라와의 분쟁에 고려가 개입하기를 희망하는 것이다.

② 광종은 후주의 사신 일행으로 왔다 귀화한 쌍기의 건의를 받아들여 과거제도를 시행하였다. 광종은 왕권의 안정과 중앙집권체제를 강화하기 위해 노비안검법(956), 과거제도(958), 백관의 공복 제정(960), 칭제건원(稱帝建元), 개국공신 계열의 훈신 숙청 등 혁신적 정책을 추진하였다.

③ 외왕내제(外王內帝)는 고려가 외교교섭에 있어 취한 자주적 입장을 반영하는 것으로, 밖으로는 왕을 칭하고 안으로는 황제를 칭하였다는 것을 의미한다. 이는 고려가 대외적으로는 제후국으로서의 외교정책을 취하였으나, 대내적으로는 황제국으로서의 자주적 입장을 견지하고 있었다는 것을 반영한다. 광종 때 국왕을 황제로 칭하고 광덕·준풍 등의 독자적 연호를 사용한 점과 개경을 황도(皇都)라고 칭했던 점 등을 외왕내제(外王內帝)의 예로 들 수 있다.

핵심정리

고려 초기의 대외관계

• **대외정책** : 친송정책, 중립정책
  - 송의 건국(960) 직후 외교 관계를 맺고(962) 우호 관계를 유지
  - 송이 거란을 공격하기 위해 고려에 원병을 요청했을 때 실제로 출병하지 않음
  - 송(남송)이 고려와 연결하여 금을 제거하려 할 때(연려제금책)도 개입하지 않고 중립을 지킴
• **대송관계의 성격** : 고려는 경제·문화적 목적에서, 송은 정치·군사적 목적에서 교류

27 [지방직 9급 기출]

(가)~(다)는 고려시대 대외관계와 관련된 자료이다. 이를 시기 순으로 바르게 나열한 것은?

(가) 윤관이 "신이 여진에게 패한 이유는 여진 군은 기병인데 우리는 보병이라 대적할 수 없었기 때문입니다."라고 아뢰었다.

(나) 서희가 소손녕에게 "우리나라는 고구려의 옛 땅이오. 그러므로 국호를 고려라 하고 평양에 도읍하였으니, 만일 영토의 경계로 따진다면, 그대 나라의 동경이 모두 우리 경내에 있거늘 어찌 침식이라 하리요."라고 주장하였다.

(다) 유승단이 "성곽을 버리며 종사를 버리고, 바다 가운데 있는 섬에 숨어 엎드려 구차히 세월을 보내면서, 변두리의 백성으로 하여금 장정은 칼날과 화살 끝에 다 없어지게 하고, 노약자들은 노예가 되게 함은 국가를 위한 좋은 계책이 아닙니다."라고 반대하였다.

① (가) → (나) → (다)

② (나) → (가) → (다)

③ (나) → (다) → (가)

④ (다) → (나) → (가)

해설 (나) 서희(942~998)는 993년(성종 12) 거란의 1차 침입 때 소손녕(蕭遜寧)과의 담판으로 활약했던 인물이다.

(가) 윤관(~1111)은 1107년(예종 2) 20만에 달하는 대군을 이끌고 여진을 정벌, 동북 9성(城)설치와 함께 고려 영토를 확장한 고려시대 문관이다.

(다) 유승단(1168~1232)은 고려 후기의 문신으로 1232년에 최우(崔瑀)가 재추(宰樞)를 소집하여 강화 천도를 논의하는 자리에서 모두 두려워하여 말을 못하였으나 다만 유승단만이 종사를 버리고 섬에 숨어 구차하게 사는 것은 나라를 위하여 좋은 계책이 아니라고 반대하였다.

핵심정리

대외관계의 전개

- **거란과의 항쟁**
  - 제1차 침입(993) : 고려는 거란으로부터 고구려의 후계자임을 인정받고 청천강 이북의 강동 6주를 확보했으며, 송과 교류를 끊고 거란과 교류할 것을 약속
  - 제2차 침입(1010) : 강조가 통주에서 패했으나 양규가 귀주 전투에서 승리, 거란군은 퇴로가 차단될 것이 두려워 고려와 강화
  - 제3차 침입(1018) : 거란과의 강화와 송과의 단절을 약속, 고려는 거란의 연호를 사용, 강동 6주는 고려의 영토로 인정

- **전란의 영향**
  - 고려의 승리로 고려 · 송 · 거란 간의 세력 균형 유지
  - 강감찬의 건의와 왕가도의 감독으로 개경에 나성을 축조하고, 천리장성을 쌓아 국방을 강화
  - 감목양마법을 실시하여 군마를 확보
  - 면군급고법(노부모를 모신 장정의 면군), 주현공거법 등의 사회 시책 실시
  - 대장경 조판, 7대 실록 편찬 등 문화 사업
  - 고려와 거란 간의 문화적 교류 발생, 거란인의 집단 마을(거란장) 형성

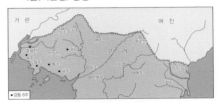

▲ 강동 6주와 천리장성

---

28 국가직 9급 기출

밑줄 친 '이번 문서'를 보낸 조직에 대한 설명으로 옳은 것은?

> • 이전 문서에서는 몽고의 연호를 사용했는데, 이번 문서에서는 연호를 사용하지 않았다.
> • 이전 문서에서는 몽고의 덕에 귀의하여 군신 관계를 맺었다고 하였는데, 이번 문서에서는 강화로 도읍을 옮긴 지 40년에 가깝지만, 오랑캐의 풍습을 미워하여 진도로 도읍을 옮겼다고 한다.
>
> – 「고려첩장(高麗牒狀)」 –

① 최우가 도적을 막기 위해 만든 조직에서 비롯되었다.
② 최충헌이 신변 보호와 집권체제 강화를 위해 조직하였다.
③ 거란의 침입에 대비하기 위한 조직으로 편성되었다.
④ 쌍성총관부 탈환에 주도적인 역할을 한 조직이었다.

해설 제시문은 '고려첩장 불심조조(高麗牒狀 不審條條)'란 제목으로 1271년 고려시대 삼별초가 일본에 보내 몽고와 함께 싸울 것을 제안한 문서이다. 삼별초는 최우가 자신의 권력 기반 강화를 위해 조직한 최씨 무신정권의 사병집단이었다. 최씨 정권 붕괴 이후 몽고와의 강화에 반대하며 진도와 제주도로 근거지를 옮기며 항쟁하다 1273년 고려 · 몽골 연합군의 공격을 받아 섬멸당했다. 당시 삼별초 정부는 몽고를 적대시하여 몽고의 연호를 쓰지 않았다는 점과 강화도에서의 40년 항전 이후 항몽전통을 계승해 진도로 천도(遷都)했음을 밝히고 있다.
② 최충헌이 신변 보호와 집권체제 강화를 위해 사병기관인 도방을 재건하였다.
③ 거란의 침입에 대비하기 위한 조직으로 편성된 것은 정종 때의 광군이다.
④ 1356년(공민왕 5) 공민왕은 유인우를 동북면 병마사로 임명해 쌍성총관부 지역을 탈환하게 했다.

29

고려의 대외 문물교류에 대한 설명 중 옳은 것은?

① 고려의 북진정책으로 인해 여진과의 교류는 없었다.
② 고려는 송으로부터 비단, 약재, 책, 악기 등을 수입하였다.
③ 대외무역이 발전함에 따라 청해진은 국제 무역항으로 번성하였다.
④ 대식국인으로 불린 아라비아 상인들은 주로 요를 거쳐 고려와 교역하였다.

해설 고려와 송과의 무역에서, 고려는 송으로부터 비단 · 약재 · 서적 · 악기 등을 수입하였고, 금 · 은 · 인삼 · 종이 · 붓 · 먹 · 나전칠기 등을 수출하였다.
① 여진과도 교류를 했으며, 여진 은 · 모피 · 말 등 을 가지고 와서, 식량 · 농기구 등을 수입해 갔다.
③ 고려 때는 대외무역의 발전에 따라 예성강 어귀의 벽란도가 국제 무역항으로 번성하였다.
④ 아라비아(대식국) 상인들은 주로 송을 통해 무역을 했으며, '고려(Corea)'를 서방에 전하였다.

제3편 중세의 성립과 발전

실전문제

제2장 중세의 경제 구조와 경제 생활

대표유형문제

국가직 9급 기출

(가) 토지제도에 대한 설명으로 옳은 것은?

> 비로소 직관(職官)·산관(散官) 각 품(品)의 (　가　)을/를 제정하였는데, 관품의 높고 낮은 것은 논하지 않고 다만 인품만 가지고 그 등급을 결정하였다.
>
> — 「고려사」 —

❶ 4색 공복을 기준으로 문반, 무반, 잡업으로 나누어 지급 결수를 정하였다.
② 산관이 지급 대상에서 제외되었으며 무반의 차별 대우가 개선되었다.
③ 전임 관료와 현임 관료를 대상으로 경기지방에 한하여 지급하였다.
④ 고려의 건국과정에서 충성도와 공로에 따라 차등 지급되었다.

정답해설 제시된 사료는 경종 때 제정된 시정전시과이다. 시정전시과는 4색 공복 및 인품을 기준으로 문반, 무반, 잡업으로 나누어 지급 결수를 정하였다.

오답해설 ② **경정전시과** : 토지가 부족하게 되어 현직 관료에만 지급, 문·무관의 차별 완화(문종 30년, 1076)
③ **과전법** : 관직 복무에 대한 대가(공양왕 3년, 1391)
④ **역분전** : 후삼국 통일 후 공신에게 지급(태조 23년, 940)

핵심정리 전시과 제도의 변화
- **시정 전시과(경종 1, 976)** : 모든 전현직 관리를 대상으로 관품과 인품·세력을 반영하여 토지(전지와 시지)를 지급
- **개정 전시과(목종 1, 998)** : 관직만을 고려하여 18품 관등에 따라 170~17결을 차등 지급
- **경정 전시과(문종 30, 1076)** : 토지가 부족하게 되어 현직 관료에게만 지급(170~15결), 전시과의 완성 형태로 5품 이상에게 공음전을 지급하였으므로 공음 전시과 라고도 함, 문·무관의 차별을 완화

118 · 9급 공무원_한국사

01

고려시대에 농민을 보호하기 위한 대책으로 틀린 것은?

① 농번기에는 잡역 동원을 금지하였다.

② 개간한 땅에 대해서는 평생 면세하여 주었다.

③ 흉년에는 빈민을 구제하기 위해 의창제를 실시하였다.

④ 재해가 있을 경우 그 정도에 따라 조세를 면해 주었다.

해설 황폐해진 경작지를 개간하여 경작하는 자는 사전의 경우 첫해에는 수확의 전부를 가지고, 2년째부터 경작지의 주인과 수확량을 반씩 나누었다. 공전의 경우에는 3년까지 수확의 전부를 가지고 4년째부터 법에 따라 조를 바쳤다.

─── **핵심정리** ───

국가재정의 운영

① 수취 체제의 정비

• 양안과 호적 작성

– 내용 : 토지(양전사업)와 호구를 조사하여 토지대장인 양안과 호구장부인 호적을 작성하고, 이를 근거로 조세·공물·부역 등을 부과

– 목적 : 국가재정의 안정적 운영

• 왕실·관천의 수조권 : 토지로부터 조세를 수취할 수 있는 수조권을 분급

• 재정 운영 원칙 : 수취제도를 기반으로 한 재정 운영 원칙을 정립

② 재정 운영 관청

• 담당 관청 : 호부, 삼사, 개별 관청

– 호부(戸部) : 호적과 양안을 만들어 인구와 토지를 파악·관리

– 삼사(三司) : 재정의 수입과 관련된 사무를 담당

• 재정 지출 : 관리의 녹봉, 왕실 경비, 일반 비용(제사·연등회·팔관회 비용, 건축 및 수리비, 국왕의 하사품 비용 등), 국방비(가장 많은 비용을 지출) 등

• 관청의 경비

– 토지 지급 : 관청 운영 경비 사용을 위해 중앙으로부터 토지를 지급받음(공해전)

– 자체 비용 조달 : 경비가 부족한 경우가 많아 각 관청에서 마련하기도 함

02 국가직 9급 기출

다음에서 설명하는 화폐가 사용된 시기의 경제 상황으로 옳은 것은?

> 초기에는 은 1근으로 우리나라 지형을 본떠 만들었는데 그 가치는 포목 100필에 해당하는 고액이었다. 주로 외국과의 교역에 사용되었으며 후에 은의 조달이 힘들어지고 동을 혼합한 위조가 성행하자, 크기를 축소한 소은병을 만들었다.

① 청해진이 설치되어 무역권을 장악하였다.

② 동시전이 설치되어 시장을 감독하였다.

③ 책, 차 등을 파는 관영상점을 두었다.

④ 이앙법이 전국적으로 보급되었다.

해설 제시문에서 설명한 화폐는 은병(활구)으로, 고려 숙종 때 주전도감에서 제작되었으나 일반적인 거래에는 사용되지 못하였다. 이 화폐가 통용되던 시기에는 개경·서경·동경 등의 대도시에 관영 상점을 설치하여 책, 차 등을 주로 파는 주점·다점·서적점 등을 두었다.

① 청해진은 신라 하대 흥덕왕 때인 828년에 장보고의 건의로 완도에 설치되어 해상 무역권을 장악하였다.

② 동시전은 신라 지증왕 때인 509년에 설치되어 시장 관리기관으로써의 감독 역할을 하였다.

④ 이앙법이 남부 지방에 일부 보급되기 시작한 것은 고려 말이며, 이앙법이 전국적으로 보급되기 시작한 것은 조선 후기이다.

─── **핵심정리** ───

고려의 화폐 발행

화폐를 발행하면 그 이익금을 재정에 보탤 수 있고 경제 활동을 장악할 수 있으므로, 상업 활동이 활발해지는 것과 함께 화폐 발행이 논의되었다. 그리하여 성종 때 건원중보가 제작되었으나 널리 유통되지는 못했다. 이후 숙종 때 삼한통보, 해동통보, 해동중보 등의 동전과 활구(은병)가 제작되었으나 당시의 자급자족적 경제 상황에서는 불필요했으므로 주로 다점이나 주점에서 사용되었을 뿐이며, 일반적인 거래에 있어서는 곡식이나 베가 사용되었다.

03

고려시대의 재정운영과 조세제도에 대한 설명으로 옳지 않은 것은?

① 조세는 논과 밭으로 구분하였으며 생산량의 10분의 1을 수취하였다.

② 요역은 성곽, 관아, 제방의 축조, 도로보수 등의 토목공사, 광물 채취 등에 동원 되었다.

③ 공물은 중앙관청에서 필요한 공물의 종류와 액수를 나누어 주현에 부과하면, 주현에서 속현과 향, 부곡, 소에 할당하였다.

④ 호적과 양안을 만들어 인구와 토지를 파악·관리하는 곳은 삼사이며, 실제적인 조세 수취와 집행은 각 관청에서 담당하였다.

해설 호부는 호적과 양안을 만들어 인구와 토지를 파악, 관리하였다.

핵심정리

수취제도의 한계
- 귀족 사회가 변질되어 가면서 지배층의 착취 수단으로 전락
- 많은 농민들이 유민화되고 농촌 사회가 동요하는 원인으로 작용

---

04 지방직 9급 기출

다음 토지 제도에 대한 설명으로 옳은 것은?

경기는 사방의 근본이니 마땅히 과전을 설치하여 사대부를 우대한다. 무릇 경성에 거주하여 왕실을 시위(侍衛)하는 자는 직위의 고하에 따라 과전을 받는다. 토지를 받은 자가 죽은 후, 그의 아내가 자식이 있고 수신하는 자는 남편의 과전을 모두 물려받고, 자식이 없이 수신하는 자의 경우는 반을 물려받는다. 부모가 모두 사망하고 그 자손이 유약한 자는 휼양전으로 아버지의 과전을 전부 물려받고, 20세가 되면 본인의 과에 따라 받는다.

– 〈고려사〉

① 과전을 지급함으로써 조선개국 세력의 경제적 기반이 되었다.

② 관리가 되었으면서도 관직을 받지 못한 사람들에게 한인전을 지급하였다.

③ 관직이나 직역을 담당하는 사람들에게 농지와 땔감을 채취하는 시지를 주었다.

④ 공로가 많은 사람들에게 인품을 기준으로 역분전을 차등지급하였다.

해설 고려 말에 실시된 과전법에 대한 내용이다. 위화도회군(1388)으로 정권을 장악한 이성계는 공양왕 때인 1390년 과전법을 공포하였다. 과전법은 신흥 사대부를 위한 경제적 기반이 되었다.

② 한인전은 고려시대 전시과 제도에서 6품 이하 하급 관료의 자제로서 관직에 오르지 못한 자에게 지급하던 토지이다.

③ 과전법에서는 시지를 지급하지 않았다.

④ 공로가 많은 사람들에게 인품을 기준으로 역분전을 차등지급한 것은 고려 태조 때의 일이다.

05

고려시대 토지 제도에 대한 설명으로 옳지 않은 것은?

① 5품 이상 관리의 자손은 공음전시를 받을 수 있다.
② 6품 이하 관리의 자제로서 관직에 오르지 못하면 한인전을 지급하였다.
③ 구분전은 자손이 없는 하급 관리와 군인 유가족에게 주는 것이다.
④ 왕실의 경비 충당을 위해 지급하는 것은 군인전이다.

해설 왕실의 경비 충당을 위해 지급한 것은 내장전이고, 군인전은 군역의 대가로 2군 6위의 직업 군인에게 주는 토지로, 군역이 세습됨에 따라 자손에게 세습되었다.

핵심정리

고려 말의 토지제도
① 전시과제도의 붕괴와 농장의 확대
  • 전시과제도의 붕괴
    - 귀족들의 토지 독점과 세습 경향으로 원칙대로 운영되지 못하였고, 조세를 거둘 수 있는 토지가 점차 감소
    - 무신정변을 거치면서 이러한 폐단이 극도로 악화되어 전시과 붕괴
  • 농장의 확대 : 귀족들의 토지 겸병과 농장의 확대는 원 간섭기를 거치며 전국적으로 확산
② 정부의 대책
  • 녹과전의 지급(1271) : 전시과제도가 완전히 붕괴되어 토지를 지급할 수 없게 되자 일시적으로 관리의 생계를 위해 일시적으로 지급
  • 국가재정의 파탄 : 미봉책인 녹과전 지급이 실패하고 고려 말 국가재정은 파탄에 이름

06

고려시대의 토지제도에 나타나는 과전, 공음전, 한인전, 구분전이 공통적으로 반영하는 것은?

① 관직 사회의 안정적 유지를 위한 토지 분급
② 하급 관료에게 지급한 토지
③ 모든 토지의 소유와 세습을 부정하는 왕토 사상
④ 농민의 생활 안정을 위한 경작권 보호

해설 과전은 문·무반 관료에게 지급한 토지, 공음전은 5품 이상의 관료에게 지급되는 토지, 한인전은 6품 이하의 하급 관료의 자제로서 관직에 오르지 못한 사람에게 지급한 토지, 구분전은 하급 관료와 군인의 유가족에게 지급되는 토지이다. 이런 토지 제도는 국가가 관직 사회의 안정적 유지를 위한 토지 분급에 주안점을 둔 것이다.

07

고려시대의 토지제도에 대한 설명으로 옳은 것은?

① 토지제도는 전시과가 기본이었다.
② 공해전은 현직 군인에게 지급되었다.
③ 군인전은 군역의 대가로 지급되었으나 세습은 인정되지 않았다.
④ 공전과 사전은 경작지의 구분에 불과하였다.

해설 고려시대의 토지제도는 전시과 제도를 기본으로 하였다.
  ② 공해전은 경비 충당을 위해 중앙과 지방의 각 관청에 지급되었다.
  ③ 군인전은 군역이 세습됨에 따라 자손에게 세습이 가능하였다.
  ④ 공전은 국가가 수조권을 가지고, 사전은 개인이 수조권을 갖는다.

08

다음 〈보기〉에서 토지제도에 대한 설명을 모두 고르면?

───── 보기 ─────

ⓐ 민전은 소유권이 보장되었고 소유자는 세금을 내지 않아도 되었다.

ⓑ 토지를 받은 자가 죽거나 관직에서 물러날 때 토지를 국가에 반납하는 것이 원칙이었다.

ⓒ 한인전은 5품 이상의 고급 관료의 자제로서 관직에 오르지 못한 자에게 지급되었다.

ⓓ 향리는 토지를 받지 못하였다.

ⓔ 공음전은 세습이 가능하였고, 문벌귀족의 세습적인 경제적 기반이 되었다.

① ㉠, ㉡   ② ㉠, ㉢

③ ㉡, ㉤   ④ ㉣, ㉤

해설 ㉠ 민전은 소유권이 보장되어 함부로 빼앗을 수 없었고, 소유자는 국가에 일정한 세금을 내야 했다.
㉢ 한인전은 6품 이하의 하급 관료의 자제로서 관직에 오르지 못한 사람에게 지급했다.
㉣ 향리에게는 외역전이 지급되었으며 향직이 세습되었기 때문에 토지도 자손에게 세습이 가능하였다.

──── 핵심정리 ────

민전(民田)

귀족에서 농민·노비에 이르기까지 백성들이 상속, 개간, 매매 등을 통하여 소유하고 있었던 사유지로서, 소유권 상 사전(사유지)이지만 수조권 상 공전(납세지)이다. 양안에 소유권이 명시되어 국가의 보호를 받고 있었으며, 국가에 생산량의 일정 부분(1/10)을 조세로 부담하여야 한다. 대부분의 민전은 개인 소유지였지만 왕실이나 관청의 소유지도 존재하였다.

09

고려의 토지 분급제도에 대한 다음 설명 중 옳은 것은?

① 공음전은 5품 이상의 관리에게 지급하여 세습을 허용하였다.

② 외역전은 관직을 얻지 못한 하급 관리 자제에게 지급하였다.

③ 구분전은 왕실의 경비를 충당하기 위해 지급하였다.

④ 개정전시과는 관직의 고하와 인품을 고려하여 지급하였다.

해설 고려 전시과 체제의 공음전은 5품 이상의 관료에게 지급된 세습 가능한 토지였다. 이는 음서제와 함께 문벌귀족의 지위를 유지해 나갈 수 있는 기반이 되었다.
② 외역전은 향리에게 지급된 토지이며, 관직을 얻지 못한 하급관리의 자제에게 지급된 토지는 한인전이다.
③ 구분전은 하급 관료와 군인의 유가족에게 생계를 위해 지급된 토지이다. 왕실의 경비를 충당하기 위해 내장전을 지급하였다.
④ 관직의 고하와 인품을 반영하여 토지를 지급한 것은 시정전시과이다. 개정전시과에서는 관직만을 고려하여 18품 관등에 따라 토지를 지급하였다.

핵심정리

귀족의 경제생활

① 경제 기반

- 과전, 공음전 · 공신전
  - 과전 : 관료의 사망 · 퇴직 시 반납하는 것이 원칙이나, 유족의 생계유지를 명목으로 일부를 물려받을 수 있음
  - 공음전 · 공신전 : 세습 가능
  - 생산량을 기준으로 과전에서는 1/10을, 공음전 · 공신전에서는 대체로 1/2을 조세로 받음

- 녹봉
  - 문종 때 완비된 녹봉제도에 따라 현직 관리들은 쌀 · 보리 등의 곡식을 주로 받았으나, 때로는 베나 비단을 받기도 하였음
  - 1년에 두 번씩 녹패(祿牌)라는 문서를 창고에 제시하고 받음

- 소유지 : 지대 수취(생산량의 1/2)와 신공(외거 노비 등으로부터 베나 곡식 수취)으로 상당한 수입을 거둠

- 농장(대토지) : 권력이나 고리대를 이용해 토지를 점탈하거나 헐값에 매입, 또는 개간을 통해 확대. 대리인을 보내 소작인을 관리하고 지대를 수취
  - 백성의 토지 점탈로 농장 확대. 가난한 백성을 노비로 만들어 농장을 경작시킴
  - 조세를 부담할 백성의 감소, 면세 · 면역의 대상인 농장의 증가 → 국가의 조세 수입 감소, 국가 재정 궁핍

② 귀족의 사치 생활

- 큰 누각을 짓고 별장을 소유
- 외출 시 시종을 거느리고 말을 탔으며, 여가로 수입한 차(茶)를 즐김
- 전문 기술자가 짜거나 중국에서 수입한 비단으로 만든 옷을 입었음

10

다음 중 고려시대 농업에 관한 내용으로 옳지 않은 것은?

① 농번기에는 농민의 잡역 동원을 금지하였다.

② 2년 3작의 윤작법이 점차 보급되었다.

③ 개간한 땅에 대해서는 일정 기간 면세하였다.

④ 광작 농업으로 농가의 소득이 늘어나 부농이 될 수 있었다.

해설 조선 후기에는 상품화폐경제의 발달과 함께 양반 지주의 이윤 추구가 경제적 욕구를 자극하여 광작을 하는 대지주가 많이 나타났다.

핵심정리

농업기술의 발달

- 수리시설 발달 : 후기에 농수로와 해안 방조제, 제언 등 수리시설 관련 기술이 발달하여 간척사업이 시작됨 (저수지 개축, 해안 저습지의 간척사업 등)
- 농기구와 종자의 개량 : 호미와 보습 등의 농기구의 개량 및 종자의 개량
- 심경법 일반화 : 우경에 의한 심경법(깊이같이) 확대 · 일반화
- 시비법 : 시비법의 도입으로 휴경지가 줄고 연작 가능한 토지 증가. 제초법 발달
- 윤작법 보급 : 밭농사에 있어 2년 3작의 윤작법이 점차 보급 · 발달, 밭작물 품종 다양화
- 이앙법 도입 : 논농사에 있어 주로 직파법이 이용되었으나, 고려 말 이앙법이 남부 지방 일부에 보급
- 약용 작물 재배, 접목 기술의 발달로 과일 생산력 증가

11 [국가직 9급 기출]

다음과 같은 문화 활동을 전후한 시기의 농업 기술 발달에 관한 내용으로 옳은 것을 모두 고르면?

- 서예에서 간결한 구양순체 대신에 우아한 송설체가 유행하였다.
- 고려 태조에서 숙종 대까지의 역대 임금의 치적을 정리한 〈사략〉이 편찬되었다.

- ㉠ 2년 3작의 윤작법이 점차 보급되었다.
- ㉡ 원의 〈농상집요〉가 소개되었다.
- ㉢ 우경에 의한 심경법이 확대되었다.
- ㉣ 상품 작물이 광범위하게 재배되었다.

① ㉠, ㉡   　　　　② ㉡, ㉢

③ ㉠, ㉡, ㉢   　　④ ㉡, ㉢, ㉣

해설 고려 전기에는 구양순체가 주류를 이루었지만, 고려 후기에 들어오면서 조맹부의 우아한 송설체가 유행하였다. 이제현의 〈사략(史略)〉은 고려 말 성리학적 유교 사관에서 저술된 대표적 사서이다.
㉠ 밭농사에 있어 2년 3작의 윤작법이 점차 보급된 것은 고려 말부터이다.
㉡ 〈농상집요〉는 고려 말 이암이 중국(원)으로부터 수입한 농서로, 중국 화북지방의 농법을 정리한 것이다. 특히 당시의 새로운 유용 작물인 목화 재배를 장려한 내용을 포함하고 있으나 우리나라 실정에 맞지 않는 한계가 있다.
㉢ 우경에 의한 심경법(소를 이용한 깊이갈이)이 널리 보급된 것은 고려 후기이다.
㉣ 인삼, 담배, 목화, 약초, 채소, 과일 등 상품 작물이 널리 재배된 것은 조선 후기이다.

12

고려시대 귀족의 경제생활에 대한 설명으로 옳지 않은 것은?

① 귀족의 경제 기반에는 과전과 녹봉이 있었다.

② 고리대를 이용하여 농민에게 토지를 빼앗기도 하였다.

③ 과전에서 생산량의 10분의 1을 조세로 받았다.

④ 소득을 늘리기 위해 황무지를 개간하고 새로운 농업 기술을 배웠다.

해설 ④는 고려시대 농민의 경제생활에 대한 설명이다.

━━━━[핵심정리]━━━━

농민의 경제생활

① 생계 유지와 생활 개선책
- 생계의 유지
  - 민전을 경작하거나 국·공유지나 다른 사람의 소유지를 경작(소작)
  - 삼베·모시·비단 짜기, 품팔이 등으로 생계를 유지
- 생활 개선책
  - 진전이나 황무지를 개간하고(지대·조세 감면 대상), 농업 기술을 배움
  - 12세기 이후에는 연해안의 저급지와 간척지를 개간하여 경작지를 확대

② 권농정책
- 농민 생활 안정과 국가 재정 확보를 위해 실시
- 시책
  - 광종 : 황무지 개간 규정을 마련해 토지 개간을 장려
  - 성종 : 각 지방의 무기를 거두어 농기구로 만들어 보급

13 지방직 9급 기출

고려시대의 수공업에 대한 설명으로 옳지 않은 것은?

① 고려시대의 수공업은 관청수공업, 소(所)수공업, 사원수공업, 민간수공업으로 구분할 수 있다.

② 중앙과 지방의 관청에서는 그곳에서 일할 기술자들을 공장안(工匠案)에 등록해 두었다.

③ 소(所)에서는 금, 은, 철 등 광산물과 실, 종이, 먹 등 수공업 제품 외에 생강을 생산하기도 하였다.

④ 고려 후기에는 소(所)에서 죽제품, 명주, 삼베 등 다양한 물품을 만들어 민간에 팔기도 하였다.

해설 고려 전기에는 소(所)수공업이 발달하여 다양한 물품을 만들어 팔기도 하였으나, 후기에는 상대적으로 쇠퇴하고 민간수공업과 사원수공업이 발달하였다.
① 고려의 수공업은 관청수공업, 소(所)수공업, 사원수공업, 민간수공업으로 구분할 수 있다.
② 관청수공업은 기술자들을 공장안(工匠案)에 올려 중앙과 지방의 관청에서 필요한 관수품을 생산하게 하는 것을 말한다.
③ 소(所)에서는 금·은·철·구리 등의 광산물, 실·옷감·종이·먹 등의 수공업품, 차, 생강 등의 지역 생산물 등을 생산해 공물로 납부하였다.

┌─── 핵심정리 ───┐

민간 수요의 증가

• 고려 후기에는 유통 경제가 발전하면서 민간에서 수공업품의 수요가 증가
• 관청 수공업에서 생산하던 제품뿐만 아니라 다양한 물품을 민간에서 제조

└────────────┘

14 지방직 9급 기출

다음 상황이 나타난 시기에 볼 수 있는 모습으로 옳은 것은?

┌─────────────────────────┐
│ 대외 무역이 발전하면서 예성강 어귀의 벽란도가 국제 무역항으로 번성했으며, 대식국(大食國)으로 불리던 아라비아 상인들도 들어와 수은·향료·산호 등을 팔았다. │
└─────────────────────────┘

① 해동통보와 은병(銀瓶) 같은 화폐를 만들어 사용하였다.

② 인구·토지면적 등을 기록한 장적(帳籍, 촌락문서)이 작성되었다.

③ 개성의 송상은 전국에 송방(松房)이라는 지점을 개설해서 활동하였다.

④ 지방 장시의 객주와 여각은 상품의 매매뿐 아니라 숙박·창고·운송 업무까지 운영하였다.

해설 제시문의 벽란도는 고려시대의 무역항으로, 고려시대에는 대외 무역을 장려하였으므로 벽란도를 통해 중국·일본·만양·아라비아 상인이 내왕하는 등 활발한 대외 무역이 이루어졌다. 고려 숙종 때에는 주전도감을 설치하여 해동통보와 은병(銀瓶) 같은 화폐를 만들어 사용하였으나, 당시의 자급자족적 경제 상황에서는 불필요했으므로 주로 다점이나 주점에서 사용되었다.
② 인구·토지면적 등을 기록한 장적(帳籍, 촌락문서)이 작성되었다. → 통일신라시대
③ 개성의 송상은 전국에 송방(松房)이라는 지점을 개설해서 활동하였다. → 조선시대
④ 지방 장시의 객주와 여각은 상품의 매매뿐 아니라 숙박·창고·운송 업무까지 운영하였다. → 조선시대

┌─── 핵심정리 ───┐

시기별 대표적 무역항

• **삼국 시대** : 당항성
• **통일 신라** : 당항성, 영암, 울산항
• **고려 시대** : 벽란도(국제 무역항), 금주(김해)
• **조선 초기** : 3포(부산포·염포·제포)
• **조선 후기** : 부산포

└────────────┘

제3편

중세의 상업과 발전

15

고려시대 경제활동에 대한 설명으로 옳지 않은 것은?

① 귀족들이 화폐 사용을 지지하여 화폐가 전국 적으로 유통되었다.

② 고려 전기에 수공업의 중심을 이룬 것은 관청 수공업과 소(所)수공업이었다.

③ 고려 후기에는 국가가 재정 수입을 늘리기 위하여 소금 전매제를 시행하기도 하였다.

④ 농민이 진전(陳田)이나 황무지를 개간하면 국가에서 일정 기간 소작료나 조세를 감면해 주었다.

해설 고려시대에는 화폐의 유통이 부진했으며, 주로 곡식이나 삼베가 일반적인 거래에 사용되었다. 성종 때 우리나라 최초의 금속화폐인 건원중보(996)가 만들어졌고, 숙종 때에는 삼한통보, 해동통보, 해동중보 등의 동전과 활구(은병)라는 은전을 만들었으나 모두 널리 유통되지 못하였다. 고려시대에 화폐 유통이 부진했던 이유는 당시 사회가 자급자족적 농업 경제 중심의 사회로 대부분의 농민들이 화폐의 필요성을 거의 느끼지 못하였기 때문이다. 한편, 화폐가 전국적으로 유통되기 시작한 것은 조선 후기 숙종 때이다.

② 고려시대 수공업은 관청에 기술자를 소속시켜 왕실과 국가에서 필요로 하는 물품을 생산하는 관청 수공업과 먹이나 종이, 금. 은 등의 수공업 제품을 생산하는 소(所)수공업 등이 중심을 이루었다.

③ 고려 후기에는 국가가 재정 수입 증가를 위해 소금 전매제를 시행하기도 하였는데, 충선왕 때 소금 전매 사업을 담당하기 위해 의염창을 설치하였다.

④ 농민들에 대한 생활 개선책의 하나로, 진전(陳田)이나 황무지를 개간하는 경우 국가에서 지대나 조세를 일정 기간 감면해 주었다.

16

다음 중 고려시대의 경제생활에 관한 설명으로 옳지 않은 것은?

① 우경에 의한 심경법이 보급되었다.

② 제지, 직포 등은 사원 수공업을 통하여 많이 생산되었다.

③ 송나라와의 무역 거점은 벽란도였다.

④ 공익재단 보(寶)를 통해 농민들의 생활이 개선되었다.

해설 보(寶)를 시행하던 실질적인 과정에서 많은 폐단이 발생하여 농민들의 생활은 더욱 어려워졌다.

핵심정리

고리대의 성행과 금융제도

① 고리대의 성행
- 왕실 · 귀족 · 사원은 고리대로 재산을 늘렸고, 생활이 빈곤했던 농민들은 돈을 갚지 못해 토지를 빼앗기거나 노비로 전락하기도 함
- 고리대를 해결하기 위한 보가 고리 습득에만 연연해 농민 생활에 오히려 피해를 끼침

② 보(寶)의 출현
- 기원 : 신라시대 점찰보(진평왕 35, 613), 공덕보
- 의의 : 일정 기금을 만들어 그 이자를 공적인 사업의 경비로 충당하는 공익재단
- 종류
  - 학보(태조) : 교육을 위해 서경에 설립한 장학재단
  - 경보(정종) : 불경 간행을 돕기 위한 재단
  - 광학보(정종) : 승려의 면학을 위한 장학재단
  - 제위보(광종) : 빈민 구제를 위한 기금
  - 금종보(현종) : 현화사 범종 주조를 위한 재단
  - 팔관보(문종) : 팔관회 경비 지출을 위한 재단
- 결과(폐단) : 이자 획득에만 급급해 농민들의 생활에 막대한 피해를 끼침

17

고려시대의 무역활동에 대한 설명으로 틀린 것은?

① 아라비아 상인들로 인해 고려의 이름이 세계에 알려지게 되었다.

② 일본과의 무역은 송·거란에 비해 활발하지 않았다.

③ 거란과 여진은 은을 가지고 와서 농기구나 식량 등과 바꾸어 갔다.

④ 원의 간섭기에는 사무역이 통제를 받아 쇠퇴하였다.

해설 원의 간섭기에는 공무역이 행해지는 한편, 사무역이 다시 활발해졌다. 사무역으로 금·은·소·말 등이 지나치게 유출되어 문제가 발생하기도 하였다.

18

각 시대의 대외관계에 대한 설명으로 옳은 것은?

① 삼국시대는 다른 나라와 무역을 하지 않았다.

② 고려는 송나라에 비단, 책, 약재 등을 수출하였다.

③ 통일신라시대에는 일본과의 활발한 교류로 일본에 신라방이 만들어졌다.

④ 고려시대에 아라비아 상인들은 고려에 들어와서 수은, 향료, 산호 등을 팔았다.

해설 고려시대에 아라비아 상인들은 진상품의 성격으로 수은, 물감, 향료, 산호, 호박 등을 가져와 팔았고 은, 비단을 수입하였다.
① 고구려는 중국의 전진과 통교하였고 백제는 중국 동진, 양과 연결되었다.
② 고려는 송에 종이, 붓, 먹, 나전칠기를 수출하였다.
③ 통일신라시대에는 당과의 무역 확대로 산동 반도에 신라인의 거주지인 신라방이 만들어졌다.

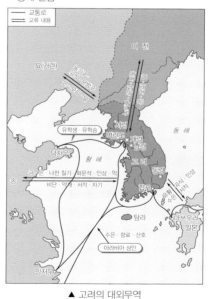

핵심정리

여러 국가와의 무역

• 대송무역
  – 수출품 : 금·은·인삼·종이·붓·먹·부채·나전 칠기·화문석 등(고려의 종이와 먹은 질이 뛰어나 송의 문인들에게 비싼 값으로 수출)
  – 수입품 : 비단·약재·서적·악기 등 왕실과 귀족의 수요품
• 거란 : 은·모피·말 등을 가지고 와서, 식량·농기구·문방구·구리·철 등을 수입해 감
• 여진 : 은·모피·말 등을 가지고 와서, 식량·농기구·포목 등을 수입해 감
• 일본 : 송·거란 등에 비하여 활발하지는 않으며, 11세기 후반부터 수은·유황 등을 가져와 식량·인삼·서적 등과 바꾸어 감
• 아라비아(대식국)
  – 진상품의 성격으로 수은·물감·향료·산호·호박 등을 가져와 은·비단을 수입해 감
  – 주로 중국을 통해 무역을 했으며, 고려(Corea)를 서방에 전함

▲ 고려의 대외무역

실전문제

제3장 중세의 사회 구조와 사회 생활

대표유형문제

국가직 9급 기출

고려시대 향리에 대한 설명으로 옳은 것만을 모두 고르면?

> ㄱ. 부호장 이하의 향리는 사심관의 감독을 받았다.
> ㄴ. 상층 향리는 과거로 중앙 관직에 진출할 수 있었다.
> ㄷ. 일부향리의 자제들은 기인으로 선발되어 개경으로 보내졌다.
> ㄹ. 속현의 행정 실무는 향리가 담당하였다.

① ㄱ

② ㄱ, ㄴ

③ ㄴ, ㄷ, ㄹ

❹ ㄱ, ㄴ, ㄷ, ㄹ

정답해설
ㄱ. 중앙의 고관을 출신지의 사심관으로 임명하고 그 지방의 부호장 이하 관리의 임명권을 지니도록 하여 향리 감독, 풍속 교정, 부역 조달 등의 임무와 지방의 치안·행정에 책임을 지도록 하였다(사심관 제도).
ㄴ. 상층 향리(호족 출신의 향리)는 과거를 통해 관직에 진출할 수 있었고, 호장·부호장을 대대로 배출하는 지방의 실질적인 지배층이었다.
ㄷ. 향리의 자제를 인질로 뽑아 중앙(개경)에 머무르게 한 것으로, 지방 세력을 견제하고 왕권을 강화하기 위한 제도가 있었다(기인 제도).
ㄹ. 고려시대에는 현실적 여건상 모든 군현에 지방관이 파견되지 못하였다. 주현은 중앙으로부터 지방관이 파견되었고 속현은 지방관이 파견되지 않았다. 속현의 실제 행정은 그 지역의 향리가 담당하였다.

핵심정리 향리(鄕吏)
• 임무 : 조세나 공물의 징수와 노역 징발 등 실제적인 행정 사무 담당(대민 행정 실무자)
• 출신 : 나말 여초의 중소 호족 출신이 많음
• 토착 세력으로서 향촌 사회의 지배층이므로 중앙에서 일시 파견되는 지방관보다 영향력이 컸음

01

고려시대 지배층의 변천 과정을 바르게 나열한 것은?

① 호족 → 무신 → 권문세족 → 문벌 귀족 → 신진사대부

② 무신 → 권문세족 → 호족 → 문벌 귀족 → 신진사대부

③ 호족 → 문벌 귀족 → 무신 → 권문세족 → 신진사대부

④ 권문세족 → 무신 → 문벌 귀족 → 신진사대부 → 호족

해설 고려 초 호족부터 시작하여 고려 중기에는 문벌귀족, 무신집권기에는 무신, 원 간섭기에는 권문세족, 고려 말에는 신진사대부 순으로 변천하였다.

핵심정리

문벌귀족, 권문세족, 신진사대부

	문벌귀족	권문세족	신진사대부
시기	고려 중기	원 간섭기	고려 말기
출신	호족, 6두품, 공신	친원파	지방 향리
정치	• 왕실이나 유력 가문과 중첩된 혼인 관계 • 음서와 과거를 통해 관직 진출	• 원과 결탁 • 도평의사사 장악 • 음서를 통해 관직 진출	과거를 통해 관직 진출
경제	공음전	대농장 소유	중소 지주

02 지방직 9급 기출

고려 후기의 신분 변동에 대한 설명으로 옳지 않은 것은?

① 무신집권기에 노비들의 신분해방운동이 일어났다.

② 향리들은 음서를 통하여 활발하게 권문세족이 되어갔다.

③ 신분이 미천한 환관 중에서도 권세가가 나타났다.

④ 일반 농민이 군공을 세워 무반으로 출세하는 경우도 있었다.

해설 향리는 음서의 대상이 아니었다. 향리들은 주로 고려 후기에 과거를 통해 관계에 진출하여 신진사대부로 성장하였다.

① 무신의 난 이후 신분해방운동이 급증하였고, 무신집권기에 노비들은 만적의 난(1198), 진주노비의 난(1200) 등을 일으켰다.

③, ④ 고려 후기에는 역관, 향리, 평민, 부곡민, 노비, 환관 중에서도 전공을 세우거나 몽골 귀족과의 혼인 등을 통해서 출세하는 경우가 있었다.

핵심정리

중류층의 유형 및 특징

• **유형**
 – 잡류 : 중앙 관청의 말단 서리
 – 남반 : 궁중 실무 관리
 – 군반 : 직업 군인인 하급 장교
 – 향리 : 지방행정의 실무를 담당
 – 역리 : 지방의 역(驛)을 관리
 – 기술과 : 잡과로 진출, 녹봉과 전시과가 지급됨

• **특징** : 세습직이며 그에 상응하는 토지를 국가로부터 지급받음

• **호족 출신의 향리** : 지방의 호족 출신은 점차 향리로 편제되어 갔으나, 호장·부호장을 대대로 배출하는 지방의 실질적 지배층

03 <small>국가직 9급 기출</small>

고려시대에는 귀족·양반과 일반 양민 사이에 '중간계층'또는 '중류층'이라 불리는 신분층이 존재하였다. 이 신분층에 대한 설명으로 옳지 않은 것은?

① 남반은 궁중의 잡일을 맡는 내료직(內僚職) 이다.
② 하급 장교들도 이 신분층에 포함되는 것으로 분류되고 있다.
③ 서리는 중앙의 각 사(司)에서 기록이나 문부(文簿)의 관장 등 실무에 종사하였다.
④ 향리에게는 양반으로 신분을 상승시킬 수 있는 길을 열어 놓지 않았다.

해설 고려시대 중간계층은 귀족과 양인의 중간층인 문무반 6품 이하의 관리로, 남반, 군반, 서리, 향리 등이 있었다. 지방 행정의 실무를 담당했던 향리는 제술과, 명경과 등의 과거를 통해 관직으로의 신분 상승도 할 수 있었고, 후에 향리출신의 자제들은 성리학을 수용하여 후에 신진 사대부로 성장하게 되었다.
① 남반은 궁중의 숙직이나 국왕의 호종 및 왕명의 전달, 의장 등 궁중의 잡일을 맡는 내료직(內僚職)이다.
② 향리는 대체로 호장, 기관, 장교, 통인으로 조직되어, 하급 장교들도 이 신분층에 포함되는 것으로 분류되고 있다.
③ 서리는 중앙의 각 사(司)에서 기록이나 문부(文簿)의 관장 등 실무에 종사한 하급관리층을 말한다.

핵심정리

신분구조
• 특징
  – 신분 계층별로 호적을 따로 작성(신분과 직역의 일치를 위해 종적·군적 등의 호적을 따로 작성)
  – 문반·무반·남반의 세 계층이 관인층을 구성하며, 세습이 원칙
  – 경제력을 기초로 정호와 백정호로 구분하여 신분제와 역제를 운영
• 지배층
  – 귀족(특권 계층) : 왕족, 준왕족, 외척, 5품 이상의 문무 관료 등
  – 중간 계층 : 문·무반 6품 이하 관리, 남반·향리 등

• 피지배층
  – 양인 : 농민(백정), 상인, 수공업자, 향·소·부곡민, 진척(뱃사공), 역인 등
  – 노비 : 공노비와 사노비 등

04

고려시대 노비의 생활상으로 가장 옳은 것은?

① 생활보장책으로 녹과전을 지급받았다.
② 노비 간의 소생은 어머니의 소유주에게 귀속되었다.
③ 음서나 공음전의 혜택을 받았다.
④ 수공업이나 광업품의 생산을 주된 생업으로 하였다.

해설 고려시대의 노비는 재산으로 간주되어 국가로부터 엄격히 관리되었고, 주인에게 예속되어 인격적 대우를 받지 못하였다. 또한 귀족들은 노비를 늘리기 위하여 부모 중 한쪽이 노비이면 자식도 노비가 되게 하였고, 노비 간의 소생은 어머니의 소유주에게 귀속되었다.

핵심정리

노비의 특징 및 관리
① 노비의 특징
  • 전쟁 포로나 형벌, 경제적 몰락으로 발생
  • 국역·납세의 의무는 없으나 주인에게 예속되어 신공을 부담(노동력, 납공)
  • 성과 본관이 없으며 이름만을 가짐
  • 법적으로 재물(재산)이나 국민(인격적 존재)의 지위를 동시에 지님
② 노비의 관리
  • 재산으로 간주 : 엄격히 관리되었으며, 매매·증여·상속의 대상이 됨
  • 노비 세습의 원칙
    – 양천 결혼 시 일천즉천의 원칙(부모 중의 한 쪽이 노비이면 그 자식도 노비가 됨) 적용
    – 양천 결혼은 금지되나 귀족들은 재산 증식을 위해 이를 자행함
    – 노비 간 소생은 천자수모법에 따름(소유자가 서로 다른 노비 간의 결혼도 가능함)

05 국가직 9급 기출

고려시대 백성들의 생활 모습에 대한 설명으로 바르게 기술한 것을 〈보기〉에서 고르면?

--- 보기 ---

㉠ 아들이 없을 경우 제사를 지내기 위해 양자를 들였다.

㉡ 장례와 제사는 정부 정책에 따라 주로 유교적 규범을 따랐다.

㉢ 여러 가지 조세와 잡역 등의 부담으로 안정된 생활을 유지하기 어려웠다.

㉣ 초기의 신앙적인 향도가 후기에는 점차 마을이 공동체 생활을 주도하는 조직으로 바뀌었다.

① ㉠, ㉡
② ㉡, ㉢
③ ㉢, ㉣
④ ㉠, ㉣

해설 ㉢ 고려시대 백성들은 각종 조세와 공물, 역의 의무를 부담하여 대체로 생활이 어려웠다.

㉣ 고려시대의 향도는 초기의 신앙적 성격에서 후기에는 점차 자신들의 이익을 위한 것으로 성격이 바뀌었다. 향도는 대표적인 농민 공동체 조직으로서 마을 노역, 혼례, 상장례, 마을 제사 등 공동체 생활을 주도하였다.

㉠ 고려시대에는 아들이 없을 경우 양자를 들이지 않고 딸이 제사를 지내거나 돌아가며 제사를 지냈다(윤행).

㉡ 고려시대의 장례와 제사는 토착신앙과 융합된 불교의 전통의식과 도교신앙의 풍속을 따랐다.

06

다음 자료를 통해 알 수 있는 내용으로 가장 적절한 것은?

• 삼사에서 말하기를 "지난 해 밀성 관내의 뇌산부곡 등 세 곳은 홍수로 논밭 작물이 피해를 보았으므로 청컨대 1년치 조세를 면제하십시오"라고 하니, 이를 따랐다.

• 향, 부곡, 악공, 잡류의 자손은 과거에 응시하는 것을 허락하지 않는다.

• 익안폐현은 충주의 다인철소인데, 주민들이 몽고의 침입을 막는 데 공이 있어 현으로 삼아 충주의 속현이 되었다.

− 〈고려사〉

① 소의 주민은 주로 농사를 지었다.

② 부곡민은 조세를 부담하지 않았다.

③ 부곡민은 과거에 응시하여 관리가 될 수 있었다.

④ 소의 주민이 공을 세우면 소가 현으로 승격될 수 있었다.

해설 고려 후기 무신집권기나 대몽항쟁기에는 군현 단위의 승격 또는 강등이 발생하였는데, 제시된 자료의 세 번째 내용처럼 소의 주민도 공을 세우면 일반 군현으로 승격되기도 하였고, 일반 군현민들이 반란을 일으킨 경우 군현이 부곡 등으로 강등되기도 하였다.

① 향 · 부곡에 거주하는 사람들은 농업에, 소에 거주하는 사람들은 주로 수공업에 종사하였다.

② 제시된 자료의 첫 번째 내용에서 알 수 있듯이, 향 · 소 · 부곡민도 양인으로서 조세를 부담하였다. 이들은 실제로는 양인의 최하층(신량역천)으로, 일반 양민에 비하여 규제가 심하고 더 많은 세금을 부담하는 등 더욱 천대받는 신분이었다.

③ 부곡민은 과거응시가 불가능하였다. 승려와 천민을 제외한 양인 이상이 응시할 수 있었다.

07

다음의 빈칸 안에 들어갈 사회 조직에 대한 설명으로 옳은 것을 〈보기〉에서 고른 것은?

> 소승이 (   ) 천명과 더불어 크게 발원(發願)하여 침향(沈香)을 땅에 묻고 미륵보살이 하생(下生)되기를 기다려서 용화회(龍華會) 위에 세 번이나 모셔 이 매향불사(埋香佛事)로 공양을 올려 …… 미륵보살께서 우리의 동맹을 위하여 미리 이 나라에 나시고, …… 모두가 구족(具足)한 깨달음을 이루어 임금님의 만세와 나라의 융성, 그리고 중생의 안녕을 비옵니다.

─── 보기 ───
ㄱ. 초제(醮祭)를 통하여 나라의 안녕과 왕실의 번영을 기원하였다.
ㄴ. 미래불의 도래를 통한 민중의 구원을 바라는 불교 신앙과 관련이 있었다.
ㄷ. 국가가 농민의 생활을 안정시켜 국가 재정을 확보하기 위해 조직하였다.
ㄹ. 마을의 노역, 혼례와 상장례, 마을 제사 등을 주관하는 농민 공동조직의 기능을 수행하였다.

① ㄱ, ㄴ   ② ㄱ, ㄹ
③ ㄴ, ㄹ   ④ ㄷ, ㄹ

해설 빈칸 안에 들어갈 사회조직은 고려 향도이다.
　ㄴ. 위기가 닥쳤을 때를 대비하여 향나무를 바닷가에 묻었다가 이를 통하여 미륵을 만나 구원받고자 하는 염원에서 향나무를 땅에 묻는 활동을 매향이라고 하며 이 매향 활동을 하는 무리들을 향도라고 하였다.
　ㄹ. 고려 후기에 향도는 신앙적 색채가 약화되고 점차 마을 공동체 조직으로 변하였다. 향도는 주로 상장제례(喪葬祭禮)와 같은 행사가 있을 때 마을 사람들이 나서서 함께 거들어주는 활동을 하였다.

ㄱ. 도교에 대한 설명이다. 고려 시대에는 도사가 초제를 주관하여 국가 안녕과 왕실 번영을 기원하였으며 조선 초기에는 고려 때 성행했던 도교 행사를 줄여 재정의 낭비를 막으면서도 소격서를 두어 제천 행사를 주관하게 하였다.
ㄷ. 향도와 전혀 관계없는 내용이다. 고려 시대 농민 안정을 위해 만들어진 대표적 기구는 의창(흑창)이다.

08

고려 사회의 풍속으로 옳지 않은 것은?
① 불효죄는 반역죄와 더불어 중죄로 처벌하였다.
② 상장 제례는 모두 유교 의식에 따라 행해졌다.
③ 죄에는 태, 장, 도, 유, 사 등 5종류의 형이 있었다.
④ 불교 행사인 연등회와 토착신앙과 불교가 융합된 팔관회가 성행하였다.

해설 장례와 제사에 관한 의례는 유교적 규범을 시행하려는 정부의 의도와는 달리, 대개 토착신앙과 융합된 불교의 전통의식과 도교신앙의 풍속을 따랐다.

09

고려시대의 사회 모습에 대한 설명으로 옳지 않은 것은?
① 부모 중 한쪽이 노비이면 자식도 노비가 되었다.
② 의창이라는 빈민구제제도가 있었다.
③ 문벌귀족은 음서와 공음전, 혼인을 통해 신분을 유지하였다.
④ 일부일처제를 원칙으로 하며 초기부터 근친혼이나 동성혼을 금지하였다.

해설 혼인 형태는 일부일처제가 일반적인 현상이었으며, 고려 초 왕실에서는 친족 간의 혼인이 성행하였다.

핵심정리

고려의 풍습과 혼인

• 풍습
- 장례와 제사 : 대개 토착신앙과 융합된 불교의 전통 의식과 도교신앙의 풍속을 따름
- 명절 : 정월 초하루 · 삼짇날 · 단오 · 유두 · 추석, 단오 때 격구와 그네뛰기, 씨름 등을 즐김
- 국가 2대 제전 : 불교 행사인 연등회, 토착신앙과 불교가 융합된 팔관회 중시

	연등회	팔관회
유사점	• 군신이 가무와 음주를 즐기며, 부처나 천지신명에게 제사 • 국가와 왕실의 태평을 기원	
구별	• 2월 15일 전국에서 개최 • 불교 행사 • 원래는 부처의 공덕에 대한 공양의 선덕을 쌓는 행사였다가 신에 대한 제사로 성격이 변화	• 개경(11월)과 서경(10월)에서 개최 • 토속신앙(제천행사)와 불교의 결합 • 송 · 여진 · 아라비아 상인들이 진상품을 바치고 국제무역을 행함(국제적 행사)

• 혼인
- 혼인의 적령 : 대략 여자는 18세 전후, 남자는 20세 전후
- 근친혼의 성행 : 고려 초 왕실에서 성행. 중기 이후 금령에도 불구하고 근친혼 풍습이 사라지지 않아 사회문제로 대도되기도 함
- 혼인의 형태 : 왕실은 일부다처제, 일반 평민은 일부일처제(일부일처제가 일반적 형태)

10

고려시대의 가족 제도에 대한 설명으로 옳지 않은 것은?

① 여성은 재혼이 가능하였다.

② 아들이 없는 경우 딸이 제사를 지냈다.

③ 사위가 처가의 호적에 입적하는 것을 법으로 금지하였다.

④ 부모의 재산은 아들과 딸의 구분 없이 고르게 상속되었다.

해설 사위가 처가의 호적에 입적하는 경우가 적지 않았다.

11

원 간섭기의 사회 변화로 옳지 않은 것은?

① 친원세력이 신진사대부로 성장하는 경우도 있었다.

② 고려에서는 몽고풍이 유행하여 변발과 몽고식 복장 등이 널리 퍼졌다.

③ 공녀의 공출은 고려와 원 사이에 풀어야 할 시급한 문제로 대두되었다.

④ 원과 강화를 맺은 이후 두 나라 사이에 사람과 물자의 왕래가 많아졌다.

해설 고려 후기 권문세족은 친원세력으로, 농장을 소유한 권력층이었다.

실전 문제

제4장 중세 문화의 발달

대표유형문제

지방직 9급 기출

다음 내용의 역사서에 대한 설명으로 옳은 것은?

왕께서는 "우리나라 사람들은 유교 경전과 중국 역사에 대해서는 자세히 말하는 사람이 있으나 우리나라의 사실에 이르러서는 잘 알지 못하니 매우 유감이다. 중국 역사서에 우리 삼국의 열전이 있지만 상세하게 실리지 않았다. 또한, 삼국의 고기(古記)는 문체가 거칠고 졸렬하며 빠진 부분이 많으므로, 이런 까닭에 임금의 선과 악, 신하의 충과 사악, 국가의 안위 등에 관한 것을 다 드러내어 그로써 후세에 권계(勸戒)를 보이지 못했다. 마땅히 일관된 역사를 완성하고 만대에 물려주어 해와 별처럼 빛나도록 해야 하겠다."라고 하셨습니다.

① 불교를 중심으로 신화와 설화를 정리하였다.
❷ 유교적인 합리주의 사관에 따라 기전체로 서술되었다.
③ 단군조선을 우리 역사의 시작으로 본 통사이다.
④ 진흥왕의 명을 받아 거칠부가 편찬하였다.

정답해설 제시된 자료의 역사서는 고려 중기 인종 23년(1145)에 김부식이 저술한 진삼국사기표(삼국사기를 올리는 글)이다. 『삼국사기』는 유교적 합리주의 사관에 기초하여 신라를 중심으로 서술하였으며 본기·열전·지·연표 등으로 구분되어 서술된 기전체(紀傳體) 사서다.

오답해설 ① 단군부터 고려 말까지의 불교사를 중심으로 서술한 기사본말체 형식의 사서로 단군의 건국 이야기, 가야에 대한 기록, 고대의 민간 설화, 불교 설화 등을 수록한 일연의 『삼국유사』다.
③ 성종 15년(1484)에 서거정이 왕명으로 편찬한 편년체의 사서로, 단군에서 여말까지를 기록한 최초의 통사인 『동국통감』의 설명이다.
④ 진흥왕 때 거칠부가 편찬한 책은 『국사(國史)』다.

핵심정리 삼국사기(인종 23, 1145)
• **시기** : 인종 때 김부식 등이 왕명을 받아 편찬
• **의의** : 현존하는 우리나라 최고의 역사서
• **사관** : 유교적 합리주의 사관에 기초하여 신라를 중심으로 서술
• **체제** : 본기·열전·지·연표 등으로 구분되어 서술된 기전체(紀傳體) 사서
• **구성** : 총 50권으로 구성
• **특징**
 – 상고사(고조선~삼한)를 인식하면서도 이를 서술하지 않고 유교적 합리주의 사관에 기초하여 신라 중심의 삼국사만을 편찬
 – 삼국을 각각 '본기'로 구성하고, 전통적 생활사를 유교 사관에 맞게 개서

01 서울시 9급 기출

〈보기〉에서 고려시대 회화 작품을 모두 고른 것은?

─── 보기 ───
ㄱ. 고사관수도   ㄴ. 부석사 조사당 벽화
ㄷ. 예성강도   ㄹ. 송하보월도

① ㄱ, ㄷ   ② ㄱ, ㄹ
③ ㄴ, ㄷ   ④ ㄴ, ㄹ

해설 ㄴ. 부석사 조사당 벽화의 사천왕상은 고려시대 대표적
인 불화이다.
ㄷ. 예성강도는 고려시대의 회화로 이령과 그의 아들 이
광필, 고유방 등이 그렸다.
ㄱ. 고사관수도는 조선 전기의 강희안의 작품으로 선비
가 무념무상에 빠진 모습을 담고 있는데, 세부 묘사
는 생략하고 간결하고 과감한 필치로 인물의 내면세
계를 표현하였다.
ㄹ. 송하보월도는 조선 중기의 노비 출신으로 화원에 발
탁한 이상좌의 작품이다.

─── **핵심정리** ───
고려시대의 회화
• **발달** : 도화원에 소속된 전문 화원의 그림과 문인 · 승
려의 문인화로 구분
• **전기** : 예성강도를 그린 이령과 그의 아들 이광필, 고
유방 등
• **후기**
  – 사군자 중심의 문인화와 불화가 유행
  – 회화의 문학화와 낭만적 경향 : 사군자 · 묵죽의 유
행, 이규보와 이제현의 시화 일치론
  – 천산대렵도 : 공민왕의 작품으로, 원대 북화의 영향
을 받아 필치가 뚜렷하고 표현이 세밀함
• **불화**
  – 배경 : 고려 후기 관음 신앙이 유행하면서 왕실과
권문세족의 구복적 요구에 따라 많이 그려짐
  – 내용 : 극락왕생을 기원하는 아미타불도와 지장보
살도 및 관음보살도
  – 대표 작품 : 일본에 현전하는 혜허의 관음보살도(양
류관음도와 수월관음도)는 장엄하고 섬세 · 화려
  – 사찰 · 고분 벽화 : 부석사 조사당 벽화의 사천왕상,
수덕사 대웅전 벽화의 수학도 등

02

묘청 등의 서경천도운동이 좌절된 후 나타난 역
사학의 경향은?

① 단군을 우리 민족의 시조로 보는 자주의식이
나타났다.
② 고구려 계승의식을 표방한 역사서가 편찬되었다.
③ 정통과 대의 명분을 중시하는 사관이 나타났다.
④ 유교 사관에 입각하여 신라 계승의식이 강한
역사서가 편찬되었다.

해설 묘청 등의 서경파는 불교사상을 바탕으로 북진주의를
내세우고 고구려 계승의식이 강하였다. 그러나 서경천
도운동이 신라 계승의식이 강한 개경파에 의해 진압되
면서 유교적 합리주의 사관에 기초하여 〈삼국사기〉가
편찬되었다.

03

다음 사서의 사관을 바르게 설명한 것은?

동명왕편, 삼국유사, 제왕운기, 해동고승전

① 왕도주의 정치의식을 반영하였다.
② 유교적 합리주의 사관이 반영되었다.
③ 민족적 자주의식을 강조하였다.
④ 대의명분을 중시하는 성리학적 사관이 나타
났다.

해설 고려 후기에는 민족적 자주의식을 바탕으로 전통문화를
올바르게 이해하려는 경향이 대두되었다.

04

고려시대 역사서의 특징으로 옳지 않은 것은?

① 〈삼국유사〉는 종교적 입장에서 고대의 전통 문화를 서술하였다.

② 〈삼국사기〉는 당시 보수적인 유교사관을 잘 대변해 주는 역사서이다.

③ 〈사략〉에는 성리학적 유교사관이 반영되었다.

④ 〈제왕운기〉는 민족의식을 바탕으로 고구려의 전통을 장엄한 서사시로 엮은 것이다.

해설 이승휴의 〈제왕운기〉는 우리나라의 역사를 단군에서부터 서술하면서 우리 역사를 중국사와 대등하게 파악하는 자주성을 나타내었다. 고구려의 전통을 장엄한 서사시로 엮은 것은 이규보의 〈동명왕편〉이다.

핵심정리

고려시대의 사관과 사서

시기	사관(史觀) 및 계승의식	대표적 사서(史書)
고려 전기	유교사관, 고구려 계승의식	황주량 〈7대실록(고려실록)〉, 박인량의 〈고금록〉
고려 중기	유교적 합리주의 사관, 신라 계승의식	김부식의 〈삼국사기〉
무신 집권기	자주사관, 고구려 계승의식	이규보의 〈동명왕편〉, 각훈의 〈해동고승전〉
대몽 항쟁기	자주사관, 고구려 계승의식	일연의 〈삼국유사〉, 이승휴의 〈제왕운기〉
고려 말 ~ 조선 초기	성리학적 유교사관, 고조선 계승의식	이제현의 〈사략〉, 원부·허공·이인복의 〈고금록〉, 정가신의 〈천추금경록〉, 민지의 〈본조편년강목〉, 정도전의 〈고려국사〉(선초), 권근의 〈동국사략〉(선초)

05 `국가직 9급 기출`

다음과 같은 역사인식에 따라서 편찬된 역사서에 대한 설명으로 옳은 것은?

> 대저 옛 성인은 예악으로 나라를 일으키고 인의로 가르쳤으며 괴력난신(怪力亂神)은 말하지 않았다. 그러나 제왕이 장차 일어날 때는 부명(符命)과 도록(圖籙)을 받게 되므로 반드시 남보다 다른 일이 있었다. 그래야만 능히 큰 변화를 타고 대업을 이룰 수 있는 것이다. …(중략)… 그러니 삼국의 시조가 모두 신비하고 기이한 일을 연유하여 태어났다는 것을 어찌 괴이하다 할 수 있겠는가. 이것이 신이(神異)로써 이 책의 앞머리를 삼은 까닭이다.

① 정통 의식과 대의명분을 강조하였다.

② 유교적 합리주의 사관에 기초하여 기전체로 서술하였다.

③ 고구려 계승 의식을 반영하고 고구려의 전통을 노래하였다.

④ 우리의 고유문화와 전통을 중시하였으며 단군 신화를 수록하였다.

해설 고려시대 일연이 쓴 〈삼국유사〉의 일부로, 〈삼국유사〉는 단군신화를 수록한 최초의 역사서이다.

① 이제현의 〈사략〉에 대한 내용으로 〈사략〉은 성리학적 유교 사관에 입각하여 저술되었다.

② 김부식의 〈삼국사기〉에 대한 내용이다. 〈삼국사기〉는 현존하는 우리나라 최고(最古)의 역사서로 유교적 합리주의 사관에 기초한다.

③ 이규보의 〈동명왕편〉에 대한 내용이다. 〈동명왕편〉은 동명왕의 업적을 칭송한 영웅 서사시이다.

06

다음과 같이 왕명을 받아 편찬한 책에 대한 설명으로 옳지 않은 것은?

> 신 부식은 아뢰옵니다. 옛날에는 여러 나라들도 각각 사관을 두어 일을 기록하였습니다. …… 해동의 삼국도 지나온 세월이 장구하니, 마땅히 그 사실이 책으로 기록되어야 하므로 마침내 늙은 신에게 명하여 편집하게 하셨사오나, 아는 바가 부족하여 어찌할 바를 모르겠습니다.

① 현존하는 우리나라의 역사서 가운데 가장 오래된 것이다.

② 기전체로 서술되어 본기, 지, 열전 등으로 나누어 구성되었다.

③ 고구려 계승의식보다는 신라 계승의식이 좀 더 많이 반영되었다고 평가된다.

④ 몽골 침략의 위기를 겪으며 우리의 전통문화를 올바르게 이해하려는 움직임에서 편찬되었다.

해설 제시된 글은 김부식이 〈삼국사기〉(1145)를 다 짓고 임금에게 올린 「진삼국사기표」(삼국사기를 올리는 글)이다. 대몽항쟁기(1231~1270)에 우리의 전통문화를 올바르게 이해하려는 움직임에서 편찬된 자주적 사서로는 〈삼국유사〉와 〈제왕운기〉 등이 있다.
　① 〈삼국사기〉는 고려 인종 때(인종 23) 왕명으로 편찬된 사서로, 현존하는 우리나라 최고(最古)의 역사서이다.
　② 〈삼국사기〉는 본기·열전·지 등으로 구분되어 서술된 기전체(紀傳體) 사서이다.
　③ 〈삼국사기〉는 유교적 합리주의 사관에 기초하여 신라를 중심으로 서술된 사서이다.

핵심정리

삼국사기와 삼국유사의 비교

구분	삼국사기(三國史記)	삼국유사(三國遺事)
시기	고려 중기(1145) 김부식 저술	원 간섭기(1281) 일연 저술
사관	유교적·도덕적· 합리주의	불교적·자주적· 신이적(神異的)
체제	기전체의 정사체 (총 50권)	기사본말체 (총 9권)
내용	• 고조선 및 삼한을 기록하지 않고, 삼국사(신라 중심)만의 단대사(單代史)를 편찬 • 삼국을 모두 대등하게 다루어 각각 '본기'로 구성하고 '본기'에서 각 국가를 '我(우리)'라고 칭함	• 단군~고려 말 충렬왕 때까지 기록, 신라 관계 기록이 다수 수록 • 단군조선과 가야 기록, 민간전승과 불교 설화 및 향가 수록 • 단군신화를 소개했으나 이에 대한 체계화는 미흡

07

고려시대의 역사서에 대한 설명으로 옳은 것은?

① 해동고승전 – 각훈이 편찬한 것으로 교종의 입장에서 불교사를 정리하였다.

② 삼국사기 – 김부식이 저술한 편년체 역사서이다.

③ 제왕운기 – 김관의가 저술한 책으로 단군 역사를 다루고 있다.

④ 고려사 – 고려 말에 편찬된 〈고려국사〉 등을 참고해 만든 역사서이다.

해설 각훈이 편찬한 〈해동고승전〉은 우리나라의 불교사를 중국과 대등한 입장에서 서술하고 교종의 입장에서 불교를 정리하였다(2권 현전).

08

다음은 고려시대 불교에 관한 내용이다. 옳은 것으로 묶인 것은?

> ㉠ 천태종의 지눌은 선종을 중심으로 교종을 포용하는 선교일치를 주장하였다.
> ㉡ 의천은 불교와 유교가 심성 수양이라는 면에서 차이가 없다고 하였다.
> ㉢ 의천이 죽은 뒤 교단은 분열되고 귀족 중심이 되었다.
> ㉣ 요세는 참회수행과 염불을 통한 극락왕생을 주장하며 백련사를 결성했다.

① ㉠, ㉢
② ㉠, ㉣
③ ㉡, ㉢
④ ㉢, ㉣

해설 ㉢ 의천이 죽은 뒤 천태종이 분열하면서 교단은 통합되지 못하고 분열되어 귀족 중심이 되었다.
㉣ 원묘국사 요세(了世)는 백련사에서 실천 중심의 수행인들을 모아 백련결사(白蓮結社)를 조직하여 불교 정화 운동을 전개하였다.
㉠ 지눌은 조계종을 창시하여 선종을 중심으로 교종을 포용함으로써 선·교일치사상의 완성을 추구하였다. 국청사를 중심으로 고려 천태종을 창시한 사람은 대각국사 의천이다.
㉡ 불교와 유교의 통합을 주장한 승려는 유불일치설(儒佛一致說)을 주장한 혜심이다.

09

고려시대의 조계종에 관한 설명으로 옳지 않은 것은?

① 선종을 중심으로 교종을 통합하려는 종파로 지눌에 의해 개창되었다.
② 조계종은 무신정권의 정책적인 후원을 받아 개척해 나갔다.
③ 이론과 실천을 강조하는 교관겸수를 제창하고 화쟁사상을 중시하였다.
④ 심성의 도야를 강조하여 성리학을 수용할 수 있는 사상적 토대를 마련하였다.

해설 교관겸수는 천태종을 창시한 의천이 제창하였고, 조계종을 창시한 지눌은 정혜쌍수와 돈오점수를 제창하였다.

핵심정리

의천의 교단통합운동

- 흥왕사를 근거지로 삼아 화엄종을 중심으로 교종 통합을 추구(불완전한 교단상의 통합, 형식적 통합)
- 선종을 통합하기 위하여 국청사를 창건하고 천태종을 창시(교종의 입장에서 선종을 통합)
- 국청사를 중심으로 이론의 연마와 실천을 아울러 강조하는 교관겸수(敎觀兼修)를 제창, 지관(止觀)을 강조(교관겸수에서 '교'란 불교의 이론적인 교리 체계를 의미하며, '관'이란 실천적인 수행법으로서의 지관을 의미)
- 관념적인 화엄학을 비판하고, 원효의 화쟁사상을 중시
- 불교의 폐단을 시정하는 대책이 뒤따르지 않아 의천 사후 교단은 다시 분열(의천파와 균여수)

10 [지방직 9급 기출]

밑줄 친 '나'에 대한 설명으로 옳지 않은 것은?

나는 도(道)를 구하는 데 뜻을 두어 덕이 높은 스승을 두루 찾아다녔다. 그러다가 진수대법사 문하에서 교관(敎觀)을 대강 배웠다. 법사께서는 강의하다가 쉬는 시간에도 늘 "관(觀)도 배우지 않을 수 없고, 경(經)도 배우지 않을 수 없다."라고 제자들에게 훈시하였다. 내가 교관에 마음을 다 쏟는 까닭은 이 말에 깊이 감복하였기 때문이다.

① 해동 천태종을 창시하였다.
② 이론과 실천의 양면을 강조하였다.
③ 교종의 입장에서 선종을 통합하였다.
④ 정혜쌍수로 대표되는 결사운동을 일으켰다.

해설 제시문은 고려 승려 의천의 교관겸수(敎觀兼修)에 대한 내용이다. 의천은 교단 통합 운동을 전개하여 국청사를 중심으로 천태종을 창시하였고, 이론의 연마와 실천을 아울러 강조하는 교관겸수를 제창하였다. 정혜쌍수를 주장하며 신앙결사운동을 전개한 사람은 보조국사 지눌이다. 무신집권기의 승려인 보조국사 지눌은 당시 불교계의 타락상을 비판하고, 승려 본연의 자세로 돌아가 독경과 선의 수행에 힘쓰자는 개혁운동인 수선사결사운동을 송광사를 중심으로 전개하였다.
① ③ 선종을 통합하기 위하여 교종의 입장에서 선종을 통합하여 국청사를 창건하고 천태종을 창시하였다.
② 국청사를 중심으로 이론의 연마와 실천을 아울러 강조하는 교관겸수(敎觀兼修)를 제창하였다.

11

다음 중 보조국사 지눌이 활약하였을 당시의 모습으로 옳은 것은?

① 속장경이 간행되었다.
② 교종의 입장에서 선종을 통합하는 운동이 전개되었다.
③ 당시 불교계의 타락을 비판하는 신앙결사운동이 전개되었다.
④ 성리학을 수용한 신진사대부들이 불교의 폐단을 비판하였다.

해설 ①, ② 의천이 활약하였을 때의 불교계의 동향이다.
④ 원 간섭기(고려 후기) 때이다.

──── **핵심정리** ────

보조국사 지눌(1158~1210)
• **선·교 일치사상의 완성** : 조계종을 창시해 선종을 중심으로 교종을 포용하여 선·교 일치사상의 완성을 추구(최씨 무신정권의 후원으로 조계종 발달)
  – 정혜쌍수(定慧雙修) : 선정과 지혜를 같이 닦아야 한다는 것으로, 선과 교학이 근본에 있어 둘이 아니라는 사상체계를 말함(철저한 수행을 선도)
  – 돈오점수(頓悟漸修) : 인간의 마음이 곧 부처의 마음임을 깨닫고(돈오) 그 뒤에 깨달음을 꾸준히 실천하는 것(점수)을 말함(꾸준한 수행으로 깨달음의 확인을 아울러 강조)
• **수선사 결사운동** : 명리에 집착하는 무신집권기 당시 불교계의 타락상을 비판하고 승려 본연의 자세로 돌아가 독경과 선 수행 등에 고루 힘쓰자는 개혁 운동, 송광사를 중심으로 전개

제**3**편

중세의 성립과 발전

12

고려시대 도교와 풍수지리설에 대한 설명으로 틀린 것은?

① 서경길지설은 묘청의 서경천도운동의 이론적 근거가 되기도 하였다.

② 북진정책의 퇴조와 함께 한양명당설이 대두되기도 하였다.

③ 팔관회는 불교에 민간신앙이 어우러진 행사였다.

④ 고려 현종은 유교정치사상의 정립과 함께 도교 행사를 금지하였다.

해설 고려 성종 때에는 유교정치사상의 도입으로 연등회, 팔관회 등 불교행사를 금지하였다.

핵심정리

도교와 풍수지리사상의 발달

도교	• 성행 : 고려시대에는 유교 · 불교와 함께 성행 • 특징 : 불로장생과 현세구복 추구, 은둔적 • 활동 　－ 궁중에서는 하늘에 제사를 지내는 초제가 성행 　－ 예종 때 도교 사원이 처음 건립되어 도교 행사가 개최 • 한계 　－ 불교적 요소와 도참사상이 수용되어 일관된 체계를 보이지 못하였으며, 교단도 성립하지 못하여 민간신앙으로 전개됨 　－ 팔관회의 성격 : 도교와 민간신앙 및 불교가 어우러진 행사
풍수지리	• 발달 : 신라 말에 큰 관심의 대상이 되었던 풍수지리설에 미래의 길흉화복을 예언하는 도참사상이 더해져 고려시대에 크게 유행 • 국가 신앙화 　－ 태조가 훈요 10조에서 강조한 후 국가 신앙화 　－ 분사제도(성종), 3소제, 잡과의 지리업 　－ 산천비보도감의 설치 　－ 해동비록 : 예종 때 풍수지리설을 집대성 (부전) • 영향 : 서경길지설과 남경길지설

13

다음 밑줄 친 '이 종교'와 관련이 있는 사항을 〈보기〉에서 모두 고르면?

> 불로장생과 현세의 구복을 추구하는 이 종교는 여러 가지 신을 모시면서 재앙을 물리치고 복을 빌며 나라의 안녕과 왕실의 번영을 기원하였다. 조선시대에는 성리학의 영향으로 크게 위축되어 행사도 줄어들었다. 그러나 제천행사가 국가의 권위를 높이는 점이 인정되어 참성단에서 일월성신에게 제사를 지냈다.

─── 보기 ───

㉠ 임신서기석　　　㉡ 초제
㉢ 백제 금동대향로　㉣ 팔관회

① ㉠, ㉡　　　　　　② ㉡, ㉢
③ ㉠, ㉡, ㉢　　　　④ ㉡, ㉢, ㉣

해설 지문은 도교에 대한 설명이다.
㉠ 두 화랑이 3년 안에 〈시경〉 · 〈상서〉 · 〈예기〉 등 유교 경전을 익히고 국가에 대한 충성을 실천할 것을 맹세한 유교사상이다.
㉡ 도교에서 하늘에 제사 지내는 행사를 말한다.
㉢ 신선들이 사는 이상 세계를 형상으로 표현하였다.
㉣ 도교와 민간신앙 및 불교가 어우러진 행사였다.

14

다음 〈보기〉에서 고려시대에 있었던 사실을 모두 고르면?

─── 보기 ───

㉠ 무구정광대다라니경 간행
㉡ 직지심체요절 간행
㉢ 이앙법 · 윤작법 보급
㉣ 농사직설 편찬
㉤ 향약구급방 편찬
㉥ 측우기 발명

① ㉠, ㉡, ㉢   ② ㉡, ㉢, ㉣
③ ㉡, ㉢, ㉤   ④ ㉠, ㉣, ㉥

해설 ㉡, ㉢, ㉤은 고려시대, ㉠은 통일신라시대, ㉣, ㉥은 조선시대의 일이다.

─── 핵심정리 ───

농업 기술의 발달
• 개간과 간척
• 수리시설의 개선 : 김제의 벽골제와 밀양의 수산제가 개축, 소규모 제언(저수지) 확충
• 농업 기술의 보급 및 발달
  – 직파법
  – 이앙법과 윤작법 보급
  – 심경법 보급
  – 시비법의 발달
• 농서의 도입
  – 고려 후기에는 중국의 농서를 도입하여 이용
  – 이암은 원의 〈농상집요〉를 소개 · 보급
• **목화의 재배** : 고려 말 공민왕 때 문익점이 원에서 목화씨를 들여와 목화 재배가 시작되면서 의생활이 크게 변화

15

13~14세기 과학기술에 대한 설명으로 틀린 것은?

① 화통도감을 설치하고 화약을 제조하여 진포 싸움에서 왜구를 격퇴하였다.
② 목화 재배를 통해 무명천을 만들게 되었고, 의생활에 큰 변화가 일어났다.
③ 중국 화북지방의 농법에 대해 기술한 농서를 도입하였다.
④ 우리나라 최고의 의학 서적인 〈향약집성방〉이 간행되었다.

해설 현존하는 최고의 의학 서적은 〈향약구급방〉이다. 〈향약구급방〉은 13세기 고려 고종 때 편찬된 것으로, 각종 질병에 대한 처방과 국산 약재 180여 종을 소개하고 있다.
① 고려 말 정부는 화통도감(火㷱都監)을 설치하고 최무선을 중심으로 화약과 화포를 제작하였다. 최무선은 이를 이용하여 진포(금강 하구) 싸움에서 왜구를 크게 격퇴하였다.
② 고려 말 공민왕 때 문익점이 원에서 목화씨를 들여오면서 목화 재배가 시작되었고, 무명천을 만들게 되면서 의생활에 큰 변화가 일어났다.
③ 고려 말 중국 화북 농법(밭농사)을 소개한 농서는 〈농상집요〉이다. 〈농상집요〉는 이암이 중국(원)으로부터 수입한 농서로서 경간 · 파종 · 재상 · 과실 · 약초 등 10문(門)으로 구성되어 있었으나 우리나라 실정에 맞지 않는 한계가 있었다.

16

다음 중 고려시대의 인쇄술에 대한 설명으로 틀린 것은?

① 고려시대의 기술학에서 가장 뛰어난 것은 인쇄술이었다.

② 대장경은 불심으로 외적의 침입을 막기 위해 만들어졌다.

③ 고려 후기에 금속활자 인쇄술이 발명되었다.

④ 상정고금예문은 현존하는 최고의 금속활자본이다.

> **해설** 최고의 금속활자본인 〈상정고금예문〉은 현존하지 않으며, 청주 흥덕사에서 간행한 〈직지심체요절〉이 현존하는 세계 최고의 금속활자본으로 공인받고 있다.

17 [지방직 9급 기출]

고려시대에 제작된 대장경에 대한 설명으로 옳지 않은 것은?

① 초조대장경은 거란의 침입 때 부처의 힘을 빌려 적을 물리치고자 만들었다.

② 속장경(교장)은 의천이 경(經), 율(律), 논(論) 삼장의 불교경전을 모아 간행한 것이다.

③ 재조대장경은 몽고 침략으로 초조대장경이 소실된 후 고종 때 다시 만든 것이다.

④ 현재 합천 해인사에 보관되어 있는 팔만대장경은 재조대장경을 가리킨다.

> **해설** 〈속장경(교장)〉은 경(經), 율(律), 논(論) 삼장의 불교경전을 모아 간행한 것이 아니라, 삼장의 주석서인 장(章), 소(疏)를 모아 간행한 것이다.

① 초조대장경은 고려가 거란의 침입을 받았을 때 부처의 힘을 빌려 이를 물리치기 위한 목적으로 대구 부인사에서 간행되었다.

③, ④ 재조대장경(1251)은 몽고 침입으로 초조대장경이 소실된 후 불력으로 몽고 침입에 대비하고자 고종 때 다시 만든 것으로, 조선 초 합천 해인사로 이동한 후 현재까지 보관되어 있다.

[핵심정리]

대장경의 간행

• **초조대장경(初彫大藏經, 1087)**
 - 현종 때 거란의 침입을 받은 고려가 부처의 힘을 빌려 이를 물리치고자 대구 부인사에서 간행
 - 몽고 침입 때에 불타 버리고 인쇄본 일부가 남음

• **속장경(屬藏經, 1073~0196)**
 - 거란의 침입에 대비, 의천이 고려는 물론 송과 요, 일본 등의 대장경에 대한 주석서를 수집해 편찬
 - 목록인 〈신편제종교장총록(新編諸宗教藏總錄)〉을 만들고, 흥왕사에 교장도감을 설치하여 10여 년에 걸쳐 4,700여 권의 전적을 간행
 - 몽고의 3차 침입 시 소실, 인쇄본의 일부가 전함

• **팔만대장경(재조대장경, 1236~1251)**
 - 몽고 침입에 대비, 고종 때 강화도에 대장도감을 설치하여 16년 만에 조판하여 선원사 장경도감에 보관
 - 조선 초 해인사로 이동한 후 현재까지 합천 해인사(장경판전)에 8만 매가 넘는 목판이 모두 보존
 - 방대한 내용을 담았으면서도 잘못된 글자나 빠진 글자가 거의 없을 만큼 정밀한 제작과 글씨의 아름다움 등으로 세계에서 가장 우수한 대장경으로 손꼽힘

▲ 팔만대장경

18

고려시대의 금속활자에 대한 다음 설명 중 옳지 않은 것은?

① 금속활자는 한 번 만들면 여러 종류의 책을 쉽게 찍을 수 있었다.

② 고종 21년(1234)에 〈상정고금예문〉을 인쇄했다는 기록이 있다.

③ 프랑스에 있는 〈직지심체요절〉은 청주 용두사에서 간행했다.

④ 공양왕은 서적원을 설치하여 활자의 주조와 인쇄를 맡게 했다.

해설 현존하는 세계 최고(最古)의 금속활자본인 〈직지심체요절〉(1377)은 청주 흥덕사에서 간행되었다.

① 금속활자는 한 번 만들면 여러 가지 책을 찍는 데 유용하였다. 목판인쇄술은 한 종류의 책을 다량으로 인쇄하는 데는 적합하나 여러 가지 책을 소량 인쇄하는 데는 활판인쇄술보다 못하여, 고려시대에는 일찍부터 활판인쇄술 개발에 힘을 기울여 후기에는 금속활자 인쇄술을 발명하였다.

② 이규보의 〈동국이상국집〉의 기록에 따르면, 고종 21년 강화도 피난시 〈상정고금예문〉(1234)이 금속활자로 인쇄되었다는 기록이 있다. 이것은 시기상 서양의 것보다 200여 년이나 앞선 것이나, 현재 전하지 않는다.

④ 공양왕 때 설치된 서적원(1392)은 활자의 주조와 인쇄를 담당하였다.

19

다음 〈보기〉에서 고려 후기 문화에 대한 설명을 모두 고르면?

───── 보기 ─────

㉠ 성리학의 수용

㉡ 목화씨의 전래

㉢ 기술학 존중

㉣ 이모작 보급

① ㉠, ㉡   ② ㉡, ㉢

③ ㉠, ㉢   ④ ㉡, ㉣

해설 고려 후기에는 성리학이 전래되어 사상계뿐만 아니라 정치·사회·경제·문화의 각 분야에 걸쳐 큰 영향을 주었다. 또한 공민왕 때 문익점이 원에서 목화씨를 들여와 의생활에 큰 변화가 일어나게 되었다.

───── 핵심정리 ─────

원 간섭기의 성리학	• 충렬왕 때 안향이 처음 소개 • 한·당의 훈고학적 유학의 보수화를 비판하고 이를 한 단계 발전시킨 철학적 신유학으로 발전 • 충선왕 때 이제현은 원의 만권당에서 성리학에 대한 이해를 심화하였고, 귀국 후 이색 등에게 영향을 주어 성리학 전파에 이바지 • 이색 이후 정몽주·권근·김구용·박상충·이숭인·정도전 등에게 전수되어 연구가 심화·발전 • 5경보다 4서를 중시
고려 말의 성리학	• 형이상학적 측면보다 일상 생활과 관계되는 실천적 기능을 강조 • 〈소학(小學)〉과 〈주자가례〉를 중시 • 권문세족과 불교의 폐단을 비판 • 고려 후기에는 신진사대부의 성장 및 성리학 수용과 더불어 정통의식과 대의명분을 강조하는 성리학적 유교사관이 대두

제3편

중세의 성립과 발전

20

고려시대의 건축과 조형예술에 대한 설명으로 옳지 않은 것은?

① 초기에는 광주 춘궁리 철불 같은 대형 철불이 많이 조성되었다.

② 지역에 따라서 고대 삼국의 전통을 계승한 석탑이 조성되기도 하였다.

③ 팔각원당형의 승탑이 많이 만들어졌는데, 그 대표적인 예로 법천사 지광국사 현묘탑을 들 수 있다.

④ 후기에는 사리원의 성불사 응진전과 같은 다포식 건물이 출현하여 조선시대 건축에 큰 영향을 끼쳤다.

해설 법천사 지광국사 현묘탑은 팔각원당형의 승탑이 아니라 사각형의 특이한 양식으로 만들어졌다. 팔각원당형을 하고 있는 대표적인 승탑으로는 고달사지 승탑이 있다.

① 고려 초기에는 대형 철불이 다수 조성되었는데, 광주 춘궁리 철불은 이 시기의 대표적 철불로 우리나라 최대의 철불에 해당하며, 목에 3가닥의 주름을 표현한 삼도(三道)가 선명하게 표시되어 있다.

② 고려시대의 석탑(石塔)은 신라 양식을 일부 계승하면서 그 위에 독자적인 조형 감각을 가미한 것이 특징적이며, 지역에 따라서는 고대 삼국의 전통을 계승한 석탑이 조성되기도 하였다. 3층탑이 유행했던 신라와 달리 대체로 다각다층탑이 많았고, 안정감은 부족하나 자연스러운 모습을 띠고 있으며, 석탑의 몸체를 받치는 받침이 보편화되었다.

④ 고려 후기에는 전기부터 유행한 주심포식 양식 외에, 공포가 기둥 위뿐만 아니라 기둥 사이에도 짜여져 있는 다포식 양식이 나타나 조선시대 건축에도 큰 영향을 미쳤다. 다포식 양식 대표적 건축물로는 황해도 사리원의 성불사 응진전, 석왕사 응진전, 심원사 보광전 등이 있다. 한편 주심포식 양식은 지붕 무게를 기둥에 전달하면서 건물을 치장하는 공포가 기둥 위에만 짜여진 건축 양식을 말하며, 대표적 건물로는 안동 봉정사 극락전(1363), 영주 부석사 무량수전 (1376), 예산 수덕사 대웅전(1308) 등이 있다. 봉정사 극락전은 가장 오래된 목조건물로, 주심포 양식의 엔타시스 기둥(배흘림기둥)을 하고 있다.

21

다음 중 고려 전기의 문화에 대한 설명으로 옳은 것은?

① 부석사 무량수전은 다포양식으로 만들어졌다.

② 경기도 광주에서 상감청자가 발달하였다.

③ 관촉사 석조미륵보살과 같은 거대한 불상이 지어졌다.

④ 선종의 유행으로 승탑이 많이 제작되었고 석종형 승탑이 주로 만들어졌다.

해설 고려 초기에 제작된 동양 최대의 논산 관촉사 석조 미륵보살 입상이 제작되었다. 지방 문화를 반영하였고 균형과 비례가 맞지 않는 점이 특징이다.

① 부석사 무량수전은 주심포식 건물이다.

② 고려의 청자는 자기를 만들 수 있는 흙이 생산되고 연료가 풍부한 지역에서 구워졌는데, 전라도 강진과 부안이 유명하였다.

④ 고려 초기에는 화려하였으나 후기에는 석종 형식으로 변하였다.

22

다음 시와 관련된 시대 상황으로 옳은 것은?

> 가시리 가시리잇고 나는
> ᄇᆞ리고 가시리잇고 나는
> 위 증즐가 大平盛代

① 사장 문학이 과거제의 시행으로 발달하였다.

② 속요는 서민의 생활 감정을 대담하고 자유분방한 형식으로 드러내었다.

③ 형식에 구애받지 않는 설화 형식으로 현실도피적 수필 문학의 발달을 가져왔다.

④ 가전체 문학으로 사물을 의인화하여 현실을 합리적으로 파악하려는 경향을 띠었다.

해설 고려 후기에는 작가가 알려지지 않은 속요가 유행하여 서민의 생활 감정을 대담하고 자유분방한 형식으로 드러냈다.

─── **핵심정리** ───

고려 후기 문학의 새 경향

• **경기체가**
  – 주체 : 신진사대부
  – 작품 : 한림별곡, 관동별곡, 죽계별곡 등
  – 성격 : 주로 유교 정신과 자연의 아름다움 묘사

• **장가(속요)**
  – 의미 : 민중 사회에서 유행한 작가 미상의 가요
  – 작품 : 청산별곡, 가시리, 쌍화점 등
  – 성격 : 대부분은 서민의 생활 감정을 대담하고 자유분방한 형식으로 표현

23 [지방직 9급 기출]

고려 · 조선시대 음악에 대한 설명으로 옳은 것은?

① 고려시대 향악은 주로 제례 때 연주되었다.

② 고려시대에는 동동, 대동강, 오관산 등이 창작 유행되었다.

③ 조선시대에는 정간보를 만들어 음악의 원리와 역사를 체계화 하였다.

④ 조선시대 가사, 시조, 가곡 등은 아악을 발전시켜 연주한 것이다.

해설 동동, 대동강, 오관산 등은 모두 고려시대에 민중 사회에서 창작 · 유행한 고려가요(속요)에 해당한다.
① 고려시대 제례 때 주로 연주된 음악은 향악(鄕樂)이 아니라 아악(雅樂)이다. 아악은 송에서 수입된 대성악이 궁중음악으로 발전된 것으로, 주로 제례에서 연주되었다.
③ 조선시대 음악의 원리와 역사 · 악기 · 무용 · 의상 및 소도구까지 망라하여 정리한 것은 악학궤범(樂學軌範)이다. 정간보는 세종 때 소리의 장단과 높낮이를 표현할 수 있도록 만든 최초의 악보이다.
④ 가사와 시조는 아악과 직접적인 관련이 없다. 조선 초 새 왕조의 탄생과 자신들의 업적을 찬양하던 악장이 16세기에 가사문학으로 계승되었다.

─── **핵심정리** ───

고려의 음악

• **아악(雅樂)**
  – 송에서 수입된 대성악이 궁중음악으로 발전
  – 주로 제사에 사용됨
  – 고려와 조선시대의 문묘 제례악이 여기에 해당하며, 오늘날까지도 격조 높은 전통 음악으로 계승

• **향악(鄕樂)** : 속악이라고도 하며 우리의 고유 음악이 당악(唐樂)의 영향을 받아 발달한 것

나두공

제 **4** 편

근세의 성립과 발전

실전문제

제1장 근세의 통치 구조와 정치 활동

● 대표유형문제 ●

국가직 9급 기출

밑줄 친 '왕'에 대한 설명으로 옳은 것은?

> 1919년 3월 1일 탑골 공원에서 민족대표 33인이 서명한 독립선언서가 낭독되었다. 이 공원에 있는 탑은 왕이 세운 것으로 경천사 10층 석탑의 영향을 받았다.

① 우리나라 전쟁사를 정리한『동국병감』을 편찬하였다.

② 우리나라 역대 문장의 정수를 모은『동문선』을 편찬하였다.

❸ 6조 직계제를 실시하여 국왕 중심의 정치체제를 구축하였다.

④ 한양으로 다시 천도하면서 이궁인 창덕궁을 창건하였다.

정답해설 밑줄 친 '왕'은 세조이다. 세조 때 원각사가 세워졌으며, 경천사 10층 석탑에 영향을 받아 원각사지 10층 석탑이 건립되었다. 세조는 6조 직계의 통치 체제로 환원하고 공신·언관의 견제를 위해 집현전을 폐지하였으며 종친을 등용해 왕권을 강화하였다.

오답해설 ①『동국병감』은 우리나라와 중국 또는 여진 사이에서 일어난 30여 차례의 전쟁을 시대 순으로 기술한 책으로 조선 문종의 명에 따라 편찬하여 선조 41년(1608)에 간행되었다.
② 성종 때 서거정, 노사신 등은 삼국 시대부터 조선 초기까지의 시와 산문 중에서 빼어난 것을 골라『동문선』을 편찬하였다.
④ 태종 때 경복궁의 이궁인 창덕궁이 건립되었다.

핵심정리 세조의 왕권 강화책

• 6조 직계의 통치 체제로 환원, 공신·언관의 견제를 위해 집현전을 폐지, 종친 등용

• 호적 사업을 강화하여 보법(保法)을 실시

• 직전법 실시(과전의 부족에 따라 현직 관료에게 토지를 지급)

•『경국대전』 편찬에 착수해 호조전(戶曹典)·형조전(刑曹典)을 완성(성종 때 전체 완수)

• 전제 왕권 강화와 부국강병을 위해 유교를 억압하고, 민족종교와 도교, 법가의 이념을 절충

01

조선 왕조가 유교적 통치 이념을 채택함으로써 나타난 사실로 관련 없는 것은?

① 사회적으로 양천의 구분을 없애어 평등 사회를 구현하였다.

② 정치적으로 윤리와 도덕을 바탕으로 하는 왕도 정치를 구현하려 하였다.

③ 경제적으로 지배층의 농민 지배를 허용하는 사회 경제 관계를 관철시켰다.

④ 사상적으로 종교적 생활까지도 유교사상으로 흡수하고자 하였다.

해설 조선 왕조는 사회적으로 양천의 구분을 엄격히 하고, 이에 따른 직역을 법제화하였다.

02

조선시대에 경연, 상소, 구언제도를 실시한 가장 근본적인 까닭은?

① 관리들의 횡포를 견제하기 위하여

② 명나라의 침입에 대비하기 위하여

③ 유교적 통치 이념을 실현하기 위하여

④ 백성들의 학덕을 키우기 위하여

해설 • 경연제도 : 국왕이 학식 있는 신하와 함께 정책을 토론
• 상소 : 여론을 정책에 반영시킴
• 구언제도 : 백관과 민중의 의견을 물음

03 국가직 9급 기출

다음 정치관과 관련이 깊은 정책으로 옳은 것은?

> 임금의 직책은 한 사람의 재상을 논정하는 데 있다 하였으니, 바로 총재(冢宰)를 두고 한 말이다. 총재는 위로는 임금을 받들고 밑으로는 백관을 통솔하여 만민을 다스리는 것이니 직책이 매우 크다. 또 임금의 자질에는 어리석음과 현명함이 있고 강함과 유약함의 차이가 있으니, 옳은 일은 아뢰고 옳지 않은 일은 막아서, 임금으로 하여금 대중(大中)의 경지에 들게 해야 한다. 그러므로 상(相)이라 하니, 곧 보상(輔相)한다는 뜻이다.

① 육조 직계제의 시행

② 사간원의 독립

③ 의정부 서사제의 시행

④ 집현전의 설치

해설 주어진 글은 조선 시대 정도전이 저술한 〈조선경국전〉의 일부로 총재, 즉 재상의 중요성을 언급하고 있다. 의정부 서사제는 왕권과 신권의 조화를 추구한, 재상 중심의 정치체제이다. 의정부 서사제하에서는 육조에서 각각의 업무를 의정부에 먼저 보고하여 의정부에서 그 내용의 가부를 헤아려 왕에게 올리면, 왕이 이를 보고 결정하여 내린 교지를 의정부에서 육조에 보내 시행하도록 하였다.

① , ② 왕의 명령을 집행하는 행정기관인 육조 직계제 시행과, 언관으로서 왕에 대한 간쟁을 하는 사간원의 독립은 왕권강화 정책의 일환이었다. 태종은 언론기관인 사간원을 독립시켜 대신들을 견제하게 하였다.

④ 집현전은 학자양성과 학문연구를 위한 기관으로 재상 중심 정치와 직접적인 연관은 없다.

제**4**편

근세의 성립과 발전

04

다음 내용과 관련이 깊은 국왕 때에 일어난 일이 아닌 것은?

> 전하께서는 …… 신 서거정 등에게 명해 제가의 작품을 뽑아 한 질을 만들게 하셨습니다. 저희들은 전하의 위촉을 받아 삼국시대로부터 지금에 이르기까지 사(辭), 부(賦), 시(時), 문(文) 등 여러 문체를 수집하여 이 중 문장과 이치가 순정하여 교화에 도움이 되는 것을 취하고 분류하여 130권을 편찬해 올립니다.

① 홍문관을 설치하여 왕의 정치적 고문 역할을 하였다.

② 언론 기관인 사간원을 독립시켜 대신을 견제하게 하였다.

③ 재가녀 자손의 관리 등용을 제한하는 법을 공포하였다.

④ 정읍사, 처용가 등이 한글로 수록된 악학궤범이 편찬되었다.

해설 제시된 내용은 조선 성종 때 서거정, 노사신 등이 편찬한 《동문선》의 서문에 해당한다. 《동문선》은 삼국시대부터 조선 초기까지의 시와 산문 중에서 빼어난 것을 골라 편찬한 시문으로, 우리나라의 글에 대한 자주의식과 문화유산의 보존 및 계승의식이 반영되어 있다. ②에 언급된 사간원을 독립시켜 대신을 견제한 것은 태종에 대한 설명이다.

① 성종 때 집현전을 계승하여 학술·언론기관인 홍문관을 설치하였다. 경서(經書)·사적(史籍) 관리와 왕의 정치적 고문 역할을 하였다.

③ 성종 때 완성·공포된 《경국대전》(1485)에서 재가(再嫁)하거나 실행(失行)한 부녀의 자손의 문과 응시를 제한하는 규정을 두었다.

④ 《악학궤범》(1493)은 성종 때 편찬되었다.

핵심정리

조선 성종(1469~1494) 때의 정책 및 업적

- **홍문관(옥당) 설치** : 학술·언론기관(집현전 계승), 경서(經書)·사적(史籍) 관리와 왕의 정치적 고문 역할
- **경연 중시** : 단순히 왕의 학문연마를 위한 자리가 아니라 신하(정승, 관리)가 함께 모여 정책을 토론하고 심의
- **관학의 진흥** : 성균관과 향교에 학전과 서적을 지급하고 관학을 진흥
- **사림(士林) 등용** : 김숙자·김종직 등의 사림을 등용하여 의정부의 대신들을 견제하게 함으로써 훈구와 사림의 균형을 추구
- **유향소의 부활(1488)** : 유향소는 세조 때 이시애의 난으로 폐지(1467)되었으나 성종 때 사림세력의 정치적 영향력 확대에 따라 부활됨
- **독서당(호당) 운영** : 관료의 학문 재충전을 위해 운영한 제도로, 성종 때 마포의 남호독서당, 중종 때 두모포에 동호독서당이 대표적
- **《경국대전》 반포(1485)**
- **관수관급제의 실시(1470)** : 직전법하에서 관수관급제 실시하여 양반 관료의 토지 겸병과 세습, 수탈을 방지
- **숭유억불책** : 도첩제를 폐지하여 승려 출가를 막음(완전한 억불책)
- **문물 정비와 편찬사업** : 건국 이후 문물제도의 정비를 마무리하고, 《경국대전》, 《삼국사절요》, 《고려사절요》, 《악학궤범》, 《동국통감》, 《동국여지승람》, 《동문선》, 《국조오례의》 등을 편찬

05 서울시 9급 기출

다음 제도의 시행에 대한 설명으로 옳은 것은?

> 6조에서 올라오는 모든 일을 영의정, 좌의정, 우의정이 중심이 되는 의정부에서 논의하여 합의된 사항을 국왕에게 올려 결재 받게 하였다.

① 이 제도의 시행으로 국왕이 재상들을 직접 통솔할 수 있게 되어 왕권 강화에 기여하였다.

② 무력으로 집권한 태종과 세조는 이 제도를 이용하여 초기의 불안한 왕권을 안정시켰다.

③ 민본정치를 추구한 정도전은 이 제도를 폐지하고 6조의 업무를 국왕에게 직접 보고하게 하였다.

④ 세종은 안정된 왕권과 경제력을 바탕으로 이 제도를 시행하여 왕권과 신권의 조화를 추구하였다.

해설 제시된 자료는 의정부 서사제에 대한 내용이다. 의정부 서사제는 이조의 인사, 병조의 인사·군사, 형조의 사형수 이외 판결 등을 제외한 대부분의 정책을 의정부에서 심의한 후 합의된 사항을 왕에게 올려 결재하는 재상 중심의 정치 체제이다. 세종은 태종대에 시행된 6조 직계제를 폐지하고 의정부 서사제를 시행하여 왕권과 신권의 조화를 추구했다.

① 의정부 서사제는 신권에 의한 왕권 견제책에 해당한다.

② 무력으로 집권한 태종과 세조가 활용한 것은 6조 직계제이다. 이것은 의정부 서사제와는 달리 6조에서 모든 일을 왕에게 바로 전달하는 왕권 강화책이다.

③ 의정부는 정종대에 설치되었는데 정도전은 그 이전인 태조대에 사망하였으므로 시기상 맞지 않다. 또한 정도전은 재상 중심의 정치를 주장하였으므로 6조 직계제와는 거리가 멀다.

핵심정리

세종(1418~1450)

① 유교 정치의 실현

• **의정부 서사제(議政府署事制) 부활** : 6조 직계제와 절충하여 운영(왕권과 신권의 조화)

 – 대부분의 정책을 의정부에서 심의한 후 합의된 사항을 왕에게 올려 결재

 – 인사와 군사 문제, 사형수의 판결 등은 국왕이 직접 처리

• **집현전 설치** : 당의 제도와 고려의 수문전·보문각을 참고하여 설치

 – 궁중 내에 설치된 왕실의 학술 및 정책 연구기관으로, 구성원의 신분과 특권이 보장됨

 – 학문 연구 외에 왕실 교육(경연·서연)과 서적 편찬, 왕의 자문 기능을 담당

② 문화 발전

• **활자 주조** : 경자자, 갑인자, 병진자, 경오자

• **서적 간행**

 – 한글 서적 : 〈용비어천가〉, 음운서인 〈동국정운〉, 불경 연해서인 〈석보상절〉, 불교 찬가인 〈월인천강지곡〉 간행

 – 〈고려사〉, 〈육전등록〉, 〈치평요람〉, 〈역대요람〉, 〈팔도지리지〉, 〈효행록〉, 〈삼강행실도〉, 〈농사직설〉, 〈칠정산 내외편〉, 〈사신찬요〉, 〈총통등록〉, 〈의방유취〉, 〈향약집성방〉, 〈향약채취월령〉, 〈태산요록〉 등 간행

• **관습도감 설치** : 박연으로 하여금 아악·당악·향악을 정리하게 함

• **역법 개정** : 원의 수시력과 명의 대통력을 참고하여 칠정산 내편을 만들고 아라비아 회회력을 참조하여 칠정산 외편을 만듦(독자성)

• **과학 기구의 발명** : 측우기, 자격루(물시계), 앙부일구(해시계), 혼천의(천체 운행 측정기)

06

고려시대에는 관리의 임명이나 법률의 개폐가 있을 때에는 관리들이 서경하고 간쟁하는 제도가 있었다. 이와 같은 기능을 수행하는 조선의 정치 기구를 〈보기〉에서 모두 고르면?

보기
- ㉠ 승정원
- ㉡ 사간원
- ㉢ 춘추관
- ㉣ 의금부
- ㉤ 사헌부

① ㉠, ㉡
② ㉠, ㉢
③ ㉡, ㉤
④ ㉢, ㉣

해설 고려시대 어사대의 관원과 중서문하성의 낭사(郎舍)는 성대[또는 대성(臺省)·대간(臺諫)] 등으로 불리며, 간쟁(諫諍)·봉박(封駁)·서경(署經)의 권한을 행사하였다. 간쟁은 왕의 잘못을 논하는(직언) 것을 말하고, 봉박은 잘못된 왕명을 시행하지 않고 되돌려 보내는 것(거부권)을 말하며, 서경권(署經權)은 모든 관리 임명 및 법령의 개폐·국왕의 대관식 등에 대한 동의권을 말한다. 이러한 간쟁·봉박·서경권은 왕의 전제권을 제약하는 기능을 하였다.
조선의 삼사는 정사를 비판하고 관리의 비리를 감찰하는 언론 기능을 담당하였는데, 이는 권력의 독점과 부정을 방지하기 위한 것이었다.

핵심정리
삼사(三司)의 구성
- **사헌부** : 감찰 탄핵 기관, 사간원과 함께 대간(臺諫)을 구성하여 서경(署經)권 행사(정5품 당하관 이하의 임면 동의권), 장은 대사헌(종2품)
- **사간원** : 언관(言官)으로서 왕에 대한 간쟁, 장은 대사간(정3품)
- **홍문관** : 경연을 관장, 문필·학술기관, 고문 역할, 장은 대제학(정2품)

07

조선의 통치기구에 대한 설명으로 옳은 것은?

① 홍문관은 정치의 득실을 논하고 관리의 잘못을 규찰하고 풍기·습속을 교정하는 일을 담당하였다.
② 의정부는 최고의 행정집행기관으로 그 중요성에 의해 점차 실권을 강화하였다.
③ 지방 양반들로 조직된 향청은 수령을 보좌하고 풍속을 바로 잡고 향리를 규찰하는 등의 임무를 맡았다.
④ 예문관과 춘추관은 대간(臺諫)이라 불렸는데, 임명된 관리의 신분·경력 등을 심의·승인하는 역할을 담당하였다.

해설 지방 양반들로 조직된 향청(유향소)은 수령을 보좌·감시하고 향리의 비행을 규찰하며, 좌수·별감의 선출, 정령 시달, 풍속 교정과 백성 교화, 향회 소집, 여론 수렴 등의 기능을 담당하였다.
① 홍문관(옥당)은 궁중 경서(經書) 및 사적(史籍) 관리와 왕의 정치적 고문 역할을 담당하였다.
② 의정부는 최고의 의사결정기관으로 조선 후기 이후에는 유명무실화되고 실질적인 힘은 비변사로 집중되었으며, 비변사에도 실질적 역할은 유력 가문 출신의 인물들이 독차지하게 되었다.
④ 예문관은 왕의 교서를 작성, 춘추관은 역사서의 편찬 및 보관을 담당하였다. 사헌부의 대간(臺諫)은 임명된 관리의 신분·경력 등을 심의·승인하는 역할(서경권)을 담당하였다.

08

조선시대 지방행정조직에 대한 설명으로 옳지 않은 것은?

① 전국을 8도로 나누고, 고을 크기에 따라 지방관 등급을 조정하였다.

② 고려시대까지 특수행정구역이었던 향, 부곡, 소를 일반 군현으로 승격시켰다.

③ 전국의 주민을 국가가 직접 지배하기 위해 모든 군현에 수령을 임명하고, 또 수령의 비행을 견제하기 위해 전국 8도에 관찰사를 파견하였다.

④ 기본 행정구역은 부, 목, 군, 현으로 구획하였다. 또 군ㆍ현 아래 면ㆍ리ㆍ통을 두고 10호를 하나의 통으로 편성하였다.

해설 조선시대에는 다섯 호(戶)를 하나의 통(統)으로 편성하는 오가작통법(五家作統法)을 시행하였다. 그리고 5개의 통(統)을 1개의 리(里)로 구성하고, 3~4개의 리(里)를 1개의 면(面)으로 구성하였다. 오가작통법은 호구 파악과 농민 이탈 방지, 천주교인 색출 등에 활용되었다.
① 조선시대에는 전국을 8도로 나누고 고을의 크기에 따라 지방관의 등급을 조정하였다.
② 고려시대 특수행정구역이었던 향, 소, 부곡을 일반 군현으로 승격하여 지방민의 삶의 질 향상을 도모하였다.
③ 중앙집권을 강화하기 위해 모든 군현에 지방관(수령)을 파견(속군ㆍ속현의 소멸)하였고, 수령의 비행을 견제하기 위해 8도에 관찰사를 파견하였다.

09 국가직 9급 기출

다음 지방행정제도를 시기 순으로 바르게 나열한 것은?

> ㉠ 전국을 8도로 나누고 도 아래에는 부ㆍ목ㆍ군ㆍ현을 두었다.
> ㉡ 전국을 5도와 양계, 경기로 나누었다.
> ㉢ 9주 5소경의 지방제도를 마련하였다.
> ㉣ 전국을 23부 337군으로 개편하였다.

① ㉠ → ㉡ → ㉢ → ㉣

② ㉡ → ㉢ → ㉣ → ㉠

③ ㉢ → ㉡ → ㉠ → ㉣

④ ㉣ → ㉢ → ㉡ → ㉠

해설 ㉢ 9주 5소경의 지방행정조직을 완비한 것은 통일신라(신문왕) 때이다.
㉡ 전국을 크게 5도 양계와 경기로 나눈 것은 고려시대이다. 고려 현종(1009~1031) 때 전국의 5도 양계와 4도호부, 8목을 완성하여 지방행정제도를 완비하였다.
㉠ 전국을 8도로 나누고 그 아래 부(5부)ㆍ목(20목)ㆍ군(82군)ㆍ현(175현)을 둔 것은 조선시대이다.
㉣ 지방행정구역을 8도에서 23부(府) 337군(郡)으로 개편한 것은 갑오개혁(제2차 갑오개혁) 때이다.

10

조선시대의 지방행정제도에 관한 설명으로 옳은 것은?

① 지방행정의 최고 책임자는 안찰사였다.

② 지방관을 자기 출신지에 임명하여 행정을 효율적으로 추진하였다.

③ 향리들의 권한을 대폭 강화시켜 수령을 감시하도록 하였다.

④ 중앙에서 모든 군현에 수령을 파견하였다.

해설 속군·속현과 향·소·부곡을 일반 군현으로 승격하고, 모든 군현에 수령을 파견하였다.

    ① 지방행정의 최고 책임자는 관찰사로 전국 8도에 각각 임명되었으며 행정권·군사권·감찰권·사법권을 행사하였다.

    ② 지방관의 임명에 있어서 그 세력을 견제하기 위하여 지방관을 출신지에 파견하지 않는 상피제를 실시하였다.

    ③ 향리는 지방 말단의 실제 행정을 담당하였다.

11

조선시대 수령의 직무 중 가장 중요한 것은?

① 향리를 지휘하고 조세를 징수한다.

② 서원을 세워 향민을 교육시킨다.

③ 속현과 향·소·부곡을 관리한다.

④ 농업과 상공업을 장려한다.

해설 수령은 왕의 대리인으로 지방의 행정·사법·군사권을 가지고 있었으며 조세와 공물을 징수하였다.

핵심정리

조선시대 지방행정조직

① 지방행정의 특성

- 지방과 백성에 대한 국가의 지배력 강화(중앙집권 강화)
  - 모든 군현에 지방관 파견(속군·속현 소멸), 지방관의 상피제·임기제 적용
  - 관찰사와 수령의 권한 강화(향리 지위 격하)
- 향, 소, 부곡의 소멸 : 군현으로 승격하여 지방민의 삶의 질 향상
- 면·리 제도의 정착

② 지방행정조직

- 8도 : 감영 소재지
  - 전국을 8도로 나누고 크기에 따라 지방관의 등급을 조정
  - 관찰사(종2품, 외직의 장) 파견 : 행정·감찰·사법·군사권을 지님(병마·수군 절도사 겸직)
- 5부(부윤, 종2품)와 5대 도호부(부사, 정3품)
- 목 : 전국 20목, 장은 목사(정3품)
- 군·현
  - 군 : 전국 82군, 장은 군수(종4품)
  - 현 : 전국 175현, 장은 현령(종5품) 또는 현감(종6품)
  - 속군·속현과 향·소·부곡을 일반 군현으로 승격하고, 모든 군현에 수령을 파견
- 부·목·군·현의 수령
  - 행정·사법·군사권을 가지고 지방 대민 행정을 담당
  - 수령의 불법과 수탈을 견제·방지하기 위해 유향소를 설치, 관찰사에게 수령 감찰권 부여, 암행어사 파견
- 면(面)·리(里)·통(統) : 전기에 정비, 후기에 완전 정착
  - 군현 아래에는 면(면장), 리(이정), 통(통주)을 두었는데, 1개 면은 3~4개의 리로 구성되고, 1개 리는 5개의 통으로 구성
  - 오가작통법 : 다섯 집을 하나의 통으로 편성한 것으로 호구 파악, 농민 이탈 방지, 천주교인 색출 등에 활용

12

조선 전기의 군사 제도에 대한 설명으로 옳지 않은 것은?

① 지방의 주요 거점을 중심으로 진관을 편제하였다.

② 금위영을 설치하여 도성을 수비하였다.

③ 5위도총부가 군무를 통괄하였다.

④ 잡색군은 생업에 종사하다가 일정 기간 군사 훈련을 받았다.

해설 금위영은 조선 후기 5군영(중앙군)에 속하였으며 숙종 때 설치하였다.
  ① 진관 체제는 세조 이후 실시된 지역 단위의 방위 체제이다.
  ③ 5위는 5위도총부가 통괄하였다. 5위도총부는 중앙군의 핵심 조직으로 궁궐과 서울을 수비하였다.
  ④ 잡색군은 전직 관료·서리·향리·교생·노비 등 각 계각층의 장정들로 편성된 정규군 외의 예비군으로, 평상시에는 본업에 종사하면서 일정한 기간 동안 군사 훈련을 받아 유사시에 향토방위를 담당하였다.

┌─ 핵심정리 ─┐

중앙군
- 국왕 친위대(내삼청) : 내금위, 우림위, 겸사복
- 5위(5위도총부)
  - 중앙군의 핵심 조직으로 궁궐과 서울을 수비, 장은 도총관(문반 관료)
  - 의흥위·용양위·호분위·충좌위·충무위
- 훈련원 : 군사 훈련과 무관 시험 관장, 장은 지사
- 중앙군의 구성 : 정군을 중심으로 갑사나 특수병으로 구성

13

조선 전기의 군사제도 및 군역에 대한 설명으로 옳은 것은?

① 잡색군이 설치되어 상비군으로서 국경을 수비하였다.

② 양인개병과 농병일치를 원칙으로 하였다.

③ 중앙군은 2군과 6위로 구성되었다.

④ 노비는 군역의 의무가 없으므로 군에 편제되지 않았다.

해설 16세 이상 60세 이하의 모든 양인 남자는 군역을 담당하며 군역은 양인 농민이 자유인으로서 가지는 권리에 대한 대가의 성격이다.
  ①, ④ 잡색군은 서리, 잡학인, 신량역천인, 노비 등이 소속되어 유사시에 대비하게 한 일종의 예비군이었다.
  ③ 중앙군은 궁궐과 서울을 수비하는 5위로 구성되었다.

┌─ 핵심정리 ─┐

조선의 군역제도
- 양인개병제와 병농일치제 실시
  - 16세 이상 60세 이하의 모든 양인 남자는 군역을 담당
  - 군역은 양인 농민이 자유인으로서 가지는 권리에 대한 대가의 성격
- 정군(正軍)과 보인(保人)
  - 모든 양인은 현역군인인 정군이 되거나 정군의 비용을 부담하는 보인(봉족)으로 편성
  - 정군 : 서울·국경 요충지에 배속, 복무 기간에 따라 품계와 녹봉을 받기도 함
  - 보인 : 정남 2명을 1보로 함. 정군 가족의 재정적 지원자로서 1년에 포 2필 부담
- 면제 대상 : 현직 관료와 학생은 군역이 면제됨. 권리가 없는 노비도 군역 의무 없음. 상인·수공업자·어민도 제외
- 종친과 외척·공신이나 고급 관료의 자제들은 특수군에 편입되어 군역을 부담

14

조선시대 과거에 합격하지 않고 간단한 시험으로 서리나 하급 관리로 진출할 수 있었던 제도는?

① 현량과
② 음서
③ 잡과
④ 취재

해설 취재는 과거와는 별도로 하급 관리를 뽑기 위한 임용시험으로 재주가 부족하거나 나이가 많아 과거에 응시하기 어려운 사람들이 응시하였다.

핵심정리

관리의 등용

• **과거제도의 특성**
- 문과와 무과, 잡과가 있으며, 형식상 문 · 무과가 동등하나 실질적으로는 문과를 중시(무과에는 소과가 없으며, 고위 관원이 되기 위해서는 문과에 합격하는 것이 유리)
- 신분 이동을 촉진하는 제도로서 법적으로는, 양인 이상이면 누구나 응시가 가능(수공업자 · 상인, 무당, 노비, 서얼 제외)
- 교육의 기회가 양반에게 독점되어 과거 역시 양반들이 사실상 독점(일반 백성은 경제적 여건이나 사회적 처지로 과거에 합격하기가 어려웠음)

• **특별채용 시험**
- 음서(문음) : 음서의 대상이 2품 이상의 자제로 고려시대에 비하여 크게 줄었고 취재를 거쳐 시험에 합격해야만 서리직을 주었으며, 문과에 합격하지 않으면 고관으로 승진하기 어려웠음
- 취재(取才) : 과거 응시가 어려운 사람들을 대상으로 한 특별채용 시험(하급 실무직 임명 시험)으로 산학(호조), 도학(소격서), 화학(도화서), 악학(장악원) 등으로 분류
- 이과(吏科) : 서리 · 향리 · 아전 선발 시험. 훈민정음이 시험 과목에 포함됨
- 천거 : 고관(대개 3품 이상)의 추천을 받아 간단한 시험(취재)을 치른 후 관직에 등용(중종 때 조광조에 의해 실시된 현량과)

15

다음 자료의 (가)에 대한 설명으로 옳은 것을 모두 고르면?

신진 사대부	급진 개혁파(혁명파) → 훈구파
	점진 개혁파(온건파) → (가)

㉠ 많은 토지를 소유한 대지주층으로 성장했다.
㉡ 도덕과 의리를 바탕으로 하는 왕도정치를 강조하였다.
㉢ 부국강병과 왕권강화를 통한 중앙집권체제를 추구하였다.
㉣ 서원과 향약을 통해 향촌사회에서 꾸준히 세력을 확대하였다.

① ㉠, ㉡
② ㉠, ㉣
③ ㉡, ㉢
④ ㉡, ㉣

해설 (가)에 들어갈 세력은 사림파이다.
㉡ 사림파는 도덕 · 의리 · 명분을 중시하며, 이를 바탕으로 하는 왕도정치(王道政治)를 강조하였다.
㉣ 사림파는 서원과 유향소, 향약 등을 바탕으로 향촌사회의 지배세력을 구축하였다.
㉠ 많은 토지를 소유하여 대지주층으로 성장한 세력은 훈구파이다. 사림파는 훈구파의 대토지 소유를 비판하였다.
㉢ 훈구파에 대한 설명이다. 사림파는 향촌자치를 주장하였다.

핵심정리

훈구세력과 사림세력의 비교

주요 개념	훈구세력(관학파)	사림세력(사학파)
출신	혁명파 사대부의 후예	온건파 사대부의 후예
역할	15세기 민족 문화의 주역	16세기 이후 사상계를 지배
경향	사장 중심 (시와 문장능력)	경학 중시 (유학의 깊이)
사상	성리학 신봉, 타 학문도 포용	성리학 이외의 학문을 이단으로 배격
정치 체제	중앙집권 추구. 부국강병책. 민생안정 추구. 패도정치 인정 (법치주의)	향촌자치 추구. 도덕과 의리 숭상. 왕도정치 추구 (왕도주의)
민족 사관	자주적 사관 (단군 중시)	중국 중심의 화이사상 (기자 중시)
인재 양성	성균관, 집현전을 통해 양성	지방 사학을 통해 양성

16

사림이 향약 보급에 노력한 근본적인 이유는?

① 왕권 강화
② 자영 농민층의 육성
③ 향촌 지주층의 기반 유지
④ 향촌 자치제의 확립

해설 사림세력은 향촌정치를 내세웠으며 서원과 향약을 통하여 향촌사회에서 세력을 확대하였다. 사림들은 농민에 대하여 중앙에서 임명된 지방관보다도 더 강한 지배력을 행사하였다.

17 서울시 9급 기출

〈보기〉의 제도가 처음 시행된 시기의 군사제도에 대한 설명으로 가장 옳은 것은?

보기

경성과 지방의 군사에 보인을 지급하는데 차등이 있다. 장기 복무하는 환관도 2보를 지급한다. 장정 2인을 1보로 하고, 갑사에게는 2보를 지급한다. 기병, 수군은 1보 1정을 준다. 보병, 봉수군은 1보를 준다. 보인으로서 취재에 합격하면 군사가 될 수 있다.

① 중앙군을 5군영으로 편성하였다.
② 2군 6위가 중앙과 국경을 수비하였다.
③ 지방군은 진관 체제를 바탕으로 조직되었다.
④ 양반부터 노비까지 모두 속오군에 편입시켰다.

해설 〈보기〉는 보법으로 보인 지급과 정남 2명을 1보로 한다는 점에서 조선 전기의 군사제도임을 알 수 있다. 지방군은 세조 이후 실시된 지역(군·현)단위의 방위 체제(요충지의 고을에 성을 쌓아 방어 체제를 강화)인 진관 체제(鎭管體制)를 바탕으로 조직되었다.
① 조선 후기 서울과 외곽지역을 방어하기 위해 편제된 5개의 군영이다. 훈련도감, 총융청, 수어청, 어영청, 금위영이 이에 해당한다.
② 고려 시대의 군사 제도로서 2군은 응양군·용호군, 6위는 좌우위·신호위·흥위위·금오위·천우위·감문위로 구성되어있다.
④ 조선 후기 지방 군사 제도로 양반부터 노비까지 향민 전체가 속오군으로 편제되었고 후기로 갈수록 양반의 회피가 증가하였다.

18

다음에서 설명하는 학파가 융성했을 때 조선시대의 사회·문화를 잘못 설명한 것은?

> 성리학을 학문의 주류로 삼았으며, 향촌자치와 왕도정치를 추구하였다.

① 서원, 향약의 보급
② 북진정책의 비판
③ 자주적 사장(한문학) 발달
④ 주리론, 주기론의 융성

해설 사림세력에 대한 설명으로 성리학 이외의 학문을 이단으로 배격하여 사장(한문학)이 쇠퇴하였다.

19 국가직 9급 기출

다음 시의 지은이와 관련이 없는 것은?

> 임금 사랑하기를 어버이 사랑하듯이 하고
> 나라를 내 집안 근심하듯이 했노라.
> 밝은 해가 이 땅을 비치고 있으니
> 내 붉은 충정을 밝혀 비추리라.

① 군주의 마음을 바르게 하는 것이 중요하다고 믿어 경연을 강화하였다.
② 자신들의 의견을 공론이라고 표방하면서 급진적 개혁을 요구하였다.
③ 〈조의제문〉으로 인해 사화를 당하였다.
④ 도교 및 민간신앙을 배격하였다.

해설 제시된 시는 조광조가 유배 당시 지은 시로, 조광조를 중심으로 한 사림파는 훈구파의 반발로 사화를 당하였다(기묘사화, 1519). 조의제문(弔義帝文)을 사초(史草)에 올린 일을 문제 삼아 훈구파가 사림파를 제거한 사화는 무오사화(1498)이다.
 ① 조광조는 유교를 바탕으로 한 이상적 왕도정치를 주장하여 군주의 바른 마음가짐을 강조하였다.
 ② 조광조는 공론을 중시하고, 혁신정치를 위한 급격한 개혁을 주장하여 훈구세력의 반발을 샀다.
 ④ 조광조는 불교와 도교, 민간신앙을 배격하고 그에 따른 행사를 금지할 것을 주장하였다(승과제도 및 소격서 폐지 등).

핵심정리

기묘사화(중종 14, 1519)
위훈삭제 등 조광조의 급격한 개혁은 공신(훈구세력 등)의 반발을 샀는데, 남곤·심정 등의 훈구파는 모반 음모(주초위왕의 모략)를 꾸며 조광조·김정·김식·정구·김안국 등 사림파 대부분을 제거

20

조선 초기의 대외관계에 대한 설명으로 옳지 않은 것은?

① 명나라와 태종 이후로 관계가 좋아져 교류가 활발하였다.

② 세종 때 4군 6진이 설치되어 오늘과 같은 국경선이 확정되었다.

③ 여진족에 대해 토벌 위주의 정책을 추진하였다.

④ 화약 무기를 개발하여 선박에 장착하는 등 왜구 격퇴에 노력을 기울였다.

해설 조선 초기 여진족이나 일본에 대해서는 화전(和戰)양면의 외교정책을 견지하여 회유책과 강경책을 동시에 추진하였다.

① 조선 초에 명(明)과 갈등이 발생하기도 하였으나 태종 이후 관계를 회복하여 원만한 관계를 유지하고 교류가 활발해졌다. 조선은 사대교린 정책을 기본 토대로 하였으므로 명과는 친선정책(사대관계를 바탕으로 하는 친선관계)을 취하였고 다른 주변국에 대해서는 교린정책을 취하였다.

② 세종 때 최윤덕이 4군(여연, 우예, 자성, 무창)을, 김종서가 6진(온성, 종성, 경원, 부령, 회령, 경흥)을 설치하여 오늘날과 같은 국경선이 확정되었다.

④ 조선 초 왜구의 침략에 대비하여 수군(水軍)을 강화하고 전함(戰艦)을 건조했으며, 화약 · 무기를 개발하여 선박에 장착하기도 하였다.

━━━ 핵심정리 ━━━

화전양면 외교정책

회유책	• 여진족의 귀순을 장려하기 위해 관직이나 토지, 주택 제공 • 사절의 왕래를 통한 무역을 허용 • 국경 지방인 경성과 경원에 무역소를 두고 국경 무역을 허락
강경책	• 정벌 : 국경 침입 및 약탈 시 군대를 동원하여 정벌 • 국경 공략 및 영토 확장 : 4군 6진 개척 • 지역 방어 체제 구축 : 국경 지방에 진 · 보를 설치

21 서울시 9급 기출

조선 초기의 대외관계에 대한 설명 중 가장 옳은 것은?

① 화이관(華夷觀)이라는 세계관에 바탕을 두고 사대교린(事大交隣)을 기본정책으로 삼았다.

② 북진정책 하에 고구려 고토의 회복을 도모하였다.

③ 일본과 여진에 대해서는 무력진압을 위주로 하였다.

④ 동남아시아국가와는 교류가 없었다.

해설 조선은 유교국가로 세계를 문명권과 오랑캐로 구분하는 화이관(華夷觀)에 바탕을 두고, 명과 친선을 유지하여 정권과 국가의 안전을 보장받고 이외의 주변 민족과는 교린 정책을 취하였다.

② 고려 초기 태조의 북진 정책에 대한 내용이다.

③ 일본과 여진에 대해서는 강경책과 온건책을 적절히 구사하였다.

④ 류쿠(오키나와), 자바(인도네시아), 시암(태국) 등 동남아시아의 여러 나라와 조공의 형태로 교역하였다.

제**4**편

근세의 성립과 발전

22

다음 중 조선 시대 대외관계에 대한 설명으로 올바른 것은?

① 세종 때 두만강까지 여진족을 몰아내고 6진을 설치해 오늘날의 국경선을 확보하였다.

② 선조 때 임진왜란을 계기로 부산포, 염포, 제포 등 세 항구를 개항하였다.

③ 인조 때 병자호란으로 인하여 청나라와 형제 관계를 맺게 되었다.

④ 효종 때 북벌운동이 활발히 전개되어 청나라에 대한 복수를 실현하였다.

해설 세종 때 여진족을 몰아내고 4군 6진을 개척함으로써 오늘날의 국경선이 확정되었다. 6진은 김종서 등이 두만강 유역을 확보하여 설치한 온성, 종성, 경원, 부령, 회령, 경흥을 말한다.

② 부산포, 염포, 제포 등 삼포를 개항한 것은 세종 때이다. 세종 때는 계해약조(1443)를 체결하여 제한된 범위의 조공 무역을 허락하였는데, 당시 세견선 50척, 세사미두 200석, 거류인 60명을 허용하였다. 임진왜란 이후에는 국교를 재개하면서 통신사를 통해 조선의 선진문화를 일본에 전파하였으며, 광해군 때 기유약조(1609)를 맺어 부산포에 왜관을 설치하였다.

③ 인조 때 병자호란(1636)의 결과 청나라와 군신관계를 맺고 명과의 외교를 단절할 것을 약속하였다. 형제의 맹약을 맺은 것은 정묘호란(1627) 때 맺은 정묘약조에서였다.

④ 효종 때 군대를 양성(어영청 등)하고 성곽을 수리하는 등 북벌론(北伐論)이 활발하게 전개되었으나 효종이 요절 등으로 성공하지 못하고, 18세기 후반부터 북학론이 대두되었다.

23

다음에서 설명하는 조선 초기의 외교정책은?

> 주종 관계로 맺어진 중국 중심의 동아시아 국제 질서 속에서 나타난 외교정책이다. 그러나 이것은 서로의 독립성이 인정된 위에서 이루어진 것으로 예속관계에 의한 것이 아니었다.

① 친명배금 정책　　② 사대교린 정책

③ 중립외교 정책　　④ 화전양면 정책

해설 조선은 건국 직후부터 명과 친선관계를 유지하여 정권과 국가의 안전을 보장받고, 중국 이외의 주변 민족과는 교린정책을 취하였다. 이러한 사대교린 정책은 국가가 달라지더라도 조선 전 시기에 걸쳐 일관되게 추진된 외교정책이었다.

핵심정리

명(明)과의 관계

- **사대교린 정책(事大交隣政策)**
  - 조공 관계로 맺어진 중국 중심의 동아시아 기본적 외교정책으로, 서로의 독립성을 인정된 위에서 맺어져 예속관계로 보기는 어려움
  - 건국 직후부터 명과 친선을 유지하여 정권과 국가의 안전을 보장받고, 중국 이외의 주변 민족과는 교린 정책을 취함
  - 조선 전 시기에 걸쳐 일관된 외교정책으로 추진(기본적 · 원칙적 외교정책)
- **선초 명과의 대외관계** : 자주적 관계가 기본 바탕이며, 초기에 국토 확장과 실리 추구를 두고 갈등과 불협화음이 존재했으나 태종 이후 외교적 긴밀성을 유지하며 활발히 교류

24

우리나라와 일본과의 대외관계에 대한 설명으로 틀린 것은?

① 조선은 일본과의 교류에서 교린정책을 원칙으로 하였다.

② 세종 때 이종무는 병선을 이끌고 쓰시마 섬을 토벌하였다.

③ 계해약조를 체결한 후 제한된 범위 내에서 교역을 허락하였다.

④ 3포 왜란이나 을묘왜변에도 일본과의 교류는 끊임없이 이루어졌다.

해설 을묘왜변(명종 10년, 1555)을 계기로 일본과의 국교가 단절되어 교류가 일시 중단되었다.

핵심정리

일본과의 관계

연대	주요 사건	내용
1419 (세종 1)	쓰시마 섬 정벌	이종무 장군이 주도
1426 (세종 8)	3포 개항	• 무산포(동래), 제포(진해), 염포(울산) • 개항장에 왜관 설치, 제한된 범위의 교역 허가
1443 (세종 25)	계해약조	제한된 조공무역 허락(세견선 50척, 사시미두 200석, 거류인 60명)
1510 (중종 5)	3포 왜란, 임시관청인 비변사 설치	임신약조(1512) 체결(제포만 개항, 계해약조와 비교했을 때 절반의 조건으로 무역 허락)
1544 (중종 39)	사량진 왜변	무역 단절, 일본인 왕래 금지
1547 (명종 2)	정비약조	세견선 25척, 인원 제한 위반 시 벌칙 규정의 강화
1555 (명종 10)	을묘왜변	국교 단절, 제승방략 체제로 전환, 비변사의 상설 기구화

25

다음 〈보기〉에 제시한 역사적 사실을 시대순으로 바르게 나열한 것은?

보기

㉠ 임진왜란   ㉡ 인조반정
㉢ 병자호란   ㉣ 북벌론 제기
㉤ 광해군의 개혁정치   ㉥ 정묘호란

---

① ㉠ → ㉡ → ㉤ → ㉥ → ㉢ → ㉣

② ㉡ → ㉢ → ㉠ → ㉣ → ㉥ → ㉤

③ ㉠ → ㉤ → ㉡ → ㉥ → ㉢ → ㉣

④ ㉡ → ㉢ → ㉣ → ㉤ → ㉥ → ㉠

해설 ㉠ 임진왜란(1592), ㉤ 광해군의 개혁정치(1608), ㉡ 인조반정(1623), ㉥ 정묘호란(1627), ㉢ 병자호란(1636), ㉣ 북벌론 제기(호란 이후, 효종 때)의 순으로 일어났다.

제**4**편

근세의 경제와 발전

26

다음 상황이 발생하게 된 공통적인 배경은?

• 일본의 문화가 크게 발전하는 계기가 만들어졌다.
• 북방의 여진족이 급속히 성장하여 후금을 건국하였다.
• 납속책의 시행과 공명첩의 발행이 신분제의 동요를 가져왔다.

① 병자호란   ② 임진왜란
③ 나선 정벌   ④ 북벌 운동

해설 임진왜란 이후 수많은 인명 살상과 기근, 질병으로 인구가 감소하였고, 식량 부족과 국가 재정이 궁핍해졌다. 이런 문제를 해결하기 위해 공명첩을 발급하였으나 이는 신분제의 동요를 가져왔다. 일본은 조선에서 활자, 그림, 서적 등을 약탈해 갔고, 성리학자와 활자 인쇄공 및 도자기 기술자 등을 포로로 잡아가 일본의 성리학과 도자기 문화가 발달할 수 있는 토대를 마련하였다.

핵심정리

왜란의 영향

① 대내적 영향

- 막대한 물적 · 인적 피해 : 전쟁과 약탈, 방화로 인구 격감, 농촌 황폐화, 학자와 기술자 피랍, 식량 및 재정 궁핍(토지 대장과 양안 소실)
- 경지 면적 감소 : 전쟁 전 170만 결에서 54만 결로 격감
- 문화재 소실 : 경복궁, 불국사, 서적 · 실록, 전주 사고를 제외한 4대 사고(史庫) 소실
- 사회 혼란 : 공명첩 발급과 납속책 실시 등으로 신분제가 동요, 이몽학의 난(1596) 등 농민 봉기 발생
- 비변사 강화와 군제 개편 : 훈련도감(삼수미세 징수) 설치, 속오군(양천혼성군) 창설
- 서적 편찬 : 이순신의 〈난중일기〉, 유성룡의 〈징비록〉, 허준의 〈동의보감〉 등
- 무기 발명 : 거북선, 비격진천뢰(이장손), 화차(변이중) 등
- 고추 · 호박 · 담배 등이 전래됨

② 대외적 영향

- 일본
  - 활자 · 그림 · 서적을 약탈하고 성리학자와 활자 인쇄공, 도공 등을 포로로 데려감(일본 성리학과 도자기 문화 발달의 토대)
  - 도쿠가와 막부 성립의 계기
- 중국 : 명의 참전 중 북방 여진족이 급속히 성장, 명은 쇠퇴(명 · 청 교체의 계기)

27

다음 중 임진왜란의 영향이 아닌 것은?

① 신분질서의 동요를 막기 위하여 공명첩을 발행하였다.

② 불국사와 경복궁을 비롯한 수많은 문화재가 소실되었다.

③ 토지대장과 호적이 대부분 없어져 국가재정이 궁핍해졌고 식량이 부족해졌다.

④ 일본은 활자, 그림, 서적 등을 약탈해 갔고 성리학자와 자기 기술자 등을 잡아가 일본의 성리학과 도자기가 발달하였다.

해설 국가재정의 궁핍과 식량 부족으로 인한 미봉책으로 공명첩이 대량으로 발급되어 신분제의 동요를 가져왔다.

28

임진왜란 때 활약한 의병장과 활약이 바르게 연결된 것은?

① 조헌 – 홍의장군으로 불림

② 곽재우 – 전국적으로 승병 운동을 일으킴

③ 정문부 – 함경도 길주에서 일어나 경성, 길주 일대를 회복

④ 서산대사 – 대일 강화를 위해 사신으로 일본에 건너감

해설 정문부는 전직 관료 출신으로 함경도 길주, 경성 등에서 활약하였다.

① 홍의장군으로 불려진 의병장은 곽재우이다.

② 서산대사는 묘향산에서 일어나 전국적으로 승병 운동을 일으켰다.

④ 유정(사명당)은 금강산에서 일어나 전후 대일 강화를 위해 사신으로 일본에 건너갔다.

핵심정리

의병장의 활약

지역	활약 내용
경상도	• 곽재우(최초의 의병) : 경상도 의령에서 거병. 진주성 혈전(1차)에 김시민과 참전. 왜란의 종전 후 관직 제의를 대부분 거절 • 정인홍(합천), 김면(고령), 권응수(영천) 등이 활약
전라도	• 고경명 : 전라도 장흥에서 거병하여 금산성 전투로 활약하다 전사(아들 고종후는 진주대첩(2차) 때 전사) • 김천일 : 전라도 나주에서 최초로 거병하여 수원 · 강화에서 활약. 진주대첩(2차)에서 고종후와 함께 전사 • 김덕령 : 전라도 담양에서 거병하여 남원에서 활약. 수원 전투에 참전. 이몽학의 난 관련자로 몰려 무고하게 옥사 • 양대박(남원)
충청도	조헌 : 충청도 옥천에서 거병하여 7백 결사대를 결성. 승장 영규(승려 최초의 의병)와 함께 청주 수복. 금산에서 고경명 · 영규 등과 전사
경기도	홍언수 · 홍계남(안성) 등의 활약
강원도	사명대사(유정) : 금강산에서 거병하여 평양 탈환에서 활약. 전후 대일 강화를 위해 일본에 사신으로 가서 포로 송환에 기여
황해도	이정암 : 황해도 연안성에서 거병하여 왜군을 격퇴하고 요충지를 장악
평안도	서산대사(휴정) : 묘향산에서 거병(전국 승병운동의 선구), 평양 수복에 참전하고 개성 · 한성 등지에서 활약
함경도	정문부 : 전직 관료 출신으로, 함경도 길주, 경성 등에서 활약(길주 전투에 참전해 수복)

29

임진왜란 3대첩의 하나로, 남해의 재해권을 장악하고 전라도의 곡창지대를 지킨 해전은?

① 사천해전
② 노량해전
③ 옥포해전
④ 한산도대첩

해설 임진왜란의 3대첩은 한산도대첩, 행주대첩, 진주성대첩이다.
① 사천해전은 이순신 장군이 거북선을 이용하여 승리를 거둔 최초의 해전이다.
② 노량해전은 이순신 장군이 전사한 해전으로, 이 해전을 끝으로 7년간에 걸친 전란이 끝났다.
③ 옥포해전은 이순신 장군이 왜 수군을 상대로 첫 승리를 거둔 해전이다.

핵심정리

임진왜란의 3대첩

• **이순신의 한산도대첩(1592)** : 왜군의 수륙병진정책을 좌절시킨 싸움이다. 지형적 특징과 학익진을 이용하여 왜군을 섬멸하였다.
• **김시민의 진주성대첩(1592)** : 진주 목사인 김시민과 3,800명의 조선군이 약 2만에 달하는 왜군에 맞서 진주성을 지켜낸 싸움이다. 이 싸움에서의 승리로 조선은 경상도 지역을 보존할 수 있었고 왜군은 호남을 넘보지 못하게 되었다.
• **권율의 행주대첩(1593)** : 벽제관에서의 승리로 사기가 충천해 있던 왜군에 대항하여 행주산성을 지켜낸 싸움이다. 부녀자들까지 동원되어 돌을 날랐다는 이야기로 유명하다.

제**4**편

근세의 성립과 발전

30

다음 중 광해군의 정책으로 옳지 않은 것은?

① 양안과 호적을 새로 작성하여 국가 수입을 늘렸다.

② 허준으로 하여금 동의보감을 편찬하게 하였다.

③ 불타 버린 사고(史庫)를 다시 갖추었다.

④ 명나라에 대해서는 강경책을, 후금에 대해서는 회유책을 썼다.

> **해설** 광해군은 명이 쇠약해지고 북방 여진족이 강성해지는 정세의 변화를 간파하여 명과 후금에 대해 신속한 중립적 외교정책으로 대처하였다.

--- 핵심정리 ---

광해군의 중립외교

① 대륙의 정세 변화
- **후금의 건국(1616)** : 임진왜란 중 명이 약화된 틈에 여진의 누르하치가 후금을 건국
- **후금의 세력 확장** : 후금이 명에 선전포고(1618)(명은 조선에 지원군 요청)

② 광해군(1608~1623)의 정책
- **대내적** : 전후 수습책 실시, 북인(대북) 중심의 혁신 정치 도모
- **대외적** : 명과 후금 사이에서 국가 생존을 위해 실리적인 중립외교정책을 전개
  - 성격 : 임진왜란 때 도운 명의 요구와 후금과의 관계를 모두 고려(광해군은 강홍립을 지휘관으로 파병(1619)하면서 상황에 따라 대처하도록 지시, 조·명 연합군은 후금군에게 패하였고 강홍립 등은 후금에 항복)
  - 경과 : 명의 원군 요청을 적절히 거절하며 후금과 친선을 꾀하는 중립 정책 고수

31 서울시 9급 기출

임진왜란으로 발생한 문제를 해결하기 위해 광해군 재위 기간 중에 추진된 정책에 해당하지 않는 것은?

① 토지 대장과 호적을 새로 정비하였다.

② 공납제도의 문제점을 보완하기 위해 대동법을 실시하였다.

③ 임진왜란 때 활약한 충신과 열녀를 조사하여 추앙하였다.

④ 진관 체제에서 제승방략 체제로 변경하였다.

> **해설** 진관 체제에서 제승방략 체제로의 변경은 임진왜란 이전인 명종 때이다. 제승방략 체제(制勝方略體制)는 조선 초기의 진관 체제가 잦은 외적 침입에 효과가 없자 16세기 후반에 수립한 것으로, 유사시에 필요한 방어처에 병력을 동원하여 중앙에서 파견되는 장수가 지휘하는 체제이다.

--- 핵심정리 ---

제승방략 체제

유사시 각 읍의 수령들이 군사를 이끌고 지정된 방위 지역으로 간 후, 한양에서 파견된 장수 또는 해당 도의 병수사를 기다렸다가 지휘를 받는 전술이다. 이러한 제승방략 체제는 후방 지역에 군사가 없으므로 일차 방어선이 무너진 후에는 적의 공세를 막을 방법이 없다는 치명적인 단점이 있으며, 이는 임진왜란 초기 패전의 한 원인이 되었다.

32

다음 자료의 주장이 제기된 시기를 아래 연표에서 고르면?

> 화의로 백성과 나라를 망치기가 오늘날과 같이 심한 적은 없습니다. 명나라는 우리나라에 있어서 곧 부모요, 오랑캐(청)는 우리나라에 있어서 곧 부모의 원수입니다. 신하된 자로서 부모의 원수와 형제가 되어서 부모를 저버리겠습니까? 하물며 임진왜란의 일은 터럭만한 것도 황제의 힘이어서 우리나라가 살아 숨 쉬는 한 잊기 어렵습니다. …… 차라리 나라가 없어질지라도 의리는 저버릴 수 없습니다. …… 어찌 차마 화의를 주장하는 것입니까?

(가)	(나)	(다)	(라)
임진왜란	기유약조	인조반정	병자호란

① (가)   ② (나)

③ (다)   ④ (라)

해설 인조 때 척화론자인 윤집이 올린 상소문이다. 당시 조선의 척화론은 병자호란의 원인으로 작용하였으므로 제시된 상소문은 (다) 시기에 제기된 것이다.

인조반정(1623)으로 집권한 서인은 존양왕이와 모화사상을 기반으로 친명배금 정책을 전개하였는데, 이러한 정책이 후금을 자극하여 정묘호란(1627)을 겪고 후금과 형제의 맹약을 맺게 되었다. 이후 후금이 세력을 계속 확장하여 국호를 청으로 고치고 조선에 군신 관계를 요구하자, 이에 윤집 등의 척화론(주전론)자와 최명길 등의 주화론자가 대립하게 되었다. 결국 조정의 대세가 척화론(주전론)으로 기울면서 청을 자극하게 되어 병자호란(1636)이 발발하였다.

33

다음 시기에 대한 설명으로 틀린 것은?

> 임진왜란 → 광해군 → 인조반정 →
>   ⊙   ⓛ   ⓒ
> 병자호란 → 현종 → 숙종
>   ⓔ

① ⊙ - 명이 쇠퇴하고 북방 여진족이 급속하게 성장하였다.

② ⓛ - 대외 정세 변화의 영향으로 신중한 중립 정책을 펼쳤다.

③ ⓒ - 명에 대한 의리로 친명배금정책을 폈다.

④ ⓔ - 북벌외교로 인해 청과 외교가 단절되었다.

해설 호란이 끝나고 청과 군신관계를 맺은 조선은, 겉으로는 청에 사대하는 형식의 외교를 추진하였으나 은밀하게 국방을 강화하고 북벌을 준비하였다.

─────── 핵심정리 ───────

북벌론(北伐論)
- **형식적 외교** : 군신 관계를 맺은 후 청에 사대하는 형식의 외교를 추진. 내심으로는 은밀하게 국방에 힘을 기울이면서 청에 대한 북벌을 준비
- **실질적 배경** : 왕권 강화(양병을 통해 왕권 확립)와 서인 정권 유지를 위한 수단(명분)
- **경과** : 효종의 요절 등으로 북벌은 큰 성과를 거두지 못하고 쇠퇴하다 18세기 후반부터 청의 선진 문물을 배우자는 북학론이 대두

제**4**편

근세의 성립과 발전

제2장 근세의 경제 구조와 경제 생활

● 대표유형문제 ●

국가직 9급 기출

다음의 토지세 관련 제도의 공통 목적으로 가장 알맞은 것은?

- 현직 관리에게만 수조권을 지급하는 직전법을 실시하였다.
- 관청이 그 해의 생산량을 조사하여 직접 거두고 관리에게 지급하는 관수관급제를 시행하였다.
- 토지의 비옥도에 따라 6급으로 나누는 전분 6등법과 풍흉의 정도에 따라 상상(上上)년에서 하하(下下)년까지 9등급으로 차등 조세하는 연분 9등법이 시행되었다.

① 왕권과 신권의 조화를 추구하였다.

② 관료층의 수조권 행사를 확대하기 위해서였다.

③ 농민 생활의 안정과 통제가 목적이었다.

❹ 국가의 안정적 재정수입 확보와 토지 지배력을 강화하기 위해서였다.

정답해설 직전법과 관수관급제, 전분 6등법과 연분 9등법의 시행 목적으로 가장 알맞은 것은 국가의 재정수입 확보와 토지 지배력의 강화라 할 수 있다. 직전법은 세습전의 증가로 새로운 관리에게 지급할 토지가 부족해지자, 전직 관리에게 지급했던 토지를 몰수하고 현직 관리에게만 수조권을 지급한 것이다. 이로 인해 국가의 재정 확보가 용이해졌으나 양반층의 토지 소유 욕구를 자극하여 양반층의 수조권 남용이 심화되고, 훈구파의 농장이 확대되는 문제가 발생하였다. 관수관급제는 양반관료들이 직전법 실시 후 농민으로부터 공법 규정액을 초과하여 거두어들이는 일이 자주 발생하자, 관청에서 관리의 수조권을 대행하여 직접 거두고 관리에게 지급하게 한 것을 말한다. 관수관급제의 시행 결과 농민에 대한 국가의 토지 지배권이 강화되었으나, 고리대 등의 방법에 의한 양반의 토지겸병이 증가하면서 농민 몰락이 가속화되었다. 전분 6등법과 연분 9등법은 세종 때 실시된 전세제도로, 공납 및 군역·요역과 함께 국가 재정의 토대를 이루었다.

오답해설 ① 왕권과 신권의 조화는 토지 관련 제도의 개혁과 직접적인 관련이 없다. 조선 초 세종은 의정부 서사제를 운영하면서 인사 및 군사문제, 사형수의 판결 등은 국왕이 직접 처리하여 왕권과 신권의 조화를 추구하였다.
② 직전법과 관수관급제의 실시는 양반관료층의 수조권 행사를 억제하기 위한 측면이 강했다.
③ 농민 생활의 안정과 통제보다는 국가의 토지 지배력을 강화하고 안정적인 재정수입을 확보하기 위한 목적으로 실시하였다.

핵심정리 공법(貢法)
- 세종 때 확정(1444), 전분 6등법과 연분 9등법
- **전분 6등급(결부법)** : 토지의 등급에 따라 1결당 토지 면적을 6등전으로 차등하여 부세(수등이척에 의한 이적동세), 여기서의 1결은 미곡 300두를 생산하는 토지의 크기
- **연분 9등급** : 풍·흉의 정도에 따라 9등급(상상년~하하년)으로 구분하여 1결당 최고 20두(상상년)에서 최하 4두(하하년)를 내도록 함

01

조선 전기 경제정책에 대한 다음 설명 중 옳지 않은 것은?

① 조선은 유교적 민본정치의 핵심이 되는 민생안정을 위하여 농본주의 정책을 펼쳤다.

② 조선 전기에는 국가가 적극적으로 상공업 활동을 권장하여 사회발전을 꾀하였다.

③ 조선 초에는 국가재정의 기반이 되는 수취체제를 정비하여 양인으로부터 전세와 공납을 징수하고 역을 징발하였다.

④ 세종 때 전분 6등법, 연분 9등법을 실시하여 전조(田租)를 토지의 비옥도나 풍흉에 따라 차등 징수하였다.

해설 조선 전기에는 유교적 농본억상 정책에 따라 상공업 활동을 국가가 통제하였다.

① 조선은 국가재정의 확충과 왕도정치 사상에 입각한 민생안정을 위해 농본주의 경제정책을 펼쳤다.

③ 조선 초에는 국가재정 기반의 확립을 위해 수취 체제를 정비하였는데, 수취제도는 토지에 부과되는 조세와 가호에 부과되는 공납, 정남에게 부과되는 부역(군역 · 요역)으로 구성되었다.

④ 세종 때는 전분 6등법과 연분 9등법 시행(1444)하여 토지의 비옥도에 따라 6등전으로, 풍 · 흉의 정도에 따라 9등급으로 구분하여 조세 액수를 1결당 최고 20두에서 최하 4두로 차등 징수하였다.

핵심정리

조선 전기의 농본주의 경제정책

① **정책의 배경**
- **왕도정치와 민생안정** : 국가재정의 확충과 왕도정치 사상에 입각한 민생안정을 위해 농업 진흥이 필요
- **성리학적 경제관** : 조선 건국의 주도세력인 신진사대부는 성리학적 경제 관점에서 농업 중심의 경제 구조를 강조하여 중농정책을 시행

② **중농정책**
- **토지개간 장려** : 적극적인 양전사업의 전개로 경지 면적이 50여만 결에서 15세기 중엽 160여만 결로 증가
- **농업기술 및 농기구 개발** : 농업 생산력 향상을 위한 새로운 농업기술 · 농법, 농기구 등을 개발하여 민간에 보급
- **농민의 조세부담 경감** : 농민의 조세부담을 경감하여 민생안정을 도모

③ **상공업 억제**
- **상공업의 국가 통제** : 유교적 농본억상 정책에 따라 국가가 통제(무허가 영업을 규제)
- **직업적 차별** : 사 · 농 · 공 · 상 간의 직업적인 차별로 상공업자를 천대
- **유교적 경제관** : 검약을 강조하여 소비를 억제
- **자급자족적 농업중심의 경제**
  - 상공업 활동과 무역 등이 부진, 도로와 교통수단도 미비
  - 화폐의 보급 · 유통이 부진하고 약간의 저화와 동전만이 삼베 · 무명 · 미곡과 함께 사용

④ **국가의 통제 약화**
- 16세기에 이르러 통제력이 약화되면서 상공업에 대한 통제 정책은 해이해짐
- 상공업에 대한 통제체제가 무너져 가면서 국내 상공업과 무역이 보다 활발해짐

제 **4** 편

근세의 성립과 발전

02

다음 자료에 대한 설명으로 옳지 않은 것은?

> 조선 건국 후 세종 즉위 전까지 양반의 경제 기반은 과전, 녹봉, 자기 소유의 노비와 토지 등이 있었다.

① 과전은 경기도를 비롯하여 전국의 토지를 대상으로 지급하였다.

② 과전을 받는 관리에게 과전 외에 녹봉을 지급하였다.

③ 외거노비는 자기 재산을 가질 수 있었고 조상에 대한 제사를 지내기도 했다.

④ 자기 소유의 토지는 유망민들을 모아 노비처럼 만들어 자신의 토지를 경작하게 하는 경우도 있었다.

해설 조선시대 과전법 하에서는 수조지의 대상이 경기도 지방의 토지로 한정되었다(고려 전시과에서는 전국적 토지가 지급 대상).

② 관료들에게 토지(과전)외에 관등별로 녹봉을 지급하였다(고려 전시과에서도 동일).

③ 주인집에서 떨어져 독립된 가옥에서 사는 노비를 외거노비라 하였다. 특히 사노비 중 외거노비는 노동력을 제공하는 대신 신공(身貢)으로 포와 돈을 바쳤으며 자기 재산(토지, 가옥, 노비 등)을 소유할 수 있었고 조상에 대한 제사를 지내기도 하였다.

④ 양반들이 소유한 농장은 주로 노비가 경작했는데, 유망민들을 모아 노비처럼 부리며 토지를 경작하게 하는 경우도 있었다.

03 국가직 9급 기출

조선 전기의 경제정책과 경제활동에 대한 설명으로 옳지 않은 것은?

① 과전법에서 과전은 관리들에게 해당 토지의 소유권을 지급한 것이다.

② 양반도 간이 수리시설을 만들고, 중국의 농업 기술을 도입하는 등 농업에 관심이 많았다.

③ 16세기에 이르러 수취제도의 폐단과 지주 전호제의 발달로 인해 몰락하는 농민이 증가하였다.

④ 평안도와 함경도에서 거두는 조세는 경창으로 수송하지 않고 그곳의 군사비와 사신 접대비로 쓰게 하였다.

해설 조선시대의 과전은 과전법에서 관리들에게 준 토지를 말하는 것으로, 소유권이 아니라 수조권(收租權)만을 지급하였다. 수조권이란 농민으로부터 농산물의 일부인 조를 수취할 수 있는 권리를 말한다.

② 조선 초기에는 정부의 다양한 농업 지원책에 따라 양반들도 간이 수리시설을 만들고 중국의 농업 기술을 도입하였으며, 농민들은 농업 생산력의 향상을 통해 이전보다 생활을 개선해 나갔다.

③ 조선 초기 과전법하에서 관리들은 수조권과 노동력 징발권을 가지고 있었으나 점차 수조권에 입각한 토지 지배는 소멸되고 병작반수에 입각한 지주 전호제가 발달하면서 자영농은 감소하고 몰락하는 농민이 증가하였다. 즉, 16세기 관수관급제와 녹봉제의 실시로 수조권을 빌미로 한 양반 관료들의 농민 지배력이 상실되었는데, 이는 양반 관료들의 토지 소유욕을 자극하게 되어 결과적으로 지배층과 농민 간 소유권과 병작반수제에 입각한 지주 전호제의 확산을 초래하게 되었다. 지주전호제의 확산으로 양반 관료들의 농장은 증가하였고, 자영농은 감소하게 되어 농민들의 생활은 더욱 어려워졌다(토지 상실, 소작농화).

④ 평안도와 함경도, 제주도의 조세와 공물은 경창으로 이동하지 않고 군사비와 사신 접대비 등으로 현지에서 사용하였다(잉류지역). 그 외 지방 군현의 조세와 공물은 육운 · 수운을 이용해 주요 강가나 바닷가에 설치된 조창으로 운반하고 여기에서 조운을 이용해 경창(京倉)으로 운송하였다(전라도 · 충청도 · 황해도는 바닷길로, 강원도는 한강, 경상도는 낙동강과 남한강 또는 바닷길을 통하여 운송).

핵심정리

과전법(科田法)의 시행

• 개요
  - 과전의 의미 : 관리들에게 준 토지로, 소유권이 아니라 수조권을 지급
  - 토지제도의 운영 방향 : 고려와 마찬가지로 관리의 경제 기반 보장과 국가재정 유지
  - 목적 : 국가재정 기반과 건국에 참여한 신진사대부의 경제 기반 확보, 농민 생활 향상
• 특성
  - 신진사대부의 경제적 기반 : 관리가 직접 수조권 행사(사대부 우대 조항)
  - 세습 불가의 원칙과 예외 : 1대(代)가 원칙이나, 수신전 · 휼량전 · 공신전 등은 세습(사대부 우대 조항)
  - 1/10세 규정 : 공 · 사전을 불문하고 생산량의 1/10세를 규정하여, 법적으로 병작반수제를 금지하고 농민을 보호
  - 농민의 경작권 보장 : 수조권자 · 소유권자가 바뀌어도 이를 보장해 농민의 지지를 유도
  - 현직 · 전직 관리(직 · 산관)에게 수조권 지급

04

다음 조선 전기의 토지제도에 대한 설명으로 옳지 않은 것은?

(가) 지방 관청에서 그 해의 생산량을 조사하고 조(租)를 거두어 관리에게 나누어 주었다.
(나) 국가재정과 관직에 진출한 신진사대부의 경제적 기반을 확보하기 위해 만들었다.
(다) 과전의 세습 등으로 관료에게 지급할 토지가 부족해지자 현직 관리에게만 토지를 지급하였다.

① (가)가 실시되어 국가의 토지 지배권이 한층 강화되었다.
② (나)에서 사전은 처음에 경기지방에 한정하여 지급하였다.
③ (다)가 폐지됨에 따라 지주전호제 관행이 줄어들었다.
④ 시기 순으로 (나), (다), (가)의 순서로 실시되었다.

해설 (가)는 성종 때의 관수관급제(1470), (나)는 고려 말 시행된 과전법(1391), (다)는 세조 때의 직전법(1466)이다. 직전법이 폐지되면서 수조권에 입각한 토지지배가 소멸하고 소유권에 의한 지주전호제가 확산되었다.
  ① 관수관급제는 수조권을 국가(관청)가 가지게 한 것으로, 수조권을 빌미로 한 양반관료들의 농민지배는 억제되고 국가의 농민 · 토지 지배가 강화되었다.
  ② 과전법에서 사전은 경기지방의 토지로 한정되었다.
  ④ 실시 순서는 고려 말에 실시된 과전법(1391), 성종 때 실시된 관수관급제(1470), 세조 때 실시된 직전법(1466)의 순서가 된다.

05

조선 전기 경제제도에 대한 설명으로 옳은 것은?

① 과전의 지급은 전국에 걸쳐 행해졌다.

② 직전법은 퇴직 관인의 경제력을 보장하기 위해 실시되었다.

③ 세종 때 공법의 실시로 수조율이 1/10로 확정되었다.

④ 과전법하에서 병작제는 법적으로 제한을 받았다.

해설 과전법은 공·사전을 불문하고 생산량의 1/10세를 규정하여, 법적으로 병작반수제(소작농이 땅 주인에게 수확량의 절반을 바치던 제도)를 금지하고 농민을 보호하였다.
① 과전은 경기 토지에 한정하였다.
② 직전법은 현직 관리 위주로 지급되었다.
③ 당시 1결당 600두 수확으로 보고 수조율 1/30을 적용하여 최고 1결당 20두로 책정하였다.

핵심정리

직전법(세조 12, 1466)
- **내용** : 현직 관리에게만 수조권을 지급하여 국가의 수조권 지배를 강화, 110결(1과)~10결(18과)
- **목적** : 사전(私田)의 증가를 막아 과전의 부족을 해결함으로써 신진 관료의 경제 기반을 마련하고 국가재정 수입을 증가시키며, 국가의 토지·농민 지배를 강화(농민을 위한 것이 아님)
- **1/10세** : 생산량을 조사하여 1/10을 농민에게 수취(관리(수조권자)가 농민(경작권자)에게 1/10의 조를 거두고, 국가에 조의 1/15을 세로 납부)
- **문제점** : 양반 관료들의 토지 소유 욕구를 자극하여 농민에 대한 수조권 수탈이 증가(농민의 어려움 가중, 농장 확대, 고리대 발생 등)

06

조선시대의 토지제도에 대하여 잘못 설명하고 있는 것은?

① 사전은 경기지방에 한하여 지급하였다.

② 전직 문무관이나 한량에게는 별사전을 주었다.

③ 공전제를 원칙으로 한 과전법이 기초가 되었다.

④ 사전의 확대로 세조는 직전제를 실시하여 현직자에게만 토지를 지급하였다.

해설 별사전은 고려시대에 승려와 풍수지리업에 종사하는 사람에게 지급한 토지이다.

핵심정리

과전법의 종류
- **과전** : 관리(직·산관의 모든 관료)에게 나누어준 일반적 토지로 원칙상 세습 불허, 최고 150결(1과) ~ 최하 10결(18과)
- **공신전** : 공신에게 지급, 세습·면세
- **별사전** : 준공신에게 지급되는 토지(3대에 한하여 세습, 경기도 외에도 지급)
- **내수사전(궁방전)** : 왕실 경비 충당을 위해 지급
- **공해전과 늠전(관둔전)**
  − 공해전 : 중앙 관청의 경비 충당을 위해 지급
  − 늠전·관둔전 : 지방 관청의 경비 충당을 위해 지급
- **역둔전** : 역의 경비 충당을 위해 지급
- **수신전** : 관료 사망 후 그의 처에게 세습되는 과전
- **휼양전** : 관료 사망 후 그의 자녀가 고아일 때 세습되는 과전
- **군전** : 전직 문·무관이나 한량(閑良)에게 지급
- **사원전** : 사원에 지급된 토지
- **학전** : 성균관·4학·향교에 소속된 토지
- **면세전** : 궁방전(궁실과 궁가에 지급), 궁장토(왕실 소유 토지), 관둔전, 역둔전(외역전은 폐지됨)

07

다음 〈보기〉의 내용으로 나타나는 문제점으로 볼 수 있는 것은?

───── 보기 ─────

- 과전의 지급은 경기에 한한다.
- 과전은 반납이 원칙이나 수신전, 휼양전의 이름으로 세습되기도 한다.

① 과전지의 부족 현상이 초래되었다.
② 농민의 항조 운동이 일어났을 것이다.
③ 경기지방 외의 지역의 조세부담이 과중하였다.
④ 지방 양반의 세력이 약화되었다.

해설 과전은 받은 사람이 죽거나 반역을 하면 국가에 반환하도록 정해져 있었으나, 토지가 세습되자 새로 관직에 나간 관리에게 줄 토지가 부족하게 되었다.

─── 핵심정리 ───

전시과와 과전법

구분	전시과(고려)	과전법(조선)
차이점	• 전지와 시지를 지급 • 전국적 규모로 지급 • 관수관급제(공유성) • 농민의 경작권이 불안정	• 전지만 지급 • 경기도에 한하여 지급 • 관리가 수조권 행사(자주성) • 농민의 경작권을 법적으로 보장(경자유전의 원칙)
공통점	• 원칙적으로 소유권은 국가에 있으며, 수조권을 지급 • 직 · 산관 모두에게 수조권만을 지급 • 관등에 따라 차등 지급, 세습 불가가 원칙 (퇴직이나 사망 시 반납이 원칙) • 세율 : 1/10세	

08

조선 전기와 중기의 토지제도 운영에 대하여 바르게 설명한 것은?

① 토지국유제 원칙으로 토지의 사유화가 인정되지 않았다.
② 과전은 받은 사람이 죽으면 그 자손이 세습하는 것이 원칙이었다.
③ 과전법이 실시되면서 병작반수제에 입각한 지주제가 더욱 확산되었다.
④ 공전은 원래 농민이 소유하고 있던 민전을 징세 대상으로 파악한 것이다.

해설 국가는 농민들에게 공전의 경작권을 보장해 주고, 이들로부터 조를 받았다.

─── 핵심정리 ───

조세(租稅)

- 납세 의무 : 토지 소유자는 원칙적으로 국가에 조세를 납부
- 조세의 구분
  - 조(租) : 1/10세에 따라 경작인(농민)이 수조권자에게 결당 최고 30두(최대 농업 생산량인 결당 300두의 1/10)를 납부
  - 세(稅) : 수조권자(관리)는 국가에 2두(30두의 1/15)을 납부
- 세액 결정 방법
  - 손실답험법(損失踏驗法) : 태종 때의 세제(측량법), 1결의 최대 생산량을 300두로 정하고 수확량의 1/10을 내는데, 매년 토지 손실을 조사해 30두에서 공제하여 납부액을 결정
  - 공법(貢法) : 세종 때 확정(1444), 전분 6등법과 연분 9등법
- 현물 납세 : 조세는 쌀(백미) · 콩(대두) 등으로 납부

09

조선 전기 수취 체제에 대한 설명으로 옳은 것은?

① 과전법 시행으로 토지 1결당 30두씩 조세를 내게 하였다.

② 잉류 지역은 국경 지대인 평안도와 함경도만 해당되었다.

③ 공물은 장정 수에 따라 각 가호에 부과하여 거두었다.

④ 16세 이상의 정남에게는 군역과 요역의 의무가 있었다.

해설 군역과 요역은 16세 정남의 의무가 있었다.

① 조세는 경작자로부터 받은 30두 중에서 1결당 2두를 내게 하였다.

② 제주도 및 도서 지역도 잉류 지역에 해당되었다.

③ 공물은 장정 수가 아닌 가호마다 토산물을 부과하였다.

핵심정리

군역과 요역

• 대상 : 16세 이상의 정남

• 군역(軍役)

  – 보법(保法) : 군사 복무를 위해 교대로 근무하여야 하는 정군(正軍)과 정군이 복무하는 데에 드는 비용(매년 포 2필)을 보조하는 보인(保人)이 있음

• 요역(謠役)

  – 내용 : 가호를 기준으로 정남의 수를 고려하여 뽑아서 공사에 동원

  – 부과 기준 : 성종 때 토지 8결 당 1인, 1년 중 6일 이내로 동원하도록 제한

  – 문제점 : 과도한 징발, 임의적 징발

  – 요역의 변화 : 요역 동원을 기피하여 피역 · 도망이 발생, 요역의 대립 및 물납화 · 전세화

10

다음과 같은 현상이 나타난 시기에 대한 설명으로 틀린 것은?

> 지주전호제 확산, 방군수포 현상 성행, 방납의 폐단, 환곡제의 변질

① 공납제의 폐단이 나타났다.

② 장시가 전국적으로 확대되었다.

③ 농민의 생활이 악화되어 유민이 증가하였다.

④ 황해도와 경기도 일대에서 홍경래의 난이 일어났다.

해설 수취제도의 폐단으로 농민 생활이 어려워졌으며, 명종 때 임꺽정이 중앙 정부에 바치던 물품을 빼앗기도 하였다. 홍경래의 난은 19세기에 일어났다.

11

다음 〈보기〉의 수취제도에 대한 설명으로 옳은 것은?

> **보기**
>
> • 공물을 현물 대신 쌀로 걷자는 의견이 나타났다.
>
> • 중앙 관청의 서리들이 공물을 대신 내고 그 대가를 많이 챙겼다.

① 공납의 폐단에 대한 설명이다.

② 원칙적으로 토지 소유자가 부담하였다.

③ 농민에게 곡물을 빌려주고 이자를 거두었다.

④ 양반, 서리, 향리들이 지는 특별 부담이었다.

해설 공납의 폐단이 확산되자 이이와 유성룡 등은 공물을 쌀로 걷는 수미법을 주장하였다.

핵심정리

수취 제도의 문란과 농민 생활의 악화

① 공납의 폐단
- 방납의 폐단 발생
  - 관청의 서리들이 공물을 대신 내고 그 대가를 챙기는 방납이 증가해 농민 부담 가중
  - 농민이 도망 시 지역의 이웃이나 친척에게 대신 납부하게 함(유망 농민의 급증 초래)
- 개선의 시도 : 이이와 유성룡 등은 공물을 쌀로 걷는 수미법(收米法)을 주장

② 군역의 폐단
- 군역과 요역의 기피 현상과 도망이 증가
- 방군수포제와 대립제
  - 방군수포제(放軍收布制) : 군역에 복무해야 할 사람에게 포(布)를 받고 군역을 면제
  - 대립제(代立制) : 다른 사람을 사서 군역을 대신하게 하는 대립이 불법적으로 행해짐
- 군적의 부실
  - 군포 부담의 과중과 군역 기피 현상으로 도망자가 늘면서 군적(軍籍)이 부실해짐
  - 각 군현에서는 정해진 액수를 맞추기 위해 남아 있는 사람에게 부족한 군포를 걷음

③ 환곡의 폐단
- 환곡제 : 곤궁한 농민에게 곡물을 빌려주고 1/10 정도의 이자를 거두는 것
- 지방 수령과 향리들이 정해진 이자보다 많이 거두어 유용하는 폐단이 나타남

④ 농민 생활의 악화
- 생활고로 유민이 증가
- 유민 중 일부는 도적이 되어 문제를 일으킴(명종 때의 임꺽정 등)

12

다음 중 조선 시대의 관영 수공업자에 대한 설명으로 가장 틀린 것은?

① 국가로부터 녹봉을 받아 가계를 꾸렸다.

② 매년 일정량을 만들어서 관청에 납부하였다.

③ 전문적인 기술자를 공장안에 등록시켰다.

④ 그들은 의류, 활자, 화약, 무기, 문방구, 그릇 등을 제조하여 납품하였다.

해설 조선 시대의 관영 수공업자는 녹봉을 받지 않았고 근무 기간 동안 식비 정도만 지급받았다. 대부분은 독립적 가계를 가지고 있어 가계 유지를 위해 자신의 할당량을 초과한 물품을 판매하기도 하였다.

② 장인들은 대부분 매년 일정량을 제조하여 관청에 납부하도록 하였다.

③ 관영 수공업의 경우 전문적 기술자(장인)는 공장안(工匠安)에 등록시켜 관청에서 필요한 물품을 제작·공급하게 하였다.

④ 관영 수공업자들은 화약, 무기, 의류, 활자, 그릇, 문방구 등을 제조·납품하였다.

핵심정리

조선 시대의 관영 수공업

- **관장제** : 장인(기술자)을 공장안(工匠安)에 등록시켜 관청에서 필요한 물품을 제작·공급하게 하였고, 사장(私匠)은 억제함
- **제조품목** : 화약, 무기, 의류, 활자 인쇄, 그릇, 문방구 등을 제조·납품
- **구성 및 생활**
  - 장인은 공노비가 많았으며, 대개 독립적 가계를 유지(근무시 녹봉은 지급받지 않음)
  - 생계유지를 위해 책임납부량을 초과한 물품을 판매하기도 하였고, 국역의무가 끝나면 사적 경영이 가능
- **사장의 발달** : 관영 수공업은 16세기에 부역제가 해이해지고(장인들의 등록기피) 상업이 발전하면서 점차 쇠퇴하였으며, 사장이 납포장 형태로 독립·발전함

13

조선 전기 농민들의 생활 모습으로 틀린 것은?

① 조, 보리, 콩의 2년 3작이 널리 행해졌다.
② 이앙법이 전국적으로 실시 · 보급되었다.
③ 쟁기, 낫, 호미 등 농기구가 개량되었다.
④ 호패법과 오가작통법에 의해서 거주 이전이 통제되었다.

해설 고려 말에 일반적으로 행해지던 직파법 대신에 이앙법(모내기법)이 남부 지방 일부에 보급되었다.

핵심정리

농업 기술의 발달
- **밭농사**
  - 고려시대 보급된 윤작법이 더욱 확대되어 조 · 보리 · 콩의 2년 3작이 널리 시행
  - 농종법(이랑에 파종)에서 견종법(고랑에 파종)으로 발전하여 생산량 증가
- **논농사**
  - 남부지방에 이앙법이 보급됨
  - 남부의 일부지방에서 벼와 보리의 이모작이 가능해지면서 생산량 증가(이앙법과 이모작은 여말 선초에 보급되기 시작하였지만, 전국적인 확대 보급은 조선 후기)
  - 벼농사에서는 봄철에 비가 적은 기후 조건 때문에 건사리[乾耕法]가 이용되었고, 무논[水田]에 종자를 직접 뿌리는 물사리[水耕法]도 행해짐
- **시비법** : 밑거름과 뒷거름을 주는 각종 시비법이 발달하여 경작지를 묵히지 않고 매년 경작(연작)이 가능
- 가을갈이의 농사법이 점차 보급됨
- **농기구 개량** : 쟁기 · 낫 · 호미 등의 농기구가 더욱 개량되어 농업 생산량 증대에 기여
- **의생활의 변화 및 개선**
  - 고려 말 시작된 목화 재배가 확대되어 무명옷이 보편화되면서 의생활이 더욱 개선됨
  - 삼 · 모시풀의 재배 성행, 누에치기가 확산되면서 양잠(養蠶)에 관한 농서가 편찬됨

14

다음 〈보기〉의 사건들이 추구한 공통적인 목적은?

보기
- 오가작통법을 실시하였다.
- 환곡제도가 있었다.
- 호패법을 시행하였다.

① 농업 통제
② 상업 활동의 융성
③ 농민의 유망 방지
④ 외적의 침입에 대비

해설 정부는 호패법, 오가작통법(다섯 집을 1통으로 묶은 호적의 보조 조직) 등을 강화하여 농민의 유망을 막고 통제를 강화하였다.

핵심정리

농민의 몰락과 정부의 대책
- **농민의 몰락**
  - 소작농의 증가 : 지주제의 확대로 인한 농민의 소작농화(소작료로 수확의 반(半) 이상을 내야 하는 어려운 처지에 처함)
  - 유망 농민의 증가 : 화전민이나 도적으로 전락
- **정부의 대책**
  - 〈구황촬요〉의 편찬 : 잡곡 · 도토리 · 나무껍질 등을 먹을 수 있도록 가공하는 방법 제시
  - 통제 강화 : 호패법 · 오가작통법 등을 강화하여 농민의 유망을 막고 통제를 강화
  - 향약 시행 : 지주인 지방 양반들도 향약을 시행하여 농촌 사회를 안정시키려 함

15

조선 시대 수취 체제에 대한 설명으로 가장 적절하지 않은 것은?

① 역에는 교대로 번상해야 하는 군역과 1년에 일정한 기간 노동에 종사해야 하는 요역이 있었다.

② 전세는 과전법에 있어서 수확량의 10분의 1로 되어 있었으나, 세종 때에는 토지 비옥도와 풍흉의 정도에 따라 전분 6등법과 연분 9등법을 실시하여 차등 있게 부과하였다.

③ 공법은 토지 결수에 따라 지방의 토산물을 거두는 수취 제도였다.

④ 국가는 재정의 토대가 되는 수취 체제를 운영하기 위해 토지 대장인 양안과 인구 대장인 호적을 작성하였다. 이는 전세, 역 등을 백성에게 부과하는 근거가 되었다.

해설 세종 때 마련된 공법은 토지세 제도이며, 지방의 토산물을 거두는 수취 제도는 공납이다.

　① 역(役)은 16세 이상 60세 미만의 정남(丁男)에게 부과되었으며, 군역과 요역으로 나뉘어져 있다. 특히 요역은 경작하는 토지 8결마다 한 사람을 차출하여 1년 중 6일 이내에 동원하도록 규정되었다.

　② 전세(토지세)는 조선 건국 직후에 1결당 30두(수확량의 1/10)를 징수하였다. 세종 때 공법이 실시되어 최고 20두에서 최하 4두까지 차등 과세하였다.

　④ 20년마다 작성하는 토지 대장인 양안과 3년마다 작성하는 인구 대장인 호적을 통해 전세, 공납, 역 등을 부과하는 자료로 활용하였다.

핵심정리

공법, 공납, 군역과 요역

- **공법(貢法)** : 세종 때 확정(1444), 전분 6등법과 연분 9등법
  - 전분 6등급(결부법) : 토지의 등급(비옥도)에 따라 1결당 토지 면적을 6등전으로 차등하여 부세(수등이척에 의한 이적동세), 여기서의 1결은 미곡 300두를 생산하는 토지의 크기
  - 연분 9등급 : 풍·흉의 정도에 따라 9등급(상상년~하하년)으로 구분하여 1결당 최고 20두(상상년)에서 최하 4두(하하년)를 내도록 함
- **공납(貢納)**
  - 품목 : 각종 수공업 제품과 토산물(광물·수산물·모피·과실·약재 등)
  - 상공 : 매년 국가에서 미리 상정한 특산물 바침(정기적), 호 단위 부과
  - 별공 : 상정 용도 이외에 국가에서 필요에 따라 현물 부과(부정기적)
  - 진상 : 공물 이외의 현물을 공납. 주로 각 도의 관찰사나 수령이 국왕에 상납하는 것을 말하며 진상물로는 식료품이 대부분
  - 폐단 : 부과 기준의 모순으로 사실상 농민들에게 부담이 집중. 공물 방납자와 서리의 농간으로 점퇴(불합격 처리)가 늘어 이를 회피하기 위해 공물의 대납이 증가, 공물에 대하여 불법 수단으로 상납을 막은 후 대납을 통해 이득을 취함
- **군역**
  - 보법(保法) : 군사 복무를 위해 교대로 근무하여야 하는 정군(正軍)과 정군이 복무하는 데에 드는 비용(매년 포 2필)을 보조하는 보인(保人)이 있음
  - 면역(免役) : 양반·서리·향리 등은 관청에서 일하므로 군역 면제
- **요역(搖役)**
  - 내용 : 가호를 기준으로 정남의 수를 고려하여 뽑아서 공사에 동원
  - 종류 : 국가 차원의 동원(궁궐, 성곽 공사 등), 군현 차원의 동원(조세 운반 등)
  - 부과 기준 : 성종 때 토지 8결 당 1인, 1년 중 6일 이내로 동원하도록 제한(임의로 징발하는 경우도 많았음)
  - 문제점 : 과도한 징발, 운영 과정에서 지방관의 임의적 징발이 많아 농민들의 부담이 큼
  - 요역의 변화 : 요역 동원을 기피하여 피역·도망이 발생, 요역의 대립 및 물납화·전세화

제**4**편

근세의 성립과 발전

실전문제

제3장 근세의 사회 구조와 사회 생활

대표유형문제

서울시 9급 기출

다음 중 고려 및 조선 시대의 신분제에 대한 설명으로 옳은 것을 모두 고른 것은?

- ㉠ 서얼은 관직의 진출이 불가능하였다.
- ㉡ 향리는 토착세력으로서 지방관을 보좌하면서 위세를 부리기도 하였다.
- ㉢ 고려 시대 백정은 일반농민이고, 조선 시대에는 도살업에 종사하던 천민을 백정이라 하였다.
- ㉣ 노비 주인은 노비에 대한 상속, 매매, 증여권을 가지고 있었다.

① ㉠, ㉡   ② ㉠, ㉢

❸ ㉡, ㉢, ㉣   ④ ㉠, ㉡, ㉢, ㉣

정답해설 ㉡ 고려 시대의 향리(鄕吏)는 토착세력으로서 향촌 사회의 지배층이므로 중앙에서 일시 파견되는 지방관보다 영향력이 컸으며, 조세나 공물의 징수와 노역 징발 등 실제적인 행정 사무를 담당하였다. 조선 시대의 향리는 고려 시대보다 그 영향력이 많아 약해졌으나, 지방관의 보좌기관으로 행정실무를 담당하며 위세를 부리기도 하였다.
㉢ 고려 시대의 백정(白丁)은 일반 농민층을 말하며, 양민의 주류를 형성하였다. 이에 비해 조선 시대의 백정은 도살업에 종사하는 천민을 지칭하는 말이었다.
㉣ 노비는 재산으로 간주되어 엄격히 관리되었고 매매 · 증여 · 상속 대상이 되었다.

오답해설 ㉠ 서얼(庶孼)은 서얼차대법(庶孼差待法)이라 하여 문과응시가 금지되고 한품서용을 통해 고위직에 오를 수 없었으나, 관직 진출은 가능하였다. 주로 무과나 잡과를 통해 관직에 진출하였고, 임진왜란 이후 정부의 납속책 · 공명첩 등으로 서얼의 관직 진출이 증가하다가 철종 때 신해허통(철종 3, 1851)으로 완전한 청요직 허통이 이루어졌다.

핵심정리 서얼
- **서얼차대법(庶孼差待法)** : 첩에서 난 소생들을 서얼이라고 하여 차별하고 관직 진출과 과거 응시를 제한함
- **한품서용** : 기술관과 서얼은 정3품까지, 토관 · 향리는 정5품까지, 서리 등은 정7품까지만 승진 가능
- **서얼 등용** : 정조는 능력 있는 서얼을 등용하여 규장각 검서관 등으로 임명
- **제약의 완화** : 임진왜란 이후 정부의 납속책 · 공명첩 등으로 서얼의 관직 진출 증가
- **허통(許通) 운동** : 신분 상승을 요구하는 서얼의 상소 운동으로 18~19세기에 활발히 전개

01

조선시대에 양반들이 자기 지위를 지키기 위하여 행한 것으로 옳지 않은 것은?

① 지주로서 직접 농업 경영에 종사하였다.

② 토지와 노비를 많이 소유하였다.

③ 족보를 만들어 족당의 위엄을 높였다.

④ 첩에서 난 소생들을 서얼이라고 하여 차별하였다.

해설 조선 중기 양반들은 지주로서 권위를 유지하였고 농업 경영은 양인, 농민, 노비 등의 전호가 담당하였다.

─ 핵심정리 ─

양반(兩班)

• 특권적 생활
 – 정치적 특권 : 과거 · 음서 · 천거 등을 통하여 국가 고위 관직을 독점
 – 사회 · 경제적 특권 : 지주층으로 토지와 노비를 소유, 국역 면제
 – 유학적 소양에 치중 : 생산 활동에 종사하지 않고 관료로 활동하거나 유학자로서의 소양에만 치중, 노동을 천시

• 양반 증가 억제책
 – 목적 : 자신들의 기득권을 지키기 위하여 지배층이 더 늘어나는 것을 막음
 – 제한적 양반 : 문무 양반의 관직을 받은 자들만을 사족으로 인정
 – 한품서용제(限品敍用制) : 향리, 서리, 기술관, 군교, 역리 등 중인의 관직 진출 시 품계를 제한
 – 서얼차대법(庶孽差待法) : 첩에서 난 소생들을 서얼이라고 하여 차별하고 관직 진출 · 과거 응시를 제한

02

조선시대의 외거노비에 대한 설명으로 옳은 것은?

① 부곡에 집단적으로 거주하였다.

② 자기 재산을 소유할 수 있었다.

③ 주로 형벌노비로 구성되었다.

④ 주인집에서 함께 살면서 주인에게 노동력을 제공하였다.

해설 외거(납공)노비는 주인과 떨어져 외지에 거주하면서 주로 농경에 종사하며 독립된 호를 구성한 호주로, 가족 생활을 영위하였다. 외거노비는 토지 · 가옥 · 노비 등의 독자적 재산을 가졌으며 전호(양민 농민층)와 유사하였다. 때로는 잡직 · 군인으로의 신분상승이 가능하였고 신공의 의무로 면포 · 저화 등을 소유주에게 바쳤다.

─ 핵심정리 ─

공 · 사 노비

• 공노비 : 입역노비와 납공노비(외거노비)로 구분
 – 독립된 가옥에 거주하며, 국가에 신공을 바치거나 관청에 노동력을 제공
 – 국역 외의 수입은 자기가 소유하며, 사노비에 비해 생활 여건이 낫고 재산 축적의 기회가 많음
 – 60세가 되면 신공을 면해 주며, 70세 이상의 노비에게는 노인직(명예직)을 부여

• 사노비 : 입역노비(솔거노비)와 납공노비(외거노비)로 구분
 – 솔거노비는 주인집에서 함께 거주하며 외거노비는 독립된 가옥에서 거주
 – 외거노비는 주인에게 노동력을 제공하는 대신 신공(身貢)을 바침

제4편

근세의 성립과 발전

03

조선시대의 농민에 대한 설명으로 바르지 못한 것은?

① 백성의 대부분을 차지하였다.

② 호패법에 의해 거주 이전의 자유를 보장받았다.

③ 국가에 대한 전세, 공물, 역의 의무를 부담하였다.

④ 대다수는 자영농이거나 소작농이었다.

해설 호패제는 농민들의 이동을 억제하고 효과적으로 조세와 역을 부과시키기 위해 실시하였다.

핵심정리

상민(常民)

• 의의 및 성격
- 평민 · 양인으로도 불리며, 백성의 대부분을 차지하는 농민 · 수공업자 · 상인 등으로 구성
- 농본억상 정책으로 공 · 상인은 농민보다 아래
- 법적으로는 과거 응시가 가능하나, 실제 상민이 과거에 응시하는 것은 매우 어려웠음
- 전쟁이나 비상시에 군공을 세우는 경우 외에는 신분 상승 기회가 적음

• 종류
- 농민 : 조세 · 공납 · 부역 등의 의무를 부담
- 수공업자 : 공장(工匠)으로 불리며 관영이나 민영 수공업에 종사. 공장세를 납부
- 상인 : 시전 상인과 보부상 등. 상인세를 납부

• 신량역천
- 법제적으로 양인이나 사회적으로 천민 취급
- 양인 중에서 천역을 담당하는 계층으로, 양인의 최하
- 일정 기간 국역을 지면 양인으로서 공민권을 가질 수 있는, 일종의 조건부 양인
- 조졸(뱃사공), 수릉군(묘지기), 생선간(어부), 목자간(목축인), 봉화간(봉화 올리는 사람), 철간(광부), 염간(소금 굽는 사람), 화척(도살꾼), 재인(광대) 등

---

04 인사위 9급 기출

다음 자료에 비추어 볼 때 고려와 조선의 사회상을 바르게 설명한 것은?

> • 우리나라의 풍속은 (남자가) 처가에서 생활하니 처부모를 볼 때 오히려 자기 부모처럼 하고 처의 부모도 또한 그 사위를 자기 아들처럼 대한다.
>
> – 〈성종실록〉
>
> • 우리 집은 다른 집과 다르니 출가한 딸에게는 제사를 맡기지 말라. 재산도 또한 선대부터 하던 대로 3분의 1만 주도록 하라.
>
> – 〈부안 김씨 분재기, 1669년〉

① 조선 초기는 고려처럼 일반적으로 자녀 균분 상속이 이루어졌다.

② 고려와 조선 초기는 현저한 모계 중심의 가족 제도를 유지하였다.

③ 조선 초기의 재산 상속 제도는 예학의 발달과 밀접한 관계가 있다.

④ 고려에 비해 조선은 종법의 발달로 여성의 사회적 지위가 높았다.

해설 제시된 지문의 자료를 통해 고려 시대에서 조선 중기까지는 재산 상속에서 자녀 균분 상속이 이루어졌음을 알 수 있다.

② 고려와 조선은 가부장적 가족 사회를 기본 단위로 하는 부계 중심의 사회였다.

③ 예학은 양반들이 성리학적 도덕 윤리를 강조하면서 신분 질서의 안정을 추구하고자 성립한 학문으로, 17세기에 발달하였다.

④ 조선은 유교 사상의 영향으로 고려에 비해 여성의 사회적 지위가 낮았다.

05

조선시대 사회정책에 대한 설명으로 옳은 것은?

① 범죄 중 가장 가볍게 취급된 것은 반역죄와 강상죄였다.

② 의료시설로 혜민국, 동·서 대비원, 제생원, 동·서 활인서 등이 있다.

③ 재판에 불만이 있어도 소송을 제기하지 못하였다.

④ 농민의 생활이 어려워졌을 때 지방 자치적으로 의창과 상평창을 설치하였고, 환곡제를 실시해 농민을 구제하였다.

해설 조선시대의 의료 시설에는 약재 판매 및 서민환자의 의료 구제를 담당한 혜민국과 동·서 대비원, 지방민의 진료를 담당한 제생원, 빈민이나 유랑자의 구료를 위한 동·서 활인서가 있었다.

① 반역죄와 강상죄는 가장 무겁게 취급된 범죄로, 연좌제(緣坐制)가 적용되어 가족이 처벌되고, 고을의 명칭이 강등되거나 수령이 파면당하기도 하였다.

③ 재판에 불만이 있을 경우 다른 관청이나 상부관청에 소송을 제기할 수 있었다.

④ 의창과 상평창의 설치와 환곡제의 실시는 모두 국가(중앙 정부)에서 실시한 것이며, 지방 자치적으로 실시한 것은 사창제(社倉制)이다. 사창제는 조선 초 향촌 사회에서 자치적으로 실시·운영된 구휼제도로, 양반 지주들이 농민 생활을 안정시켜 양반사족 중심의 향촌 질서를 유지하고자 하였다.

핵심정리

사회정책

① 소극적 정책 : 농민의 토지 이탈 방지 정책
- 양반 지주들의 토지 겸병을 억제
- 농번기 잡역 동원을 금하고 농사에 전념하도록 함
- 각종 재해나 흉년을 당한 농민에 대한 조세 감면

② 적극적 구휼·구호 정책
- 의창, 상평창 : 국가에서 설치·운영
- 환곡제
  - 국가(관청)에서 춘궁기에 양식과 종자·곡물을 빌려준 뒤에 추수기에 회수
  - 15세기 : 의창에서 담당, 원곡만 회수
  - 16세기 : 상평창에서 대신 운영, 원곡 부족으로 모곡이라 하여 원곡 소모분의 1/10을 이자로 거둠
  - 17세기 이후 : 이자를 3/10으로 인상, 고리대로 변질
- 사창제(세종)
  - 향촌 사회에서 주민 자치적으로 실시·운영한 것으로, 사창을 설치하고 일정 이자를 붙여 농민에게 대여
  - 목적 : 농민 생활의 안정을 통한 양반 중심의 향촌 질서 유지
- 의료 시설
  - 혜민국, 동·서 대비원 : 약재 판매 및 서민 환자의 의료 구제를 담당
  - 제생원 : 행려의 구호 및 진료를 담당
  - 동·서 활인서 : 유랑자·빈민의 수용과 구료, 사망한 행려의 매장을 담당
  - 의녀제도 : 질병의 치료, 간병, 산파 등의 역할 수행
- 사회 정책 및 시설의 한계
  - 최소한의 생활을 보장해 줌으로써 농민의 유망을 방지하기 위한 미봉책에 불과
  - 오가작통법과 호패법 등의 농민 통제책을 적극적으로 실시

06

조선시대의 법률에 대한 설명으로 틀린 것은?

① 민법에서 가족제도에 관계되는 것은 주자가례에 의거하였다.

② 범죄에는 연좌법이 적용되었다.

③ 장예원은 노비의 장부와 그 소송을 처리하였다.

④ 한성부는 관리의 잘못이나 중대한 사건을 맡아서 처리하였다.

해설 한성부에서는 수도의 일반 행정과 치안을 담당하고 토지·가옥에 관한 소송을 관장하였다.

핵심정리

사법 기관 및 재판
- **중앙**
  - 사헌부 : 백관의 규찰, 양반의 일반 재판
  - 형조 : 사법 행정에 대한 감독 및 일반 사건에 대한 재심을 담당
  - 의금부 : 국가대죄(국사범, 반역죄, 강상죄 등)를 다스리는 국왕 직속 기관
  - 포도청 : 상민의 범죄를 담당하는 경찰 기관
  - 한성부 : 수도의 치안 및 토지·가옥 소송을 담당
  - 장예원 : 노비 문서 및 노비 범죄를 관장
- **지방** : 관찰사와 수령이 각각 관할 구역 내의 사법권을 행사
- **재판 과정**
  - 재판에 불만이 있을 경우 사건에 따라 다른 관청이나 상부 관청에 재심 청구 가능
  - 신문고 등 임금에게 직접 호소하는 방법도 있으나 일반적으로 시행된 방법은 아님
  - 송사에 있어 재판관은 원고와 피고의 주장을 참고하여 결정하며, 항고도 가능

07

조선시대 사회제도를 설명한 것 중 옳지 않은 것은?

① 고려시대에 비하여 물건에 대한 소유권의 개념이 약화되었다.

② 노비의 신분은 세습되며 매매, 양도, 상속의 대상이 되었다.

③ 촌락 공동체의 조직으로 향도, 계, 두레 등이 있었다.

④ 백성들의 유민화를 방지하기 위해 오가작통법과 호패법을 시행하였다.

해설 조선시대에는 물건에 대한 소유권과 토지의 소유권 관념이 고려시대에 비하여 현저히 발달하였다.

핵심정리

법률 체제
① 형법
- **대명률(大明律)** : 〈경국대전〉의 형전 조항이 우선 적용되었으나, 그 내용이 소략하여 형벌 사항은 일반적으로 대명률을 적용
- **연좌제** : 가장 무거운 범죄인 반역죄와 강상죄에는 연좌제가 적용되어 가족이 처벌되고, 고을의 명칭이 강등되며, 수령이 낮은 고과를 받거나 파면당하기도 함

② 민법
- **관습법 중심** : 민사에 관한 사항은 지방관이 관습법에 따라 처리
- **소송의 내용** : 초기에는 노비와 관련된 소송, 이후 산소(묘자리)와 관련된 산송(山訟)이 주류를 이룸
- **물권(物權) 개념의 발달** : 고려시대에 비하여 물건과 토지의 소유권 관념이 발달
- **재산 분쟁** : 재산 소유 등과 관련된 분쟁은 문건에 의한 증거에 의존
- **상속** : 성리학 정착 이후 종법에 따라 이루어졌으며, 제사와 노비 상속을 중시

08

조선 전기 향촌 사회에 대한 설명으로 옳지 않은 것은?

① 두레는 공동 노동의 전통을 보여주는 작업 공동체였다.

② 족보는 양반의 신분적 우월성을 고취하는 역할을 하였다.

③ 주로 양반들이 거주하는 반촌과 평민들이 거주하는 민촌이 생겨났다.

④ 향회에 평민들을 참여시켜 조세의 합리적인 부과와 배분을 논의하였다.

해설 향회에 평민들이 참여한 것은 조선 후기 향촌 사회의 현상이다. 향회는 원래 양반사족의 향촌 지배를 위한 기구로, 양반사족들이 결속을 다지고 유교 윤리에 따라 향촌 사회의 질서를 보다 안정적으로 유지하기 위한 목적으로 운영되었는데, 조선 후기에 들어오면서 신분의 활발한 상하 변동으로 양반의 권위가 하락하고 부농층의 상승 욕구와 재정 위기 타개를 위한 정부의 이해관계가 일치하면서 부농층을 중심으로 한 평민층의 향회 참여가 점차 늘어났다. 이로 인해 종래 양반의 이익을 대변하던 향회는 수령이 세금 부과에 대해 논의하는 자문기구로 그 성격이 바뀌었다.

핵심정리

유향소

유향소는 지방 세력의 향촌 자치 기구로, 수령을 보좌·감시하고 향리의 비행을 규찰하며, 정령시달, 풍속 교정, 백성 교화, 여론 수렴 등의 기능을 담당하였다. 유향소는 고려 후기에 발생하여 조선 초 세조 때 폐지되었다가, 성종 때 향청으로 부활되었다.

09 국가직 9급 기출

다음 조직에 대한 설명으로 옳지 않은 것은?

> 가입하기를 원하는 자에게는 반드시 먼저 규약문을 보여주고, 몇 달 동안 실행할 수 있는가를 스스로 헤아려 본 뒤에 가입하기를 청하게 한다. 가입을 청하는 자는 반드시 단자에 참가하기를 원하는 뜻을 자세히 적어 모임이 있을 때에 진술하고, 사람을 시켜 약정(約正)에게 바치면 약정은 여러 사람에게 물어서 좋다고 한 다음에야 글로 답하고, 다음 모임에 참여하게 한다. – 〈율곡전서〉 중에서

① 향촌 사회의 질서를 유지하고 치안을 담당하는 향촌의 자치 기능을 맡았다.

② 전통적 미풍양속을 계승하면서 삼강오륜을 중심으로 한 유교 윤리를 가미하였다.

③ 어려운 일이 생겼을 때에 서로 돕는 역할을 하였고, 상두꾼도 이 조직에서 유래하였다.

④ 지방 유력자가 주민을 위협, 수탈하는 배경을 제공하는 부작용도 있었다.

해설 주어진 글은 율곡 이이가 주도한 해주 향약 입약 범례문이다. 향약은 조광조에 의해 처음 소개되고 이황과 이이에 의해 널리 보급된 향촌의 자치 규율이다.
상부상조와 상여를 메는 사람인 상두꾼의 유래는 향도이다. 향도는 주로 상을 당했을 때나 어려운 일이 생겼을 때 서로 돕는 역할을 했다.

10

다음 중 향도에 대한 설명으로 틀린 것은?

① 고려 시대에는 석탑, 불상, 절을 지을 때 향도
가 주도적인 역할을 하였다.

② 조선 시대에 와서 성리학이 널리 퍼지자, 향도
는 완전히 사라졌다.

③ 신앙적인 향도에서 점차 자신들의 이익을 위
하여 조직되는 향도로 변모되었다.

④ 조선 시대에는 주로 상을 당하였을 때나 어려
운 일이 생겼을 때에 서로 돕는 역할을 하였다.

해설 향도는 조선 시대에서도 완전히 소멸되지 않았고, 신앙
적 기반과 동계 조직과 같은 공동체 조직의 성격을 모두
띠는 전통적 공동체로서의 기능을 하였다.

① 향도(香徒)는 고려 시대 향촌의 대표적 신앙 조직이
자 농민 공동체 조직으로, 석탑과 불상, 절(사찰) 등
많은 노동력이 소요되는 일을 할 때 향도가 이에 주
도적으로 참여하였다.

③ 고려 후기에는 점차 신앙적 향도에서 자신들의 이익
을 위하여 조직되는 향도로 성격이 변모하여 대표적
인 공동체 조직이 되었다.

④ 촌민들의 음주·가무를 즐기고 상장을 서로 돕는 역
할을 하였는데, 주로 상을 당하거나 어려운 일이 생
겼을 때 상부상조하는 역할을 담당하였다.

11

조선 전기(15~16세기)의 향촌 사회 조직과 운영에 대한 설명으로 옳지 않은 것은?

① 사창제는 사족 중심의 향촌 질서를 유지하기
위해 실시한 자율적 구휼제도였다.

② 사족은 그들의 총회인 향회를 통해서 자신들
의 결속을 다지고 지방민을 통제하였다.

③ 선현의 제사와 교육을 주된 목적으로 하는 서
원은 향촌 사림을 결집시키는 기능도 하였다.

④ 총액제에 의한 지방 재정의 운영으로 향촌에
서 사림의 지위는 강화되었다.

해설 총액제에 의한 지방 재정 운영은 조선 후기에 해당된다.
총액제는 부세 수취의 안정과 수취 책임의 강화를 위해
고을 단위로 총액을 정해 부과한 일종의 공동 납세제도
로, 전세에서의 비총제, 군포에서의 군총제, 환곡에서의
환총제 등의 형태가 있었다. 이러한 총액제는 국가재정
의 확보와 지배 체제 유지를 위한 목적으로 관권과 향청
의 결속을 통해 이루어졌는데, 향촌에서 기존 재지사족
(구향)의 지배권이 점차 약화되고 부농층 등 신향 세력
의 영향력이 커져 향회를 장악해 나가면서 정부의 이러
한 부세제도 운영에 결탁·협력하게 되었다(종래 양반
의 이익을 대변하던 향회가 정부(수령 등)의 세금 부과
에 관한 자문기구로 변화).

이러한 부세 수취제도는 실제 시행 과정에서 부과된 총
액을 채우기 위한 수령·향리 등의 강압과 부패가 증가
하였고, 군적과 호적의 관리가 부실해 수취 부담이 토지
로 집중되는 부작용을 낳기도 하였다.

① 사창제(社倉制)는 조선 초 향촌 사회에서 자치적으로
실시·운영된 구휼제도로, 양반 지주들이 농민 생활
을 안정시켜 양반사족 중심의 향촌 질서를 유지하기
위한 것이었다.

② 조선 전기에는 양반사족들이 향회를 통해 자신들의 결
속을 다지고 향촌 사회에서의 지배력을 유지하였다.

③ 서원은 선현의 추모, 학문의 심화·발전, 양반 자제
교육 등을 목적으로 하였으며, 향촌 사림의 농촌 지
배를 강화하고 사림을 결집하는 기능을 하였다.

12

서원과 향약에 대한 설명으로 사실과 다른 것은?

① 최초의 서원은 중종 때 주세붕이 세운 백운동 서원이다.

② 서원은 학문의 지방적 확대에 기여하였다.

③ 서원과 향약은 사림의 농민 지배에 이용하기도 하였다.

④ 사액 서원은 정부의 지원을 받았으므로 경기 지방에 가장 많았다.

해설 사액 서원은 경기지방에만 국한된 것이 아니라 전국에 걸쳐 확산되었다. 선조 대에는 사액 서원만 전국에 100여 개가 넘었으며, 지방 유학자들의 사회적 위상을 높여 주었다.

핵심정리

서원

• **기원**
  - 중종 38년(1543)에 풍기 군수 주세붕이 안향의 봉사를 위해 설립한 백운동 서원
  - 이후 백운동 서원은 이황의 건의로 소수 서원이라는 편액을 받으며 최초의 사액 서원이 됨
• **운영의 독자성** : 독자적인 규정을 통한 교육 및 연구
• **사액 서원의 특권** : 면세 · 면역, 국가로부터 서적 · 토지 · 노비 등을 받음

13

서원에 대한 설명으로 틀린 것은?

① 붕당의 근거지, 백성 수탈의 온상이 되어 19세기 후반에 대폭 철폐되었다.

② 향촌 사림을 결집시키고 향촌에서의 지배력을 강화시키는 구실을 하였다.

③ 국립 고등 교육기관으로 관학 교육에 도움을 주었다.

④ 사원, 주택, 정자양식이 실용적으로 결합된 독특한 아름다움을 지녔다.

해설 서원은 향촌으로 은거하여 생활하던 사림들이 만든 교육기관으로, 향촌을 지배하는 중요한 지방 조직으로 발전하였다.

핵심정리

서원의 기능과 영향

• **보급**
  - 배경 : 교육 기관이므로 견제를 적게 받으며, 문중을 과시하는 효과도 있어 번창
  - 시기 : 사화로 인해 향촌에서 은거하던 사림의 활동 기반으로서 임진왜란 이후 급속히 발전
  - 16세기 말에는 100개였으나 17, 18세기에는 600여 개로 증가
• **기능**
  - 선현의 추모, 학문의 심화 · 발전 및 양반 자제 교육
  - 사림의 농촌 지배를 보다 강화하고 향촌 사림을 결집
  - 양반의 지위 보장, 각종 국역 면제
  - 지방 문화 발전에 이바지
• **영향**
  - 공헌 : 학문 발달과 지방 문화 발전에 기여
  - 폐단 : 사림들의 농민 수탈 기구로 전락, 붕당 결속의 온상지(정쟁을 격화)

제**4**편

근세의 성립과 발전

나두공 제4편 근세의 성립과 발전

실전 문제

제4장 민족 문화의 발달

대표유형문제

지방직 9급 기출

다음 중 해외로 유출된 우리 문화재는?

① 신윤복의 미인도

❷ 안견의 몽유도원도

③ 정선의 인왕제색도

④ 강희안의 고사관수도

정답해설 「몽유도원도」는 1447년(세종 29) 조선 전기의 화가 안견이 그린 산수화로 일본 덴리[天理]대학 중앙도서관에 소장되어 있다.

오답해설 ① 조선 후기의 풍속화가 혜원 신윤복이 그린 「미인도」는 간송미술관에 소장되어 있다.

③ 조선 후기의 화가 겸재 정선이 비 내린 뒤의 인왕산을 그린 산수화 「인왕제색도」는 국보 216호로 리움미술관에 소장되어 있다.

④ 조선 초기의 화가 인재 강희안의 그림 「고사관수도」는 깎아지른 듯한 절벽을 배경으로 바위 위에 양팔을 모아 턱을 괸 채 수면을 바라보는 선비의 모습을 묘사하였는데, 국립중앙박물관에 소장되어 있다.

핵심정리 15세기 대표적 화가

• **안견** : 화원 출신. 대표작 몽유도원도(자연스러운 현실 세계와 환상적인 이상 세계를 웅장하면서도 능숙하게 처리하고, 대각선적인 운동감을 활용하여 구현한 걸작)

• **강희안** : 문인 화가, 대표작 고사관수도(선비가 무념무상에 빠진 모습을 담고 있는데, 세부 묘사는 생략하고 간결하고 과감한 필치로 인물의 내면세계를 표현)

• **최경** : 도화서 화원으로 인물화의 대가, 대표작 채희귀한도

01

다음 사료에 나타난 문화 의식과 가장 거리가 먼 것은?

> 우리나라의 글은 송이나 원의 글이 아니고 한이나 당의 글도 아닙니다. 바로 우리나라의 글일 따름입니다. 마땅히 중국 역대의 글과 나란히 천지의 사이에 행하게 하여야 합니다. 어찌 흔적 없이 사라지게 하여 전해지지 않게 하겠습니까.
>
> – 〈동문선〉

① 한글 창제
② 대동여지도 제작
③ 진경산수화 창안
④ 〈기자실기〉 편찬

해설 〈기자실기〉는 단군보다도 기자를 더 높이 숭상하면서 기자조선에 대한 연구를 심화한 책으로, 사림의 존화주의적 · 왕도주의적 정치의식과 문화의식을 반영한 책이다.

──── 핵심정리 ────

16세기의 역사서

• 특징
 – 15세기 역사관을 비판하고 사림의 존화주의적 · 왕도주의적 의식을 반영
 – 존화사상을 바탕으로 우리나라 역사를 소중화의 역사로 파악
 – 기자조선을 강조하고 유교 문화와 대립되는 고유 문화는 음사(淫事)라 하여 이단시함

• 대표적 사서 : 박상의 〈동국사략〉, 박세무의 〈동몽선습〉, 윤두서의 〈기자지〉, 이이의 〈기자실기〉, 오운의 〈동사찬요〉

02

밑줄 친 이 책은 무엇인가?

> <u>이</u> 책은 세조 때에 편찬에 착수하였는데, 서거정 등이 고조선에서 고려 말까지의 역사를 정리한 편년체 역사서이다.

① 동국통감
② 동사강목
③ 해동역사
④ 고려사절요

해설 〈동국통감〉은 세조 때에 편찬에 착수하여 성종 15년(1484)에 서거정 등이 편찬 · 완성한 사서로, 단군조선에서 여말까지를 기록한 최초의 편년체 통사이다. 〈동국통감〉의 구성을 보면, 3조선(단군, 기자, 조선)과 삼한을 외기(外記)로 책머리에 수록하고, '삼국–통일신라–고려'로 이어지는 흐름을 부각하였다. 편찬의 체제나 방법이 성리학적 명분론에 입각하고 있으나, 단군을 민족의 시조라 보는 등 자주적 입장에서 재정리한 것으로 평가받고 있다.

② 안정복의 〈동사강목〉(1778)은 고조선으로부터 고려 말까지의 우리 역사를 독자적 정통론(마한 정통론)을 세워 체계화한 사서로, 고증 사학의 토대를 닦았다.

③ 한치윤의 〈해동역사〉는 단군조선으로부터 고려시대까지를 서술한 기전체 사서로, 500여 종의 우리나라와 외국(중국 · 일본)의 자료를 인용해 고증적인 역사의식을 드러내었다.

④ 〈고려사절요〉는 김종서 · 정인지 등이 신하의 입장에서 독자적으로 서술 · 편찬하여 문종 2년(1452)에 완성한 편년체의 사서(35권)로, 〈고려사〉에서 빠진 부분을 보충 · 추가하여 편찬한 것이다.

03 지방직 9급 기출

조선시대 의궤에 대한 설명으로 옳지 않은 것은?

① 왕실의 행사에 사용된 도구, 복식 등을 그림으로 남겨 놓았다.

② 이두와 차자(借字) 및 우리의 고유한 한자어(漢字語) 연구에도 귀중한 자료이다.

③ 왕실 혼례와 장례, 궁중의 잔치, 국왕의 행차 등 국가의 중요한 행사를 기록하였다.

④ 프랑스 국립도서관에는 신미양요 때 프랑스군이 약탈해 간 어람용 의궤가 소장되어있다.

해설 강화도의 외규장각에 보관되어 있던 『조선왕조 의궤』는 1866년(고종 23) 병인양요 당시 프랑스에 약탈당하였으나, 2010년 4월~5월 G20 서울정상회의 기간 이명박 전대통령과 니콜라스 사르코지 전대통령이 5년 단위 갱신이 가능한 대여 방식의 반환에 합의함으로써 프랑스 국립도서관에 있던 『조선왕조 의궤』를 포함한 외규장각 약탈도서 297권 모두가 임대형식으로 국내로 반환되었다.

핵심정리

의궤

우리나라의 고유한 기록유산인 『의궤』는 조선왕조가 세워진 첫해부터 멸망 때(1392~1910)까지 519년간의 왕실 의례에 관한 기록물로, 왕실의 중요한 의식(儀式)과 나라의 건축 사업 등을 글과 그림으로 기록하여 보여 주고 있다. 『의궤』는 왕실 생활의 다양한 측면을 아주 자세하게 담고 있다는 점에서 그 가치가 높다. 혼인 · 장례 · 연회 · 외국 사절 환대와 같은 중요한 의식을 행하는 데 필요한 의식 · 의전(儀典) · 형식 절차 및 필요한 사항들을 기록하고 있고, 왕실의 여러 가지 문화 활동 외에 궁전 건축과 묘 축조에 관한 내용도 자세히 담고 있다. 『의궤』는 현재 서울대학교 규장각과 한국학 중앙 연구원 장서각, 프랑스 국립 도서관과 일본 궁내부에 보관되어 있는데 이 『의궤』들은 임진왜란 이후에 제작된 것이다. 여러 곳에 있는 『의궤』중 유네스코 세계 기록 유산으로 등재되어 있는 자료는 우리나라에서 보관하고 있는 833종 3,430책뿐이다.

04

조선시대에 지방의 연혁, 지세, 토지, 풍속, 호구 등을 소개한 책은?

① 동국사략　　　　② 고려사절요

③ 동국통감　　　　④ 동국여지승람

해설 〈동국여지승람〉은 조선 성종 때 왕명으로 노사신 등이 각 도의 지리 · 풍속을 적은 책으로 팔도지리지에 인문에 관한 것을 추가하였다.

핵심정리

지도와 지리서

① 지도

- 15세기 초
  - 혼일강리역대국도지도(1402) : 태종 때 권근 · 김사형 · 이회 등이 제작한 세계지도로, 현존하는 동양 최고(最古)의 세계지도
  - 팔도도 : 세종 때 제작된 전국지도(부전)
  - 동국지도 : 세조 때 양성지 등이 왕명에 따라 실지 답사를 통해 완성한 최초의 실측지도
- 16세기 : 8도 주현의 진상품 파악을 위해 제작한 조선방역지도가 현존

② 지리서

- 〈팔도지리지〉 : 세종 때(1430) 8도의 지리 · 역사 · 정치 · 사회 · 경제 · 군사 · 교통 등의 내용을 수록한 최초의 인문지리서로, 〈세종실록〉에 수록
- 〈동국여지승람〉 : 〈팔도지리지〉를 보완하여 성종 때(1481) 서거정 등이 편찬, 군현의 연혁 · 지세 · 인물 · 풍속 · 산물 · 교통 등을 자세히 수록하여 인문지리적 지식 수준을 높임, 증보판인 〈신증동국여지승람〉(이행 등, 1528)이 현존
- 읍지(邑誌) : 일부 군 · 현에서 제작, 향토의 문화적 유산에 대한 관심 반영

05

조선시대 법전의 편찬 순서가 바르게 나열된 것은?

> ⊙ 속대전   ⓒ 경국대전
> ⓒ 조선경국전   ⓔ 대전통편

① ⊙ → ⓔ → ⓒ → ⓒ
② ⓒ → ⓒ → ⓔ → ⊙
③ ⓒ → ⓒ → ⊙ → ⓔ
④ ⊙ → ⓒ → ⓒ → ⓔ

해설 ⓒ 조선경국전 : 1394년(태조 3년)
ⓒ 경국대전 : 1485년(성종 16년)
⊙ 속대전 : 1746년(영조 22년)
ⓔ 대전통편 : 1785년(정조 9년)

핵심정리

법전의 편찬

법전	편찬자	내용
조선경국전 (태조)	정도전	최초의 사찬 법전, 조선 정책 지침
경제문감 (태조)	정도전	태조 때 정치 조직의 초안
경제육전 (태조)	조준	고려 말에서 조선 초까지의 조례를 정리한 법전
경국대전 (세조~성종)	최항, 노사신	이·호·예·병·형·공전의 6전으로 구성된 조선의 기본 법전
속대전 (영조)	김재로	경국대전을 보완
대전통편 (정조)	김치인	경국대전과 속대전을 통합
대전회통 (고종)	조두순	대전통편과 그 후의 교령을 보완한 조선 법전의 총결산본
육전조례 (고종)	조두순	각 관청에서 맡은 시행 세칙을 수록한 책 행정 법령 사례집

06

조선의 성리학에 대한 다음 설명 중 옳은 것은?

① 조선에 들어온 성리학은 '사람이 곧 하늘이다.'를 강조하는 사상이다.

② 이이는 도덕적 행위의 근거로서 심성을 중시하고, 근본적이며 이상주의적인 성격이 강하였다.

③ 이황은 이이에 비해 현실적이고 개혁적인 성격을 지녔다.

④ 16세기 중반부터 성리학 연구가 심화되면서 학설과 지역적 차이에 따라 서원을 중심으로 학파가 형성되기 시작하였다.

해설 16세기 중반부터 성리학 이해와 연구가 심화되면서 학문적 입장과 지역적 차이를 토대로 서원을 중심으로 하여 학파가 본격적으로 형성되었다.
학파의 형성 과정을 보면, 우선 경기지방(개성)을 중심으로 한 서경덕 학파와 영남학파를 형성하게 된 이황 학파와 조식 학파가 형성되었으며, 다음으로 이이 학파와 성혼 학파가 형성되어 기호학파를 형성하였다. 선조가 즉위하면서 향촌에서 기반을 다져 온 사림세력이 대거 중앙 정계로 진출하게 되는데, 이를 계기로 학파는 정치적·정파적 입장에 따라 붕당을 형성하는 배경이 된다. 그리하여 서경덕 학파와 이황 학파, 조식 학파가 동인을, 이이 학파와 성혼 학파가 서인을 형성하게 된다. 이후 동인은 정여립 모반 사건 등을 계기로 하여 이황 학파의 남인과, 서경덕 학파와 조식 학파의 북인으로 분화되고, 서인은 송시열·이이 등의 노론과, 윤증·성혼 등의 소론으로 분화된다.

① '사람이 곧 하늘이다'라는 사상(인내천 사상)은 최제우가 창시한 동학(1860)과 관련된 사상이다. 동학은 모든 사람이 평등하다는 시천주(侍天主)와 사람을 하늘같이 섬기라는 사인여천(事人如天) 사상, 인내천(人乃天) 사상 등을 강조하였다.

② 이황(李滉)에 대한 설명이다. 이황은 도덕적 행위의 근거로서 인간의 심성을 중시하였고, 근본적·이상주의적인 학문 성향을 지녔다. 주리 철학을 확립하였고, 임진왜란 이후 일본 성리학 발전에 영향을 미쳤다.

③ 이황이 아니라 이이(李珥)에 대한 설명이다. 이이는 '기'의 역할을 강조하는 일원론적 이기이원론의 학문 성향으로, 개혁적·현실적 성격이 강하였다. 경세가로서 현실문제의 개혁에도 관심을 가져 개혁방안으로 대공수미법(代貢收米法)과 10만양병설 등을 주장하기도 했다.

--- 핵심정리 ---

이황과 이이

① 이황(李滉, 1501~1570)
- 학문 성향 : 인간의 심성을 중시, 근본적·이상주의적인 성격, 주리 철학을 확립, 16세기 정통 사림의 사상적 연원
- 저서 : 〈주자서절요〉, 〈성학십도〉, 〈전습록변〉 등
- 학파 형성 : 김성일·유성룡 등의 제자에 의하여 영남학파 형성
- 영향 : 위정척사론, 임진왜란 이후 일본 성리학 발전에 영향

② 이이(李珥, 1536~1584)
- 성향 : 개혁적·현실적 성격(기의 역할을 강조), 일원론적 이기이원론
- 저서 : 〈동호문답〉, 〈성학집요〉, 〈경연일기〉, 〈만언봉사〉, 〈변법경장론(變法更張論)〉
- 학파 형성 : 조헌·김장생 등의 기호학파를 형성
- 영향 : 북학파 실학사상과 개화사상, 동학사상에 영향

07 지방직 9급 기출

다음 괄호 안에 들어갈 사상과 가장 관련이 깊은 것은?

> 그는 전 국토의 자연환경을 유기적으로 파악하는 인문지리적 지식에다 경주 중앙 귀족들의 부패와 무능, 지방 호족들의 대두, 오랜 전란에 지쳐서 통일의 안정된 사회를 염원하는 일반 백성들의 인식을 종합하여 체계적인 (   )을(를) 만들었다.

① 수선사 결사운동　　② 만적의 봉기
③ 정조의 화성 건설　　④ 조선의 한양 천도

해설 제시문의 괄호 안에 들어갈 사상은 신라 말 도선이 도입·체계화한 풍수지리사상이다. 조선의 한양 천도는 풍수지리사상을 배경으로 한 남경길지설(한양명당설)을 토대로 하여 단행되었다.

풍수지리설은 산세와 수세를 살펴 도읍·주택·묘지 등을 선정하는 인문지리적 학설로서, 신라 말 도선 등의 선종 승려들이 체계화하였다. 풍수지리설은 경주 중심의 사고에서 벗어나 다른 지방의 중요성을 자각하는 계기로 작용하였고, 나아가 지방 중심으로 국토를 재편성하려는 주장으로까지 발전하여 신라 정부의 권위를 약화시키는 구실을 하였다. 이러한 풍수지리설은 고려시대에 크게 유행하여 서경천도와 북진정책의 배경이 된 서경길지설과 북진정책의 퇴조에 따라 등장한 남경길지설(南京吉地說)의 사상적 배경이 되었다.

① 수선사 결사운동은 고려의 승려 지눌이 명리(名利)에 집착하는 당시 불교계의 타락상을 비판하고 승려 본연의 자세로 돌아갈 것을 주장하며 전개한 불교 개혁운동이다.

② 만적의 봉기(1198)는 개경에서 최충헌의 사노 만적이 신분 해방을 외치며 일으킨 난으로, 최씨 무신집권기에 이루어진 최초의 신분해방운동이다.

③ 정조의 화성(華城) 건설은 구세력을 일소하고 수원을 정치적 이상을 실현하는 상징적 도시로 육성하려는 의도에서 추진되었다.

핵심정리

도교와 민간신앙

① 도교와 풍수지리설

- 선초 도교는 위축되어 사원이 정리되고 행사도 축소(관청도 축소 · 정리)
- 국가적 제사를 주관하기 위해 소격서(昭格署) 설치, 참성단에서 초제 시행
- 사림의 진출 이후 중종 때 소격서가 혁파되고 도교 행사가 사라지기도 함
- 유교 정치의 정착 과정에서 전통적 관습 · 제도인 도교는 갈등을 빚었고, 임진왜란 이후 소격서는 완전히 폐지
- 풍수지리설 · 도참사상
  - 신라 말 전래된 이래 줄곧 도읍 등의 선택에 영향을 미침(서경길지설, 남경길지설 등)
  - 조선 초기 이래로 중요시되어 한양 천도에 반영되었으며, 사대부의 묘지 선정에도 작용하여 산송(山訟) 문제가 사회적인 문제로 대두되기도 함

② 기타의 민간신앙

- 민간신앙 : 무격신앙 · 산신신앙 · 삼신숭배 · 촌락제 등이 백성들 사이에 자리 잡음
- 세시 풍속 : 유교 이념과 융합되면서 조상 숭배와 촌락의 안정을 기원하는 의식화됨
- 매장 방식의 변화 : 불교식으로 화장하던 풍습이 묘지를 쓰는 것으로 바뀌면서 명당 선호 경향이 두드러짐

08

조선시대 과학기술의 발전에 대한 설명으로 옳은 것은?

① 천체관측기구로 측우기가 제작되었다.
② 16세기의 사림유학자들은 기술학을 겸하여 학습하였다.
③ 과학의 발달은 중농주의 정책과 밀접한 관련이 있었다.
④ 토지조사와 조세수입을 계산하기 위하여 〈칠정산〉이란 수학교재가 나왔다.

해설 조선 초기에는 부국강병과 민생안정을 위하여 과학 기술이 중요하다고 인식하였으며, 농업 발전에 대한 깊은 관심으로 기상, 역법, 측량, 농학, 수학의 발달을 가져왔다.

핵심정리

천문·역법·수학

① 각종 기구의 발명과 제작

- 천체관측기구 : 혼의 · 간의가 제작됨
- 측정기구 : 세종 때 세계 최초로 측우기를 만들어 전국 각지의 강우량 측정, 물시계인 자격루와 해시계인 앙부일구 등을 제작
- 측량기구(1446) : 세조 때 토지 측량 기구인 인지의와 규형을 제작하여 양전사업과 지도 제작에 널리 이용
- 천문도(天文圖) : 건국 초기부터 천문도를 제작, 천상열차분야지도(천문도를 돌에 새긴 것) 제작

② 역법과 수학의 발달

- 〈칠정산〉(세종) : 중국의 수시력과 아라비아의 회회력을 참고로 한 역법서로서 우리나라 최초로 천체 운동을 정확하게 계산, 15세기 세계 과학의 첨단 수준
- 수학의 발달
  - 천문 · 역법의 발달과 토지조사, 조세수입 계산 등의 필요에 의해 발달
  - 수학 교재 : 명의 안지제가 지은 〈상명산법〉, 원의 주세걸이 지은 〈산학계몽〉 등

제4편 근세의 정치와 발전

09

조선 전기 과학 기술의 발달에 대한 설명으로 적합하지 않은 것은?

① 〈파한집〉 등의 의서가 편찬되기도 하였다.

② 계미자, 갑인자 등의 금속활자 인쇄술이 크게 발달했다.

③ 규형의 제작으로 양전사업에 널리 활용되었다.

④ 농업 진흥에 대한 관심으로 천문, 기상, 측량, 수학이 발달하였다.

해설 〈파한집〉은 고려시대에 이인로가 저술한 책으로, 역대 문인들의 명시에 얽힌 이야기를 담았다.

10

조선 전기에 있었던 일들과 관련한 내용이 바르게 연결되지 못한 것은?

① 농업기술의 향상 – 농사직설 편찬

② 민족문화의 창달 – 훈민정음 창제

③ 과학기술의 발달 – 지전설 도입

④ 성리학의 발달 – 주자가례 보급

해설 지전설의 도입은 조선 후기에 실학자 홍대용이 주장한 것으로, 성리학적 세계관을 비판하는 근거가 되었다.

┌─── 핵심정리 ───┐

한글의 창제와 보급

• 세종은 집현전 학자들과 한글을 창제(1443)한 후 〈훈민정음〉을 반포(1446)

• 「용비어천가」와 「월인천강지곡」 등을 지어 한글로 간행

• 불경 · 농서 · 윤리서 · 병서 등을 한글로 번역하거나 편찬

• 서리들의 채용에 훈민정음을 시험 과목으로 포함

11

조선 초기의 과학서적에 대한 설명으로 옳은 것은?

① 〈사시찬요〉는 의학백과사전으로 광해군 때 허준 등에 의하여 편찬된 것이다.

② 〈향약집성방〉은 고려시대 이래의 전통을 이어받아 독자적인 약방을 집대성한 것이다.

③ 〈동의보감〉은 농부들의 실제 경험을 토대로 하여 농사기술을 이론적으로 정리한 것이다.

④ 〈칠정산〉은 중국과 아라비아의 산학서를 참고로 하여 쓴 수학책이다.

해설 〈향약집성방〉은 1433년 우리 풍토에 알맞은 약재 개발 등을 정리한 책으로 조선 의학의 학문을 체계화하였다.

　① 〈사시찬요〉는 세조 때 강희맹이 계절에 따른 농업 기술을 저술한 책이다.

　③ 〈동의보감〉은 광해군 때 허균이 〈향약집성방〉과 〈의방유취〉를 더욱 발전시켜 간행한 의학 서적이다.

　④ 〈칠정산〉은 천체의 위치를 계산하는 방법을 서술한 역법서이다.

┌─── 핵심정리 ───┐

의학

• 15세기에는 조선 의 · 약학의 자주적 체계가 마련되어 민족 의학이 더욱 발전

• 의학서

　– 〈향약제생집성방(1398)〉 : 의학 · 본초학의 효시

　– 〈향약채집월령(1431)〉 : 약용 식물을 최초로 정리한 의서(한글)

　– 〈향약집성방(1433)〉 : 우리 풍토에 알맞은 약재 개발과 1천여 종의 병명 및 치료 방법을 개발 · 정리, 조선 의학의 학문적 체계화

　– 〈태산요록(1434)〉 : 산부인과 의서

　– 〈신주무원록(1438)〉 : 송의 법의학서(무원록)에 주(註)를 달아 편찬

　– 〈의방유취(1445)〉 : 김순의 등, 동양 최대의 의학 백과사전

12 국가직 9급 기출

'혼일강리역대국도지도'가 제작된 왕대의 문화계 동향에 대한 설명으로 옳은 것은?

① 주자소를 설치하고 구리로 '계미자'를 주조하였다.

② 유교적 질서를 확립하기 위하여 윤리서인 〈삼강행실도〉를 편찬하였다.

③ 〈경국대전〉을 간행하여 유교적 통치 질서와 문물제도를 일단락하였다.

④ 서거정 등이 중심이 되어 편년체 통사인 〈동국통감〉을 편찬하였다.

해설 혼일강리역대국도지도(1402)는 태종 때 권근·김사형·이회 등이 제작한 세계지도로서 현존하는 세계지도 중 동양에서는 가장 오래된 것이다. 주자소를 설치하고 계미자(1403, 태종 3년) 등의 동활자를 주조한 것은 태종 때이다.
② 〈삼강행실도〉(1431)는 세종 때 모범적인 충신·효자·열녀 등의 행적을 그림으로 그리고 설명한 책이다.
③, ④ 성종 때 조선의 기본 법전인 〈경국대전〉(1485, 성종 16년)을 간행하여 유교적 통치 질서와 문물제도를 정비하였고, 서거정은 단군에서 여말까지를 기록한 편년체 통사인 〈동국통감〉(1484, 성종 15년)을 편찬하였다.

핵심정리

인쇄술과 제지술

① **활자와 인쇄 기술의 발달**
  • **금속 활자의 개량** : 고려시대에 발명되어 조선 초기에 개량
    - 태종(1403) : 주자소를 설치하고 구리로 계미자를 주조
    - 세종(1434) : 구리로 갑인자를 주조
② **제지술의 발달** : 활자 인쇄술과 더불어 제지술이 발달하여 종이 생산량이 크게 증가, 세종 때 종이를 전문적으로 생산하는 조지서(造紙署)를 설치, 다양한 종이를 대량 생산

---

13 지방직 9급 기출

우리나라의 토기 및 도자기에 대한 설명으로 옳지 않은 것은?

① 신라 토기는 규산(석영) 성분의 태토를 구워 만드는데, 유약을 사용하지 않는 것이 원칙이다.

② 고려청자는 물에는 묽어지고 불에는 굳어지는 자토로 모양을 만들고 무늬를 새긴 후 유약을 발라 대략 1,250~1,300도 사이의 온도로 구워서 만든다.

③ 분청사기는 청자에 백토의 분을 칠한 것으로, 서민문화가 발달하는 조선 후기에 성행하였다.

④ 조선백자는 규산(석영)과 산화알루미늄을 주성분으로 한 태토로 모양을 만들고 그 위에 유약을 발라 대략, 1,300~1,350도에서 구워 만든다.

해설 분청사기는 고려자기를 계승한 것으로, 조선 초 15세기에 유행하다가 16세기 이후 세련된 백자가 성행하면서 생산이 감소하였다.
① 신라 토기는 규산 성분이 포함된 바탕흙(태토)을 밀폐된 가마에서 고온으로 구워 제작하며, 고온(1,200도)의 열로 생긴 재들이 유약의 역할을 하므로 따로 유약을 사용하지 않는 것이 원칙이다.
② 고려청자는 그릇 표면에 음각으로 무늬나 그림을 파 새기고 백토나 흑토를 메워 고르게 한 다음 초벌구이를 하고, 다시 유약을 발라 다시 1,200~ 1,300도의 열로 구워 만든다.
④ 조선백자는 규산과 산화알루미늄을 주성분으로 하는 태토로 형태를 만들어 그 위에 유약을 발라 약 1,250도 이상의 고온에서 구워 만든다.

14

조선시대 건축에 대한 설명으로 틀린 것은?

① 15세기에는 사원 건축이 중심을 이루었다.

② 16세기에 사림의 진출과 함께 서원 건축이 활발해졌다.

③ 무위사 극락전과 해인사 장경판전은 불교와 관련된 건축물이다.

④ 건물 안에 거주하는 사람의 신분에 따라 건물 크기와 장식에 차등을 두었다.

해설 고려시대에는 사원 건축이 중심이었는데 비해, 15세기에는 궁궐과 관아, 성곽, 성문, 학교 건축이 중심을 이루었다.

핵심정리

건축

① 15세기의 건축
  • 건축물의 특징
    – 사원 위주의 고려와 달리 궁궐 · 관아 · 성문 · 학교 등을 중심으로 건축
    – 건물주의 신분에 따라 크기와 장식에 일정한 제한
  • 대표적 건축물
    – 궁궐과 성문 : 경복궁, 창덕궁, 창경궁, 창경궁의 명정전과 도성의 숭례문, 창덕궁의 돈화문, 개성의 남대문과 평양의 보통문
    – 불교 관련 건축 : 무위사 극락전, 해인사의 장경판전, 원각사지 10층 석탑 등
  • 정원 : 인공을 가하지 않은 자연미가 특색(창덕궁과 창경궁의 후원)

② 16세기의 건축
  • 사림의 진출과 함께 서원의 건축이 활발
  • 특징 : 가람배치양식과 주택양식이 실용적으로 결합된 독특한 아름다움
  • 대표적 서원 : 경주의 옥산서원과 안동의 도산서원

---

15 국가직 9급 기출

다음은 조선시대의 미술작품에 대한 설명이다. 바르게 연결한 것은?

> • 창덕궁과 창경궁의 전모를 그려낸 (㉠)는 기록화로서의 정확성과 정밀성이 뛰어날 뿐 아니라 배경산수의 묘사가 극히 예술적이다.
> • 강희안의 (㉡)는 무념무상에 빠진 선비의 모습을 그린 작품으로 간결하고 과감한 필치로 인물의 내면세계를 느낄 수 있게 표현하였다.
> • 노비 출신으로 화원에 발탁된 이상좌의 (㉢)는 바위틈에 뿌리를 박고 모진 비바람을 이겨내고 있는 나무를 통하여 강인한 정신과 굳센 기개를 표현하였다.

	㉠	㉡	㉢
①	동궐도	송하보월도	금강전도
②	동궐도	고사관수도	송하보월도
③	서궐도	송하보월도	금강전도
④	서궐도	고사관수도	송하보월도

해설 ㉠ 동궐도(東闕圖)는 조선 후기 순조 때(19세기 초) 동궐인 창덕궁과 창경궁의 전각과 궁궐 전경을 조감도식으로 그린 궁궐 그림으로, 기록화로서의 정확성과 정밀성이 뛰어나며, 배경산수의 묘사나 원근 처리 등이 빼어나다는 것이 특징이다(창덕궁과 창경궁은 경복궁의 동쪽에 있다 하여 동궐이라 함). 한편, 서궐도(西闕圖)는 경희궁의 모습을 대형 화폭으로 담아낸 그림으로, 묵화로 표현한 점은 동궐도와 차이가 있으나 기법이나 구도에 있어서는 동궐도와 유사하다.
㉡ 강희안의 고사관수도는 조선 초기(15세기)의 그림으로 무념무상에 빠진 선비의 모습을 담고 있는데, 세부 묘사는 생략하고 간결하고 과감한 필치로 인물의 내면세계를 잘 표현한 것으로 유명하다.
㉢ 16세기 노비 출신의 화원인 이상좌의 대표적인 작품인 송하보월도는 선비가 바위틈에 뿌리를 내리고 모진 비바람을 이겨내고 있는 소나무와 거기에 비친 달빛을 바라보는 그림으로, 강인한 정신과 굳센 기개를 표현하고 있다.

핵심정리

그림

① 15세기

- 특징 : 중국 화풍을 선택적으로 소화하여 우리의 독자적인 화풍을 개발. 일본 무로마치 시대의 미술에 영향을 미침
- 대표적 화가
  - 안견 : 화원 출신, 대표작 몽유도원도(자연스러운 현실 세계와 환상적인 이상 세계를 웅장하면서도 능숙하게 처리하고, 대각선적인 운동감을 활용하여 구현한 걸작)
  - 강희안 : 문인 화가, 대표작 고사관수도(선비가 무념무상에 빠진 모습을 담고 있는데, 세부 묘사는 생략하고 간결하고 과감한 필치로 인물의 내면세계 표현)
  - 최경 : 도화서 화원으로 인물화의 대가, 대표작 채희귀한도

② 16세기

- 특징 : 다양한 화풍이 발달. 강한 필치의 산수화, 선비의 정신 세계를 표현한 사군자 등
- 대표적 화가
  - 이상좌 : 노비 출신으로 화원에 발탁. 대표작 송하보월도
  - 이암 : 동물들의 모습을 사랑스럽게 그림
  - 신사임당 : 풀과 벌레를 소박하고 섬세하게 표현. 대표작 화훼초충도
  - 삼절(三絶) : 황집중은 포도, 이정은 대나무(묵죽도), 어몽룡은 매화(월매도)를 잘 그림

16 국가직 9급 기출

우리나라 세계유산과 세계기록유산에 대한 설명으로 옳은 것만을 모두 고르면?

> ㄱ. 공주 송산리 고분군에는 전축분인 6호분과 무령왕릉이 있다.
> ㄴ. 양산 통도사는 금강계단 불사리탑이 있는 삼보 사찰이다.
> ㄷ. 남한산성은 병자호란 때 인조가 피난했던 산성이다.
> ㄹ. 『승정원일기』는 역대 왕의 훌륭한 언행을 『실록』에서 뽑아 만든 사서이다.

① ㄱ, ㄴ
② ㄴ, ㄷ
③ ㄱ, ㄴ, ㄷ
④ ㄱ, ㄷ, ㄹ

해설 ㄱ. 공주 송산리 고분군에는 벽돌무덤(전축분)인 6호분과 무령왕릉이 있으며 중국 남조의 영향을 받았다.
ㄴ. 신라의 자장(慈藏)이 당나라에서 불법을 배우고 돌아와 황룡사 9층탑 창건을 건의하고 통도사와 금강계단을 건립하였다. 우리나라의 삼보 사찰은 통도사·해인사·송광사로 각각 불·법·승을 상징한다.
ㄷ. 병자호란(인조 14, 1636) 시기에 인조는 남한산성으로 피난하였고, 45일간 항전하다 주화파 최명길 등이 청과 강화(삼전도의 굴욕)하였다.
ㄹ. 『국조보감』에 대한 내용이다. 『국조보감』은 『조선왕조실록』에서 모범이 될 만한 사실을 발췌하여 요약한 사서이다.

나두공

제 5 편

근대 태동기의 변동

실전 문제

제1장 정치 상황의 변동

● 대표유형문제 ●

국가직 9급 기출

밑줄 친 '국왕'이 실시한 정책으로 옳은 것은?

국왕은 행차 때면 길에 나온 백성들을 불러 직접 의견을 들었다. 또한 척신 세력을 제거하여 정치의 기강을 바로 잡았고, 당색을 가리지 않고 어진 이들을 모아 학문을 장려하였다. 침전에는 '탕탕평평실(蕩蕩平平室)'이라는 편액을 달았으며, "하나의 달빛이 땅위의 모든 강물에 비치니 강물은 세상 사람들이요, 달은 태극이며 그 태극은 바로 나다."라고 하였다.

① 병권 장악을 위해 금위영을 설치하였다.
② 명에 대한 의리를 지켜 청에 복수하자는 북벌을 추진하였다.
❸ 육의전을 제외한 시전 상인의 특권을 폐지하였다.
④ 백성의 여론을 정치에 반영하기 위해 신문고제도를 부활하였다.

정답해설 정조의 업적에 대한 설명이다. 정조는 화성 행차 시 일반 백성들과의 접촉 기회를 확대하여 이들의 의견을 정치에 반영하였고, 당색을 가리지 않고 어진 이들을 모아 학문을 장려하였다. 침전에는 '탕탕평평실(蕩蕩平平室)'이라는 편액을 달았다는 부분에서 탕평책을 실시한 정조라는 것을 알 수 있다. 정조는 1791년 신해통공을 통해 육의전을 제외한 다른 시전들의 금난전권을 폐지하면서 상인들의 자유로운 상업 활동을 인정하였다.

오답해설 ① 금위영은 조선 후기 숙종 8년(1682) 국왕의 호위와 수도 방어를 위해 중앙에 설치되었던 군영이다. 금위영의 설치는 국가 재정으로 운영되던 훈련도감을 줄여 국가 재정도 충실히 하고, 수도 방어의 군사력도 확보한다는 뜻에서 설치되었다.
② 청에 대한 북벌론은 병자호란 때의 민족적 굴욕과 적개심으로 제기되었으나 효종이 요절하게 되면서 북벌은 큰 성과를 거두지 못하고 쇠퇴하다 18세기 후반부터 청의 선진 문물을 배우자는 북학론이 대두되었다.
④ 신문고는 백성들의 억울한 일을 해결할 목적으로 대궐 밖에 설치한 북으로, 1401년(조선 태종 1)에 설치되었다. 연산군 대에 이르러 오랫동안 폐지되었다가 1771년(영조 47)에 다시 부활하였다.

핵심정리 정조의 탕평정치
• **추진 방향** : 시파와 벽파 간의 갈등을 경험한 후 영조 때보다 더욱 강력한 탕평책을 추진하고 이를 통해 왕권을 강화
• **진붕(眞朋)과 위붕(僞朋)의 구분** : 각 붕당의 주장이 옳은지 그른지를 명백히 가리는 적극적인 탕평(준론탕평)을 추진하여 영조 때 권세를 키워 온 척신·환관 등을 제거
• **남인(시파) 중용** : 노론(벽파) 외에 소론의 일부 세력과 그 동안 정치에서 배제되었던 남인 계열을 중용

01

다음과 같은 정치 형태가 나타난 시기의 상황에 대한 설명으로 옳은 것은?

> 정조가 죽고 순조가 12세의 나이로 즉위하자, 정조의 유탁으로 김조순이 그의 딸을 왕비로 들여 순조를 보필하게 되면서 안동 김씨에 의한 세도정치가 시작되어 중앙의 요직은 모두 이들 일족이 독점하였다. 그 뒤 조만영의 딸이 익종의 비가 되어 헌종을 낳자 헌종 때는 풍양 조씨에 의한 세도정치가 15년 가까이 계속되었다. 그러나 김조순의 일문인 김문근의 딸이 철종의 비가 되면서 다시 안동 김씨가 정국을 주도하였다.

① 붕당의 교체가 급격히 진행되는 환국이 나타나기 시작했다.
② 군역의 부담을 줄여주기 위한 균역법이 시행되었다.
③ 비변사가 핵심 정치기구로 자리 잡았다.
④ 청에 대한 적개심으로 북벌정책을 추진하였다.

해설 제시된 지문은 19세기 세도정치기에 대한 설명이다. 이 시기에는 의정부와 6조는 유명무실화되고 실질적인 힘이 비변사로 집중되어 비변사가 핵심적 정치기구로 자리 잡았다.
① 숙종 때에 이르러 왕이 인사 관리를 통해 세력 균형을 유지하려는 탕평론을 제시하였다. 그러나 명목상의 탕평론에 지나지 않아 균형의 원리가 지켜지지 않았고 정세에 따른 편당적 인사로 인해 붕당 사이의 견제와 균형이 무너지고 붕당의 교체가 급격히 진행되는 환국(換局)이 발생하기 시작하였다(특정 붕당이 정권을 독점하는 일당전제화의 추세가 대두). 환국은 숙종 말(17세기 말)에서 경종(18세기 초)에 이르는 동안 전개되었다.

② 군역 부담을 완화하기 위하여 군포를 1년에 1필로 경감해 주는 균역법은 18세기 중엽 영조 때 시행되었다(1750).
④ 17세기 중반 효종 때 두 차례의 호란에서 오랑캐(청)에게 당한 수치를 씻고 명에 대한 의리를 지킨다는 차원에서 청에 대한 북벌론이 대두되었다.

핵심정리

비변사의 기능 강화
- **비변사의 설치**
  - 3포 왜란(중종 5, 1510)을 계기로 여진족과 왜구에 대비하기 위하여 설치
  - 국방 문제에 정통한 지변사재상을 중심으로 운영되던 임시 회의 기구
- **상설 기구화** : 을묘왜변(명종 10, 1555)을 계기로 상설 기구화
- **기능 강화**
  - 임진왜란을 계기로 기능 및 구성원이 확대
  - 기능의 확대 · 강화 : 최고 합의 기구로서 작용(국방뿐만 아니라 외교 · 내정 · 인사 · 지방 행정 등 거의 모든 정무를 관장)
  - 참여 구성원의 확대 : 전 · 현직 정승, 공조를 제외한 5조의 판서와 참판, 각 군영 대장, 대제학, 강화유수 등 국가의 중요 관원들로 확대
- **영향**
  - 왕권이 약화되고 의정부와 육조 중심의 행정 체계도 유명무실해짐
  - 19세기 세도 가문의 권력 유지 기반으로서 세도정치의 중심 기구로 작용
  - 비변사 등록 : 비변사의 논의를 일기체로 기록
- **폐지** : 1865년 흥선대원군의 개혁 정책으로 비변사는 폐지되고, 일반 정무는 의정부가, 국방 문제는 삼군부가 담당

02

조선 후기 통치체제의 변화 모습으로 옳지 않은 것은?

① 호패법과 오가작통제를 강화하였다.

② 영정법, 대동법, 균역법을 실시하였다.

③ 일당 전제화의 추세가 나타나기 시작하였다.

④ 5군영을 폐지하고 5위 제도를 실시하였다.

해설 임진왜란을 겪으면서 5위 제도의 불합리성을 깨달은 정부는 유성룡의 건의로 용병제를 토대로 한 훈련도감을 설치하였다.

03

다음에서 임진왜란 이후 군제가 아닌 것끼리 묶인 것을 고르면?

㉠ 총융청	㉡ 속오군
㉢ 용양위	㉣ 영장제
㉤ 의흥삼군부	

① ㉠, ㉡   ② ㉠, ㉢

③ ㉡, ㉣   ④ ㉢, ㉤

해설 ㉢ 용양위는 조선 초기 5위(5위도총부)에 해당한다. 5위는 중앙군의 핵심조직으로 궁궐과 서울을 수비하였으며, 의흥위(중위)·용양위(좌위)·호분위(우위)·충좌위(전위)·충무위(후위)로 구성되었다.

㉤ 의흥삼군부는 조선 초 태조 때 개편·설치된 군무 기관이었다. 이후 태종 때 사병이 혁파되면서 강력한 집권화 정책의 방향으로 개편이 이루어졌다.

㉠ 총융청(1624)은 임진왜란 이후 5군영의 하나로, 이괄의 난을 진압한 직후에 설치되어 북한산성 및 경기 일대의 수비를 담당하였다.

㉡ 속오군(束伍軍)은 조선 후기 지방 군사제도로, 역을 지지 않는 양반으로부터 노비까지 모두 속오군으로 편제한 양천혼성군이었다. 종전의 제승방략체제가 임진왜란 중 큰 효과를 거두지 못하자 속오법에 따라 군대를 편제하는 속오군 체제로 정비하였다.

㉣ 영장제는 호란 직후 속오군의 조직 및 훈련을 위해 병법을 모르는 문관이나 음관수령 대신에 무관이 영장의 임무를 담당하게 함으로써 지방군의 훈련 및 전쟁에 효과적으로 대처하려는 것이었다.

핵심정리

중앙군사제도

• **개편 방향**
  - 초기의 5위를 중심으로 한 중앙군은 16세기 이후 대립제가 일반화되면서 기능 상실
  - 임진왜란을 경험한 후 새로운 군영의 필요성을 인식하여 효과적인 편제와 훈련 방식을 모색하게 됨

• **5군영(중앙군) 설치**
  - 훈련도감(1593) : 임진왜란 중 왜군의 조총에 대응하고 국방력을 강화하기 위해 유성룡의 건의에 따라 용병제를 토대로 설치
  - 총융청(1624) : 이괄의 난을 진압한 직후에 설치, 북한산성 및 경기 일대의 수비 담당
  - 수어청(1626) : 남한산성의 수비 군대
  - 어영청(1628) : 처음에는 어영군으로 편제(1623)하였으나 인조 6년(1628) 어영청을 설치하고 효종의 북벌운동 전개 시 기능을 강화하여 5군영의 중앙군으로 편성(1652), 총포병과 기병 위주
  - 금위영(1682) : 기병으로 구성되어 궁궐 수비 담당

• **5군영의 성격**
  - 임기응변적 설치 : 대외 관계와 국내 정세의 변화에 따라 필요 시마다 차례로 설치
  - 서인 정권의 군사적 기반 : 서인의 사병적 성격을 띠어 정쟁에 악용(특히 어영청은 북벌을 구실로 권력 유지의 방편으로 이용됨)

04 서울시 9급 기출

〈보기〉의 사건들을 일어난 순서대로 바르게 나열
한 것은?

— 보기 —

ㄱ. 남인이 제2차 예송을 통해 집권하였다.
ㄴ. 노론과 소론이 민비를 복위하는 과정을 거
쳐 집권하였다.
ㄷ. 서인은 허적이 역모를 꾸몄다고 고발하여
남인을 축출하고 집권하였다.
ㄹ. 남인은 장희빈이 낳은 왕자가 세자로 책봉
되는 과정을 거쳐 집권하였다.

① ㄱ - ㄷ - ㄹ - ㄴ
② ㄴ - ㄹ - ㄷ - ㄱ
③ ㄷ - ㄱ - ㄴ - ㄹ
④ ㄹ - ㄷ - ㄱ - ㄴ

해설 ㄱ. 현종 15, 1674년에 제2차 예송 논쟁인 갑인예송은
효종 비의 사망 시 남인과 서인의 자의대비의 복상
기간을 두고 벌어졌다. 남인의 주장이 수용되어 남인
이 집권하고 서인이 약화되었다.
ㄷ. 숙종 6, 1680년에 서인이 허적(남인)의 서자 허견 등
이 역모를 꾀했다 고발하여 남인을 대거 숙청한 경
신환국이 일어났다.
ㄹ. 숙종 15, 1689년에 숙종이 희빈 장씨 소생인 연령군
(경종)의 세자 책봉에 반대하는 서인(송시열, 김수항
등)을 유배·사사하고, 인현왕후를 폐비시켜 남인이
재집권된 기사환국이 일어났다.
ㄴ. 숙종 20, 1694년에 폐비 민씨 복위 운동을 저지하
려던 남인이 실권하고 서인이 집권하여 남인은 재기
불능이 되고, 서인(노론과 소론) 간에 대립하는 일당
독재 정국이 전개된 갑술환국이 일어났다.

05

조선시대 붕당정치의 설명으로 옳은 것은?

① 훈구와 사림의 대립으로 붕당정치가 출현하
였다.
② 중종이 사림세력을 대거 등용해 붕당이 출현
하였다.
③ 조광조를 중심으로 한 사림세력이 정계에 진
출해 붕당이 출현하였다.
④ 사림세력이 동인·서인으로 분열되어 붕당이
출현하였다.

해설 기성 사림의 신망을 받았던 심의겸 세력과 신진 사림
의 지지를 받았던 김효원 세력 간의 갈등과 대립으로
(1575, 선조 8년) 붕당이 형성되었다.
① 훈구와 사림의 대립으로 발생한 것은 사화이다.
② 선조의 즉위 후 향촌에서 기반을 다져 온 사림세력이
대거 중앙 정계로 진출하여 정국을 주도하게 되었고,
그 과정에서 붕당이 출현하였다.
③ 조광조를 중심으로 한 사림세력의 급격한 개혁과 이
에 대한 훈구세력의 반발로 발생한 것은 기묘사화
(1519, 중종 14년)이다.

붕당(朋黨)의 형성

(1) 사림세력의 갈등
  ① 사림의 정국 주도 : 선조가 즉위하면서 향촌에서 기반을 다져 온 사림세력이 대거 중앙 정계로 진출하여 정국을 주도
  ② 사림의 갈등 : 척신 정치의 잔재를 어떻게 청산할 것인가를 둘러싸고 갈등
    • **기성 사림** : 명종 때부터 정권에 참여해 온 세력
      – 기호학파(이이의 문인), 심의겸(대표자)
      – 척신 정치의 과감한 청산에 소극적(척신 외척 중 사림을 보호했던 사람을 옹호)
    • **신진 사림** : 향촌에서 기반을 다진 후 선조 때부터 중앙에 진출
      – 영남학파(이황의 문인), 김효은(대표자)
      – 원칙에 더욱 철저하여 사림 정치의 실현을 강력하게 주장

(2) 동인과 서인의 분당(선조 8, 1575)
  ① 배경 : 기성 사림의 신망을 받던 심의겸(서인)과 신진 사림의 지지를 받던 김효원(동인) 사이의 대립으로 동·서인으로 분당되면서 붕당이 형성
  ② 동인(東人)
    • 이황·조식·서경덕의 학문을 계승(급진적·원칙적 주리학파)
    • 김효원, 우성전, 이산해, 이발 등 신진 세력의 참여로 먼저 붕당의 형세를 이룸
    • 명종 때 정치에 참여하지 않은 신진 사림, 척신 정치 잔재의 청산에 적극적
  ③ 서인(西人)
    • 이이와 성혼의 문인들이 가담함으로써 붕당의 모습을 갖춤(점진적·현실적 주기학파)
    • 심의겸, 박순, 윤두수, 윤근수, 정철 등
    • 명종 때 정치에 참여했던 기성 사림, 척신 정치 잔재 청산에 소극적

06

다음의 정치 상황이 나타나게 된 배경을 〈보기〉에서 모두 고르면?

> 붕당 간에 자율적 세력균형을 유지한 때는 17세기 초 서인과 남인이 공존관계를 유지하던 시대이며, 왕에 대한 타율적 세력균형 유지는 붕당정치가 변질되어감에 따라 나타난 17세기 후반에 제기되었다. 즉, 경신환국 이후 상대 세력의 존재를 인정하지 않는 일당 전제화가 나타난 것이다.

─── 보기 ───

㉠ 강력한 왕권을 바탕으로 탕평책을 실시하였다.
㉡ 양반층의 분화로 다수의 양반이 몰락하였다.
㉢ 17세기 후반 이후 상품화폐경제가 발달하였다.
㉣ 사족의 향촌 지배가 훨씬 용이해졌다.

① ㉠, ㉡   ② ㉡, ㉢

③ ㉢, ㉣   ④ ㉠, ㉡, ㉢

[해설] 상품화폐경제의 발달은 정치집단 사이에서 상업적 이익에 대한 관심이 높아져 이를 독점하려는 경향이 커졌으며, 향촌 사회에서 지주제와 신분제를 동요시켰다. ㉠은 배경이 아닌 결과로 볼 수 있다. ㉣은 사족의 향촌지배가 어려워졌다고 할 수 있다.

07 [지방직 9급 기출]

다음 (가), (나)의 주장이 정치적 대립으로 이어진 배경에 대한 설명으로 옳지 않은 것은?

> (가) 효종은 임금이셨으니 새 어머니인 인조 임금의 계비는 돌아가신 효종에 대해 3년 상복을 입어야 합니다. 임금의 예는 보통 사람과 다릅니다.
>
> (나) 효종은 형제 서열상 차남이셨으니 새 어머니인 인조 임금의 계비는 돌아가신 효종에 대해 1년복만 입어야 합니다. 천하의 예는 모두 같은 원칙에 따라야 합니다.

① 왕이 직접 나서서 환국을 주도하였다.

② 서인이 우세한 가운데 남인의 세력이 성장하였다.

③ 왕권 강화와 신권 강화에 대한 입장 차이가 있었다.

④ 효종의 왕위 계승의 정통성 문제와 관련이 있었다.

[해설] 제시된 자료는 현종 때 서인과 남인 간에 발생한 예송논쟁(기해예송)에 관한 내용이다. (가)는 남인, (나)는 서인의 주장이다. ①은 숙종 때 붕당 간의 공조체제가 붕괴되고 일당 전제화 추세가 전개되면서 나타난 환국(換局)에 대한 내용이다.

② 기해예송 당시 실권을 장악하고 있던 서인의 주장이 수용되어 우위를 지속해 나갔으며, 남인은 군사적 기반(훈련별대)을 강화하며 점차 세력을 확대해 나갔다.

③ 서인은 효종이 차남임을 들어 왕과 사대부에게 동일한 예가 적용되어야 한다는 입장(왕사동례)을 취하였고, 남인은 왕과 일반 사대부는 다른 예가 적용되어야 한다는 입장(왕사부동례)을 취하였다.

④ 예송논쟁은 차남으로 집권한 효종의 정통성과 관련하여, 효종의 사망 시와 효종비의 사망 시에 인조의 계비인 자의대비의 복제(服制)를 쟁점으로 두 차례에 걸쳐 발생하였다.

[핵심정리]

예송논쟁과 붕당의 공존

① **발생 배경** : 차남으로 집권한 효종의 정통성과 관련하여, 1659년 효종의 사망 시(기해예송)와 1674년 효종 비의 사망 시(갑인예송)에 인조의 계비 자의대비(조대비)의 복제(服制)를 쟁점으로 두 차례에 걸쳐 발생

② **의의** : 효종의 왕위 계승과 관련하여, 정통성에 대한 예학논쟁인 동시에 집권을 위한 투쟁

③ **예송논쟁의 전개**

• 제1차 예송논쟁(기해예송, 1659)

　- 효종 사망 시 자의대비의 복제를 두고 송시열·송준길 등 서인은 1년설을, 윤휴·허목·허적 등 남인은 3년설을 주장

　- 서인 : 효종이 적장자가 아님을 들어 왕과 사대부에게 동일한 예가 적용되어야 한다는 입장에서 1년설을 주장

　- 남인 : 왕에게는 일반 사대부와 다른 예가 적용되어야 한다는 입장에서 3년설을 주장

　- 실권을 장악하고 있던 서인의 주장(1년설)이 수용되어 서인 집권이 지속됨

• 제2차 예송논쟁(갑인예송, 1674)

　- 효종 비의 사망 시 서인은 9개월을, 남인은 1년을 주장

　- 남인의 주장이 수용되어 남인이 집권하고 서인이 약화됨

④ **붕당의 공존** : 갑인예송의 결과 남인의 우세 속에서 서인이 공존[경신환국(1680)으로 분열과 대립이 격화되기까지 정국 지속]

제5편

근대 태동기의 변동

08

다음 사건을 수습한 이후에 나타난 정치 변화를 바르게 설명한 것은?

> 적(賊)이 청주성을 함락시키니, 절도사 이봉 상과 토포사 남연년이 죽었다. 처음에 적 권서봉 등이 양성에서 군사를 모아 청주의 적괴(賊魁) 이인좌와 더불어 군사 합치기를 약속하고는 청주 경내로 몰래 들어와 거짓으로 행상(行喪)하여 장례를 지낸다고 하면서 상여에다 병기(兵器)를 실어다 고을성 앞 숲 속에다 몰래 숨겨 놓았다. …… 이인좌가 자칭 대원수라 위서(僞書)하여 적당 권서봉을 목사로, 신천영을 병사로, 박종원을 영장으로 삼고, 열읍(列邑)에 흉격(凶檄)을 전해 병마(兵馬)를 불러 모았다. 영부(營府)의 재물과 곡식을 흩어 호궤(犒饋)하고 그의 도당 및 병민(兵民)으로 협종(脅從)한 자에게 상을 주었다.
>
> － 〈조선왕조실록〉, 영조 4년 3월

① 환국의 정치 형태가 출현하였다.
② 소론과 남인이 권력을 장악하였다.
③ 완론(緩論) 중심의 탕평 정치가 행하여졌다.
④ 왕실의 외척이 군사권을 계속하여 독점 장악 하였다.

해설 영조 4년인 1728년 발생한 이인좌의 난은 소론 강경파와 남인 일부가 일으킨 반란이다. 이들은 경종의 죽음에 영조와 노론이 관계되었으며, 영조가 숙종의 아들이 아니라고 주장하였다. 반란군은 청주성을 함락시켰으나 안성 등지에서 관군에 패하고 잔존세력이 체포된 후 소멸하였다.
영조는 이인좌의 난을 계기로 붕당을 없앨 것을 내세우며, 왕의 논리에 동의하는 탕평파를 육성하고 완론탕평책을 실시하였다. 완론탕평이란 온건파를 중심으로 특정 붕당을 지지하거나 배제하지 않는 탕평책을 말한다.

09

17세기 말 숙종 때 벌어진 정치 집권 세력의 변화 양상에 대한 설명으로 가장 옳은 것은?

① 숙종 20년(1694) 남인 집안 출신의 왕비 민씨가 폐비되면서 서인(노론과 소론)이 다시 집권하였다.
② 숙종 15년(1689) 후궁 희빈 장씨가 낳은 왕자가 세자로 책봉되는 과정에서 서인이 몰락하고 남인이 다시 집권하였는데 이를 '갑술환국'이라 칭한다.
③ '경신환국'의 결과 서인은 송시열을 영수로 하는 노론과 윤증을 중심으로 하는 소론으로 분당되었다.
④ 제2차 예송 논쟁으로 집권한 서인은 숙종 6년(1680) '경신환국'으로 남인에게 정권을 빼앗기게 되었다.

해설 경신환국의 결과 서인은 남인의 처벌을 놓고 온건론인 소론(윤증), 강경론인 노론(송시열)으로 분열되었고 붕당 정치 원리가 무너지고 상대 세력을 인정하지 않는 일당 전제화 추세가 등장하였다.
① 서인 집안 출신인 왕비 민씨(인현왕후)가 복위되면서 서인이 다시 집권하였다(1694, 갑술환국).
② 후궁 장씨가 낳은 왕자가 세자로 책봉되는 과정에서 서인이 몰락하고 남인이 다시 집권하는 '기사환국'이 발생하였다.
④ 제2차 예송 논쟁으로 집권한 붕당은 남인이며, 경신환국으로 서인에게 정권을 빼앗겼다.

10 국가직 9급 기출

다음에서 설명하는 제도가 시행되었던 왕대의 상황에 대한 설명으로 옳은 것은?

> 양인들의 군역에 대한 절목 등을 검토하고 유생의 의견을 들었으며, 개선 방향에 관한 면밀한 검토를 거친 후 담당 관청을 설치하고 본격적으로 시행하였다. 핵심 내용은 1년에 백성이 부담하는 군포 2필을 1필로 줄이는 것이다.

① 증보문헌비고가 편찬, 간행되었다.
② 노론의 핵심 인물이 대거 처형당했다.
③ 통공정책을 써서 금난전권을 폐지하였다.
④ 청계천을 준설하여 도시를 재정비하고자 하였다.

해설 '1년에 백성이 부담하는 군포 2필을 1필로 줄이는 것이다.'를 통해 영조 때 시행한 균역법(1750)에 대한 설명임을 알 수 있다.
영조는 홍수에 따른 하천 범람을 막고 도시를 정비하기 위해 청계천을 준설하였다(1760).
① 〈증보문헌비고(增補文獻備考)〉는 영조 때 홍봉한이 편찬한 〈동국문헌비고〉를 수정한 증보판으로, 정조 때 증보하였다가 순조 때 간행되었다(1908).
② 경종 때의 신임옥사(1721년 신축환국, 1722년 임인옥사)로 노론 대신들이 다수 축출되고 소론의 일당 정국이 전개되었다(세자책봉 문제, 경종 시해와 세자 연잉군 옹립 음모로 노론 축출).
③ 정조 때 상공업 진흥과 재정 수입의 확대를 위해 신해통공(1791) 조치를 단행하여 육의전을 제외한 금난전권을 철폐하였다.

11

영조와 정조 시대에 대한 다음 설명 중 옳지 않은 것은?

① 영조가 시행한 탕평책은 붕당 간의 세력 균형을 유지하여, 왕권을 강화하고 정국을 안정시키려는 것이다.
② 영조는 〈속대전〉, 〈속오례의〉, 〈동국문헌비고〉 등을 편찬하여 시대의 변화에 맞게 문물제도를 정비하였다.
③ 정조는 왕의 권력과 정책을 뒷받침하기 위해 규장각을 설립하였다.
④ 정조는 문물제도의 정비를 위하여 〈동국여지승람〉을 편찬하였다.

해설 〈동국여지승람〉(1481)은 성종 때 서거정 등이 편찬하였다. 〈동국여지승람〉은 〈팔도지리지〉를 보완하여 편찬한 것으로, 군현의 연혁·지세·인물·풍속·산물·교통 등을 자세히 수록하여 인문 지리적 지식수준을 높인 것으로 평가되고 있다. 증보판인 〈신증동국여지승람〉(1528)은 이행 등이 편찬한 것으로 오늘날까지 전하고 있다.
① 영조의 탕평책(완론탕평)은 왕의 논리에 동의하는 탕평파를 육성하고 이를 중심으로 정국을 안정적으로 운영하려는 것이었다. 이러한 정책으로 붕당의 정치적 의미는 퇴색되고 정치권력은 왕과 탕평파로 집중되었다.
② 〈속대전〉, 〈속오례의〉, 〈동국문헌비고〉 모두 영조 때 편찬된 것으로, 법제와 문물제도의 정비를 위한 목적에서 편찬되었다.
③ 정조는 왕권과 정책을 뒷받침하기 위해 규장각을 설치·강화하였다. 이는 본래 왕실 도서관의 기능을 위해 설치되었으나, 여기에 국왕 비서실의 기능과 문신 교육, 과거시험 주관 등의 기능을 통합적으로 부여하여 권력과 정책을 뒷받침할 수 있는 강력한 정치 기구로 육성하였다.

핵심정리

영조의 문물·제도 정비

- **민생 안정책**
  - 균역법(1750) : 군포를 1년에 1필로 경감
  - 권농정책 : 농업정책 개선, 〈농가집성〉 보급
  - 3심제 : 가혹한 형벌 폐지, 사형수에 대한 3심제 시행
  - 노비공감법(1755) : 노비의 신공을 반으로 줄임
  - 신문고를 부활
- **군영 정비** : 훈련도감·금위영·어영청이 도성을 나누어 방위하는 체제를 갖춤
- **서원 정리** : 붕당의 본거지인 서원을 정리
- **청계천 준설(1760)** : 하천 범람과 도시 정비를 위해 준설
- **기로과 실시** : 60세 이상의 선비를 대상으로 과거 실시
- **편찬 사업**
  - 〈속대전〉(1744) : 경국대전을 개정하여 편찬한 법전으로, 법전체계를 재정리하고 형법(형량)을 개선
  - 〈동국문헌비고〉 : 혜경궁 홍씨의 아버지인 홍봉한이 편찬한 한국의 백과사전, 문물제도의 정비에 기여
  - 〈무원록(증수무원록)〉(1748) : 송의 〈무원록〉에 주석을 붙여 세종 때 간행한 〈신주무원록〉(1440)을 다시 증보하고 용어를 교정·해석하여 편찬한 법의학서
  - 〈속오례의(국조속의례의)〉(1744) : 왕명으로 예조에서 이종성 등이 중심이 되어 〈오례의(五禮儀)〉의 속편으로 편찬한 예절서

12

밑줄 친 '왕'이 펼친 정책에 해당하는 것은?

> 왕은 각 붕당의 주장이 옳은지 그른지를 명백히 가리는 방식으로 적극적인 탕평책을 추진하였다. 민생의 안정과 문화 부흥에 힘썼으며, 서얼과 노비에 대한 차별을 완화하였고, 왕조의 통치규범을 재정리한 『대전통편』을 편찬하였다.

① 규장각을 설치하고 서얼 출신을 검서관으로 등용한다.

② 백성들의 조세 부담을 줄여주기 위해 영정법을 실시하였다.

③ 논란을 빚어온 노비 신분 결정 방식을 종모법으로 확정하였다.

④ 붕당의 근거지가 되어 폐해를 일으키던 서원들을 대폭 정리하였다.

해설 정조는 사도세자를 죽음으로 몰아간 노론 벽파 등을 견제하기 위해서도 각 붕당의 주장이 옳은지 그른지를 명백히 가리는 적극적인 준론 탕평을 추진하였다. 정조는 규장각을 설치하고 규장각 검서관에 서얼 출신 인재들을 등용하였다.

② 인조는 영정법을 실시하여 1결당 4두의 전세를 법제화하였다.

③ 영조 때 노비종모법을 확정하고 정조 때 노비추쇄법을 폐지하였으며 순조 때 공노비를 해방시켰다. 원래 노비는 어머니 쪽 신분을 따르는 종모법이었으나 이것은 비가양부(婢嫁良夫 : 여종 비가 양인 남자와 혼인) 혼인의 경우에 해당하였으며, 일천즉천(一賤則賤)의 원칙에 따라 노(奴)와 결혼한 양인 여자 소생도 노비가 되었다. 이러한 상황 속에서 노양처소생 종모종량법(노와 양인 여자의 소생은 어머니의 신분을 따라 양인으로 삼는 법)이 제기되었다. 이 법은 선조 때 처음 제기되었으나 실시되지 못했으며 1669년(현종 10) 송시열의 주장으로 실시되었다. 이 법은 서인과 남인의 의견 차이로 인해 실시되었다가 다시 폐지되는 등 존폐가 번복되었다. 숙종 때 천인으로 하는 환천, 양인으로 하는 종량이 번복되다가 1731년(영조 7)에는 종모법으로 확정되었다.

④ 서원 정리는 영조 때와 흥선대원군 때 있었다.

정조의 왕권강화 정책

- **인사 관리** : 붕당의 입장을 떠나 의리와 명분에 합치되고 능력 있는 사람을 중용
- **규장각의 설치 · 강화**
  - 설치 : 본래 역대 왕의 글과 책을 수집 · 보관하기 위한 왕실 도서관의 기능
  - 기능 강화 : 본래의 기능에 국왕 비서실, 문신 교육, 과거시험 주관 등의 기능을 통합적으로 부여
  - 서얼 등용 : 능력 있는 서얼을 등용하여 규장각 검서관 등으로 임명
- **문신의 재교육** : 초월적 군주로 군림하면서 스승의 입장에서 신하를 양성하고 재교육
- **초계문신제(抄啓文臣制) 시행** : 신진 인물이나 중 · 하급(당하관 이하) 관리 가운데 능력 있는 자들을 재교육시키고 시험을 통해 승진
- **장용영(壯勇營) 설치** : 친위 부대인 장용영을 설치하여 각 군영의 독립적 성격을 약화시키고 병권을 장악함으로써 왕권을 뒷받침하는 군사적 기반을 갖춤
- **화성(華城)의 건설**
  - 수원에 화성을 세워 정치적 · 군사적 기능을 부여
  - 상공인을 유치하여 자신의 정치적 이상을 실현하는 상징적 도시로 육성하고자 함
  - 화성 행차 시, 일반 백성들과의 접촉 기회를 확대하여 이들의 의견을 정치에 반영(백성들의 상언과 격쟁의 기회를 확대)
- **수령의 권한 강화**
  - 수령이 군현 단위의 향약을 직접 주관하게 해 사림의 영향력을 줄이고 수령의 권한을 강화
  - 지방 사족의 향촌 지배력 억제, 국가의 통치력 강화
- **유수부 체제 완성** : 수원 유수부 설치
- **〈자휼전칙〉 반포** : 흉년을 당한 아이들을 구휼하고자 함

13 [지방직 9급 기출]

밑줄 친 상(上)의 재위 시에 있었던 일로 옳은 것은?

> 이 책이 완성되었다. …… 곤봉 등 6가지 기예는 척계광의 기효신서에 나왔는데 …… 장헌세자가 정사를 대리하던 중 기묘년에 명하여 죽장창 등 12가지 기예를 더 넣어 도해로 엮어 새로 신보를 만들었고, 상(上)이 즉위하자 명하여 기창 등 4가지 기예를 더 넣고 또 격구, 마상재를 덧붙여 모두 24가지 기예가 되었는데, 검서관 이덕무, 박제가에게 명하여 … 주해를 붙이게 했다.

① 민(民)의 상언과 격쟁의 기회를 늘려주었다.

② 대전회통을 편찬하여 통치 체제를 재정리하였다.

③ 군역의 부담을 줄이기 위해 균역법을 시행하였다.

④ 5군영 대신 무위영과 장어영 등 2영을 설치하였다.

해설 제시된 자료는 정조 때 이덕무, 박제가, 백동수 등이 왕명으로 편찬한 병법서인 〈무예도보통지〉에 관한 내용이다. 정조는 상언과 격쟁에 있어 신분적 차별을 없애고 누구든 왕에게 직접 호소할 수 있도록 하였고, 수시로 화성 등으로 행차하며 그 때마다 일반 백성들과의 접촉 기회를 확대하여 그들의 의견을 정치에 반영하고자 하였다.

② 정조 때 편찬한 법전은 〈대전통편〉이다. 이에 비해 〈대전회통〉(1865)은 고종 때 왕명으로 조두순, 김병학 등이 편찬한 것으로, 〈대전통편〉을 보완 · 개수하여 편찬한 최대의 법전이다.

③ 균역법(1750)은 영조 때 시행된 제도이다. 균역법은 종전의 군적수포제하에서 군포 2필을 부담하던 것을 1년에 군포 1필로 경감한 군역제도로, 그에 따른 부족분은 결작, 선무군관포, 어장세 · 염세 · 선박세 등의 잡세로 보충하였다.

④ 종래의 5군영을 무위영 · 장어영의 2영으로 통합 · 개편(1881)한 것은 고종 때이다. 정조는 왕권강화를 위해 친위 부대로 장용영(1793)을 설치하였다.

정조의 문물·제도 정비

- **신해통공(1791)** : 상공업 진흥과 재정 수입 확대를 위해 육의전을 제외한 금난전권 철폐
- **문체 반정 운동** : 문화 정책의 일환으로, 박지원 등이 패사소품체(稗史小品體)를 구사해 글을 쓰자 문체를 정통 고문으로 바로잡으려 한 것
- **편찬**
  - 〈대전통편〉 : 〈경국대전〉을 원전으로 하여 통치 규범을 전반적으로 재정리하기 위하여 편찬한 것으로, 규장각 제도를 법제화
  - 〈추관지〉·〈탁지지〉 : 형조의 사례집으로 〈추관지〉를, 호조의 사례집으로 〈탁지지〉를 편찬
  - 〈동문휘고〉 : 외교 문서 정리
  - 〈증보문헌비고〉 : 영조 때 편찬된 〈동국문헌비고〉의 증보판으로, 상고 시대 이후 우리나라의 제도·문물을 정리한 백과사전
  - 〈무예도보통지〉 : 병법서
  - 〈제언절목〉 : 제언의 수리와 신축을 위해 편찬 (1778)
  - 〈규장전운〉 : 소리와 문자를 연구해 일원화를 도모한 음운서
  - 〈홍재전서〉·〈일득록〉 : 정조의 문집인 〈홍재전서〉와 정조의 어록인 〈일득록〉을 편찬
- **활자** : 정리자, 한구자, 생생자(목판) 등을 주조
- 민생 안정과 서얼·노비의 차별 완화, 청과 서양의 문물 수용, 실학 장려

14 지방직 9급 기출

밑줄 친 '왕'의 재위 기간에 있었던 사실로 옳은 것은?

왕은 노론과 소론, 남인을 두루 등용하였으며 젊은 관료들을 재교육하기 위해 초계문신제를 시행하였다. 또 서얼 출신의 유능한 인사를 규장각 검서관으로 등용하였다.

① 동학이 창시되었다.
② 『대전회통』이 편찬되었다.
③ 신해통공이 시행되었다.
④ 홍경래의 난이 발생하였다.

해설 밑줄 친 '왕'은 초계문신제 시행, 서얼 출신의 유능한 인사를 규장각 검서관으로 등용하였다는 것을 통해 정조임을 알 수 있다. 정조는 상공업 진흥과 재정 수입 확대를 위해 육의전을 제외한 금난전권을 철폐한 신해통공(1791)을 시행하였다.
  ① 동학은 철종 11년(1860)에 경주 출신인 최제우(崔濟愚)가 창시하였다.
  ② 『대전회통』은 흥선대원군 시기에 편찬된 법전이다 (1865). 정조는 『대전통편』을 편찬하였다.
  ④ 홍경래 난(평안도 농민 전쟁)은 순조 11년 1811년 발생하였다.

신해통공(1791)
상공업 진흥과 재정 수입 확대를 위해 육의전을 제외한 금난전권을 철폐한 정책이다. 금난전권을 폐지함으로써 노론의 경제적 기반이 약화되고, 자유 상인이 납부한 세금을 통해 국가의 재정을 확충하였다. 금난전권이란 조선 후기 육의전(六矣廛)과 시전상인(市廛商人)이 상권을 독점하기 위해 정부와 결탁하여 난전을 금지할 수 있었던 권리이다.

15

다음 중 세도정치시기에 일어난 역사적 사실로 올바른 것은?

① 왕권이 강화되었고 비변사의 기능이 약화되었다.

② 함경도에서 지역차별을 이유로 홍경래의 난이 발생하였다.

③ 개항에 반대하여 위정척사 운동이 일어났다.

④ 천주교가 확산되어 부녀자 등 하층민에게 널리 수용되었다.

해설 세도정치의 시기는 정조 사후인 순조 · 헌종 · 철종의 3대 60여 년 간을 의미한다(1801~1863).

이 시기에는 정부의 거듭된 탄압에도 불구하고 천주교의 교세는 더욱 확장되어 철종 초에 이르면 신도수가 3만 여 명에 이르렀으며, 특히 부녀자 등 하층민에게 널리 수용되었다.

① 세도정치시기에는 왕권이 약화되었고, 정치적 기능이 강화된 비변사를 세도 가문이 거의 독점적으로 장악하여 권력을 행사하였다.

② 홍경래의 난(평안도 농민전쟁)(1811)은 세도정치시기에 발생한 것은 사실이나, 서북인에 대한 차별과 가혹한 수취를 원인으로 하여 평안도에서 발생하였다.

③ 개항반대운동으로서 위정척사 운동이 일어난 것은 1870년대이다. 이 시기 최익현 등은 왜양일체론과 개항불가론을 주장하였다.

핵심정리

세도 정치의 폐단

• **왕권의 약화** : 세도가의 권력 독점과 인사 관리의 전횡

• **정치 기강의 문란**

  – 과거 제도의 문란(부정, 합격자 남발), 매관매직(賣官賣職)의 성행

  – 수령 · 아전들의 수탈 : 자신들의 지위를 강화하고 수탈을 일삼음

  – 삼정의 문란 : 전정, 군정, 환곡의 문란이 극에 달함

• **상품 화폐 경제의 발전 저해** : 농민뿐만 아니라 상공업자도 수탈 대상이 되어 성장하던 상인 · 부농들을 통치 집단 속으로 포섭하지 못함

• **농민 봉기의 발생** : 농민 등의 불만이 극에 달해 처음에는 소청 · 벽서 운동으로 전개되다가 이후 농민 봉기로 확대

16

세도정치에 대한 설명으로 옳지 않은 것은?

① 세도정치의 결과 농촌 경제가 피폐화되었다.

② 특정 가문이 권력을 독점하였다.

③ 헌종 때에는 헌종의 외척인 풍양 조씨 가문이 한때 득세하였다.

④ 사회 전반의 변화에 대하여 적극적으로 개혁할 의지를 가지고 있었다.

해설 19세기의 세도 정권은 사회 전반의 변화에 대하여 부분적으로 위기의식을 가지기는 했으나, 이를 근본적으로 개혁할 만한 능력을 가지지 못했다.

제5편

근대 태동기의 변동

17

다음 글을 남긴 국왕의 재위 기간에 일어난 사실로 옳은 것은?

> 보잘 것 없는 나, 소자가 어린 나이로 어렵고 큰 유업을 계승하여 지금 12년이나 되었다. 그러나 나는 덕이 부족하여 위로는 천명(天命)을 두려워하지 못하고 아래로는 민심에 답하지 못하였으므로, 밤낮으로 잊지 못하고 근심하며 두렵게 여기면서 혹시라도 선대왕께서 물려주신 소중한 유업이 잘못되지 않을까 걱정하였다. 그런데 지난번 가산(嘉山)의 토적(土賊)이 변란을 일으켜 청천강 이북의 수많은 생령이 도탄에 빠지고 어육(魚肉)이 되었으니 나의 죄이다.
>
> ─ 『비변사등록』 ─

① 진주 지역 관리의 탐학으로 백건당의 난이 일어났다.

② 수렴청정과 함께 노론 벽파 세력이 정국을 독점하였다.

③ 공·사노비가 모두 해방되어 노비 신분이 소멸하였다.

④ 정유절목을 통해 허통의 범위가 크게 확대되었다.

해설 '어린 나이', '지난번 가산의 토적이 변란', '청천강 이북의 수많은 생령'을 통해 1811년(순조 11)에 일어난 홍경래의 난 임을 알 수 있다. 즉위 당시 어렸던 순조를 대신해 정순왕후가 수렴청정을 하며 노론 벽파 세력이 정국을 주도하였다.

① 1862년(철종 13) 진주 지역의 관리였던 백낙신·홍병원 등의 탐학으로 인해 몰락 양반 유계춘의 지휘하에 농민들이 진주성을 점령한 농민 봉기이다.

③ 1894년(고종 31) 갑오개혁으로 공·사노비가 모두 해방되어 법제상으로 노비 신분이 소멸하게 되었다.

④ 1777년(정조 1) 정유절목으로 허통의 범위가 크게 확대되어 유득공·박제가·이덕무 등이 규장각 검서관으로 등용되기도 하였다.

핵심정리

세도정치

(1) 성립 배경

① 탕평정치로 왕에게 권력이 집중된 것이 19세기 세도정치의 빌미가 됨

② 왕이 탕평정치기에 하던 역할을 하지 못하게 되자 정치세력 간의 균형이 깨지고 몇몇 유력 가문의 인물에게 권력이 집중됨

(2) 전개

① 순조(1800~1834)
- 정순왕후의 수렴청정
  - 정조 때 정권에서 소외되었던 노론 벽파 세력이 정국을 주도하고 인사권·군권 장악
  - 정조 때 등용된 남인과 소론, 규장각을 통해 양성한 인물들을 대거 축출(신유박해)
  - 장용영을 혁파하고 훈련도감을 정상화시켜 장악
- 안동 김씨 일파의 세도정치 전개 : 정순왕후 사후 벽파 세력이 퇴조, 순조의 장인 김조순의 안동 김씨 일파가 세도정치를 전개

② 헌종(1834~1849) : 헌종의 외척인 조만영·조인영 등의 풍양 조씨 가문이 득세

③ 철종(1849~1863) : 김문근 등 안동 김씨 세력이 다시 권력 장악

(3) 권력 구조

① 가문정치(家門政治)
- 정치 기반 축소 : 중앙 정치를 주도하는 것은 소수의 가문으로 축소
- 유력 가문의 권력 독점 : 왕실 외척으로서의 정치 권력, 산림으로서의 명망, 관료 가문의 기반을 동시에 가지고 권력 독점

② 권력 구조 및 기반
- 정2품 이상의 고위직만이 정치적 기능을 발휘하고 그 아래의 관리들은 행정 실무만 담당하게 됨
- 의정부와 육조는 유명무실화되고 실질적인 힘은 비변사로 집중되었으며, 비변사에서도 실질적 역할은 유력 가문 출신의 인물들이 독차지
- 훈련도감(5군영) 등의 군권을 장기적으로 독점하여 정권 유지의 토대를 다짐

18 국가직 9급 기출

다음의 사건이 발생한 시기의 집권 세력에 대한 설명으로 옳지 않은 것은?

> 서토(西土)에 있는 자 어찌 억울하고 원통하지 않을 자 있겠는가. 막상 급한 일을 당해서는 … 과거에는 반드시 서로(西路)의 힘에 의지하고 서토의 문을 빌었으니 400년 동안 서로의 사람이 조정을 버린 일이 있는가. 지금 나이 어린 임금이 위에 있어서 권세 있는 간신배가 날로 치성하니 … 흉년에 굶어 부황 든 무리가 길에 널려 늙은이와 어린이가 구렁에 빠져 산 사람이 거의 죽음에 다다르게 되었다.

① 왕실의 외척이 세도를 명분으로 정권을 잡았다.

② 호조와 선혜청의 요직을 차지하여 재정 기반을 확보하였다.

③ 의정부와 병조를 권력의 핵심 기구로 삼고 인사권을 장악하였다.

④ 과거시험의 합격자를 남발하고 뇌물이나 연줄로 인사를 농단하였다.

해설 제시문은 세도정치 당시의 홍경래의 격문이다. 홍경래의 난(순조 11, 1811)은 서북인에 대한 차별과 세도정치로 인한 정치적 문란 등이 배경이 되어 발생하였다.
  홍경래의 난이 발생한 당시의 세도정치하에서 의정부와 6조는 거의 유명무실화되었다. 세도 가문은 정치적 실권이 집중된 비변사를 거의 독점적으로 장악하여 권력을 행사하였고, 훈련도감(5군영) 등의 군권도 장기적으로 독점하여 정권 유지의 토대를 확고히 하였다.

①, ② 홍경래의 난이 일어날 당시는 세도정치기(순조·헌종·철종의 3대 60여 년간)로, 외척 등 일부 유력 가문 출신의 세도가들이 정치·경제적 요직을 차지하여 정권을 장악하였다. 이들은 호조와 선혜청의 요직을 독점함으로써 자신들의 경제적 기반을 마련하였다.

④ 세도정치 당시는 정치 기강이 문란해져 과거시험의 부정으로 합격자가 남발하는 등 매관매직(賣官買職)이 성행하였다.

핵심정리

세도정치의 한계와 폐단

① 세도정권의 한계
  • **사회개혁 의지와 능력 결여** : 개혁세력의 정치 참여 배제, 사회통합 실패
  • **지방 사회에 대한 몰이해** : 세도가들은 도시 귀족의 체질을 지녔고 집권 후 개혁 의지도 상실하여 상대적으로 뒤떨어진 지방 사회의 사정을 이해하지 못함

② 세도정치의 폐단
  • **왕권의 약화** : 세도가의 권력 독점과 인사 관리의 전횡
  • **정치 기강의 문란**
    – 과거제도의 문란(부정, 합격자 남발), 매관매직(賣官賣職)의 성행
    – 수령·아전들의 수탈 : 자신들의 지위를 강화하고 수탈을 일삼음
    – 삼정의 문란 : 전정, 군정, 환곡의 문란이 극에 달함
  • **상품화폐경제의 발전 저해** : 농민뿐만 아니라 상공업자도 수탈 대상이 되어 성장하던 상인·부농들을 통치 집단 속으로 포섭하지 못함
  • **농민 봉기의 발생** : 농민 등의 불만이 극에 달해 처음에는 소청·벽서 운동으로 전개되다가 이후 농민 봉기로 확대

제5편

근대 태동기의 변동

19

다음 중 간도에 대한 설명으로 맞는 것은?

① 대한제국은 간도관리사로 안용복을 파견하였다.

② 일본은 청과 간도 협약으로 만주의 철도부설권을 얻었다.

③ 명과 조선의 대표가 백두산 일대를 답사한 후 백두산 정계비를 세웠다.

④ 숙종 때 청과의 영토를 확정짓기 위해 통신사를 파견하였다.

해설 을사조약으로 우리나라의 외교권을 박탈한 일본은 그들의 침략을 만주 대륙으로 확장시키려는 야망에서 안봉선 철도부설권과 푸순 탄광 채굴권의 이권을 보장받는 대신 간도를 청의 영토로 인정하는 간도 협약을 체결하였다.

핵심정리

청과의 영토 분쟁

- **국경 분쟁** : 청이 만주 지방을 성역화하면서 우리나라와 국경 분쟁이 발생
- **백두산 정계비 건립(숙종 38, 1712)** : 양국 대표가 백두산 일대를 답사하여 국경을 확정하고 건립
  - 백두산 정계비를 세우고, 동쪽으로 토문강과 서쪽으로 압록강을 경계로 삼음
  - 19세기 토문강의 위치에 대한 해석상의 차이 때문에 간도 귀속 문제 발생
- **간도 귀속 문제** : 우리가 불법적으로 외교권을 상실한 상태에서 청과 일본 사이에 체결된 간도 협약(1909)에 따라 청의 영토로 귀속

20 [지방직 9급 기출]

조선시대 각 시기별 대외관계에 대한 설명으로 옳지 않은 것은?

① 15세기 : 류큐에 불경이나 불종을 전해주어 그곳 불교문화 발전에 기여하였다.

② 16세기 : 을묘왜변이 일어나자 비변사로 하여금 군사문제를 처리하도록 하였다.

③ 17세기 : 정묘호란과 병자호란의 패배로 인해 청에 대한 문화적 열등감이 팽배해졌다.

④ 18세기 : 청과 국경분쟁이 일어나 양국 대표가 백두산 일대를 답사하고 정계비를 세웠다.

해설 호란 이후 조선에서는 청에 대한 적개심, 명과 관계에 있어 소중화의식과 문화적 우월감 등이 팽배해져 북벌론이 제기되었다.

① 조선 초에는 류큐·시암·자바 등 동남아시아의 여러 나라와 교류하였는데, 특히 류큐에 불경·범종·유교경전 등을 전해 주어 그곳의 문화 발전에 기여하였다.

② 비변사는 삼포왜란(1510)을 계기로 여진족과 왜구에 대비하기 위하여 설치된 임시기구였으나, 명종 때 을묘왜변(1555)을 계기로 이를 상설기구화하고 군사문제를 전담하여 처리하게 하였다. 이후 비변사는 임진왜란을 계기로 기능이 확대·강화되어 최고 합의기구로서 거의 모든 정무를 관장하게 되었다.

④ 청이 만주지방을 성역화하면서 우리나라와 국경 분쟁이 발생했는데, 이에 양국의 대표가 백두산 일대를 답사하여 국경을 확정하고 백두산 정계비(1712)를 세웠다. 정계비에는 동쪽으로 토문강과 서쪽으로 압록강을 경계로 삼는다는 내용이 담겨 있는데, 19세기 토문강의 위치에 대한 해석상의 차이 때문에 간도 귀속 문제가 발생하게 되었다.

21

18세기 조선의 대외관계를 바르게 설명한 것은?

① 호란의 치욕을 씻기 위한 북벌 운동이 활발하였다.

② 청과 조선의 경계를 정하기 위하여 정계비를 세웠다.

③ 일본과의 국교 재개를 위한 기유약조가 체결되었다.

④ 간도 귀속 문제를 해결하기 위한 간도 협약이 체결되었다.

> 해설 ①, ③은 17세기, ④는 20세기에 일어난 사건이다. 백두산 정계비는 1712년에 건립된 것으로, 정계비에서 양국 간의 국경은 서쪽으로는 압록강, 동쪽으로는 토문강을 경계로 한다.

22 국가직 9급 기출

다음의 묘사와 관련된 외교 사절에 대한 설명으로 옳지 않은 것은?

> 일본 사람이 우리나라의 시문을 구하여 얻은 자는 귀천현우(貴賤賢愚)를 막론하고 우러러보기를 신선처럼 하고 보배로 여기기를 주옥처럼 하지 않음이 없어, 비록 가마를 메고 말을 모는 천한 사람이라도 조선 사람의 해서(楷書)나 초서(草書)를 두어 글자만 얻으면 모두 손으로 이마를 받치고 감사의 성의를 표시한다.

① 1811년까지 십여 차례 수행되었다.

② 일본의 정한론을 잠재우는 데 기여하였다.

③ 일본 막부가 자신의 권위를 높이려는 목적도 있었다.

④ 18세기 후반 일본에서 국학 운동이 일어나는 자극제가 되었다.

> 해설 제시문은 임진왜란 이후 일본으로 파견된 조선 통신사 (通信使)에 대한 내용이다. 통신사는 외교 사절로서뿐만 아니라 조선의 선진 문화를 전파하는 역할도 했으며, 일본에서는 이들을 국빈으로 예우하였다.
> 메이지 유신 초기에 조선을 침략 · 정벌하자는 정한론 (征韓論)이 일본에서 대두되었다(1868). 당시 흥선대원군의 쇄국정책과 척왜정책(斥倭政策)으로 사신의 접견이 거부되는 등 국교 교섭에 난항을 겪으면서 1870년대 본격적으로 제기되었다.
> ① 통신사는 임진왜란 이후 1607년부터 1811년까지 십여 차례 파견되었다.
> ③ 통신사는 도쿠가와 이에야스가 수립한 에도 막부 시대에 파견되었는데, 당시의 막부 정권은 정권이 교체될 때마다 통신사를 통해 권위를 인정받으려 하였다.
> ④ 통신사의 파견에 따른 조선에 대한 일본의 문화적 열등감 내지 견제 심리는 18세기 이후 일본 내의 국학 운동을 자극하였다. 이러한 국학 운동이 강화되면서 19세기 초에 통신사의 파견이 중단되었다(1811).

핵심정리

통신사

조선의 왕이 막부의 장군에게 파견하던 사절을 뜻하며, 세종 11년(1429) 교토에 파견된 정사 박서생의 사절단이 최초이다. 조선 후기의 통신사는 막부의 장군이 있는 에도(도쿄)를 목적지로 파견되었는데, 그곳까지 가는 도중에 통신사가 묵는 객사는 한시문과 학술의 필담창화라고 하는 문화교류의 장이 되었다.

제2장 경제 구조의 변동

대표유형문제

서울시 9급 기출

조선 후기 경제 변화에 대한 설명으로 옳지 않은 것은?

❶ 소라 불리는 특수지역에서 수공업이 이루어졌다.

② 도고라 불리는 독점적 도매상인이 활동하였다.

③ 인삼 · 담배 등의 상품작물이 널리 재배되었다.

④ 금광 · 은광을 몰래 개발하는 잠채가 번창하였다.

정답해설 소(所)는 고려시대에 존재했던 특수행정구역으로 조선 건국이후에는 사라졌으므로, 조선 후기 경제 변화와 관련이 없는 설명이다. 소(所)는 국가가 필요로 하는 공납품을 만들어 바치는 공장(工匠)들의 집단 거주지이다.

오답해설 ② 조선 후기에는 상품 화폐 경제의 발달로 독점적 도매상인인 도고가 활발히 활동할 수 있었다.
③ 조선 후기에는 쌀 · 인삼 · 담배 · 채소 등을 재배하는 상업적 농업이 발달하기 시작하였다.
④ 조선 후기에는 금광 · 은광을 몰래 채굴하는 이른바 '잠채'가 성행하였다.

핵심정리 **도고**
조선 후기, 대규모 자본을 동원하여 상품을 매점매석함으로써 이윤 극대화를 노린 상인을 말한다. 국가에서는 신해통공 등을 통해 도고를 혁파하려 하였지만, 관청이나 권세가 등과 결탁한 이들을 근절할 수는 없었다. 이들이 쌀이나 소금 등 생활필수품까지 매점매석함으로써 상품 부족과 물가 상승이 야기되었다.

01

다음과 같은 제도의 실시로 나타난 결과로 틀린 것은?

> 정부는 연분 9등법을 따르지 않고 풍흉에 관계없이 전세를 토지 1결당 미곡 4두로 고정시켰다.

① 이 제도의 실시로 전세의 비율이 이전보다 다소 낮아졌다.

② 대다수의 농민에게 크게 도움이 되지 못하였다.

③ 여러 명목의 수수료, 운송비에 대한 보충비용 등이 함께 부과되었다.

④ 지주에게도 토지 1결마다 미곡 2두를 결작이란 명목으로 거두어 부족분을 보충하였다.

해설 풍흉에 관계없이 전세를 토지 1결당 4두로 고정시킨 제도는 영정법이다. ④는 균역법의 시행에 대한 결과로, 정부는 줄어든 군포의 수입을 보충하기 위해 결작으로 토지 1결마다 2두의 미곡을 지주에게 부과시켰다.

핵심정리

영정법(永定法)의 시행(인조 13, 1635)

• **내용** : 종전 연분 9등제하에서 풍흉에 따라 20~4두를 납부하던 것을 풍흉에 관계없이 토지 1결당 미곡 4두로 전세를 고정(전세의 정액화)

• **결과**
  − 전세의 비율이 이전보다 다소 낮아져 지주나 자영농의 부담 경감
  − 전세 납부시 부과되는 수수료와 운송비의 보충비용 등이 전세액보다 많아 오히려 농민의 부담이 가중되는 문제 발생(대부분 병작농이던 농민에게는 도움이 되지 못함)

02

(가)에 대한 설명으로 옳은 것은?

> 지금까지 (가)에게 한성부 관할 구역의 난전을 단속할 수 있도록 허용했던 금난전권을 폐지했다. 다만, 이번 조치에서 육의전은 제외한다.

① 책문 후시를 통해 대외 무역에 종사하였다.

② 주로 왜관을 중심으로 무역 활동을 하였다.

③ 상권 수호를 위해 황국 중앙 총상회를 조직하였다.

④ 한강을 중심으로 선박을 이용하여 운송업에 종사하였다.

해설 금난전권은 시전 상인이 왕실이나 관청에 물품을 공급하는 대신 부여받은 독점 판매권인데, 조선 정조는 신해통공을 실시하여 육의전을 제외한 금난전권을 폐지하였다(1791). 시전 상인들은 일본 상인들로부터 서울의 상권을 지키기 위해 황국 중앙 총상회를 만들어 상권 수호 운동을 전개하였다(1898).

① 조선 후기 상업의 발달로 사상(私商)이 등장하였고, 의주의 만상은 청과의 밀무역인 후시 무역을 주도하였다.

② 동래의 내상은 주로 왜관을 중심으로 일본과의 해상 무역을 주도하였다.

④ 경강상인(강상)은 한강을 중심으로 선박을 이용한 운송업(대동미 운송)에 종사하면서 거상으로 성장하였다.

03

다음 중 조선 시대의 경제생활에 대한 설명으로 가장 옳은 것은?

① 임진왜란 직후 감자, 고구마, 고추 등이 전래되어 농민들의 식생활이 안정되었다.
② 조선 후기 신해통공으로 육의전을 제외한 시전의 특권이 사라진 후 사상이 성장하였다.
③ 조선 전기에는 전국적으로 이앙법이 행해졌다.
④ 조선 전기에는 도조법이 발생하여 일반화되었다.

해설 조선 후기 사상(私商)은 상공업 진흥과 재정수입 확대를 위해 신해통공(1791) 조치가 단행된 후 육의전을 제외한 시전의 금난전권이 철폐되면서 본격적으로 성장하였다. 사상은 17세기 초, 도시 근교에서 생산된 채소·과일·수공업 제품 등을 생산해 판매하는 형태로 처음 등장하여, 17세기 후반에 들어 보다 적극적인 상행위로 종루·이현·칠패 등에 근거지를 마련하고 종래의 시전과 대립하면서 상권을 확대해 나갔다. 이후 국가에서 금난전권을 철폐한 후 그 성장이 가속화되어 일부는 도고(都賈)로 성장하기도 하였다.

① 고구마는 18세기 일본에서 전래되었고, 감자는 19세기에 청에서 전래되어 재배되었으므로, 임진왜란 직후라 보기 어렵다. 또한 임진왜란 직후 농촌은 황폐화되고 경지면적이 격감하면서 농민들의 식생활은 더욱 어려워졌다.
③ 이앙법(모내기법)이 전국적으로 보급된 것은 조선 후기의 일이다. 조선 전기에는 고려 말에 시작된 이앙법이 남부 지방에서 계속 행해졌다.
④ 조선 전기에서 후기까지 정률지대인 타조법(打租法)이 일반적 지대였고, 조선 후기에는 일정 소작료(정액지대)를 납부하는 도조법(賭租法)이 나타나 점차 보급되었다.

04

조선 후기에 다음과 같은 제도의 시행으로 나타난 결과로 옳은 것은?

> • 과세의 기준이 가호에서 토지결수로 바뀌었다.
> • 토지 1결당 미곡 12두를 납부하였다.
> • 공납을 전세화하였다.

① 국가의 재정 사정이 크게 악화되었다.
② 공인의 활동으로 지방 장시가 성장하였다.
③ 별공이나 진상 같은 현물 징수가 완전히 폐지되었다.
④ 장기적으로 양반 중심의 사회를 강화하는 역할을 하였다.

해설 대동법의 실시 결과 농민들의 부담이 경감하였고, 물품의 조달을 위해 공인의 활동이 활발해지면서 각 지방에 장시가 발달하였으며 상품화폐경제가 활성화되었다.

핵심정리

대동법 시행의 결과
• **농민 부담 경감** : 부과가 종전 가호 단위에서 전세(토지 결수) 단위로 바뀌어, 토지 1결당 미곡 12두 납부
• **공납의 전세화** : 토지결수에 따라 쌀을 차등 과세
• **조세의 금납화** : 종래 현물 징수에서 쌀(대동미)·베(대동포)·동전(대동전)으로 납부
• **국가 재정의 회복**
• **공인(貢人)** : 대동법이 실시되면서 등장한 관허 상인으로 이들의 활발한 활동은 상품화폐경제의 발달 촉진
• **상품화폐경제의 발달**
  − 상품 수요가 증가하고 시장이 활성화(삼량진·강경·원산 등의 쌀 집산지가 상업 도시로 성장)
  − 자급자족에서 유통 경제로 변화

05 [지방직 9급 기출]

조선 후기의 경제활동에 대한 설명으로 옳지 않은 것은?

① 대동법의 시행으로 공물 납부는 모두 쌀을 납부하는 것으로 바뀌었다.

② 영정법을 제정하여 풍흉에 관계없이 토지 1결당 전세를 고정하였다.

③ 사상의 활동은 개성, 평양, 의주, 동래 등 지방도시에서도 활발하였다.

④ 덕대가 노동자를 고용하여 광산을 개발하기도 하였다.

해설 대동법(1608)은 공납(상공)의 전세화에 따라 종래 토산물(현물)로 납부하던 것을 쌀(대동미), 삼베(대동포), 동전(대동전)으로도 납부할 수 있도록 한 것이다. 따라서 공물 납부가 모두 쌀을 납부하는 것으로 바뀌었다는 것은 옳지 않다. 또한 별공 · 진상 등의 현물 징수도 존속하였다.

② 영정법의 시행(1635, 인조 13년)으로, 종전 연분 9등제하에서 풍흉에 따라 20~4두를 납부하던 것을 풍흉에 관계없이 토지 1결당 미곡 4두로 전세를 고정하였다(전세의 정액화).

③ 조선 후기 사상(私商)의 활동이 활발해졌는데, 대표적 사상으로는 개성의 송상, 서울의 경강상인(선상, 강상), 의주의 만상, 동래의 내상 등이 있다.

④ 조선 후기에는 광산 경영의 전문가인 덕대가 상인 물주에게 자본을 조달받아 채굴 노동자 등을 고용하여 광물을 채굴하고 제련하는 덕대제가 일반화되었다.

06

다음 〈보기〉의 제도가 실시되면서 나타난 어용상인은?

---- 보기 ----

이 법의 도입은 조선 후기 커다란 사회 · 경제적 변화를 가져왔다. 국가에 대한 세금의 일종인 진상과 공물대금이 방납인이라 불리던 공물대납업자의 횡포로 수십 · 수백 배에 이르자 농민 등 납세자의 피해가 극심했는데 이 법의 실시로 이러한 폐단이 예방되면서 농민들의 부담이 크게 줄어들었다. 그리고 상품 및 화폐경제의 발달이 촉진되었다.

① 사상   ② 시전상인

③ 공인   ④ 보부상

해설 정부에서는 대동법의 실시로 공인이라는 공납 청부업자를 지정하여 이들에게 공가(貢價)를 먼저 지불하고 필요한 관청 수요품을 조달하게 하였다.

---- **핵심정리** ----

공인

대동법 실시 이후 국가에서 필요로 하는 물품을 사서 납부하던 어용상인을 말한다. 이들은 국가로부터 미리 지급받은 공가로 수공업자 · 시전 등으로부터 물품을 구매 · 납부하고 수수료나 차액을 차지하였다. 이들의 등장으로 선대제 수공업의 발달이 더욱 두드러지게 되었는데, 이러한 현상은 조선 후기 자본주의적 요소의 형성 및 발달을 나타내는 요소라고 할 수 있다.

제5편 근대 태동기의 변동

07

균역법의 실시로 나타난 변화와 거리가 먼 것은?

① 농민들의 군포 부담은 1년에 2필에서 1필로 줄어들었다.

② 지주들은 토지 1결당 미곡 2두씩 부담했다.

③ 궁방과 아문은 어세, 선세 및 염세를 균역청에 양도했다.

④ 족징 및 인징 등 군역을 둘러싼 폐단이 완전히 사라졌다.

해설 균역법의 실시로 군포의 부담이 절반으로 줄어들게 되자 농민의 부담이 가벼워졌지만 정부의 장정 수 책정이 급격히 많아짐으로써 농민의 부담은 가중되어 다시 족징, 인징 등의 폐단이 나타났다.

핵심정리

군정의 문란
- **족징** : 도망자나 사망자의 체납분을 친족에게 징수
- **인징** : 체납분을 이웃에게 징수
- **백골징포** : 죽은 사람에게 군포를 부과, 가족이 부담
- **황구첨정** : 어린아이도 군적에 올려 군포 부과
- **강년채** : 60세 이상의 면역자에게 나이를 줄여 부과
- **마감채** : 병역 의무자에게 면역을 대가로 하여 일시불로 군포 징수

08

다음 중 조선 후기 경제생활에 대한 설명으로 틀린 것은?

① 보부상은 농촌의 장시를 하나의 유통망으로 연계시켰다.

② 조선 후기 대표적인 선상은 경강상인이었다.

③ 장시는 지방민의 교역장소로 보통 5일마다 열렸다.

④ 사상에서 공인으로 상업활동의 주도세력이 변하였다.

해설 사상(私商)은 조선 후기로 가면서 점차 활발하게 활동하여 상업활동의 주도세력의 하나가 되었다는 점에서 옳지 않다. 조선 후기에는 상업활동이 활발해지면서 공인과 함께 사상의 성장이 크게 두드러지는데, 특히 난전이나 객주·여각으로 성장한 사상들이 결국 독점적 상인인 도고로 성장하여 자본주의를 싹트게 한다. 사상들은 종루, 송파, 이현, 칠패 등지에서 난전을 발달시켜 집단시장을 형성하게 된다. 시전상인 중에는 유일하게 공인이 도고로 성장한다.

① 보부상(褓負商)은 농촌의 장시를 하나의 유통망으로 연계시킨 상인(관상)으로서 생산자와 소비자를 이어주는 행상의 역할을 하였으며, 자신들의 이익을 지키고 단결하기 위하여 보부상단(褓負商團)이라는 조합을 구성하기도 했다.

② 조선 후기 대표적인 선상인 경강상인은 선박을 이용해서 각 지방의 물품을 구입해 와 포구에서 처분하였는데, 주로 한강을 무대로 미곡, 소금, 어물 등의 운송·판매를 장악하여 부를 축적하였다.

③ 장시는 조선 후기인 18세기 중엽에는 전국에 1,000여 개소가 개설될 정도로 발달하였는데, 통상 5일마다 정기 시장이 개설되어 지역적 상권·상업 중심지로 자리 잡게 되었다.

09

조선 후기의 경제 상황에 대한 설명으로 옳은 것은?

① 벼농사가 더욱 확대되어 각종 상품 작물의 재배가 위축되었다.

② 경영형 부농이 나타난 반면, 영세농의 이농 현상이 촉진되었다.

③ 소작농의 지대(地代)가 도조법에서 타조법으로 바뀌었다.

④ 서민 지주가 크게 성장하여 양반 관료들의 토지 집적 현상이 완화되었다.

해설 자작농은 물론 일부 소작농도 더 많은 농토를 경작하여 재산을 증식하는 경영형 부농이 나타났지만, 광작의 보급으로 소작 농민들이 소작지를 잃기는 쉬워지고 얻기는 어려워져 농촌을 떠나거나 품팔이로 생계를 유지하는 농민이 증가하였다.

① 조선 후기에는 모내기법이 확대되고, 상품 작물의 재배가 활발하였다.

③ 소작농의 지대(地代)가 타조법에서 도조법으로 바뀌었다. 소작인이 지주에게 수확의 반을 바치는 종래의 타조법은 전세와 종자, 농기구를 소작인이 부담하게 되어 농민으로서는 불리한 조건이었다. 18세기에 들어와 농민들의 불만과 반발로 일부 지방에서 도조법이 나타났는데, 도조법은 농사의 풍작과 흉작에 관계 없이 해마다 정해진 일정 지대액을 납부하는 것으로, 대개 수확량의 1/3~1/4을 지주에게 바치도록 되어 있기 때문에 소작인에게는 타조법보다 유리하였다.

④ 양반 관료들의 토지 집적은 상품화폐경제가 발달하면서 가속화되었으며, 다수의 농민들은 토지를 소유하지 못하고 농촌에서 유리되어 도시 상공업에 종사하거나 임노동자가 되었다.

10

조선 후기에 보급된 이앙법에 대한 설명으로 틀린 것은?

① 벼와 보리의 이모작을 가능하게 하였다.

② 단위 면적당 생산량을 증가시켰다.

③ 시비법이 개량되고 윤작법이 가능해졌다.

④ 직파법에 비해 노동력을 덜어주었다.

해설 가축의 거름을 사용하여 시비법이 개선되고 휴한농법이 개선된 것은 고려시대에 나타난 농업의 발달이다.

---핵심정리---

농업 생산력의 증대

• 농경지 확충 : 황폐한 농토의 개간 등

• 수리시설 복구와 관리
 - 제언, 천방, 보(洑) 등 수리시설 정비·확대
 - 제언사를 설치하고(현종) 제언절목을 반포하여(정조) 국가에서 저수지 관리

• 시비법 개량 : 퇴비·분뇨·석회 등 거름의 종류 및 거름 주는 방법을 다양하게 개발

• 새로운 영농 방법 도입
 - 논농사 : 직파법에서 이앙법으로 전환(15세기), 이앙법의 일반화·확대(17세기 이후)로 노동력 절감, 생산량 증대, 이모작 가능
 - 밭농사 : 농종법(壟種法)에서 견종법(畎種法)으로 변화(노동력 절감, 생산량 증대, 보리 재배 확대)

• 농기구의 개량
 - 18세기 이후 철제 수공업 발달로 여러 농기구 제작
 - 쟁기·써레·쇠스랑·호미 등이 널리 사용됨
 - 소를 이용한 쟁기의 사용이 보편화로 생산력 증대

11

조선 후기 농민의 생활모습으로 보기 어려운 것은?

① 장날에 장시에 나가 채소를 팔았다.

② 어머니가 밭에서 고구마를 캐셨다.

③ 볕이 좋은 날 마당에서 고추를 말렸다.

④ 볍씨를 뿌린 땅에서 그대로 키워 벼를 수확하였다.

해설 ④는 직파법에 대한 설명으로 조선 초기 벼농사의 일반적 방법이었다.

12

조선 후기 사회의 모습으로 적절하지 않은 것은?

① 면화는 당시 서민들이 가장 많이 사용한 옷감의 원료이다.

② 시장에 팔기 위한 작물을 재배하여 가계 수입을 증가시켰다.

③ 담배, 면화, 약초, 채소 등의 재배가 점차 감소하였다.

④ 모내기법이 널리 확산되어 농가의 소득을 늘려 주었다.

해설 18세기에는 상품의 유통이 활발해짐에 따라 농업 방식과 기술 혁신으로 곡물, 면화, 채소, 담배, 약초 등을 상품으로 재배하게 되어 자급자족 농업에서 상업적 농업 체제로 변화하였다.

13 지방직 9급 기출

조선 후기(17~19세기)의 상공업 발달에 대한 설명으로 옳지 않은 것은?

① 인구의 자연 증가와 인구의 도시 유입으로 상품화폐경제의 진전이 보다 촉진되었다.

② 물산이 모이는 포구에서의 상거래는 장시에서의 상거래보다 규모가 컸다.

③ 선대제가 성행하면서 상인들이 수공업자들에게 예속되었다.

④ 의주의 중강과 봉황의 책문 등 국경을 중심으로 관무역과 사무역이 이루어졌다.

해설 ③은 반대로 설명되었다. 선대제(先貸制) 수공업은 민간 수공업자들이 공인이나 상인에게 주문과 함께 자금과 원료를 미리 받아서 제품을 생산하는 형태의 수공업을 말하는데, 조선 후기에는 선대제 수공업의 성행으로 수공업자들이 상업 자본(공인이나 상인 등)에 예속되어 독자적 제품의 생산·판매가 어려워졌다.

① 조선 후기 인구의 증가와 인구의 도시 유입으로 상품의 생산과 유통이 활발해지고 상업 활동이 촉진되어 상품화폐경제가 더욱 진전되었다.

② 물화의 대부분이 수로로 운송되면서 조선 후기 교통과 운송의 중심지로 포구(浦口)가 성장하였다. 포구에서의 상거래가 장시에서의 상거래보다 규모가 커지고 인근 포구 간 또는 인근 장시와 상거래가 연계되면서 포구는 상업의 중심지로 성장하였다.

④ 17세기 중엽부터 대청 무역이 활발해지면서 의주의 중강과 중국 봉황의 책문 등 국경 지역을 중심으로 관무역과 사무역이 동시에 이루어졌다(중강개시, 책문후시).

핵심정리

민영 수공업의 발달

① 발달 배경
- 시장 경제의 확대
  - 수요의 증가 : 인구 증가와 관수품 수요 증가
  - 공급의 증가 : 상품화폐경제의 발달로 시장판매를 위한 수공업품 생산 활발
- 관영 수공업의 쇠퇴 : 16세기 전후 장인들의 공장안 등록 기피로 공장안에 의한 무상 징발이 어려워짐, 정부의 재정 악화 등으로 관영 수공업 체제의 유지가 곤란

② 민영 수공업의 발달
- 공장안 폐지(신해통공, 1791) : 정조 때 장인의 등록제를 폐지하여 장인세만 부담하면 납포장으로서 자유롭게 물품 생산 가능
- 민간 수요와 관수품의 수요 증가 : 민영 수공업을 통해 증가 수요 충족
- 점(店)의 발달 : 민간 수공업자의 작업장(철점, 사기점 등), 전문 생산 체제 돌입
- 도시를 중심으로 발달하였지만 점차 농촌에서도 나타남

③ 농촌 수공업의 발달
- 전기의 자급자족 수준에 머물지 않고 전문적으로 상품을 생산하는 농가도 등장
- 주로 옷감(직물)과 그릇 종류를 생산

④ 수공업 형태의 변화
- 선대제(先貸制) 수공업 : 17~18세기 수공업의 보편적 형태
  - 공인이나 상인이 주문과 함께 자금과 원료를 제공하면, 민간 수공업자들은 이를 가지고 제품을 생산
  - 수공업자들은 상업 자본에 예속되어 독자적 생산·판매가 어려워짐(상인 물주의 수공업 지배)
- 독립 수공업자의 등장
  - 18세기 후반에 등장, 독자적으로 제품을 생산·판매하는 수공업자
  - 수공업자들의 독립 현상은 주로 놋그릇·농기구·모자·장도 분야에서 두드러짐

14

조선 후기 광업에 대한 설명으로 틀린 것은?

① 조선 초기에는 관영이었으나 점차 사유화되어 갔다.
② 청과의 무역으로 은의 수요가 늘어나면서 17세기에는 약 70개소의 은광이 개발되었다.
③ 18세기 후반에는 국가의 감독을 받아 민간인이 광물을 채굴할 수 있게 하였다.
④ 광산에 농민이 몰려 정부가 공개적 채취를 금하자 몰래 채굴하는 잠채가 성행하였다.

해설 18세기 후반에는 국가의 감독을 받지 않고 민간인이 광물을 자유롭게 채굴할 수 있도록 하여 이후 민간인에 의한 광업이 활기를 띠게 되었다.

핵심정리

광업의 발달(18세기)

- 호조의 수세 독점 : 18세기 초에는 호조가 수세를 독점하였으나, 관찰사와 수령의 방해로 점차 쇠퇴
- 덕대제와 수령수세 : 18세기 중엽부터는 국가의 감독을 받지 않고 자본(상인 물주)과 경영(덕대)이 분리된 광산 경영 형태가 일반화됨(상업 자본의 광산 경영으로 금광의 개발이 활발해짐), 수령이 수세를 관리
- 잠채 성행 : 18세기 중엽 이후 농민이 광산에 몰리는 것을 막기 위해 공개적 채취를 금하자 잠채가 성행
- 자유로운 채광 허용 : 18세기 후반부터는 민간인의 자유로운 채광을 허용하여 광업이 활기를 띰
- 조선 후기의 광산 경영의 특징
  - 덕대제 : 경영 전문가인 덕대가 상인 물주에게 자본을 조달받아 채굴업자와 채굴 노동자 등을 고용하여 광물을 채굴하고 제련하는 것이 일반화됨
  - 협업 체제 : 분업에 토대를 둔 협업으로 진행

15 [국가직 9급 기출]

시기별 대외 교류에 관한 설명으로 옳지 않은 것은?

① 백제 : 노리사치계가 일본에 불경과 불상을 전하였다.

② 통일신라 : 장보고가 청해진을 설치하여 해상권을 장악하였다.

③ 고려 : 예성강 하구의 벽란도가 국제항으로 번성하였다.

④ 조선 : 명과의 교류에서 중강개시와 책문후시가 전개되었다.

해설 조선은 청과의 교류에서 17세기 중엽부터 대청 무역이 활발해져 의주의 중강과 중국 봉황의 책문 등 국경 지대를 중심으로 개시(공무역)와 후시(사무역)가 동시에 이루어졌다.
① 백제는 성왕 때 노리사치계를 통해 일본에 불교(불경·불상·경론 등) 전파(552)하였다.
② 통일신라시기인 8세기 이후 장보고는 완도에 청해진을 설치하여 해상 무역권을 장악하였다.
③ 고려 시대에는 예성강 하구의 벽란도가 국제 무역항으로 번성하였다.

핵심정리

청과의 국경 무역

• **개시(開市)** : 공인된 무역 장소로, 중강 개시와 북관 개시, 왜관 개시 등이 있었으며, 인조 때 중강 개시(中江開市)가 최초로 공인됨

• **후시(後市)** : 밀무역으로, 책문 후시와 중강 후시, 북관 후시, 왜관 후시 등이 있었으며, 책문 후시(柵門後市)가 가장 활발

• **종사 상인** : 의주의 만상은 대중국 무역을 주도하면서 재화를 축적

• **중계 상인** : 개성의 송상

16

다음 중 조선 후기 상인에 대한 설명으로 틀린 것은?

① 중도아 – 시전에서 물건을 떼어다가 파는 중간 상인이다.

② 송상 – 전국에 송방이라는 지점을 설치하여 활동의 기반을 강화하였다.

③ 경강상인 – 한강을 근거지로 미곡, 소금, 어물 등의 운송과 판매를 장악하였다.

④ 시전상인 – 대동법 실시 후 어용 상인으로 발전하였다.

해설 대동법 실시에 따라 나타난 상인은 공인으로, 조선 후기에 시전상인과 공인이 상업 활동에서 활기를 띠어 난전이라 불리는 사상들이 성장하게 되어 상호 경쟁이 일어났다.

17

조선 후기 상인들의 활동으로 옳은 것은?

① 내상과 만상은 관청에 필요한 물품을 조달하였다.

② 이현, 칠패 등의 난전은 종래의 시전상인의 탄압으로 성장하지 못했다.

③ 경강상인은 한강을 중심으로 운송을 하였다.

④ 보부상은 포구와 장시를 중심으로 교역을 하며 점차 도고로 성장하였다.

해설 경강상인은 한강을 근거지로 주로 서남 연해안을 오가며 미곡, 소금, 어물이나 그 밖의 물품의 운송과 판매를 장악하고 부를 축적하여 갔다.
① 내상과 만상은 사상으로 지방의 장시를 연결하면서 물품을 교역하고, 각지에 지점을 두어 상권을 확장하였다.

② 17세기 후반 사상들은 보다 적극적인 상행위로 종
  루 · 이현 · 칠패 등에 근거지를 마련하고 종래의 시
  전과 대립하였다.
④ 보부상은 농촌의 장시를 하나의 유통망으로 연계시
  킨 상인이며 도고로 성장한 것은 공인과 사상이다.

18

다음 중 17세기의 사회상으로 맞는 것은?

① 환곡의 폐단이 가장 컸다.
② 관영수공업이 주류를 이루었다.
③ 농민 대다수가 부를 축적하였다.
④ 장시가 전국에 설치되었다.

해설 15세기 말 남부 지방에서 개설되기 시작한 장시는 조선
후기에 전국적으로 개설되었다. 장시는 지방민들의 교
역 장소로 일정한 날짜에 일정한 장소에 모여 물건을 교
환하였는데, 보통 5일마다 열렸다.

19

다음 〈보기〉에서 설명하고 있는 사람은?

─── 보기 ───

포구나 큰 장시에서 생산자와 상인의 물품을
위탁받아 매매하는 업무 외에 위탁자들을 위한
숙박, 금융, 도매, 창고, 운송 등 일종의 부업도
함으로써 오늘날의 재벌기업 또는 종합상사와
같은 역할을 했다.

① 선상   ② 시전상인
③ 보부상   ④ 객주

해설 상업의 발달로 지방 장시가 성장함에 따라 상업 도시에
는 도매업과 더불어 상인의 유숙과 상인들의 물화 보관,
운송, 위탁 판매, 대금 결제까지 맡아 처리하던 객주가
나타나기 시작했다.

20 국가직 9급 기출

다음의 자료에 보이는 시기의 경제 동향에 대한 설명으로 옳지 않은 것은?

배에 물건을 싣고 오가면서 장사하는 장사
꾼은 반드시 강과 바다가 이어지는 곳에서 이
득을 얻는다. 전라도 나주의 영산포, 영광의 법
성포, 흥덕의 사진포, 전주의 사탄은 비록 작은
강이나 모두 바닷물이 통하므로 장삿배가 모인
다. … (중략) … 그리하여 큰 배와 작은 배가
밤낮으로 포구에 줄을 서고 있다.

─ 『비변사등록』 ─

① 강경, 원산 등이 상업 중심지로 성장하였다.
② 선상은 선박을 이용해서 각 지방의 물품을 거
  래하였다.
③ 객주나 여각은 상품의 매매를 중개하고, 숙
  박, 금융 등의 영업도 하였다.
④ 상업 활동이 활발해지면서 삼한통보 등의 동
  전을 만들어 유통하였다.

해설 『비변사등록』은 조선 광해군대의 기록부터 전해지므로
제시된 자료는 조선 후기의 상황을 다루고 있다. ④ 삼
한통보는 고려 숙종 때 활구와 함께 유통시키려 했던 동
전이므로 제시된 자료와는 거리가 멀다.
① 조선 후기에는 강경포, 원산 등이 상업 중심지로 성
  장하였다.
② 선상(경강상인)들이 선박을 이용하여 각 지방의 물품
  을 유통시켰다.
③ 포구에서는 객주나 여각들이 성장하여 도매업, 창고
  업, 위탁 판매, 숙박업, 운송업 등에 종사하였다.

핵심정리

포구에서의 상업 활동

- **포구(浦口)의 성장** : 물화의 대부분이 수로로 운송되었으며, 18세기에 이르러 교통과 운송의 중심지로 성장
- **선상(船商)·객주(客主)·여각(旅閣)**
  - 선상(경강상인) : 선상의 활동이 두드러지면서 전국의 포구가 하나의 유통권을 형성해 감. 선박을 이용해 각 지방의 물품을 구입한 후 포구에서 처분
  - 객주·여각 : 물화가 포구에 들어오면 매매를 중개하고, 운송·보관·숙박·금융 등의 영업도 함. 지방의 큰 장시에서도 활동

핵심정리

화폐 유통

- **화폐의 확대·보급**
  - 상공업이 발달하고 대동미와 기타 세금. 지대 등을 전화(錢貨)로 대납하는 것이 가능해짐
  - 교환 수단인 동시에 재산 축적의 수단으로 이용됨
  - 18세기 후반부터 동광 개발이 활발히 추진되어 원료인 구리 공급이 용이
  - 정부는 각 기관에 동전의 발행을 권장
  - 동전 발행에 대한 통제가 해이해지면서 사적으로 주조하는 경우도 발생
- **동전(銅錢)과 신용화폐(信用貨幣)**
  - 동전 : 인조 때 동전을 주조하여 개성을 중심으로 통용. 효종 때 널리 유통시킴. 숙종 때 전국적으로 유통. 18세기 후반부터는 세금과 소작료도 동전으로 대납. 상평통보로 물건 구매
  - 신용화폐 : 대규모 상거래에서는 동전의 사용이 불편하여 환(換)·어음 등의 신용화폐가 사용됨. 상품화폐경제가 발달하면서 신용화폐가 점차 증가

21

조선 후기 상업의 변화에 대한 설명으로 옳은 것은?

① 18세기 후반에 이르러 화폐가 제조되었으나 유통은 부진하였다.

② 송상은 한강을 근거지로 미곡, 소금 등을 운송·판매하였다.

③ 조세의 전세화와 지대의 금납화가 상업의 발달을 촉진하였다.

④ 국가에서 통제하는 관영상업체제로 시전 상인만이 존재하였다.

> 해설 조세의 전세화와 물품의 수요, 공급의 증가로 상품화폐경제가 발달하였으며, 지방 장시가 성장하여 상업의 발달을 촉진하고 수공업도 활기를 띠었다.

22

다음 〈보기〉의 내용과 관련이 있는 상인은?

─── 보기 ───

- 주로 인삼을 재배·판매했다.
- 대외무역에 깊이 관여해 부를 축적했다.
- 각 지방에 지점을 설치했다.

① 의주의 만상
② 동래의 내상
③ 평양의 유상
④ 개성의 송상

> 해설 송상은 개성을 중심으로 육로를 따라 활동한 상인으로, 전국에 송방이라는 지점을 설치하여 활동의 기반을 강화하였는데, 주로 인삼을 재배·판매하고 대외 무역 등으로 부를 축적하였다.

23

조선 후기 상업에 대한 설명으로 틀린 것은?

① 경강상인은 한강을 중심으로 운송과 판매를 담당하였다.

② 동래와 의주의 상인은 일본, 중국과 사무역을 하였다.

③ 선상은 장시를 중심으로 농산물과 생활용품을 주로 취급하였다.

④ 상업 도시에는 도매업과 더불어 위탁 판매업, 창고업, 숙박업 등에 종사하는 객주나 여각이 나타났다.

해설 선상은 선박을 이용해서 각 지방의 물품을 구입해 와 포구에서 처분하였다. 운송업에 종사하다가 거상으로 성장한 경강상인은 대표적인 선상이었다.

24

조선 후기 경제적 변동 상황으로 틀린 것은?

① 농업 – 이앙법의 확산으로 광작이 유행하여 농민의 계층 분화가 나타났다.

② 상업 – 금난전권의 강화로 상품을 독점하는 도고가 성장하였다.

③ 수공업 – 상품수요의 증가로 민영수공업이 발달하였다.

④ 대외무역 – 개시와 후시 무역형태로 이루어졌다.

해설 금난전권 철폐로 시장경제가 확대되었다. 대동법의 실시로 등장한 공인은 서울의 시전뿐만 아니라 지방의 장시를 중심으로 활동하였고, 특정 물품을 대량으로 취급하여 독점적 도매상인인 도고로 성장하였다.

25

다음 〈보기〉와 같은 조선 후기의 경제적 변화로 나타난 사회현상으로 옳은 것은?

─── 보기 ───

- 광작의 확대
- 이모작, 견종법
- 도고의 성장
- 사상의 등장
- 경영형 부농과 임노동자 출현

① 신분 이동이 활발하였다.

② 빈부의 격차가 줄어들었다.

③ 농민과 노비의 수가 증가하였다.

④ 피지배층이 권력구조 개편에 주도적 역할을 하였다.

해설 조선 후기의 경제적 발전은 신분 변동을 촉진시켜 양반 중심의 신분체제 동요를 초래하였다. 양반의 수는 증가하고 상민과 노비의 숫자는 크게 감소하였다.

제3장 사회의 변화

대표유형문제

국가직 9급 기출

조선시대 향촌 사회의 모습으로 옳지 않은 것은?

① 유향소는 수령을 보좌하고 향리를 감찰하기 위한 기구였다.

② 향안은 임진왜란 전후 시기에 각 군현마다 보편적으로 작성되었다.

③ 경제적으로 성장한 일부 부농층은 향회를 장악하며 상당한 지위를 확보하기도 하였다.

❹ 세도정치기에 향회는 수령과 향리들을 견제하고 지방통치를 대리하는 기구로 성장하였다.

정답해설 종래 양반의 이익을 대변하던 향회는 조선 후기에 들어 관권과 결탁한 부농이 장악하면서 수령의 자문기구로 전락하였다. 따라서 이 시기의 향회는 수령과 향리들에 대한 견제 기능을 하지 못하였고, 오히려 관권의 강화를 뒷받침하여 자의적인 농민수탈을 강화하는 결과를 초래하였다.

오답해설 ① 유향소(향청)는 수령을 보좌·감시하고 향리의 비행을 규찰하며, 좌수·별감의 선출, 정령시달, 풍속 교정과 백성 교화, 향회 소집, 여론수렴 등의 기능을 수행하는 기구였다.
② 향안(鄕案)은 향촌 사회의 지배층인 지방사족이나 향회 구성원의 명단을 적은 장부로, 임진왜란을 전후한 16, 17세기에 각 군현마다 보편적으로 작성되었다.
③ 경제적으로 성장한 일부 부농층은 관권과 결탁하고 향안에 이름을 올리며 향회를 장악하여 상당한 지위를 확보하기도 하였다.

핵심정리 조선 후기 부농층의 성장과 도전
- **신분 상승** : 부농층의 상승욕구와 재정위기 타개를 위한 정부의 이해가 일치하여 납속이나 향직의 매매를 통해 향촌의 새로운 부농층에게 합법적 신분 상승의 길을 열어 줌(신향층을 형성)
- **향회 장악을 기도** : 일부 부농층은 관권과 결탁하고 향안에 이름을 올리며 향회의 장악을 기도
- **향회의 자문 기구화** : 종래 양반의 이익을 대변하던 향회는 관권과 결탁한 부농층이 장악하면서 수령이 세금부과를 묻는 자문기구로 변화하여 견제 기능을 상실
- **부농층과 정부(관권)의 연결** : 부농층은 종래 재지사족(구향층)이 담당하던 정부의 부세제도 운영에 적극 참여하였고, 향임직에 진출하지 못한 곳에서도 수령이나 향리 등 관권(官權)과 결탁하여 상당한 지위를 확보
- **관권의 강화** : 부농층과 관권의 결탁으로 관권을 담당한 수령과 향리의 권한·역할은 증대되고 상대적으로 기존의 재지사족의 향촌 지배력은 약화
- **향촌 지배에서 소외된 부농층** : 지배층이나 지배층과 연결된 부농층 등에 수탈을 당하였으며, 19세기 이후 민란에 주도적으로 참여하여 봉건적 수탈기구에 대항하는 세력이 되기도 함

01

다음 중 조선 후기 향촌사회에 대한 내용으로 틀린 것은?

① 수령을 중심으로 한 관권이 강화되고, 아울러 관권을 맡아 보고 있던 향리의 역할이 커졌다.

② 향촌사회에서 종래까지 영향력을 행사했던 양반은 새로 성장한 부농층의 도전을 받았다.

③ 구향과 신향 간의 향전이 발생하였는데, 수령은 항상 구향을 비호하였다.

④ 향회는 주로 수령이 세금을 부과할 때에 의견을 물어 보는 자문기구로 구실이 변하였다.

해설 조선 후기 구향과 신향 간의 향전에서는 현실적인 힘의 우위를 확보하고 있는 신향이 수령(관권)의 묵시적 지원이나 결탁을 통해 향전을 유리하게 전개해 나갔다. 따라서 수령이 항상 구향을 비호하였다는 내용은 적절하지 않다. 여기서 말하는 향전이란 새로이 대두하여 향안에 입록된 신향(소외 양반, 서얼, 부농층, 중인층 등을 포함)과 기존의 향권을 장악하고 있던 구향이 향청의 주도권과 향임직을 두고 전개한 다툼을 말한다.

① 조선 후기 향촌사회에서는 수령을 중심으로 한 관권의 권한이 강화되었고, 이에 비례해 관권을 실제 담당하던 향리의 역할도 상대적으로 증대되었다.

② 당시 성장한 부농층은 종래의 양반(재지사족)에 도전하는 양상이 전개되었는데, 재지사족이 담당하던 정부의 부세제도 운영에 적극 참여하였고 수령이나 향리 등 관권(官權)과 결탁하여 상당한 지위를 확보함으로써 상대적으로 기존의 재지사족의 향촌 지배력은 약화되었다.

④ 조선 후기 종래 양반의 이익을 대변하던 향회는 관권과 결탁한 부농층이 장악하면서, 수령이 세금 부과를 묻는 자문기구로 구실이 변화하여 견제 기능을 상실하게 되었다.

핵심정리

서얼의 차별과 신분상승 추구

① 사회적 차별과 역할 제약
  • 인구 비중은 높았으나 성리학적 명분론에 의해 과거 응시나 사회 활동 등에 제약이 따름
  • 서얼차대법에 따라 문과 응시가 금지됨(무과 · 잡과는 가능). 관직의 종류와 승진에 제한이 따름(한품서용제)

② 신분상승의 추구
  • 제약의 완화 : 임진왜란 이후 정부의 납속책 · 공명첩 등으로 서얼의 관직 진출 증가
  • 허통(許通) 운동 : 신분상승을 요구하는 서얼의 상소 운동으로 18~19세기에 활발히 전개
    – 통청윤음(영조 48, 1772)으로 서얼의 삼사 청요직 임명이 가능하게 됨
    – 정유절목(정조 1, 1777)에 따라 허통의 범위가 크게 확대(유득공 · 박제가 · 이덕무 등이 규장각 검서관으로 등용되기도 함)
    – 신해허통(철종 2, 1851)으로 완전한 청요직 허통이 이루어짐

02 국가직 9급 기출

다음 글은 다산 정약용이 당시 농민들의 실태를 지적한 것이다. 이 시기의 각 지역 호적대장에서 급증하는 호구는?

> 지금 호남의 백성들을 볼 때 대략 100호가 있다고 한다면, 그중 다른 사람에게 토지를 빌려주고 지대를 받는 자는 불과 5호에 지나지 않고, 자기 토지로 농사짓는 자는 25이며, 타인의 토지를 빌려 지으면서 지대를 바치는 자가 70호나 된다.

① 양반호　　　　② 상민호

③ 노비호　　　　④ 양반호, 상민호

해설 제시된 내용과 같은 지주전호제의 확대(소작전호의 증가)는 조선 후기의 상황에 해당하는데, 조선 후기의 신분 변화는 양반호가 증가하고 상민호와 노비호가 감소하는 방향으로 전개되었다.

───── 핵심정리 ─────

조선 후기 신분제의 변동
① 신분제 변동의 배경
  • 양반의 분화 : 붕당정치의 변질과 일당전제의 경향으로 양반층의 분화(자기도태 현상)와 다수 양반들의 몰락현상이 발생
  • 경제구조의 변화 : 농업 생산력의 발달과 상공업의 발달, 상품화폐경제의 진전 등으로 인한 경제구조의 변화는 신분 변동을 가속화함
  • 사회계층 구성의 변화 : 경영형 부농, 상업자본가, 임노동자, 독립 수공업자 등이 출현 등
② 양반층의 분화
  • 분화 원인 : 조선 후기 붕당정치 변질로 인한 양반 상호 간의 정치적 갈등
  • 계층적 분화
    – 벌열양반(권반) : 지역사회에서 권세 있는 양반으로 사회 · 경제적 특권을 독차지, 대부분 중앙과 연결되어 있음
    – 향반(토반) : 향촌 사회에서 겨우 위세를 유지하고 있는 양반
    – 몰락양반(잔반) : 평민과 다름없는 처지의 양반(자영농 · 소작농화, 상업 · 수공업에 종사하거나 임노동자로 전락)
③ 신분 구성의 변동
  • 변동 방향 : 후기로 갈수록 양반 수는 증가하고 상민과 노비 수는 감소
  • 원인 : 부를 축적한 농민들이 양반 신분을 사거나 족보를 위조하여 양반으로 행세
  • 결과 : 신분 변동이 활발해져 양반 중심의 신분 체제가 동요

03

조선 후기의 신분제의 변화에 대한 설명으로 옳지 않은 것은?

① 경제적으로 부를 축적한 지주농민들은 납속, 공명첩 등으로 신분상승을 꾀하였다.
② 양반권세가, 향반, 잔반 등으로 양반계층 내부의 분화가 이루어졌다.
③ 서얼 및 중인 출신의 신분상승 운동이 전개되었다.
④ 순조 때 사노비를 해방시킨 후 을미개혁 때 신분제가 폐지되었다.

해설 순조 때 중앙 관서 노비들을 해방시켰으며, 갑오개혁(1894) 때 신분제가 폐지되면서 노비제는 법제상으로 사라지게 되었다.

───── 핵심정리 ─────

노비의 해방
• 신분상승 노력
  – 군공 및 납속으로 신분상승을 추구
  – 공노비를 종래의 입역노비에서 신공을 바치는 납공노비로 전환시킴
• 해방 과정
  – 일천즉천의 법제 폐지 : 현종 10년(1669) 해당 법제를 폐지하고 종모법(從母法)으로 개정
  – 노비 종모법의 정착 : 영조 7년(1731) 노비종모법(아버지가 노비라도 어머니가 양민이면 양민으로 삼음)을 확정 · 시행
  – 공노비 해방 : 순조 원년(1801)에 중앙 관서의 노비 6만 6,000여 명을 해방
  – 노비세습제의 폐지 : 고종 23년(1886) 폐지
  – 사노비 해방 : 갑오개혁(1894)으로 공 · 사노비가 모두 해방됨(법제상 노비 신분의 소멸)

04

조선 후기의 노비제도를 바르게 설명한 것은?

① 획일적인 종모법을 법제화하였다.

② 노비들은 군공과 납속 등을 통하여 자신의 신분을 상승시켰다.

③ 국가에서는 노비의 신분상승을 엄격히 규제하였다.

④ 양반과 노비 사이의 자녀는 노비 신분을 벗어나지 못하였다.

> **해설** 노비들은 군공 및 납속으로 신분 상승을 위한 노력을 하였다.
> ①, ④ 노비의 신분상승 추세는 아버지가 노비라 하더라도 어머니가 양민이면 양민으로 삼는 법이 실시되면서 더욱 촉진되었다.
> ③ 국가에서는 공노비 유지에 비용이 많이 들어 그 효율성이 떨어지자 공노비를 종래의 입역노비에서 신공을 바치는 납공노비로 전환시켰다.

05

다음 신분에 대한 설명으로 옳은 것은?

> • 조선시대 기술직이나 행정 사무직에 종사하였다.
> • 역관, 의관, 향리, 서리가 해당된다.
> • 지배층의 자기 도태 과정에서 하나의 신분층으로 고정되었다.

① 개항 반대를 하여 위정척사운동을 벌였다.

② 직업적 전문성보다 인문적 교양을 중시하였다.

③ 지주전호제의 모순을 시정하기 위해 민란을 일으켰다.

④ 조선 후기에 신분상승을 위한 소청운동을 전개하였다.

> **해설** 지문은 중인에 대한 설명으로, 조선 후기에 중간 계층의 성장과 서얼의 신분상승운동 등을 바탕으로 중인층은 철종 때 대규모의 소청운동을 전개하였다.

06 국가직 9급 기출

밑줄 친 '우리'에 해당하는 계층의 활동으로 옳은 것은?

> 아! 우리는 본시 모두 사대부였는데 혹은 의(醫)에 들어가고 혹은 역(譯)에 들어가 7, 8대 또는 10여 대를 대대로 전하니 … (중략) … 문장과 덕(德)은 비록 사대부에 비길 수 없으나, 명공(名公) 거실(巨室) 외에 우리보다 나은 자는 없다.

① 집단으로 상소하여 청요직(淸要職) 허통(許通)을 요구하였다.

② 형평사를 창립하고, 평등한 대우를 요구하는 형평운동을 펼쳤다.

③ 관권과 결탁하고 향회를 장악하여, 향촌 사회에서 영향력을 키우려 하였다.

④ 유향소를 복립하여 향리를 감찰하고 향촌 사회의 풍속을 바로 잡으려 하였다.

> **해설** 제시된 자료는 『상원과방』의 일부이다. '본시 모두 사대부였는데 혹은 의에 들어가고 혹은 역에 들어가 ~'라는 내용을 통해 중인 중 기술직 종사자들에 대한 내용임을 알 수 있다. 청요직은 홍문관·사간원·사헌부 등의 관직으로, 이를 거치면 고위직으로 진출하는 데 유리하였다. 조선 후기 사회·경제적 변동을 배경으로 재산을 축적한 중인은 청요직에 오를 수 있도록 요구하는 통청 운동을 펼쳤으나 성공하지는 못했다.
> ② 형평사를 창립하고 형평운동을 펼친 계층은 백정이다.
> ③ 조선 후기, 관권과 결탁하고 향회를 장악하여 향촌 사회에서 영향력을 키우려 한 계층은 부농층이다.
> ④ 유향소를 복립하여 향리를 감찰하고 향촌 사회의 풍속을 바로 잡으려 한 계층은 사림이다.

핵심정리

조선 후기 중인의 신분 변동

① 사회적 차별과 역할 제약
- 사회적 역할이 컸음에도 고위직으로의 진출이 제한됨
- 법제상 문·무과 응시가 가능하나, 실제로는 서얼과 같이 천대 받으며 청요직 진출에 제약이 따름

② 신분상승의 추구
- **신분상승운동의 전개 배경** : 조선 후기의 사회경제적 변동, 서얼의 신분상승운동, 기술직 종사로 축적된 재산과 풍부한 실무경험
- **소청운동의 전개** : 중인도 요직인 청직에 오를 수 있도록 해 줄 것을 요구하는 통청운동을 전개
- **통청운동의 의의** : 비록 성공하지 못하였으나 이를 통해 전문직으로서의 역할이 부각됨
- **역관의 역할**
  - 대청 외교 업무에 종사하면서 서학을 비롯한 외래문화 수용에 선구적 역할을 수행하여 새로운 사회의 수립을 추구
  - 무역에 관여하여 상당한 부를 축적하는 역관이 등장

07

다음 자료를 통해 알 수 있는 시기의 상황으로 바르지 못한 것은?

- 옷차림은 신분의 귀천을 나타내는 것이다. 그런데 어찌된 까닭인지 근래 이것이 문란해져 상인, 천민들이 갓을 쓰고 도포를 입는 것이 마치 조정의 관리나 선비와 같이 한다. 진실로 한심스럽기 짝이 없다.
  　　　　　　　　　　　　　　　　　— 〈일성록〉

- 근래 아전의 풍속이 나날이 변하여 하찮은 아전이 길에서 양반을 만나도 절을 하지 않으려 한다.
  　　　　　　　　　　　　　　　　　— 〈목민심서〉

① 부를 축적한 상민들이 납속을 통해 양반으로 상승하였다.

② 일부 노비들이 납속을 통해 신분상승을 하기도 하였다.

③ 양반 계층 분화로 양반 수는 줄고 상민과 노비 수는 늘어났다.

④ 상민이 양반을 칭하는 사례가 발생하고 지배층으로서의 양반의 의미가 퇴색해가고 있었다.

해설 조선 후기에는 부를 축적한 농민들이 자신의 지위를 높이고 역의 부담을 모면하기 위하여 양반 신분을 사거나 족보를 위조하여 양반으로 행세하는 경우가 많았다. 따라서 양반의 수는 더욱 늘어나고 상민과 노비의 수는 줄어드는 경향을 보였다.

08 국가직 9급 기출

여말선초 성리학의 도입으로 나타난 조선 후기의 사회 풍습으로 옳지 않은 것은?

① 과부의 재가를 금지하고 효자나 열녀를 표창하였다.

② 재산 상속에서 제사를 담당하는 장자를 우대하는 경향이 나타났다.

③ 남귀여가혼이 점차 축소되면서 친영제로 전환되어 갔다.

④ 사찰 대신 집안에 가묘를 설치하고 영정을 봉안하여 제사를 지냈다.

해설 집안에 가묘(家廟)를 설치하여 조상의 위패를 모시고 제사를 지내던 풍습은 조선시대에 일반화되기는 했으나, 이는 유교에서 비롯된 일반적 민간신앙이므로 여말 성리학의 도입으로 나타난 사회 풍습이라 보기는 어렵다.

① 고려시대에는 과부의 재가가 허용되었으나 성리학의 도입으로 조선 중기 이후에는 가족제도에 대한 윤리 덕목으로 효와 정절이 강조되면서 효자나 열녀를 표창하고 과부의 재가를 금지하였다.

② 고려시대에서 조선 중기까지는 균분 상속과 제사의 형제 분담이 이루어졌으나, 조선 후기에 들어오면서 장자 우선 상속 및 장자가 제사를 담당하는 것이 정착되어 갔다.

③ 조선 중기까지는 남귀여가혼(男歸女家婚)의 풍습에 따라 혼인 후에 남자가 여자 집에서 생활하는 경우가 존재했으나, 조선 후기부터는 성리학적인 예법이 더욱 강화되고 부계 중심의 가족제도가 확립되면서 혼인 후 곧바로 남자 집에서 생활하는 친영(親迎)제도가 정착되어 갔다.

핵심정리

가족 및 혼인제도

① 가족제도의 변화
- 조선 중기
  - 남귀여가혼(男歸女家婚) 존속 : 혼인 후에 남자가 여자 집에서 생활하는 경우가 존재
  - 자녀 균분 상속의 관행 : 대를 잇는 자식에게 상속분의 1/5을 더 주는 것 외에는 균분
  - 제사의 자녀 분담(윤회 봉사)
- 17세기 중엽 이후(조선 후기)
  - 친영(親迎)제도의 정착 : 성리학적인 영향으로 부계 중심의 가족제도가 확립되면서 혼인 후 곧바로 남자 집에서 생활
  - 장자 우선 상속 및 제사의 장자 부담(장자 중심 봉사) 정착
  - 아들이 없는 경우 양자를 들이는 것이 일반화
  - 부계 중심의 가족 제도 강화, 부계 위주의 족보 편찬
  - 종중(宗中) 우선의 인식, 동성 마을의 형성
  - 가족제도를 유지하기 위한 윤리 덕목으로 효와 정절 강조(효자나 열녀를 표창)
  - 가족제도가 사회 질서를 지탱하는 버팀목 역할을 수행
  - 과부의 재가 금지

② 혼인제도의 변화
- 일부일처제와 첩 : 일부일처를 기본으로 하였지만 남자들은 첩을 들일 수 있었음
- 적(嫡) · 서(庶)의 엄격한 구분 : 서얼의 문과 응시 금지, 제사나 재산 상속 등에서의 차별
- 혼인 결정권 : 대개 집안의 가장이 결정. 법적으로 남자 15세 · 여자 14세면 혼인 가능
- 친영제도의 정착

09 지방직 9급 기출

다음과 같은 현상이 일어나게 된 배경으로 옳지 않은 것은?

> 향회라는 것이 한 마을 사민(士民)의 공론에 따른 것이 아니고, 수령의 손 아래 놀아나는 좌수·별감들이 통문을 돌려 불러 모은 것에 불과합니다. 그 향회에서는 관의 비용이 부족하다는 핑계로 제멋대로 돈을 거두고 법을 만드니, 일의 원통함이 이보다 심한 것이 없습니다.

① 사족의 향촌 지배력이 약화되었다.
② 수령과 향리의 영향력이 약해졌다.
③ 향회는 수령의 부세 자문 기구로 전락하였다.
④ 양반 사족과 부농층이 향촌의 주도권 다툼을 벌였다.

해설 제시된 자료는 조선 후기 향촌 사회의 모습이다. 향안을 기반으로 구성된 향회에서 사민보다 수령·좌수·별감의 영향력이 더 크다는 내용을 통해 당시 향촌 사회에서 양반의 권위가 하락하고 관권이 강화되었음을 알 수 있다.
① 조선 후기에는 신분 질서가 동요하면서 향촌 사회 내부에서 양반의 권위가 하락하였다.
③ 향회는 양반의 이익을 대변하던 곳이었으나 관권과 결탁한 부농층에게 장악되면서 견제 기능을 상실하고 수령이 세금 부과를 묻는 자문 기구로 변질되었다.
④ 향전은 신향(새로이 대두하여 향안에 입록된 사람들로 소외 양반, 서얼, 부농층, 중인층 등 포함)과 구향(그때까지 향권을 장악하고 있던 기존 사족)이 향청의 주도권을 두고 벌인 다툼으로, 영조·정조대에 집중적으로 나타났다. 현실적인 힘의 우위를 확보하고 있는 신향이 수령(관권)의 묵시적 지원이나 결탁을 통해 향전을 유리하게 전개해 나갔다.

10

다음은 조선 후기 사회 변동을 나타낸 것이다. 빈칸에 들어갈 내용으로 틀린 것은?

> 신분제의 동요 → 지배층과 피지배층의 갈등 심화 → 농촌 경제 파탄 → (   )

① 정감록의 유행
② 유교의 발달
③ 미륵신앙 유행
④ 천주교의 교세 확장

해설 신분제의 동요로 지배층과 피지배층의 갈등이 심화되자 유교사상은 더 이상 사회 운영의 원리로서 기능할 수 없었다. 이 시기에는 〈정감록〉과 같은 예언서가 유행하였고, 미륵신앙과 민간신앙이 유행하였으며, 천주교의 전파와 동학이 발생하기도 하였다.

핵심정리

민간신앙의 성행
- **예언사상의 유행**
  - 유교적 명분론이 설득력을 잃어가자 비기·도참 등을 이용한 예언사상이 유행(〈정감록〉 등)
  - 말세의 도래, 왕조 교체 등 근거 없는 낭설이 횡행하여 민심 혼란이 가중됨
- **무격 신앙의 성행** : 개인적·구복적 성격의 고유 신앙
- **내세를 위한 미륵신앙의 성행** : 이상향 제시, 살아 있는 미륵불을 자처하며 민심 현혹
- **민간신앙의 의의** : 사회 불안 속에서 성행하며 피지배층의 정신적 피난처 역할을 함

11

조선 후기에 다음과 같은 움직임이 나타난 이유로 가장 적절한 것은?

- 소청운동
- 벽서운동
- 대규모 봉기

① 잔반들이 정권 장악을 시도하였다.

② 노비들이 신분해방운동을 주도하였다.

③ 중인들이 청요직에 진출할 수 있는 자격을 얻고자 하였다.

④ 농민들이 현실 문제를 타개하고자 노력하였다.

해설 양난 이후 국가재정의 파탄과 관리들의 기강 해이로 인한 수취의 증가로 농민들의 생활이 어렵게 되자, 농민들은 소청운동, 벽서운동, 대규모의 봉기 등을 통하여 적극적으로 지배층에 대항하였다.

───── 핵심정리 ─────

농민의 항거

• 원인
  - 사회 불안 고조, 유교적 왕도 정치의 퇴색, 신분제의 동요
  - 19세기 세도정치하에서 탐관오리의 부정과 탐학
  - 사회 · 경제적 모순의 심화
  - 극심한 삼정의 문란

• 항거의 형태 및 변화
  - 농토를 버리고 유민이 되거나, 산간벽지로 들어가 화전민 · 도적이 됨
  - 농민의 사회의식은 더욱 성장해 지배층의 압제에 대하여 종래의 소극적인 자세에서 벗어나 보다 적극적으로 대결
  - 소청 · 벽서 · 괘서 등의 항거 형태로 시작하여 점차 농민 봉기로 변화

12

조선 후기에 전래된 천주교에 대한 설명으로 옳지 않은 것은?

① 동학에 대한 반발로 보급되기 시작하였다.

② 18세기 말엽에는 한글로 번역된 교리서가 보급되었다.

③ 이승훈이 영세를 받은 후에 신앙 활동이 더욱 활발해졌다.

④ 초기에는 종교가 아닌 서양 문물의 하나인 서학으로 소개되었다.

해설 천주교에 대한 위기의식의 고조로 철종 때(1860) 최제우가 동학을 창시하였다.

───── 핵심정리 ─────

천주교의 전파

• 천주교의 전래
  - 17세기에 베이징을 방문하고 돌아온 사신들이 서학(학문적 대상)으로 소개
  - 18세기 후반 신앙으로 받아들여짐

• 교세의 확장
  - 남인 계열의 실학자들이 천주교 서적인 〈천주실의〉를 읽고 신앙 생활
  - 이승훈이 영세를 받고 돌아와 활발한 신앙 활동 전개

• 박해
  - 추조 적발 사건(정조 9, 1785)
  - 반회 사건(정조 11, 1787)
  - 신해박해(정조 15, 1791)
  - 신유박해(순조 1, 1801)
  - 기해박해(헌종 5, 1839)
  - 병오박해(헌종 12, 1846)
  - 병인박해(고종 3, 1866)

• 교세 확장의 원인
  - 세도정치로 인한 사회 불안과 어려운 현실의 극복
  - 신 앞에 모든 인간은 평등하다는 논리, 내세 신앙 등의 교리가 백성들의 공감을 얻음

제5편

근대 태동기의 변동

13 [지방직 9급 기출]

다음과 같은 주장이 제기된 시기의 사회상에 대한 설명으로 적절하지 않은 것은?

> 지금 양반이 명분상으로 상공업에 종사하는 것을 부끄러워하지만 그들의 비루한 행동이 상공업자보다 심한 자가 많다. …(중략)… 상공업을 두고 천한 직업이라 하지만 본래 부정하거나 비루한 일은 아니다.

① 이익, 정약용 등이 토지제도의 개혁을 주장하였다.
② 미륵사상이나 〈정감록〉 등이 민중에게 널리 전파되었다.
③ 정부는 교정청을 설치하여 삼정 문란을 바로잡고자 노력하였다.
④ 서민 생활을 반영하는 풍속화, 한글소설, 판소리 등이 유행하였다.

해설 제시문은 조선 후기의 중상학파 실학자 유수원이 저술한 〈우서〉의 내용 중 일부로, 사농공상의 직업적 차별의 철폐를 주장하고 있다. 교정청(1894. 6)은 동학농민운동 직후 정부가 개혁(갑오개혁)을 위해 왕명으로 설치한 기관이다. 삼정의 문란을 바로잡고자 설치한 기관은 삼정이정청(三政釐整廳)(1862, 철종 13년)이다. 삼정이정청은 진주민란(임술농민봉기) 직후 이에 대한 수습 차원에서 삼정의 폐단을 시정하기 위해 임시 관청으로 설치되었으나 효과를 거두지 못하였다.

14

다음과 같은 종교 사상의 설명으로 옳은 것은?

> 사람이 곧 하늘이라는 인내천 사상을 바탕으로 평등주의, 인도주의, 그리고 하늘의 운수 사상을 내세웠다.

① 유교, 불교, 선사상의 통합을 기본으로 하였다.
② 천주교의 교리를 철저하게 배척하였다.
③ 조선 왕조 유지를 위해 서양과 일본의 침투를 배척하였다.
④ 최제우는 〈용담유사〉를 펴내어 교리를 정리하였다.

해설 인내천 사상은 동학의 핵심 사상이다.
② 동학은 천주교를 부정하였지만 천주교의 교리를 일부 흡수하였다.
③ 동학은 조선 왕조를 부정하는 혁명성을 띠었다.
④ 〈동경대전〉(한자)과 〈용담유사〉(한글)는 1884년에 보은에서 2대 교주 최시형이 출간하였다.

──── 핵심정리 ────

동학(東學)의 성격
• 성리학 · 불교 · 서학 등을 배척하면서도 교리에는 유 · 불 · 선의 주요 내용과 장점을 종합
• 샤머니즘, 주문과 부적 등 민간신앙 요소도 결합되어 있으며, 현세구복적 성격
• 시천주(侍天主), 사인여천(事人如天), 인내천(人乃天) 사상을 강조해 인간 평등을 반영
• 운수사상과 혁명사상(조선 왕조를 부정)을 담고 있음
• 혁명적 · 반제국주의적 성격을 띠며, 사회 모순을 극복하고 외세의 침략을 막아내자는 주장을 전개
• 반봉건적 성격을 토대로 반상의 철폐, 노비제도 폐지, 여성과 어린이의 인격 존중 등을 강조

15 지방직 9급 기출

평안도 농민전쟁(홍경래 난)의 역사적 배경으로 옳지 않은 것은?

① 평안도민은 중앙 관직에 진출할 수 있는 기회가 매우 제한되었다.

② 봉기에 대한 호응이 전국적으로 일어날 만큼 지역 차별이 극심하였다.

③ 세도 정권이 서울 특권상인의 이권을 보호하기 위해 평안도민의 상공업 활동을 억압하였다.

④ 평안도민 중 대외무역과 광산 개발에 참여하여 부호로 성장한 인물이 많았다.

해설 평안도 농민전쟁(홍경래의 난, 1811)은 서북인에 대한 차별을 원인으로 하여 발생하였으나 전국적 봉기로 진행되지는 않았다. 홍경래의 난은 평안도 가산에서 발발하여 한때 청천강 이북 일대를 점령하기도 했으나 5개월여 만에 진압되었다. 민란이 전국적으로 확대된 계기는 임술농민봉기(진주민란, 1862)이다.

　①, ③ 평안도민에 대한 차별로 중앙 관직에 진출할 수 있는 기회가 제한되었고, 서울 특권상인 등의 이권 보호를 위해 평안도민의 상공업 활동을 억압한 것도 홍경래 난의 원인이 되었다.

　④ 당시 평안도민 중 대외무역과 광산 개발의 참여 등으로 상업 활동이 활발해지고 경제가 활성화되면서 부호로 성장하는 사람이 늘어났는데 비해, 정치적 측면에서는 상대적으로 소외되어 지역민들의 불만이 가중되었다.

핵심정리

홍경래 난(평안도 농민 전쟁, 순조 11, 1811)

- **의의** : 세도정치기 당시 농민 봉기의 선구
- **중심 세력** : 몰락 양반인 홍경래의 지휘하에 광산 노동자들이 중심적으로 참여하였고, 영세 농민·중소 상인·유랑인·잔반 등 다양한 세력이 합세
- **원인**
  - 서북인(평안도민)에 대한 차별(관직 진출의 기회가 상대적으로 제한) 및 가혹한 수취
  - 서울 특권 상인 등의 이권 보호를 위해 평안도 지역 상공인과 광산 경영인을 탄압·차별하고 상공업 활동을 억압
  - 세도정치로 인한 관기 문란, 계속되는 가뭄·흉작으로 인한 민심 이반
- **경과** : 가산 다복동에서 발발하여 한때 청천강 이북의 7개 고을을 점령하였으나 5개월 만에 평정
- **영향** : 이후 각지의 농민 봉기 발생에 영향을 미침(관리들의 부정과 탐학은 시정되지 않음)

---

16 지방직 9급 기출

19세기에 발생한 농민 봉기에 대한 설명으로 옳지 않은 것은?

① 몰락한 양반이 민란을 주도하기도 했다.

② 임술민란은 삼남지방에서 가장 치열하게 일어났다.

③ 홍경래 난의 지도자들은 지방차별 타파를 내세웠다.

④ 민란의 결과 부세제도의 근본적 개혁이 이루어졌다.

해설 임술민란(진주민란) 이후 수습책으로 삼정의 폐단을 시정하기 위한 임시 관청으로 철종 13년, 삼정이정청이 설치(1862)되었으나 그다지 효과를 거두지 못했으므로, 부세제도의 근본적 개혁이 이루어졌다고 할 수 없다.

제 5 편

근로 태동기의 변동

실전
문제

제4장 문화의 새 기운

● 대표유형문제 ●

지방직 9급 기출

다음은 조선 후기 집필된 역사서의 일부이다. 이 책에 대한 설명으로 옳은 것은?

> 삼국사에서 신라를 으뜸으로 한 것은 신라가 가장 먼저 건국했고, 뒤에 고구려와 백제를 통합하였으며, 또 고려는 신라를 계승하였으므로 편찬한 것이 모두 신라의 남은 문적(文籍)을 근거로 했기 때문이다. … (중략) … 고구려의 강대하고 현저함은 백제에 비할 바가 아니며, 신라가 차지한 땅은 남쪽의 일부에 불과할 뿐이다. 그러므로 김씨는 신라사에 쓰여진 고구려 땅을 근거로 했을 뿐이다.

❶ 우리 역사의 독자적 정통론을 세워 이를 체계화하였다.
② 단군 – 부여 – 고구려의 흐름에 중점을 두어 만주 수복을 희구하였다.
③ 중국 및 일본의 자료를 망라한 기전체 사서로 민족사 인식의 폭을 넓혔다.
④ 여러 영역을 항목별로 나눈 백과사전적 서술로 문화 인식의 폭을 확대하였다.

정답해설 제시된 자료는 안정복의 『동사강목』 중 일부분이다. 안정복은 이익의 제자로 그의 역사의식을 계승하고 연구 성과를 축적·종합하며 중국 중심의 역사관을 비판하였다. 안정복은 『동사강목』에서 고조선부터 고려 말까지의 우리 역사를 독자적 정통론(마한 정통론)을 통해 체계화하였다.

오답해설 ② 이종휘는 고구려사인 『동사』를 저술하여 부여·고구려·백제 등을 단군의 후예로 간주하고 발해를 고구려의 후예로 보아 이들이 나라를 세웠던 만주 역시 우리 땅임을 분명히 하였다.
③ 한치윤은 500여 종의 중국·일본 사서를 자료로 인용해 단군 조선부터 고려시대까지를 서술한 기전체 사서인 『해동역사』를 편찬하였다.
④ 이긍익은 『연려실기술』에서 조선 왕조의 정치·문화사를 객관적·실증적 입장에서 서술하고 우리나라 역대의 문화를 백과사전식으로 정리하였다.

핵심정리 이종휘의 『동사』
기전체 사서로, 현 시대는 과거의 역사를 통해 규명할 수 있다는 입장을 취하고 있다. 조선이 중화의 문화를 간직한 유일한 국가라는 인식 하에 서술되었다. 고조선과 발해를 우리 역사로서 다루고 있으며, 부여·옥저 등 한국 고대의 여러 나라들의 위치를 격상시키는 한편 역사 체계에서 한군현(한사군)을 삭제하였다. 신채호는 이종휘를 조선 후기 역사가 중 가장 주체적인 인물로 평가하였다.

01 지방직 9급 기출

조선 후기의 학문과 사상에 대한 설명으로 옳지 않은 것은?

① 허목은 중농정책의 강화, 부세의 완화, 호포제 실시 반대 등을 주장하였다.

② 호락논쟁은 인성과 물성이 같다고 주장하는 노론과, 다르다고 주장하는 소론 사이의 논쟁이다.

③ 이익은 나라를 좀먹는 악폐로 노비제도, 과거제도, 양반문벌, 사치와 미신, 승려, 게으름 등을 들었다.

④ 민족의 전통과 현실에 대한 관심이 깊어지면서 우리의 역사, 지리, 국어 등을 연구하는 국학이 발달하였다.

해설 호락논쟁(湖洛論爭)은 노론과 소론 간의 논쟁이 아니라 노론 내부의 성리학 이론 논쟁이다. 호론은 인간과 사물의 본성이 다르다는 인물성 이론(人物性異論)을, 낙론(洛論)은 인간과 사물의 본성이 같다는 인물성 동론(人物性同論)을 주장하며 대립하였다.

　① 허목은 남인의 대표적 학자의 한 사람으로 농민생활 안정을 위한 중농정책의 강화와 수취체제의 완화, 호포제 실시의 반대 등을 주장하였다. 남인은 양반 지주 중심의 성리학적 국가체제 확립을 위해 중소지주와 자영농의 안정과 수취체제의 완화 등을 강조하였다.

　③ 이익의 6좀 폐지론에 대한 내용이다. 이익은 나라를 좀먹는 여섯 가지의 폐단으로 양반문벌제 · 노비제 · 과거제 · 기교(사치와 미신) · 승려 · 게으름을 지적하고 그 시정을 강력히 주장하였다.

　④ 실학의 발달과 함께 양란 후 민족 전통문화에 대한 관심과 애국심이 고조되면서 우리 역사 · 지리 · 국어 등을 연구하는 국학이 발달하게 되었다.

02 서울시 9급 기출

조선 후기 실학자의 저술에 대한 설명 중 옳은 것은?

① 유형원은 백과사전적 성격을 지닌 『반계수록』을 저술하였다.

② 이익은 『곽우록』을 저술하여 국가 제도 전반에 대한 의견을 제시하였다.

③ 박지원은 청에 갔던 기행문인 『연기』를 저술하였다.

④ 안정복은 각종 서적을 참고하여 조선시대 역사를 기술한 『동사강목』을 편찬하였다.

해설 18세기의 전반의 실학자 이익은 유형원의 실학사상을 계승 · 발전시키고 많은 제자들을 길러내 성호학파를 형성하였으며, 『곽우록』을 통해 농촌 경제의 안정책과 토지 개혁론(한전론) 등을 제시하였다.

　① 유형원의 『반계수록』은 통치 제도에 대한 개혁안을 중심으로 한 총 26권의 저술이다.

　③ 『연기』를 저술한 사람은 홍대용이다. 박지원은 청을 방문하고 돌아와 청의 문물을 소개하고 이를 수용할 것을 주장한 『열하일기』를 저술하였다.

　④ 안정복의 『동사강목』은 고조선부터 고려 말까지를 다루고 있다.

핵심정리

이익의 한전론

• 균전론을 급진적 · 비현실적이라고 비판(토지 재분배를 위한 지주 토지의 몰수는 불가능)하고 그 대안으로 한전론을 제시

• 한전론 : 토지를 소유하되 상한을 정함(기본적인 생활 유지에 필요한 규모의 토지를 영업전으로 지정하여 법으로 매매를 금지하고 나머지 토지만 매매를 허용하여 점진적으로 토지 소유의 평등을 이룸)

제**5**편

근대 태동기의 변동

03 [지방직 9급 기출]

다음 학문이 조선 후기 사회에 미친 영향을 가장 타당하게 추론한 것은?

> 무릇 사람은 반드시 음식을 먹고 싶어하는 마음이 있는 뒤에야 먹는 것을 안다. 음식을 먹고 싶어하는 마음은 곧 뜻이요, 곧 행(行)의 시작이다. 먹는 맛의 아름다움과 싫어함은 반드시 입에 들어간 것을 기다린 뒤에 아니, 어찌 입에 들어가지도 않았는데 이미 먼저 먹는 맛의 아름다움과 싫어함을 알겠는가.

① 노론의 일당 전제화에 기여하였다.
② 사상적 경직성을 비판하는 계기가 되었다.
③ 명분을 중시하고 가부장적 가족제도를 강화하였다.
④ 여권신장에 기여하였다.

해설 양명학은 지행합일설(知行合一說)을 근간으로 하며, 성리학의 교조화와 형식화를 비판하며 실천성을 강조하였다.

---핵심정리---

양명학
- **의의** : 성리학의 교조화와 형식화, 사상적 경직성 등을 비판하며 지행합일의 실천성을 강조하는 주관적 철학
- **사상 체계** : 인간의 마음이 곧 이(理)라는 심즉리(心卽理), 인간이 상하 존비의 차별 없이 타고난 천리로서의 양지를 실현하여 사물을 바로잡을 수 있다는 치양지설(致良知說), 앎은 행함을 통해서 성립한다는 지행합일설(知行合一說) 등을 근간으로 함

04

실학의 성립 배경과 관계 깊은 것은?

① 주변 민족에 대한 우월성을 강조하였다.
② 양반과 상민의 구분을 확연히 하고자 하였다.
③ 성리학의 한계성을 보완하기 위한 처방이었다.
④ 삼정의 문란으로 인하여 농민 생활이 피폐해졌다.

해설 조선 후기에 성리학이 현실 문제를 해결할 수 있는 기능을 수행하지 못하자, 성리학의 한계성을 자각하고 비판하면서 현실 생활과 직결되는 문제를 탐구하려는 움직임이 나타나게 되었다.

---핵심정리---

실학의 성립과 발전

(1) 등장 배경
① 17~18세기의 사회 · 경제적 변동에 따른 사회적 모순의 해결 방법을 구상하는 과정에서 대두
② 심각한 사회 모순에도 불구하고 지배 이념인 성리학은 현실 문제를 해결할 수 없었음
③ 성리학의 한계를 인식 · 비판하면서 현실 문제를 탐구하려는 학문적 · 사상적 움직임으로 등장

(2) 실학의 성립
① 16세기 말
- 정치 · 문화 혁신의 움직임이 싹터 정인홍 등이 성리학 이외의 사상을 폭넓게 수용하려 함
- 성리학을 고집하는 보수적 학자들의 반발로 학문적 체계를 세우지 못함
② 17세기
- 사회 통합과 국제 정세 대처를 위해 국가 역량이 강화되어야 한다는 사회적 인식이 만연
- 이수광 · 한백겸 · 유형원 등은 나름의 개혁 방안을 제시
  - 이수광 : 〈지봉유설〉을 저술, 문화 인식의 폭을 확대
  - 한백겸 : 〈동국지리지〉를 저술하여 역사 지리를 치밀하게 고증

05

다음과 같이 주장한 실학자의 토지개혁론에 대한 설명으로 옳은 것은?

> 나라를 좀먹는 여섯 가지 폐단은 노비제도, 과거제도, 양반 문벌제도, 사치와 미신, 승려, 게으름으로 지적하였다.

① 공동소유, 공동노동, 공동분배의 여전제를 주장하였다.
② 관리, 선비, 농민 등 신분에 따라 차등 있는 토지의 재분배를 주장하였다.
③ 농업에서 토지제도의 개혁보다는 농업의 상업적 경영과 기술 혁신을 통해 생산성을 높이고자 하였다.
④ 한 가정의 생활을 유지하는 데 필요한 토지를 영업전으로 정한 다음 법으로 매매를 금지하고 나머지 토지만의 매매를 주장하였다.

해설 이익은 나라가 빈곤하고 농촌이 피폐한 원인으로서 노비제도, 과거제도, 양반 문벌제도, 사치와 미신 숭배, 승려, 게으름 등 여섯 가지를 나라의 좀으로 규정하였다. 이익은 자영농 육성을 위한 토지 개혁론으로 한전론의 실시를 주장하여 한 가정의 생활을 유지하는 데 필요한 규모의 토지를 영업전으로 지정하고, 법으로 매매를 금지할 것을 주장하였다.

핵심정리

한전론(限田論)
균전론 비판에 대한 대안으로 한전론을 제시, 토지를 소유하되 상한을 정함(기본적인 생활 유지에 필요한 규모의 토지를 영업전으로 지정하여 법으로 매매를 금지하고 나머지 토지만 매매를 허용하여 점진적으로 토지 소유의 평등을 이룸)

06

다음의 주장이 공통으로 추구한 목표는?

> • 유형원의 균전론   • 이익의 한전론
> • 정약용의 여전론

① 자영농의 육성
② 화폐 유통의 필요성 강조
③ 상공업 장려
④ 양반 중심의 신분질서 유지

해설 유형원, 이익, 정약용을 경세치용학파라고 하며 이들은 농촌사회 안정을 위하여 농민의 입장에서 토지제도와 각종 제도의 개혁을 추구하였다.

핵심정리

중농학파(경세치용 학파, 성호학파)
• 유형원(1622~1673)
  – 농업 중심 개혁론의 선구자
  – 저술 : 〈반계수록〉(균전제 실시 주장), 〈동국여지지〉(사회 개혁안의 기초 자료 정리)
• 이익(1681~1763)
  – 농업 중심의 개혁론을 더욱 발전시킴, 학파를 형성
  – 저술 : 〈성호사설〉(화이관 탈피 · 우리 역사의 체계화 주장), 〈곽우록〉(농촌 경제의 안정책과 토지 개혁론 등을 기록), 〈붕당론〉(붕당의 폐해를 지적)
• 정약용(1762~1836)
  – 이익의 실학사상을 계승하면서 실학을 집대성
  – 저술 : 3부작(1표 2서, 一表二書)인 〈목민심서〉 · 〈경세유표〉 · 〈흠흠신서〉, 3논설인 〈전론(田論)〉, 〈원목(原牧)〉, 〈탕론(蕩論)〉 및 기예론, 500여 권의 저술을 〈여유당전서(與猶堂全書)〉로 남김

07

다음과 같은 주장을 한 학자의 저술은?

"요즘 이름 있는 관리들이 모여서 하루종일 이야기를 하여도 나랏일에 대한 계획이나 백성을 위한 걱정은 전혀 하지 않는다. 오로지 각 고을에서 보내오는 뇌물이 많고 적음과 좋고 나쁨만에 관심을 가지고, 어느 고을 수령이 보낸 물건은 극히 정묘하고 또 어느 수령이 보낸 물건은 매우 넉넉하다고 말한다. 이름 있는 관리들이 말하는 것이 이러하다면 지방에서 거둬들이는 것이 반드시 늘어날 것이다. 나라가 어찌 망하지 않겠는가?"

① 목민심서　　　② 성호사설
③ 색경　　　　　④ 반계수록

해설 지문은 정약용의 저서인 〈목민심서〉의 일부로 세도정치의 폐해를 지적한 글이다. ②는 이익, ③은 박세당, ④는 유형원의 저서이다.

───── 핵심정리 ─────

목민심서(牧民心書)(순조 18년)
• **내용** : 지방 관리들의 폐해를 없애고 지방 행정의 쇄신을 위해 옛 지방 관리들의 잘못된 사례를 들어 백성들을 다스리는 도리를 설명하였다.
• **구성**
  - 제1편 부임(赴任), 제2편 율기(律己), 제3편 봉공(奉公), 제4편 애민(愛民) : 지방관의 기본자세를 논함
  - 제5편의 이전(吏典), 제6편의 호전(戶典), 제7편의 예전(禮典), 제8편의 병전(兵典), 제9편의 형전(刑典), 제10편의 공전(公典) : 〈경국대전〉의 6전을 기준으로 지방관이 실천해야 할 정책을 논함

08

조선 후기 북학파에 대한 설명으로 옳지 않은 것은?

① 청의 문물을 거부하였다.
② 상공업 발달을 중시하였다.
③ 이용후생 학파라고도 한다.
④ 19세기 개화사상가들에게 영향을 주었다.

해설 북학파는 청 문화와 청을 통해 들어온 서양 문화의 영향을 받은 실학자들로, 이들은 청 문물을 적극적으로 수용하여 부국강병과 이용후생에 힘쓸 것을 주장하였다.

───── 핵심정리 ─────

중상학파(이용후생학파, 북학파)
• **유수원(1694~1755)**
  - 개혁론을 통해 농업의 전문화 · 상업화를 주장
  - 〈우서(迂書)〉를 통해 중국과 우리 문물을 비교하면서 정치 · 경제 · 사회 전반의 개혁을 제시
• **홍대용(1731~1783)**
  - 농업(토지) 개혁론으로 균전론을 주장
  - 〈임하경륜(林下經綸)〉 · 〈의산문답(醫山問答)〉 · 〈연기(燕記)〉 등이 〈담헌서(湛軒書)〉에 전해짐, 수학 관계 저술로 〈주해수용(籌解需用)〉이 있음
• **박지원(1737~1805)**
  - 한전론의 중요성을 강조하면서 농업 생산력의 향상에 관심을 가짐
  - 〈열하일기(熱河日記)〉, 〈과농소초(課農小抄)〉 · 〈한민명전의(限民名田議)〉 저술
• **박제가(1750~1805)**
  - 상공업의 육성, 청과의 통상 강화, 세계 무역에의 참여, 서양 기술의 습득을 주장
  - 청에 다녀온 후 〈북학의(北學議)〉 저술
• **이덕무(1741~1793)**
  - 북학을 주장, 〈청장관전서(靑莊館全書)〉를 남김

09

다음 설명에 나타난 인물은 누구인가?

> • 개혁을 위해 선비의 자각을 강조하였다.
> • 한전론의 중요성을 강조하고 상업적 농업을 장려하였다.
> • 수레와 선박의 이용, 화폐 유통의 필요성 등을 통한 상공업 진흥을 주장하였다.

① 홍대용　　② 박제가
③ 박지원　　④ 유수원

해설 중상학파(북학파) 실학자인 박지원은 토지제도로 한전론의 중요성을 강조하였고, 〈과농소초〉, 〈한민명전의〉를 저술하여 영농방법의 혁신과 상업적 농업을 장려하였다. 또한 상공업 진흥을 강조하여 수레와 선박의 이용, 화폐 유통의 필요성을 주장하기도 하였다.

핵심정리

중상학파 박지원(1737~1805)
- **열하일기(熱河日記)** : 청에 다녀와 문물을 소개하고 이를 수용할 것을 주장
- **농업 관련 저술** : 〈과농소초(課農小抄)〉·〈한민명전의(限民名田議)〉 등에서 영농 방법의 혁신, 상업적 농업의 장려, 수리 시설의 확충 등을 통한 농업 생산력 증대에 관심
- 한전론의 중요성을 강조하면서 농업 생산력의 향상에 관심을 가짐
- 상공업의 진흥을 강조하면서 수레와 선박의 이용, 화폐 유통의 필요성 등을 주장
- **양반 문벌제도 비판** : 〈양반전〉, 〈허생전〉, 〈호질〉을 통해 양반 사회의 모순과 부조리·비생산성을 비판

10

다음과 같은 주장을 한 실학자와 저서가 바르게 연결된 것은?

> 소비와 생산과의 관계를 우물에 비유하여 우물물은 퍼낼수록 가득차고 버려둘수록 말라버리는 것처럼 소비를 생산의 촉진제로 보았다. 절약과 저축만으로는 부의 증진이 어렵고 생산의 증대가 따라야 함을 지적하고 있는 것이다.

① 유수원 – 우서
② 박지원 – 과농소초
③ 박제가 – 북학의
④ 정약용 – 여전론

해설 박제가는 〈북학의〉에서 소비와 생산과의 관계를 우물에 비유하여 절약보다 소비를 촉진할 것을 강조하였으며 청과의 통상 강화와 수레와 배의 이용을 늘릴 것을 주장하였다.

핵심정리

박제가(1750~1805)
- 상공업의 육성, 청과의 통상 강화, 세계 무역에의 참여, 서양 기술의 습득을 주장
- 선박과 수레의 이용 증가 및 벽돌 이용 등을 강조
- 생산과 소비와의 관계를 우물물에 비유하면서 생산을 자극하기 위해서는 절약보다 소비를 권장해야 한다고 주장
- 신분 차별 타파, 양반의 상업 종사 등을 주장

11 국가직 9급 기출

역사서 저자들의 정치적 입장에 대한 설명으로 옳지 않은 것은?

① 〈여사제강〉: 서인의 입장에서 북벌운동을 지지하였다.
② 〈동사〉: 붕당정치를 비판하였다.
③ 〈동사강목〉: 성리학적 명분론을 비판하였다.
④ 〈동국통감제강〉: 남인의 입장에서 왕권 강화를 주장하였다.

해설 안정복이 저술한 〈동사강목〉(1778)은 성리학적 명분론에 입각하여 서술하면서 독자적 정통론(마한 정통론)에 따르는 자주의식의 일면을 보여주었다. 이는 성리학적 사관을 토대로 성장한 민족적 자의식을 반영한 것이라 할 수 있다. 〈동사강목〉은 고조선으로부터 고려 말까지의 우리 역사를 독자적 정통론을 세워 체계화하였고 사실들을 치밀하게 고증하여 고증사학의 토대를 마련하였다는 데 의의가 있다.

① 〈여사제강〉(1667)은 조선 현종 때 서인 유계가 〈고려사〉를 개관하여 편년체로 저술한 사서로, 북벌운동을 고취하고 재상 중심의 정치를 강조한 것이 특징이다.
② 〈동사〉(1667)는 조선 현종 때 남인 허목이 지어 숙종에게 바친 사서로, 북벌운동과 붕당정치를 비판하였다. 〈동사〉에서는 신성한 제왕(帝王)으로 인후(仁厚)한 정치를 편 단군·기자·신라를 중국의 삼대(三代)의 이상시대에 비유하였고, 우리의 자연환경과 풍속·인성의 독자성을 강조하고 그에 맞는 정치를 촉구하였다.
④ 〈동국통감제강〉(1672)은 조선 현종 때 영남 남인 홍여하가 지은 편년체 사서로, 왕권강화를 강조하고 붕당정치의 폐해를 역설하였다. 선초의 〈동국통감〉의 고대사 부분을 강목체로 고쳐 쓴 것으로, 기자조선·마한·신라로 이어지는 정통론에 입각하여 우리나라 고대사 체계를 파악하려고 하였다.

12 국가직 9급 기출

다음의 역사서가 편찬된 시기의 상황에 대한 설명으로 옳은 것은?

> 부여씨가 망하고 고씨(고구려)가 망한 다음 김씨(신라)가 남방을 차지하고 대씨(발해)가 북방을 차지하고는 발해라 하였으니, 이것을 남북국이라 한다. 당연히 남북국사가 있어야 하는데, 고려가 편찬하지 않은 것은 잘못이다. 저 대씨가 어떤 사람인가? 바로 고구려 사람이다. 그들이 차지하고 있던 땅은 어떤 땅인가? 바로 고구려 땅이다.

① 양명학이 수용되기 시작하였다.
② 성리학 수용을 지지하는 여론이 조성되었다.
③ 서얼 출신을 규장각 검서관으로 등용하였다.
④ 우리 역사의 통사 체계가 처음으로 확립되었다.

해설 제시문은 18세기 유득공이 저술한 〈발해고〉(1784)의 내용 중 일부이다. 〈발해고〉는 발해사를 우리 역사로 보아 이에 대한 연구를 심화하고, 발해가 존재하던 시기를 남북국 시대로 인식하여 한반도 중심의 협소한 사관을 극복하고자 하였다(최초의 발해사, 민족에 대한 주체적 의식 반영).
조선 후기 정조 때 왕권과 정책을 뒷받침하기 위해 능력 있는 서얼을 등용하여 규장각 검서관으로 임명하였다.
① 양명학은 16세기 중종 때 전래되어 17세기 후반 소론 학자들에 의하여 본격적으로 수용되었다. 주로 서경덕 학파와 불우한 종친들을 중심으로 점차 확산되었다가 18세기 정제두를 중심으로 한 강화학파에 의해 본격적으로 연구되었다.
② 성리학은 고려 후기 원 간섭기에 안향에 의해 전래되어 신진사대부를 중심으로 수용되었다.

④ 우리나라 최초의 통사는 조선 전기에 서거정이 왕명으로 편찬한 〈동국통감〉(1484)이다. 〈동국통감〉은 단군에서 여말까지 기록한 편년체의 사서로, 편찬의 체제나 방법이 성리학적 명분론에 입각하고 있으나 단군을 민족의 시조라 보는 등 자주적 입장에서 재정리하였다.

핵심정리

조선시대 역사서 변천

조선 전기의 역사서	• 〈고려국사〉(정도전) : 고려시대의 역사를 정리하고 조선 건국의 정당성을 밝히려고 함 • 〈동국사략〉(권근) : 개국 이후 고려까지의 역사를 성리학적 사관으로 서술 • 〈고려사〉(김종서) : 조선 건국을 합리화 • 〈고려사절요〉(김종서) : 고려시대의 역사를 자주적 입장에서 재정리 • 〈동국통감〉(서거정) : 고조선부터 고려 말까지의 역사를 정리
16세기 이후의 역사서	• 〈동국사략〉(박상) : 단군에서 신라 말까지를 다룬 우리나라 최초의 통사 • 〈기자실기〉(이이) : 왕도정치의 기원을 기자 조선에서 찾음 • 〈동사찬요〉(오운) : 동국통감을 비판 · 개찬. 왜란 이후의 역사의식을 서술 • 〈동사강목〉(안정복) : 역사의 독자적 정통론 확립 • 〈동사〉(이종휘), 〈발해고〉(유득공) : 한반도 중심의 협소한 사관 극복 • 〈연려실기술〉(이긍익) : 조선시대의 정치 · 문화사 정리

13

다음 주장과 관련된 사실은?

천체가 운행하는 것이나 지구가 자전하는 것은 그 세가 동일하니 분리해서 설명할 필요가 없다. 다만 9만 리의 둘레를 한 바퀴 도는 데 이처럼 빠르며, 저 별들과 지구와의 거리는 겨우 반경밖에 되지 않는데도 몇 천만억의 별들이 있는지 알 수 없는데, 하물며 천체들이 서로 의존하고 상호작용하면서 이루고 있는 우주 공간의 세계 밖에도 또 다른 별들이 있다. …… 칠정(태양, 달, 화성, 수성, 목성, 금성, 토성을 통틀어 이르는 말)이 수레바퀴처럼 자전함과 동시에 맷돌을 돌리는 나귀처럼 둘러싸고 있다. 지구에서 가까이 보이는 것을 사람들은 해와 달이라 하고 지구에서 멀어 작게 보이는 것을 오성(수성, 금성, 화성, 목성, 토성)이라 하지만 사실은 모두가 동일한 것이다.

① 북벌론의 이론적 근거가 되었다.
② 오늘날 한방의학의 관심의 대상이 되었다.
③ 성리학적 세계관을 비판하는 사상적 기반이 되기도 하였다.
④ 고대사 연구의 시야를 만주 지방으로 확대시키는 계기가 되었다.

해설 제시문은 홍대용의 〈의산문답〉 중의 일부로, 홍대용은 지전설을 주장하여 중국이 세계의 중심이라는 성리학적 세계관을 비판하는 근거가 되었다.

제5편

근대 태동기의 문화

14

다음 내용과 관련 있는 사람과 저서가 바르게 연결된 것은?

> • 사람의 체질(태양, 태음, 소양, 소음인)에 따른 치료를 강조한 사상의학(四象醫學)을 확립하였다.
> • 오늘날 한방의학의 관심 대상으로 한의학계에서 통용되고 있다.

① 허임 – 침구경험방
② 정약용 – 마과회통
③ 이제마 – 동의수세보원
④ 홍대용 – 주해수용

해설 이제마는 고종 때 〈동의수세보원〉을 저술하여 독특한 사상의학을 확립하였다. 그는 같은 병이라도 체질에 맞게 약을 사용해야 한다고 주장하였다.

15

다음 중 조선 후기 실학자들에 대한 설명으로 옳은 것은?

① 유형원 – 균전론을 주장하였고, 나라를 좀먹는 여섯 가지의 폐단을 지적하였다.
② 정약용 – 서학을 수용하였고, 거중기 등 과학기술의 발전을 이루었다.
③ 유수원 – 지전설을 주장하며 중국 중심의 세계관을 부정하였다.
④ 김정희 – 양반문벌제도를 극복하기 위하여 고증학을 적극 채용하였다.

해설 정약용은 서학을 수용하였다가 신유박해(1801) 당시 강진으로 유배를 가기도 하였다. 또한 기술개발을 중시하여 수원성 축조시 거중기를 제작하여 사용하였다.

① 나라를 좀먹는 여섯 가지의 폐단으로, 양반제도 · 노비제 · 과거제 · 기교(사치와 미신) · 승려 · 게으름'을 지적하고 그 시정을 강력히 주장한 사람은 이익이다. 유형원은 개혁론으로 균전론을 주장하여, 자영농 육성을 위한 토지 제도의 개혁과 토지의 차등적 재분배를 강조하였다.

③ 지전설을 주장하여 중국 중심의 세계관을 부정한 사람은 홍대용이다. 홍대용은 그의 저서 「의산문답」에서 김석문의 지구회전설을 계승해 지전설을 주장하여 화이관을 비판하였다.

④ 김정희는 북학파 학문과 청나라의 고증학까지 두루 섭렵하였으나, 양반문벌제도를 극복하고자 고증학을 적극 수용한 것은 아니었다. 김정희는 북학파(北學派)의 한 사람으로, 당시 조선의 실학과 청의 학풍을 융화시켜 경학과 금석학, 불교학 등 여러 방면에 걸친 학문 체계를 수립했다.

핵심정리

정약용(1762~1836)의 저술

• 500여 권의 저술을 「여유당전서(與猶堂全書)」로 남김
• 3부작(一表二書) : 지방 행정의 개혁 및 지방관(목민관)의 도리에 대하여 쓴 「목민심서」, 중앙의 정치조직과 행정개혁에 대하여 쓴 「경세유표」, 형옥을 담당한 관리들이 유의할 사항에 대해 쓴 「흠흠신서」
• 3논설 : 여전제와 정전제를 논한 「전론(田論)」, 통치자는 백성을 위해 존재한다고 강조하여 정치의 근본을 주장한 「원목(原牧)」, 왕조교체(역성혁명)의 가능성과 민권사상의 정당성을 논증한 「탕론(蕩論)」
• 기예론
  – 다산이 과학 기술 발전의 중요성을 역설한 글로, 농업기술과 공업기술을 논의
  – 기술개발을 중시하고 선진기술 수용을 강조
  – 수원성 축조시 거중기를 제작하여 사용하였고, 한강의 배다리(舟橋)를 설계

16

조선 후기 건축물에 대한 설명으로 틀린 것은?

① 정치적 필요에 의하여 대규모 건축물들이 세워지기도 하였다.

② 부농과 상공업 계층의 지원 아래 그들의 근거지에 많은 사원이 세워졌다.

③ 당시의 과학과 기술을 집약한 해인사 장경판전이 만들어졌다.

④ 정조의 수원 화성이 거중기를 이용하여 만들어졌다.

해설 팔만대장경판을 보관하고 있는 해인사의 장경판전은 조선 전기(15세기)의 과학과 기술을 집약한 것으로 유네스코에 의해 세계 유산으로 보존되고 있다.

핵심정리

건축의 변화
- 17세기의 건축
  - 성격 : 사원 건축 중심, 규모가 큰 다층 건물
  - 대표적 건축물 : 금산사 미륵전, 화엄사 각황전, 법주사 팔상전 등
- 18세기의 건축
  - 성격 : 사회적으로 부상한 부농과 상인층의 지원을 받아 장식성 강한 사원이 많이 건립됨
  - 대표적 건축물 : 논산 쌍계사 · 부안 개암사 · 안성 석남사 등
  - 수원 화성 : 정조 때 전통적 성곽 양식 위에 서양식 건축 기술(거중기 · 활차)을 도입하여 축조
- 19세기 이후의 건축
  - 19세기 : 흥선대원군이 국왕의 권위를 제고하고자 경복궁의 근정전과 경회루를 재건(화려하고 장중한 건물로 유명)
  - 20세기 초 : 덕수궁 석조전(르네상스 양식)

17

다음 중 조선 후기 화가와 그 그림의 특징이 바르게 연결되지 못한 것은?

① 김홍도 - 서민들의 수요에 의해 민화를 그렸다.

② 강세황 - 원근법을 도입하였다.

③ 정선 - 진경산수화를 개척하였다.

④ 신윤복 - 도회지 양반들의 풍류를 그렸다.

해설 김홍도는 정선의 뒤를 이어 산수화와 풍속화에 새 경지를 열어놓은 화가이다.

핵심정리

풍속화(風俗畵)
- 의의 : 18세기 후반, 조선 후기의 새로운 현상들을 긍정적 의미로 이해하고, 당시 사람들의 생활 정경과 일상적인 모습을 생동감 있게 그려 회화의 폭을 확대
- 김홍도
  - 경향 : 정선의 뒤를 이어 산수화와 풍속화에 새 경지를 개척, 산수화 · 기록화 · 신선도 등을 많이 그렸지만 특히 정감 어린 풍속화로 유명(전원 화가)
  - 작품 : 밭갈이 · 추수 · 씨름 · 서당 · 베짜기 등(주로 농촌의 생활상 묘사, 자신의 일에 몰두하는 사람들의 특징을 소탈하고 익살스러운 필치로 표현)
- 김득신 : 관인 화가(궁정 화가)로 풍속화에 능했음, 파적도 · 야공도, 김홍도의 제자(강세황 → 김홍도 → 김득신)
- 신윤복
  - 경향 및 기법 : 김홍도에 버금가는 풍속 화가로, 간결하고 소탈한 김홍도에 비해 섬세하고 세련된 필치를 구사(도회지 화가)
  - 작품 : 주유도, 주막도, 여인도, 단오풍경, 풍속화첩 등(주로 양반들과 부녀자들의 생활과 유흥, 남녀 사이의 애정 등을 감각적이고 해학적으로 묘사, 배경 있음)

18 국가직 9급 기출

괄호에 들어갈 내용으로 가장 거리가 먼 것은?

> 조선 후기의 상공업 발달과 농업 생산력의 증대를 배경으로 서민의 경제적 · 신분적 지위가 향상되었다. 이에 서당 교육이 보급되고 ( )와 같은 서민 문화가 성장하였다.

① 판소리   ② 탈놀이

③ 사설시조   ④ 진경산수화

해설 조선 후기에는 서민의 경제적 · 신분적 지위가 향상됨에 따라 교육이 보급 · 확대되었는데, 이는 서민들의 현실에 대한 인식 및 의식수준의 향상을 가능하게 하여 서민문화가 성장할 수 있게 하는 토대가 되었다.

조선 후기 진경산수화(眞景山水畵)를 개척한 정선은 사대부 관리 출신의 화원이었으며, 서민들이 진경산수화의 창작 주체로 활동하지 않았다는 점에서 서민문화라볼 수 없다. 진경산수화는 중국 남 · 북종의 화풍을 고루수용하여 이를 우리의 고유한 자연과 풍속에 맞추어 새로운 화법으로 창안한 것으로, 대표작으로는 인왕제색도, 금강전도 등이 있다.

① 판소리는 노래와 사설을 통해 서민들의 감정을 표현하였다.

② 탈놀이는 향촌에서 마을 굿의 일부로서 공연되던 가면극으로, 지배층의 부패와 위선을 풍자하고 양반의허구를 폭로하는 내용이 많았다.

③ 조선 후기에는 형식이나 내용에서 자유로운 사설시조가 유행하였다.

19

다음과 같은 상황에 따라 나타난 문화 발전의 내용이 아닌 것은?

> 조선 후기에는 상공업 발달과 농업 생산력의 증대로 서당 교육이 보급되고 서민의 경제적 · 신분적 지위가 향상되었다.

① 분청사기가 널리 애용되었다.

② 한글소설과 사설시조가 널리 퍼졌다.

③ 판소리와 탈춤을 통하여 서민의 감정을 그대로 드러내었다.

④ 백성들의 미적 감각을 잘 표현한 민화가 유행하였다.

해설 분청사기는 조선 초에 애용된 것으로, 조선 후기에 들어서부터 백자가 민간에게까지 널리 사용되면서 본격적으로 발전하였다.

핵심정리

공예

① **자기**
  - **발전** : 백자가 민간에까지 널리 사용되면서 본격적으로 발전
  - **청화백자**
    - 형태가 다양해지고 안료도 청화 · 철화 · 진사 등으로 다채로워짐
    - 제기와 문방구 등 생활 용품이 많고, 형태와 문양이 독특하고 준수한 세련미를 풍김
  - **서민** : 옹기(甕器)를 많이 사용

② **목공예** : 생활수준의 향상에 따라 크게 발전, 장롱 · 책상 · 문갑 · 소반 · 의자 · 필통 등

③ **화각공예(華角工藝)** : 쇠뿔을 쪼개어 아름다운 무늬를 표현

20 서울시 9급 기출

〈보기〉와 같은 주장을 편 인물에 대한 설명으로 가장 옳은 것은?

보기

토지 소유를 제한하는 법령을 세우십시오. 모년 모월 이후부터 제한된 토지보다 많은 자는 더 가질 수 없고, 그 법령 이전부터 소유한 것은 비록 광대한 면적이라 해도 불문에 부치며, 그 자손에게 분급해 주는 것은 허락하고, 혹시 사실대로 하지 않고 숨기거나 법령 이후에 제한을 넘어 더 점유한 자는 백성이 적발하면 백성에게 주고, 관아에서 적발하면 관아에서 몰수하십시오. 이렇게 한다면 수십 년이 못 가서 전국의 토지는 균등하게 될 것입니다.

– 「한민명전의」 –

① 『북학의』를 저술하여 청 문물의 수용을 역설하였다.
② 「양반전」, 「호질」 등을 지어 놀고먹는 양반을 비판하였다.
③ 화폐 제도의 문제점을 지적하며 폐전론을 주장하였다.
④ 마을 단위로 토지를 공동 경작하여 분배할 것을 제안하였다.

해설 〈보기〉는 박지원의 '한전론'이며 토지 소유의 상한선을 설정하여 일정 이상의 토지를 소유하지 못하게 하는 토지 개혁론이다. 박지원은 「양반전」, 「허생전」, 「호질」을 통해 양반 사회의 모순과 부조리 · 비생산성을 비판하였다.
① 박제가는 청에 다녀온 후 『북학의』를 저술하여 상공업의 육성, 청과의 통상을 강화하였다.
③ 이익은 『곽우록』에서 화폐가 고리대로 이용되는 폐단을 지적하며 폐전론을 주장하기도 하였다.
④ 정약용은 한 마을(1여)을 단위로 하여 토지를 공동으로 소유하고 경작하여 수확량을 노동량에 따라 분배하는 일종의 공동 농장 제도인 여전론을 주장하였다.

21

다음 작품이 유행한 시기의 문학과 예술에 대한 설명으로 옳지 않은 것은?

판소리, 민화, 한글소설

① 음악과 무용에서는 감정을 대담하게 표현하는 경향이 짙었다.
② 경제력을 배경으로 상공업 계층과 부농층의 문예활동이 활발하였다.
③ 가면극을 통하여 승려들의 부패와 위선을 풍자하기도 하였다.
④ 여자들은 문예활동에 참여할 수 없었다.

해설 조선 후기에는 역관이나 서리 등 중인층 및 상공업 계층과 부농층의 문예활동이 활발해졌을 뿐 아니라 여성들의 문예활동도 활발하였다.

핵심정리

판소리
• 특징
  – 창과 사설로 이야기를 엮어 가므로 감정 표현이 직접적이고 솔직함
  – 분위기에 따른 광대의 즉흥적 이야기 전개와 관중들의 참여 등으로 서민 등 넓은 계층으로부터 호응을 받아 서민 문화의 중심이 됨
• 작품
  – 현재 판소리 열두 마당 중 춘향가 · 심청가 · 흥보가 · 적벽가 · 수궁가 등 다섯 마당이 전함
  – 신재효 : 19세기 후반에 판소리 사설을 창작 · 정리

제5편

근대 태동기의 문화

나두공

제6편

근대의 변화와 흐름

실전
문제

제1장 근대 사회의 정치 변동

대표유형문제

국가직 9급 기출

밑줄 친 '그'에 대한 설명으로 옳은 것은?

> 군역에 뽑힌 장정에게 군포를 거두었는데, 그 폐단이 많아서 백성들이 뼈를 깎는 원한을 가졌다. 그런데 사족들은 한평생 한가하게 놀며 신역(身役)이 없었다. … (중략) … 그러나 유속(流俗)에 끌려 이행되지 못하였으나 갑자년 초에 그가 강력히 나서서 귀천이 동일하게 장정 한 사람마다 세납전(歲納錢) 2민(緡)을 바치게 하니, 이를 동포전(洞布錢)이라고 하였다.
>
> ― 『매천야록』 ―

① 만동묘 건립을 주도하였다.
② 군국기무처 총재를 역임하였다.
❸ 통리기무아문을 폐지하고 5군영을 부활하였다.
④ 탕평 정치를 정리한 『만기요람』을 편찬하였다.

정답해설 밑줄 친 '그'는 호포법을 실시한 흥선대원군이다. 흥선대원군은 임오군란 시기 구식군인들의 요구로 일시적으로 재집권하였고 통리기무아문과 별기군을 폐지하고 5군영을 부활시켰다.

오답해설 ① 만동묘는 임진왜란 때 조선을 도와준 데 대한 보답으로 신종을 제사 지내기 위해 숙종 때에 충북 괴산군 청천면 화양동에 지은 사당이다. 흥선대원군 때 철폐되었고(1865) 그가 하야한 후 고종 11년(1874) 다시 세워졌다.
② 갑오개혁 시기 입법권을 가진 초정부적 개혁 추진 기구인 군국기무처 총재는 김홍집이다.
④ 『만기요람』은 1808년(순조 8) 왕명에 의해 서영보 등이 편찬한 것으로 재정과 군정에 관한 내용을 모아 놓은 서적이다.

핵심정리 흥선대원군의 집정
① 집권(1863~1873)
 • 섭정 : 철종의 급서(1863)로 어린 고종이 즉위하자 생부로서 실권을 장악하고 섭정
 • 시대적 상황
  − 대내적 : 세도정치의 폐단이 극에 달하여 홍경래의 난과 임술민란(진주 민란) 등 민중 저항 발생, 정부 권위의 약화, 민심 이반이 커짐
  − 대외적 : 일본과 서양 열강의 침략(서세동점)으로 위기에 처함(이양선 출몰, 중국을 통한 서양 문물의 유입)
② 정책 방향
 • 대내적 : 외척의 세도를 제거하고 왕권강화와 애민정책 추구
 • 대외적 : 외세의 통상요구 거부(쇄국정책)

01

흥선대원군에 대한 다음 설명 중 옳지 않은 것은?

① 비변사를 사실상 폐지하고, 의정부와 삼군부의 기능을 부활시켰다.

② 〈대전회통〉, 〈육전조례〉 등 새로운 법전을 편찬하였다.

③ 양반들의 근거지인 향교를 47개소만 남기고 철폐하였다.

④ 임진왜란 때 불타버린 경복궁을 중건하였다.

해설 흥선대원군은 향교가 아니라 서원을 철폐하였다. 대원군은 붕당의 온상이던 서원을 정리하여 600여 개소 가운데 47개소만 남긴 채 철폐하여 유생의 강력한 반발을 초래하였다.
① 흥선대원군은 왕권강화의 일환으로 비변사를 혁파하고 의정부와 삼군부의 기능을 회복시켰다.
② 흥선대원군의 집정 당시 〈대전회통〉(1865) · 〈육전조례〉(1867) 등의 새로운 법전을 편찬하였다. 〈대전회통〉은 〈경국대전〉과 〈속대전〉, 〈대전통편〉 등의 내용을 모두 수록하고 여기에 새로운 내용을 추가하여 편찬하였으며, 〈육전조례〉는 1865년 12월부터 1866년 사이에 각 관아에서 시행하던 모든 조례와 〈대전회통〉에서 빠진 여러 시행규정을 모아 육전으로 분류하여 편집한 것이다.
④ 왕권을 강화하고 국가 위신을 제고하기 위한 목적에서 임진왜란 때 불타버린 경복궁을 중건하였다. 그러나 이를 위해 원납전을 강제로 징수하고 당백전을 남발하여 경제적 혼란을 초래했으며, 양반의 묘지림을 벌목하고 백성을 토목공사에 징발하는 과정에서 큰 원성이 발생하기도 했다.

핵심정리

흥선대원군의 삼정(三政)개혁

농민 봉기의 원인인 삼정을 개혁하여 국가재정 확충과 민생안정 도모

군정 (軍政)의 개혁	• 호포법(戶布法)을 실시하여 양반에게도 군포를 징수(양반의 거센 반발을 초래) • 양반 지주층의 특권적 면세 철회(민란 방지 목적)
환곡 (還穀)의 개혁	• 가장 폐단이 심했던 환곡제를 사창제(社倉制)로 개혁하여 농민 부담을 경감하고 재정 수입 확보 • 지역과 빈부에 따른 환곡의 차등 분배 : 불공정한 폐단이 없도록 함
전정 (田政)의 개혁	양전사업을 실시하여 양안(토지대장)에서 누락된 토지를 발굴(전국적 사결 작업(査結作業)을 통해 토호와 지방 서리의 은루결을 적발하여 수세로 편입)

02

흥선대원군이 다음과 같은 개혁 정책을 실시한 근본적인 목적은?

• 서원의 철폐	• 경복궁 중건
• 비변사 철폐	• 호포제 실시

① 신분제도 폐지

② 안동 김씨 세력 지지

③ 왕권강화

④ 외국과의 문물 교류

해설 흥선대원군은 대내적으로는 외척의 세도를 제거하고 국가의 기강을 바로잡으려는 왕권강화 정책과 민생 안정책을 추구하였다.

제6편 근대의 태동완 흐름

03

밑줄 친 그가 추진한 정책 중 옳지 않은 것은?

나라에 제도로서 인정(人丁)에 대한 세를 신포(身布)라고 하였는데 충신과 공신의 자손에게는 모두 신포가 면제되었다. 이 법이 시행된 지도 이미 오래 됨에 턱없이 면제된 자가 매우 많았다. 근래에 와서는 무릇 사족이란 자는 모두 신포를 바치지 않고, 그 모자라는 액수를 평민에게 덧붙여 징수하여 보충하고 있었다. <u>그</u>는 이를 수정하고자 동포(洞布)라는 법을 제정하였다. 가령 한 종리에 2백 호가 있으면 매호에 더부살이 호가 약간씩 있는 것을 정밀하게 밝혀내어 계산하고, 신포를 부과하여 고르게 징수하였다. 이 때문에 예전에는 면제되던 자라도 신포를 바치지 않을 수가 없게 되었다.

– 박제형, 〈근세 조선 정감〉

① 정치기구를 재정비하기 위해 의정부의 기능을 부활시켰다.
② 전통적 공동조직과 미풍양속을 계승한 향약을 강화하였다.
③ 〈대전회통〉, 〈육전조례〉 등의 법전을 편찬하였다.
④ 군정을 바로잡기 위해 호포제를 실시하였다.

해설 제시된 지문은 흥선대원군이 호포제를 실시하기 위해 과도기적 조치로 시행한 동포제에 대한 설명이다. 향약의 강화는 흥선대원군이 시행한 정책에 해당되지 않는다.

04

다음 사건을 일어난 순서대로 나열한 것은?

㉠ 강화도 조약 ㉡ 신미양요
㉢ 병인양요 ㉣ 갑신정변
㉤ 조청상민수륙무역장정

① ㉢ → ㉡ → ㉠ → ㉤ → ㉣
② ㉢ → ㉡ → ㉠ → ㉣ → ㉤
③ ㉡ → ㉢ → ㉠ → ㉤ → ㉣
④ ㉤ → ㉡ → ㉠ → ㉣ → ㉢

해설 제시된 사건은 '병인양요(1866) → 신미양요(1871) → 강화도조약(1876) → 조청상민수륙무역장정(1882) → 갑신정변(1884)'의 순서로 발생하였다.

㉢ 병인양요(1866. 9)는 병인박해(1866. 1) 당시 프랑스 신부의 처형을 구실로 하여 프랑스 로즈 제독이 이끄는 군함이 조선을 침략하면서 발생하였다.

㉡ 신미양요(1871)는 제너럴셔먼호 사건(1866)을 구실로 미국의 로저스 제독이 이끄는 군함으로 강화도를 공격하면서 발생하였다.

㉠ 강화도 조약(1876)은 우리나라가 외국(일본)과 맺은 최초의 근대적 조약이다.

㉤ 조청상민수륙무역장정(1882)은 조선과 청나라 사이에 체결된 양국 상인들의 수륙 통상규정이다.

㉣ 갑신정변(1884)은 청과의 종속 관계 청산을 위해 개화파가 일으킨 정변으로, 국민주권국가 건설을 지향한 최초의 정치개혁운동에 해당한다.

핵심정리

양요의 결과
• 전국에 척사교서를 내리고 척화비를 건립(서양과의 수교 거부를 천명)
• 외세의 침략을 일시적으로 저지하였으나 조선의 문호 개방을 늦추는 결과를 초래

05 국가직 9급 기출

⊙~ⓔ에 대한 설명으로 옳지 않은 것은?

> 유네스코가 세계문화유산으로 등재한 우리나라의 문화유산은 ⊙ 종묘, 해인사 장경판전, 불국사와 석굴암, 수원 화성, 창덕궁, 경주 역사유적지구, ⓒ 고창 · 화순 · 강화의 고인돌 유적, 안동 하회마을과 경주 양동마을, 조선 시대 왕릉 등이다. 또 훈민정음, ⓒ 조선왕조실록, 승정원일기, ⓓ 직지심체요절, 해인사 고려대장경판 및 제경판, 조선왕조의궤, 동의보감, 일성록, 5 · 18 민주화 운동 기록물 등이 유네스코의 세계 기록유산으로 등재되어 있다.

① ⊙ – 조선시대 왕과 왕비의 신주를 모셨다.

② ⓒ – 청동기시대의 돌무덤이다.

③ ⓒ – 태조에서 철종 때까지의 역사를 편년체로 기록하였다.

④ ⓓ – 병인양요 때 프랑스 군에게 약탈당하였다.

해설 병인양요 당시 약탈당한 것은 외규장각 도서(의궤)이다. 〈직지심체요절〉은 1886년 프랑스와의 수교 후 프랑스 공사가 가져갔고 현재는 파리 국립도서관에 있다.
  ⊙ 종묘는 조선시대 역대 왕과 왕비 및 추존된 왕과 왕비의 신주를 모신, 왕가의 사당이다.
  ⓒ 고창 · 호순 · 강화의 고인돌 유적은 청동기 시대에 만들어진 고인돌 유적이 집중되어 있는 곳이다.
  ⓒ 〈조선왕조실록〉은 태조에서 철종 때까지 472년간의 역사를 각 왕별로 기록한 편년체의 역사서이다.

06 지방직 9급 기출

(가), (나)는 조선이 외국과 맺은 조약이다. 이와 관련한 설명 중 옳은 것은?

> (가)
> • 조선국은 자주국으로 일본국과 평등한 권리를 보유한다.
> • 경기, 충청, 전라, 경상, 함경 5도 연해 중에서 통상하기 편리한 항구 두 곳을 택하여 지정한다.
> (나) 이 수륙 무역 장정은 중국이 속방(屬邦)을 우대하는 뜻에서 상정한 것이고, 각 대등국가 간의 일체 동등한 혜택을 받는 예와는 다르다.

① (가)는 '운요호 사건' 이후 체결된 것이다.

② (가)에는 일본 상인의 내지 통상권에 대한 허가가 규정되어 있다.

③ (나)는 갑신정변 이후 체결된 것이다.

④ (나)에는 천주교의 포교권 인정이 규정되어 있다.

해설 (가)는 1876년(고종 13) 2월에 체결된 최초의 근대 조약인 강화도 조약의 조문 중 일부이다. 병자수호조규(강화도 조약, 조 · 일 수호조약)는 운요호 사건(1875)을 구실로 하여 체결된 조약으로, 우리나라가 외국과 맺은 최초의 근대적 조약이자 불평등 조약이었다.
  (나)는 1882년(고종 19) 체결된 조청상민수륙무역장정의 전문 중 일부이다. 조선과 청(淸)나라가 맺은 두 나라 상인의 수륙 양면에 걸친 통상에 관한 규정으로, 조선과 청나라 사이에 체결된 양국 상인들의 수륙 통상규정이다. 임오군란 이후 조선에 대한 청의 영향력이 확대되는 과정 속에서 체결되었다.
  ② 일본 상인의 내지 통상권은 1882년 병자수호조규속약에 규정되어 있다.
  ③ (나)의 조청상민수륙무역장정은 갑신정변(1884)가 아닌 임오군란(1882) 이후 체결된 것이다.
  ④ 1886년(고종 23) 한불수호조약 체결 이후 신앙의 자유를 획득하면서 천주교 포교에 대한 자유권이 인정되었다.

제6편

근대의 태동

핵심정리

강화도 조약(조·일 수호조약, 병자수호조규)

① 운요호(운양호) 사건(1875)
- 운요호가 연안을 탐색하다 강화도 초지진에서 조선 측의 포격을 받음
- 일본은 보복으로 영종도를 점령·약탈, 책임 추궁을 위해 춘일호를 부산에 입항시킴
- 일본이 청에 책임을 묻자, 청은 문제 확대를 꺼려 명성황후 정권에 일본과 조약을 맺도록 권유

② 강화도 조약의 체결(1876. 2)
- **의의** : 우리나라가 외국과 맺은 최초의 근대적 조약이자 불평등 조약, 신헌과 구로다가 대표로 체결
- 청의 종주권 부인(조선 침략을 용이하게 하려는 일본의 포석)
- 침략 의도 및 주권 침해
  - 침략 의도 : 부산·원산·인천 개항(정치적·군사적·경제적 거점 마련), 일본인의 통상 활동 허가, 조선 연해의 자유로운 측량 등
  - 불평등 조약(주권 침해) : 일본인 범죄의 일본 영사 재판권(치외법권 조항), 해안 측량권 등

③ 조·일 통상장정과 조·일 수호조규 부록
- **의의** : 강화도 조약의 부속 조약으로 마련
- 내용

조·일 통상 상정 (1876. 6)	• 일본 상품 무관세 • 조선 양곡 무제한 유출 허용
조·일 수호 조규 부록 (1876.8)	• 일본 공사의 수도 상주 • 조선 국내에서 일본 외교관의 여행 자유 • 개항장에서의 일본 거류민의 거주 지역 설정 • 일본 화폐의 유통 허용

- **결과** : 일본은 경제 침략을 위한 발판 마련, 조선은 국내 산업 보호 근거 상실

07

다음 중 조·미 수호 통상 조약의 내용으로 옳지 않은 것은?

① 미국의 치외법권을 인정한다.

② 미국에 대한 최혜국 대우를 인정한다.

③ 미국의 항해자가 자유로이 해안을 측량하도록 허가한다.

④ 수출입 물품에 대해서는 차등을 두어 관세를 적용한다.

해설
- 2조 : 미국에 대한 최혜국 대우를 인정하되, 타국에 대한 우대가 협약에 의한 것이라면 미국과도 협약을 맺은 뒤 우대할 수 있다.
- 3조 : 미국인에 관계된 조선인 범죄의 조선 관원·법률에 의한 처단과 미국측의 조선 범죄인 은닉·비호 금단, 치외법권을 잠정적으로 인정한다.
- 5조 : 수입 세율은 생필품 1/10, 사치품 3/10으로 한다(관세 자주권의 인정).

핵심정리

조·미 수호통상조약의 체결(1882)
- **배경**
  - 조선이 일본과 조약을 맺자 미국은 일본에 알선을 요청
  - 러시아 남하에 대응하여 미국과 연합해야 한다는 〈조선책략〉이 지식층에 유포
- **체결** : 러시아와 일본 세력을 견제하고, 조선에 대한 종주권을 승인받을 기회를 노리던 청의 알선으로 체결, 신헌과 슈펠트가 대표로 체결
- **내용** : 거중조정(상호안전보장), 치외법권, 최혜국 대우(최초), 협정 관세율 적용(최초), 조차지 설정의 승인
- **의의** : 서양과 맺은 최초의 조약으로 처음으로 최혜국 대우를 규정, 불평등 조약(치외법권, 최혜국 대우, 조차지 설정 등), 청의 종주권 저지

08 국가직 9급 기출

다음은 1876년 개항 이후 우리나라가 외국과 맺은 조약의 내용이다. 시기 순으로 바르게 나열한 것은?

> ㉠ 조선과 미국 두 나라 중 한 나라가 다른 나라의 핍박을 받을 경우 분쟁을 해결하도록 주선한다.
> ㉡ 일본국 국민은 본국에서 사용되는 화폐로 조선국 국민의 물자와 마음대로 교환할 수 있다.
> ㉢ 영국 군함은 개항장 이외에 조선 국내 어디서나 정박할 수 있고 선원을 상륙할 수 있게 한다.
> ㉣ 일본 공사관에 군인 약간을 두어 경비하게 하고 그 비용은 조선국이 부담한다.

① ㉡ → ㉣ → ㉢ → ㉠
② ㉡ → ㉠ → ㉢ → ㉣
③ ㉡ → ㉣ → ㉠ → ㉢
④ ㉡ → ㉠ → ㉣ → ㉢

해설 ㉡ 강화도 조약의 부속 조약으로 일본과 체결된 수호조규부록(1876. 7)의 내용이다.
㉠ 1882년(고종 19년) 조선과 미국 사이에 체결된 수교와 통상에 관한 조약인 조·미 수호통상조약(1882년 5월 체결, 1883년 4월 비준서 교환)의 내용이다.
㉣ 임오군란(1882. 6) 이후 일본과 체결된 제물포 조약(1882. 8)의 내용이다.
㉢ 조·영(수호) 통상조약의 내용이다. 임오군란 직전최초로 체결되었고, 이후 상세한 수정을 가하여 1883년 11월 전문 13조의 조·영 통상조약(수정조인)이 체결되었다.

09 국가직 9급 기출

위정척사운동의 전개에 대한 설명으로 옳지 않은 것은?

① 대원군의 쇄국정책을 뒷받침하였다.
② 동도서기론과 문명개화론을 주장하였다.
③ 영남 유생들의 만인소 운동이 일어났다
④ 일본과 관련하여 왜양일체론을 내세웠다.

해설 ②는 개화운동과 관련된 내용이다. 개화운동을 전개한 개화파는 서양의 과학기술만을 도입하자는 동도서기론적 온건파(온건개화파, 사대당)와, 변법자강을 통한 문명개화론을 강력히 주장하여 과학기술 외에 정치·사회제도까지 도입하자는 급진파(급진개화파, 개화당)로 구분된다.
① 위정척사운동(衛正斥邪運動)은 정치·경제적 측면에서 강력한 반침략·반외세 정책을 전개하여 대원군의 통상수교 거부정책을 뒷받침하였다.
③, ④ 위정척사운동은 1860년대 척화주전론, 1870년대 왜양일체론과 개항불가론, 1880년대 영남만인소운동, 1890년대 항일의병운동으로 전개되었다.

핵심정리

위정척사운동(衛正斥邪運動)의 전개
- 1860년대(통상반대운동) : 척화주전론(이항로·기정진), 통상수교 거부정책을 뒷받침
  - 이항로 : 주전론을 고종에 진언, 〈화서아언〉 편찬, 내수외양과 의병조직 등을 주장
  - 기정진 : 양물금단론(洋物禁斷論), 위정척사 이념 정립
- 1870년대(개항반대운동) : 왜양일체론(최익현의 5불가소), 개항불가론 등
- 1880년대(개화반대운동)
  - 영남만인소(이만손) : 개화정책과 〈조선책략〉의 유포에 반발
  - 만언척사소(홍재학)
- 1890년대(항일의병운동) : 무장항일투쟁을 전개(유인석, 이소응 등)

10

다음 인물들이 주장하였을 정치적 구호로 가장 적절한 것은?

> 김홍집   어윤중   김윤식

① 서양 과학기술과 근대적 제도를 적극 수용하자.
② 청과 우호관계를 유지하여 부국강병을 추구하자.
③ 근대 정치사상을 토대로 입헌 국가를 수립하자.
④ 토지제도를 개혁하고 신분제를 타파하자.

해설 제시된 인물은 서양의 과학기술만을 도입하자는 온건 개화파(사대당)로 이들은 청과의 우호관계 유지와 동도 서기론에 기반한 점진적 개화를 주장하였다.
　①, ③ 급진 개화파(개화당)의 주장에 해당한다.
　④ 동학농민운동의 폐정개혁안에서 주장한 내용이다.

핵심정리

온건 개화파와 급진 개화파

구분	온건 개화파(사대당)	급진 개화파(개화당)
인물	김홍집, 김윤식, 어윤중, 민씨 정권	김옥균, 박영효, 홍영식, 서광범, 서재필
개화 방법	• 동도서기론에 입각 • 점진적 개혁 추구	• 문명 개화론 • 정치제도와 정신 문화까지 개혁 • 입헌 군주정
개화 모델	• 청의 양무운동 • 친청 세력	• 일본의 메이지 유신 • 친일 세력
청과의 관계	사대관계 인정	친청 정책 비판

11

다음 글과 관련된 시대 상황에 있었던 사건은?

> 지구 위에 더할 수 없이 큰 나라가 있으니 러시아라고 한다. 그 땅의 넓음이 3대주에 걸쳐 있고, 육군정병이 1백여 만 명이며, 해군의 큰 함정이 2백여 척이다. 다만 국가가 북쪽에 위치해 있어 … 조선 땅덩어리는 실로 아시아의 요충을 차지하고 있어서 형세가 반드시 다투게 마련이며, 조선이 위태로우면 아시아의 형세도 위태로워질 것이다. 따라서 러시아가 강토를 공략하려 할진대 반드시 조선에서 시작할 것이다. … 그렇다면 오늘날 조선의 책략은 러시아를 막는 일보다 더 시급한 것이 없을 것이다. 러시아를 막는 방책은 어떠한가? 그것은 '친중국(親中國) 결일본(結日本) 연미국(聯美國)'하여 자강을 도모함이다. …

① 병인양요　　　　② 거문도 점령
③ 갑신정변　　　　④ 영남만인소

해설 제시된 지문은 〈조선책략〉의 주요 내용이다. 러시아 세력의 남하에 대응하여 조선은 미국과 연합해야 한다는 내용이 실린 〈조선책략〉이 유포되었다. 이에 경상도 유생 이만손을 대표로 한 영남만인소가 〈조선책략〉을 비판하고, 그것을 들여온 김홍집을 처벌할 것을 요구한 데서 시작하여 전국의 유생들이 상소를 올렸다.

12 국가직 9급 기출

다음 자료와 가장 밀접한 역사적 사건은?

> 새로 만든 국기를 묶고 있는 누각에 달았다. 기는 흰 바탕으로 네모졌는데 세로는 가로의 5분의 2에 미치지 못하였다. 중앙에는 태극을 그려 청색과 홍색으로 색칠을 하고 네모서리에는 건(乾)·곤(坤)·감(坎)·이(離)의 4괘(四掛)를 그렸다.

① 김윤식 등이 근대식 무기 제조 기술과 군사 훈련법을 배웠다.

② 김홍집 등이 〈조선책략〉을 가져와 국제 정세의 이해에 기여하였다.

③ 김옥균 등이 일본에서 차관 교섭을 벌이고 구미 외교 사절과 접촉하였다.

④ 박정양 등이 일본 정부 기관의 사무와 시설을 조사하고 시찰 보고서를 올렸다.

해설 제시된 자료는 태극기에 대한 설명이다. 태극기는 임오군란을 계기로 체결된 제물포 조약(1882)의 규정에 따라 박영효를 사죄사로 일본에 파견했을 때 최초로 사용하였다. 이 당시 김옥균은 고종의 밀명을 받고 박영효 일행의 고문으로 파견되어 일본에 차관을 얻어 1883년 3월에 귀국하였는데, 이때 박영효, 김옥균 등이 태극기를 고안하여 사용하였다고 한다.
① 김윤식은 영선사(1881)로 청에 파견되어 무기 제조법과 근대적 군사 훈련법을 배웠다.
② 김홍집은 일본에 2차 수신사(1880)로 갔다가 황쭌셴의 〈조선책략(朝鮮策略)〉을 가지고 와 당시 국제 정세의 흐름을 알렸다.
④ 박정양, 어윤중, 홍영식으로 구성된 신사유람단(1881)은 일본의 발전상을 보고 돌아와 시찰 보고서를 올리고 개화정책의 추진을 뒷받침하였다.

13

다음 중 임오군란 이후 청과 맺은 상민수륙무역장정에 관한 설명으로 옳은 것을 〈보기〉에서 모두 고르면?

보기
㉠ 당시 조선에서 청과 일본 상인의 경쟁이 심화되고 있었다.
㉡ 일본의 정치적 영향력이 약화되었다.
㉢ 조선이 청의 속국임을 표방하였다.
㉣ 청이 상권의 대부분을 장악하였다.

① ㉠, ㉡, ㉢ ② ㉠, ㉢, ㉣

③ ㉡, ㉢, ㉣ ④ ㉠, ㉡, ㉢, ㉣

해설 청은 임오군란 이후 조선의 내정에 적극적으로 간섭하여 조·청 상민수륙무역장정의 체결(1882)을 강요하여 청의 종주권을 재확인하고 일본에 비해 유리한 조건의 통상관계를 맺었다. ㉣ 청의 상권 장악은 조선의 전 수출입의 50% 미만이었다.

핵심정리

임오군란(1882)의 결과
- 명성황후 일파가 청에 군대 파견 요청 → 청 군대 파견, 대원군 압송
- **청의 내정 간섭 강화** : 마젠창(정치 고문)과 묄렌도르프(외교 고문), 천슈탕(경제 고문), 하아트(세관 고문) 등을 파견, 위안스카이(군사 고문)의 군대 상주
- 조선을 둘러싼 청·일 양국 간 대립 위기 초래
- **명성황후 일파의 재집권** : 청의 내정 간섭과 정부의 친청정책으로 개화정책은 후퇴
- **조약**
  - 조·청 상민수륙무역장정 : 청 상인의 내지 통상권 허용
  - 제물포 조약(1882) : 일본과 제물포 조약을 체결하여 배상금을 지불하고 일본 공사관의 경비병 주둔을 인정

제 6 편

근대 사회의 발전

14

갑신정변에 대한 설명으로 옳은 것은?

① 일반 농민들의 지지를 받은 아래로부터의 개혁이었다.

② 중국에 대한 전통적 외교관계를 유지하고자 하였다.

③ 갑신정변의 결과 제물포 조약이 체결되었다.

④ 능력에 따라 인재를 등용하여 정치 참여의 기회를 확대하고자 하였다.

해설 갑신정변의 개혁 내용 중 문벌을 폐지하여 인민 평등을 도모하고 능력에 따른 인재를 등용하는 것이 포함되어 있다.
　① 일반 민중·농민의 지지를 받지 못하였다.
　② 중국과의 전통적 사대관계를 청산하려고 하였다.
　③ 갑신정변의 결과 한신조약과 텐진조약이 체결되었다.

┌─── **핵심정리** ───┐

갑신정변의 14개조 정강(신정부 강령 14개조)

1. 청에 잡혀간 흥선대원군을 귀국하게 하고, 종래 청에 대하여 행하던 조공의 허례를 폐한다.
2. 문벌을 폐지하여 인민 평등의 권리를 세워, 능력에 따라 관리를 임명한다.
3. 지조법을 개혁하여 관리의 부정을 막고 백성을 보호하며, 국가재정을 넉넉하게 한다.
4. 내시부를 없애고, 그 중에 우수한 인재를 등용한다.
5. 부정한 관리 중 그 죄가 심한 자는 치죄한다.
6. 각 도의 환상미를 영구히 받지 않는다.
7. 규장각을 폐지한다.
8. 급히 순사를 두어 도둑을 방지한다.
9. 혜상공국을 혁파한다.
10. 귀양살이를 하고 있는 자와 옥에 갇혀 있는 자는 그 정상을 참작하여 적당히 형을 감한다.
11. 4영을 합하여 1영으로 하되, 영 중에서 장정을 선발하여 근위대를 급히 설치한다.
12. 모든 재정은 호조에서 통합한다.
13. 대신과 참찬은 의정부에 모여 정령을 의결하고 반포한다.
14. 의정부, 육조 외에 모든 불필요한 기관을 없앤다.

└─────────────────┘

15

다음과 같은 결과를 초래하였던 사건에 관하여 바르게 설명한 것은?

┌─────────────────────────────┐
- 조선은 일본의 강요로 배상금 지불과 공사관 신축비 부담 등을 내용으로 하는 한성 조약을 체결하였다.
- 청과 일본 양국은 조선에서 청·일 양국군이 철수할 것, 그리고 장차 조선에 파병할 경우 상대국에 미리 알릴 것 등을 내용으로 하는 텐진조약을 체결하였다.
└─────────────────────────────┘

① 청과 일본 양국군의 공격을 받아 실패하였다.

② 반봉건적·반침략적 민족운동의 성격을 띠었다.

③ 군주제를 무너뜨리고 공화정을 수립하려고 하였다.

④ 외세 의존적 자세와 급격한 개혁으로 민중의 지지를 받지 못했다.

해설 갑신정변(1884) 후 조선은 일본의 강요로 한성조약을 체결하고, 청·일 양국은 텐진조약을 체결하였다.
　갑신정변은 중국에 대한 전통적인 사대관계를 청산하려 하였고, 조선의 정치체제를 근대적으로 개혁하려는 위로부터의 개혁운동이었으나, 일본에 의존하는 태도와 국민의 지지기반의 약화 등으로 3일 만에 실패로 끝났다.

갑신정변의 영향과 의의

- 영향
  - 청의 내정 간섭이 더욱 강화(위안스카이가 상경하며 내정 간섭), 보수세력의 장기 집권
  - 개화세력이 도태되어 상당 기간 개화운동의 흐름이 약화됨(조선의 자주와 개화에 부정적인 영향)
- 의의
  - 근대 국가 수립을 목표로 하는 최초의 정치 개혁 운동(최초로 입헌 군주제 추구)
  - 민족운동의 방향을 제시한 우리나라 근대화 운동의 선구

16

다음 두 사건의 공통점으로 바른 것은?

- 임오군란
- 갑신정변

① 개화와 척사의 대립 속에서 발생하였다.
② 주도 세력이 도시 빈민층 중심이었다.
③ 청의 내정 간섭이 강화되는 결과를 가져왔다.
④ 적극적인 개화정책이 추진되는 결과를 낳았다.

해설 임오군란의 결과 청은 신속히 군대를 조선에 파견하여 흥선대원군을 청에 압송해 감으로써 일본의 무력 개입의 구실을 없애려 하였다. 이후 갑신정변이 3일 만에 실패로 끝나자 청의 내정 간섭이 더욱 강화되고 보수 세력의 장기 집권이 가능하게 되었다.

17 인사위 9급 기출

다음 〈보기〉의 격문이 나타나게 된 사회적 배경에 대한 설명으로 옳은 것은?

보기

　　우리가 의를 들어 이에 이름은 그 본의가 다른 데 있지 아니하고 창생을 도탄에서 건지고 국가를 반석 위에 두고자 함이다. 안으로는 탐학한 관리의 머리를 베고, 밖으로는 횡포한 강적의 무리를 몰아내고자 함이다. 양반과 호강(豪强)의 앞에서 고통을 받는 민중들과, 방백 및 수령의 밑에서 굴욕을 받는 소리(小吏)들은 우리와 같이 원한이 깊은 자이다. 조금도 주저하지 말고 이 시각으로 일어서라. 만일 기회를 잃으면 후회해도 미치지 못하리라.

① 명성황후 시해에 대한 농민들의 반발심이 팽배하였다.
② 친위대와 진위대를 신설하여 군사력을 증강하였다.
③ 일본의 경제적 침략에 대한 농민들의 적개심이 확산되었다.
④ 고종의 강제 퇴위와 군대 해산을 계기로 항일 의식이 강화되었다.

해설 〈보기〉는 동학농민운동에서 주장한 격문이다. 당시 조선의 농촌 경제는 일본의 경제적 침투로 피폐해졌으며, 함경도와 황해도 지방에서는 곡물의 수출을 금하는 방곡령을 내리기도 하였으나, 일본의 항의로 실효를 거두지 못하여 농민들의 일본에 대한 적개심이 확산되었다.

제6편 근대의 정치와 흐름

18

동학농민운동에서 제시한 폐정 개혁 12개조에 해당하는 것을 〈보기〉에서 모두 고르면?

─── 보기 ───
㉠ 규장각을 폐지한다.
㉡ 청상과부의 개가를 허용한다.
㉢ 청에 의존하는 생각을 버리고 자주 독립의 기초를 세운다.
㉣ 7종의 천인 차별을 개선하고 백정이 쓰는 평량갓은 없앤다.

① ㉠, ㉡   ② ㉡, ㉢
③ ㉢, ㉣   ④ ㉡, ㉣

해설 ㉠은 갑신정변 때의 14개조 정강. ㉢은 갑오개혁 때의 홍범 14조에 해당한다.

─── 핵심정리 ───

폐정(弊政) 개혁 12조
1. 동학도(東學徒)는 정부와의 원한(怨恨)을 씻고 서정(庶政)에 협력한다.
2. 탐관오리(貪官汚吏)는 그 죄상을 조사하여 엄징(嚴懲)한다.
3. 횡포(橫暴)한 부호(富豪)를 엄징한다.
4. 불량한 유림(儒林)과 양반들을 징벌한다.
5. 노비문서(奴婢文書)는 소각한다.
6. 7종의 천인차별을 개선하고 백정이 쓰는 평량갓을 없앤다.
7. 청상과부(靑孀寡婦)의 개가(改嫁)를 허용한다.
8. 무명(無名) 잡세는 일체 폐지한다.
9. 관리채용에는 지벌(地閥)을 타파하고 인재를 등용한다.
10. 왜(倭)와 통하는 자는 엄징한다.
11. 공사채(公私債)를 물론하고 기왕의 것은 무효로 한다.
12. 토지는 평균하여 분작(分作)한다.

19 국가직 9급 기출

다음을 주창한 종교에 대한 설명으로 옳은 것은?

서도(西道)로써 사람들을 가르쳐야 하겠는가 하니 아니다. …… 영부의 모양은 태극의 그림과 같고 혹은 활 궁(弓)자를 겹쳐 놓은 것과 같다. 이 부적을 받아가지고 사람들의 병을 고치며 또 내 주문을 받아가지고 모든 사람으로 하여금 나를 위하게 하라. 그러면 너도 역시 오래 살아서 온 세상을 이롭게 할 것이다.

① 전라도를 중심으로 포교를 시작하였다.
② 5적 암살단을 주도한 나철이 창시하였다.
③ 신채호의 민족주의 역사학을 탄생시켰다.
④ 수덕문·안심가·논학문 등을 전파하였다.

해설 제시문은 동학의 창시자인 최제우의 유문을 제2대 교조 최시형이 편찬한 〈동경대전〉의 일부 내용이다. 〈동경대전〉은 순한문체로 된 동학의 경전으로, 포덕문(布德文)·논학문(論學文)·수덕문(修德文)·불연기연(不然其然)의 4편이 중심을 이루고 있다. 제시문의 내용 중 '서도(西道)'를 부정하고 '부적', '주문'을 중시하는 점에서 서도 동학의 내용임을 알 수 있다.
① 동학은 경상도 일대를 중심으로 전파하기 시작하여 불과 수년 만에 교세가 삼남(경상도, 전라도, 충청도) 일대로 확산되었다. 이에 정부는 고종 1년(1864)에 혹세무민(세상을 어지럽히고 백성을 현혹함)의 죄로 교주 최제우를 처형하였다.
② 나철·오기호는 단군신앙을 기반으로 대종교를 창시하였다(1909).
③ 신채호의 민족주의 역사학은 계몽사학의 영향을 받았다.

20

다음 내용과 관련 없는 것은?

> 이 도의 원리에 따르면 사람은 본래 하늘의 성품을 가졌으므로 몸의 누를 버리고 나의 하늘을 회복하면 사람이 곧 하늘이요, 하늘이 곧 사람이 된다. 이것이 천인합일의 뜻이다. 유·불·선이 비록 뜻을 따로 세워 멀리 하나, 그 근원을 생각해 보면 모두 하늘로부터 비롯된 것이다. 이 도는 위의 세 가지 도에서 지나친 것은 덜고 부족한 것을 더하며, 좋은 것을 취하고 나쁜 점을 버린 것이다.

① 인내천 사상을 기본으로 한다.
② 반봉건적·반침략적 성격을 띠고 있다.
③ 탐관오리의 숙청, 일본과 서양 세력의 축출을 요구하는 정치적 구호를 내세웠다.
④ 처음에는 실학자들에 의해 학문으로서 연구되다가 점차 백성들에게 널리 퍼졌다.

해설 제시문은 동학사상에 관한 내용이다. ④는 천주교(서학)에 대한 설명이다.

핵심정리

동학농민운동의 영향
• 반봉건적·반침략적 민족 운동의 전개
• 갑오개혁에 부분적으로 영향을 미쳐 근대 사회로의 발전을 촉진(성리학적 전통 질서 붕괴에 기여)
• 밑으로부터의 자주적 사회 개혁운동(혁명운동)
• 동학농민군의 잔여세력이 의병운동에 가담(항일 무장 투쟁 활성화)
• 진압 과정에서 청·일 전쟁이 발발

21

다음 중 1, 2차 갑오개혁의 내용이 아닌 것은?

① 태양력을 사용했다.
② 은 본위 화폐제도를 채택했다.
③ 과부의 개가가 허용되었다.
④ 중국 연호를 폐지하고 개국 연호를 사용했다.

해설 갑오개혁은 경제 면에서 은 본위 화폐제도를 채택하고, 조세의 금납제를 시행하였으며, 적서의 차별을 없애고 과부의 재가를 허용하였다. 또한 종래의 중국 연호를 폐지하고 조선의 건국 연도인 1392년을 기준으로 개국 연호를 사용하였다. 태양력의 사용은 을미개혁 때 실시한 개혁안이다.

핵심정리

갑오개혁의 제1차 개혁 내용

정치	• 연호 : 개국 연호를 사용하여 청의 종주권 부인 • 전제화 견제 : 왕실(궁내부)과 정부(의정부) 사무를 분리하고 정치 실권을 상당 부분 내각이 가지도록 해 국왕 전제권을 제한, 육조를 8아문으로 개편 • 과거제 폐지 : 문무관 차별 철폐, 신분 차별 없는 새로운 관리 임용제도 채택
경제	• 재정 일원화 : 모든 재정 사무를 탁지아문이 관장, 왕실과 정부의 재정을 분리 • 화폐, 조세 : 은(銀) 본위 화폐 제도를 채택, 일본 화폐의 통용을 허용, 조세의 금납제 시행 • 도량형 정비 : 도량형을 개정·통일
사회	• 신분제 철폐 : 양반과 평민의 계급을 타파하고, 공·사 노비 제도를 폐지 • 전통적 폐습 타파 : 조혼 금지·과부 개가 허용, 악법 폐지(인신매매 금지, 고문과 연좌법의 폐지 등)
군사	일본이 조선의 군사력 강화나 군제 개혁을 꺼려 군사면의 개혁은 소홀

22 서울시 9급 기출

〈보기〉는 동학농민전쟁에 관련된 주요 사건을 표로 나타낸 것이다. 청일전쟁이 발발된 시기는?

① (가)　　　　　② (나)
③ (다)　　　　　④ (라)

해설 청·일 전쟁(1894)은 주도권을 잡은 일본이 내정 간섭을 강화하자, 이에 대항해 대규모로 제 2차 동학농민전쟁이 일어났다. 따라서 청·일 전쟁이 발발한 시기는 (다)시기이다.

23

다음 빈 칸에 들어갈 시기에 일어난 사건으로 틀린 것은?

$$1876 \to (가) \to 1884 \to (나) \to 1894 \to (다) \to 1904$$

① (가) 시기에 조·미 수호통상조약이 체결되었다.
② (나) 시기에 한성조약이 체결되었다.
③ (나) 시기에 단발령이 내려졌다.
④ (다) 시기에 독립협회가 창립되었다.

해설 ① 조·미 수호통상조약 체결(1882), ② 한성조약의 체결(1885), ④ 독립협회의 창립(1896)이 일어났다. 단발령은 1895년에 일어났으므로 (나) 시기와 상관없다.

24

다음 중 을미개혁이 실시됨에 따라 행해진 행동과 관련 있는 것은?

① 비유하건대 재물은 대체로 샘과 같은 것이다.
② 내 목을 자를지언정 내 머리카락은 자를 수 없다.
③ 백성을 해치는 자는 공자가 다시 살아난다 하여도 내가 용서 못한다.
④ 조선의 책략은 러시아를 막는 일보다 더 급한 것이 없을 것이다.

해설 을미개혁이 추진되어 단발령이 내려지자 유생들은 "내 목을 자를지언정 내 머리카락은 자를 수 없다."며 강력하게 반발하였다.

핵심정리

을미개혁(제3차 개혁, 1895. 8~1896. 2)

- **을미사변(1895)** : 박영효가 실각한 뒤 제3차 김홍집 내각이 성립되었는데, 명성황후가 친러파와 연결하여 일본을 견제하려 하자 일제는 명성황후를 시해하고 친일 내각을 구성
- **개혁의 추진**
  - 제4차 김홍집 친일 내각은 중단되었던 개혁을 계속하여 을미개혁을 추진
  - 내용 : 종두법 실시, 소학교 설립, 태양력 사용, 우편제도 실시, 연호 건양(建陽) 사용, 단발령 실시, 군제의 개편(훈련대 폐지, 중앙군·지방군 설치)
- **결과**
  - 유생들의 반발 : 단발령에 대한 유생들의 강경한 반발
  - 개혁의 중단 : 명성황후 시해와 단발령을 계기로 유생층과 농민이 의병을 일으켰고, 친러파는 국왕을 러시아 공사관으로 피신(아관파천, 1896)시킴으로써 개혁 중단

25

다음 사건들에 대한 설명으로 옳지 않은 것은?

> (가) 대한제국 　　(나) 갑신정변
> (다) 동학농민운동 　(라) 독립협회

① (가) 고종은 자주국권, 자유민권, 자강개혁 사상을 발표하였다.
② (나) 근대 국가 건설을 목표로 한 최초의 정치 개혁 운동이었다.
③ (다) 동학농민군은 집강소를 설치하여 치안과 행정을 담당하게 하였다.
④ (라) 우리나라 최초의 근대적 민중 대회인 만민공동회를 열었다.

해설 자주국권, 자유민권, 자강개혁사상은 독립협회의 3대 사상이다.

핵심정리

독립협회의 주장
• **자주국권운동** : 국권과 국익 수호운동(자주적 중립 외교, 내정간섭 반대, 자주독립 정신 고취, 이권요구 반대, 민중계몽 등)
• **자강개혁운동** : 입헌군주제, 신교육 운동, 상공업 장려, 근대적 국방력 강화
• **자유민권운동** : 민권(자유권 · 재산권)보장운동, 국민참정운동(민의 반영, 의회 설립 운동 등)

26

다음 중 독립협회에 대한 설명으로 옳지 않은 것은?

① 구본신참의 원칙에 따른 개혁을 추진하였다.
② 국민계몽의 일환으로 독립신문을 발간하였다.
③ 아관파천으로 러시아 공사관에 가 있던 고종의 환궁을 요구하였다.
④ 중국 사신을 맞이하던 영은문 자리에 독립문을 세워 국민의 자주독립의식을 고취시켰다.

해설 구본신참(舊本新參)의 원칙에 따라 추진한 개혁은 대한제국의 개혁이다.

핵심정리

독립협회의 활동
• **이권수호운동** : 러시아의 절영도 조차 요구 규탄, 한 · 러 은행 폐쇄
• **독립 기념물의 건립** : 자주독립의 상징인 독립문을 세우고, 모화관을 독립관으로 개수
• **민중의 계도** : 강연회 · 토론회 개최, 신문 · 잡지의 발간 등을 통해 근대적 지식과 국권 · 민권사상을 고취
• **만민공동회 개최**(1898. 3) : 우리나라 최초의 근대적 민중 대회(외국의 내정간섭 · 이권요구 · 토지조사 요구 등에 대항하여 반환을 요구)
• **관민공동회 개최**(1898. 10~1898. 11)
　- 만민공동회의 규탄을 받던 보수 정부가 무너지고 개혁파 박정양이 정권을 장악하자 정부 관료와 각 계각층의 시민 등 만여 명이 참여하여 개최
　- 의회식 중추원 신관제를 반포하여 최초로 국회 설립 단계까지 진행(1898. 11)
　- 헌의 6조 : 헌의 6조를 결의하고 국왕의 재가를 받음(실현되지는 못함)

27 지방직 9급 기출

다음 연설문과 가장 관련이 깊은 역사적 사실은?

> 나는 대한의 가장 천한 사람이고 무지몰각합니다. 그러나 충군애국의 뜻은 대강 알고 있습니다. 이에 나라에 이롭고 백성을 편안하게 하는 길은 관과 민이 합심한 연후에야 가능하다고 생각합니다.

① 우정국 개국 축하연을 계기로 정변을 일으켰다.
② 유교 문화를 수호하고, 서양과 일본 문화를 배척하였다.
③ 헌의 6조를 고종에게 올려 시행 약속을 받았다.
④ 구식군대가 신식군대에 비해 차별을 받게 되자 폭동을 일으켰다.

해설 제시문은 독립협회가 개최한 관민공동회(1898.10.~1898.11)에서 박성춘이 연설한 내용의 일부이다. 독립협회는 관민공동회에서 헌의 6조를 결의하고 고종의 재가를 받기도 하였으나 보수파의 모함과 반발로 독립협회가 해산되어 실현되지는 못하였다.

─── 핵심정리 ───

독립협회의 해산(1898. 12)
- **보수파의 모함** : 시민의식이 성숙하지 못한 상태에서 서구식 입헌군주제의 실현을 추구하여 보수세력의 지지를 얻지 못함[조병식 등 보수세력이 고종에게 독립협회가 왕정을 폐지하고 공화정을 실시하려 한다고 모함하여 독립협회 해산령(1898. 11)이 내려짐]
- **시민의 투쟁** : 시민들은 만민공동회를 열어 독립협회의 부활과 개혁파 내각의 수립, 의회식 중추원의 설치 등을 요구하면서 격렬한 투쟁
- **해산** : 보수세력의 탄압으로 해산(1898. 12)

28 서울시 9급 기출

〈보기〉의 (가), (나) 문서에 대한 설명으로 가장 옳지 않은 것은?

> ─── 보기 ───
> (가) 대한제국의 정치는 이전으로 보면 500년 전래하시고 이후로 보면 만세에 걸쳐 불변하오실 전제정치나라.
> (나) 외국인에게 의부 아니하고 관민이 동심합력하여 전제황권을 견고케 할 것.

① (가)에서는 입법·사법·행정의 모든 권력이 황제에게 있음을 천명하였다.
② (나)에서는 정부의 예산과 결산을 인민에게 공표할 것을 주장하였다.
③ (나)를 수용한 고종은 「조칙 5조」를 반포하였다.
④ (가)에 따른 전제정치 선포에 반발하며 독립협회는 의회개설운동을 전개하였다.

해설 (가)는 대한 제국, 전제 정치를 통해 대한국제(대한국 제)임을 알 수 있고, (나)는 관민이 동심합력과 전제황권을 견고케 할 것을 통해 독립협회의 헌의 6조임을 알 수 있다. 대한국제는 1899년에 공포되었고, 독립 협회는 1898년에 이미 해산되었다.
① 대한국제(대한국 국제)는 광무정권이 1899년 제정한 일종의 헌법으로, 대한 제국이 전제 정치 국가이며 황제권의 무한함을 강조하였다.
② 헌의 6조 중 3조에 '국가 재정은 탁지부에서 전관(專管)하고, 예산과 결산을 국민에게 공표할 것'이 있다.
③ 독립협회가 제시한 헌의 6조를 보완 및 수정하여 「조칙 5조」를 반포하였다.

핵심정리

광무개혁

• 성격 : 갑오 · 을미개혁의 급진성을 비판하고 점진적인 개혁을 추진, 구본신참의 시정 방향을 제시

• 내용

정치면	• 대한국 국제(대한국제)의 반포 : 대한국제는 광무정권이 1899년 제정한 일종의 헌법으로, 대한제국이 전제정치 국가이며 황제권의 무한함을 강조 • 황제권의 강화(전제황권)를 강조 : 복고적 개혁의 성격 • 원수부 설치 : 황제가 군권을 장악하기 위해 최고 군통수기관으로 원수부를 설치 • 국방력 강화 　- 경군(京軍)의 경우 친위대를 2개 연대로 증강하고 시위대를 창설 · 증강, 호위군도 호위대로 증강 · 개편 　- 지방군의 경우 진위대를 6개 연대로 증강 (원수부의 지휘를 받음)
경제면	• 근대적 토지소유제를 마련 : 양지아문을 설치(1898)하여 양전사업을 실시(1899)하고 지계(토지증서)를 발급 • 내장원의 재정업무 관할 : 탁지부에서 관할하던 재정업무를 궁내부 소속의 내장원으로 이관 • 상공업의 진흥 : 상공업 진흥책을 실시하여 황실(정부)이 직접 공장을 설립하거나 민간 회사의 설립을 지원 • 실업학교 및 기술교육기관을 설립
사회면	• 종합병원인 광제원(廣濟院)이 설치 • 신교육령에 의해 소학교 · 중학교 · 사범학교 등을 설립 • 고급장교의 양성을 위해 무관학교를 설립 (1898) • 교통 · 통신 · 전기 · 의료 등 각 분야에 걸친 근대적 시설을 확충

• 한계
  - 근대 사회로의 지향이나 황권의 강화와 황실 중심의 개혁(위에서 아래로의 개혁)
  - 진보적 개혁운동을 탄압하여 국민적 결속에 실패 (보수적 추진세력의 한계)
  - 열강의 간섭을 완전히 배제하지 못해 큰 성과를 거두지 못함

29 지방직 9급 기출

다음 정책을 시대순으로 바르게 나열한 것은?

> ㉠ 과거제도와 신분제를 폐지한다.
> ㉡ 군대는 친위대와 진위대를 설치한다.
> ㉢ 지방제도는 전국을 23부로 개편한다.
> ㉣ 양전사업을 실시하여 지계를 발급한다.

① ㉠ → ㉡ → ㉢ → ㉣
② ㉠ → ㉢ → ㉡ → ㉣
③ ㉡ → ㉣ → ㉠ → ㉢
④ ㉢ → ㉣ → ㉠ → ㉡

해설 ㉠ 과거제 폐지와 신분제 철폐는 군국기무처를 설치하고 개혁을 추진한 제1차 갑오개혁(1894. 7 ~ 1894. 12) 때이다.
㉢ 지방관제를 8도에서 23부로 개편한 것은 제2차 갑오개혁(1894. 12~1895. 7) 때이다.
㉡ 군제를 개편하여 친위대(중앙군)와 진위대(지방군)를 설치한 것은 을미개혁(제3차 갑오개혁, 1895. 8~1896. 2) 때이다.
㉣ 양전사업을 실시하여 지계(토지증서)를 발급한 것은 대한제국 때이다(1902).

핵심정리

갑오·을미개혁의 한계 및 의의

• 한계
  - 일본의 강요에 의해 타율적으로 시작됨, 조선 침략을 용이하게 하려는 체제 개편
  - 토지 제도의 개혁이 전혀 없고, 군제 개혁에 소홀
• 의의
  - 침략 의도가 반영된 것이지만 전통 질서를 타파하는 근대적 개혁의 성격을 지님(실질적인 근대 사회로의 전환 계기)
  - 갑신정변과 동학 농민 운동의 개혁 요구가 일부 반영(민족 내부의 근대화 노력의 일면)

제6편 근대의 태동과 흥망

30

다음 중 항일의병투쟁에 대한 설명으로 틀린 것은?

① 을미사변과 단발령을 계기로 전국 각지에서 일어났다.

② 미국, 러시아 등 열강의 지원을 받았다.

③ 일부는 해외로 망명하여 만주, 연해주에서 활동하던 독립군의 모체가 되었다.

④ 고종 황제의 강제 퇴위와 군대 해산을 계기로 의병 운동은 활기를 띠게 되었다.

해설 을사조약이 강제로 체결된 후에는 우리나라의 외교권이 상실되었기 때문에 미국, 러시아 등 열강의 국제적 지원을 기대할 수 없었다.

핵심정리

항일의병투쟁

① **항일의병투쟁의 발발**
- **배경** : 청·일 전쟁으로 조선에서 청을 몰아낸 일본이 침략 의도를 노골적으로 드러내자 여러 방면에서 민족적 저항이 일어났는데, 의병 항쟁은 그 중 가장 적극적인 형태의 저항
- **시초** : 1894년 8월 서상철이 갑오개혁에 따른 반일 감정(직접적 동기는 동년 6월 일본군의 경복궁 침입 사건)으로 거사

② **의병전쟁의 의의와 한계**
- **의병전쟁의 한계**
  - 국내적 요인 : 비조직성, 전통적 신분제를 고집하여 유생층과 농민 간 갈등
  - 국외적 요인 : 열강 침략의 보편화, 을사조약으로 외교권이 상실되어 국제적으로 고립
- **의병 전쟁의 의의**
  - 민족 저항 정신 표출
  - 항일 무장 독립 투쟁의 기반
  - 반제국주의·민족주의 운동
---

31 국가직 9급 기출

다음 두 사건이 일어난 이후의 사실로 옳은 것만을 〈보기〉에서 모두 고른 것은?

- 고종 황제의 강제 퇴위
- 일제에 의한 군대 해산

보기

ㄱ. 안중근이 만주 하얼빈에서 이토 히로부미를 사살하였다.

ㄴ. 민영환이 일제에 대한 저항을 강력하게 표현한 유서를 남기고 자결하였다.

ㄷ. 장지연이 민족의식을 고취하는 '시일야방성대곡'을 황성신문에 발표하였다.

ㄹ. 이인영을 총대장으로 하는 13도 연합 의병 부대(창의군)가 서울진공작전을 시도하였다.

① ㄱ, ㄴ   ② ㄱ, ㄹ

③ ㄴ, ㄷ   ④ ㄷ, ㄹ

해설 일제는 고종이 헤이그에 파견한 특사(헤이그 특사, 1907)를 구실로 1907년 고종을 강제로 퇴위시키고 순종을 즉위시켰다. 그 직후 일제는 순종의 동의 없이 강제로 정미 7조약(한·일 신협약, 1907)을 체결하고 이에 따라 1907년 8월에 군대를 강제 해산하였다.

ㄱ. 안중근의 이토 히로부미 사살은 1909년 10월 26일의 일이다.

ㄹ. 이인영을 총대장으로 하는 13도 연합 의병 부대(창의군)의 서울진공작전은 1908년 1월에 개시되었으나 무기·병력 등의 열세로 실패하였다.

ㄴ. 을사조약(제2차 한·일협약, 1905) 직후 민영환은 일제에 대한 저항을 강력하게 표현한 유서를 남기고 자결함으로써 을사조약 체결에 항거하였다.

ㄷ. 을사조약(제2차 한·일협약, 1905) 직후 장지연은 황성신문에 시일야방성대곡을 발표하였다.

핵심정리

항일의병투쟁

① **을미의병(1895)**
  - **을미의병의 계기** : 최초의 항일의병으로, 명성황후 시해와 단발령을 계기로 발생
  - **구성원과 활동** : 유인석 · 이소응 · 허위 등 위정척사 사상을 가진 유생들이 주도, 농민들과 동학농민군의 잔여 세력이 가담하여 전국적으로 확대
  - **해산** : 아관파천 후 단발령이 철회되고 고종의 해산권고 조칙이 내려지자 대부분 자진 해산
  - **활빈당의 활동** : 해산된 농민 일부가 활빈당을 조직하여 반봉건 · 반침략 운동을 계속함
② **을사의병(1905)**
  - **의병의 재봉기** : 을사조약의 폐기와 친일 내각의 타도를 내세우고 격렬한 무장 항전
  - **의병장** : 민종식, 최익현, 신돌석 등
    - 민종식 : 관리 출신, 을사조약이 체결된 뒤 의병을 일으켜 홍주성(홍성)을 점령
    - 최익현 : 을사조약 이후 태인에서 임병찬과 의병을 일으킨 후, 태인 · 정읍 · 순창에서 활약
    - 신돌석 : 을사의병 때 등장한 평민 의병장으로, 영해 · 일월산 · 울진 등 강원도와 경상도 접경지대에서 크게 활약
  - **특징** : 종래 의병장은 대체로 유생이었으나 이때부터 평민 출신 의병장이 활동
③ **정미의병(1907)**
  - **계기**
    - 고종의 강제 퇴위
    - 군대 해산(1907. 8) : 제1연대 제1대대장 박승환의 자결(해산 군인의 의병 가담 가속화)
  - **특징**
    - 조직과 화력의 강화 : 해산 군인들이 의병에 합류하면서 의병의 조직과 화력이 강화
    - 활동 영역의 확산 : 전국 각지, 나아가 간도와 연해주 등 국외까지 확산

32

다음 중 을사조약의 체결에서 군대 해산까지의 의병 활동에 대한 설명으로 옳지 않은 것은?

① 정미의병 때 신분이 낮다는 이유로 홍범도 등의 평민 의병장은 13도 창의군에서 제외되었다.

② 최익현은 정부 진위대와의 전투에 임해서 스스로 부대를 해산시키고 체포당하였다.

③ 허위를 총대장으로 하는 1만여 명의 연합 의병 부대가 양주에 집결하여 서울 진공작전을 계획하였다.

④ 신돌석 같은 평민 출신의 의병장이 등장하여 영해 · 평해 · 울진 등지에서 두드러진 활동을 전개하였다.

해설 서울 진공작전을 전개한 13도 창의군 조직의 총대장은 유생 이인영이었다. 진공작전을 앞두고 부친상을 당해 허위가 의병 연합부대를 이끌고 서울 근교까지 진격하였다.
  ① 정미의병 당시 신분이 낮다는 이유로 홍범도, 신돌석, 김수민 등의 평민 의병장은 13도 창의군에서 제외되었다.
  ② 최익현은 을사조약 이후 태인에서 임병찬과 의병을 일으킨 후 태인, 정읍, 순창에서 활약하다. 고종의 명을 받은 정부 진위대와의 전투에 임해 '동족끼리 죽이는 일은 못하겠다'고 하여 스스로 부대를 해산한 후 체포당하였다.
  ④ 신돌석은 을사의병 때 등장한 평민 의병장으로, 영해, 일월산, 울진 등 강원도와 경상도 접경지대에서 크게 활약하였다.

제6편

근대의 변화와 흐름

33

안중근 의사가 뤼순 감옥에서 순국하던 해의 사건이 아닌 것은?

① 유인석 등이 13도 의군 결성
② 조선총독부 설치
③ 105인 사건
④ 경학사 및 신흥강습소 설치

해설 안중근 의사는 1909년 초대 조선 통감이었던 이토 히로부미(伊藤博文)를 하얼빈에서 사살한 직후 체포되었고, 이듬해인 1910년 3월 26일, 뤼순 감옥에서 순국하였다. 만주 삼원보에 군사교육기관인 신흥강습소를 설립한 것은 1911년이다.
① 13도 의군은 1910년 6월, 러시아 블라디보스토크에서 유인석 · 이상설 · 이범윤 등이 중심이 되어 러시아령 내의 의병조직을 통합 · 조직한 의병 부대이다.
② 일제는 조선에 대한 식민통치의 중추기관으로 조선총독부를 설치하였다(1910).
③ 105인 사건(1910~1911)은 안명근 등의 데라우치 총독 암살 음모 사건(안악사건, 1910. 12)을 조작 · 날조하여 이듬해인 1911년 신민회원을 비롯한 민족 지도자 600여 명을 검거하고 중심 인물 105명을 기소한 사건을 말한다. 이 사건으로 신민회는 조직이 와해되어 결국 해체되었다(1911).

34 국가직 9급 기출

밑줄 친 '여러 단체와 기관'에 해당하지 않는 것은?

> 1907년 설립된 신민회 회원들은 1909년 말 이후 일본의 한국병합이 목전에 있다고 보고, 국외로 나가 독립운동을 전개할 필요가 있다는 데 의견을 같이하였다. 이에 따라 신민회 회원들은 1910년 초 이후 국외로 나가기 시작하였다. 신민회의 이회영, 이시영, 이상룡 등은 1911년 압록강 건너 서간도로 옮겨가 삼원보에 자리 잡았다. 이들은 여러 단체와 기관을 설립하여 독립운동 기지 건설 운동을 전개하였다.

① 경학사   ② 권업회
③ 부민단   ④ 신흥무관학교

해설 제시된 글은 만주 삼원보 지역에 설립한 독립운동 단체와 기관에 대한 설명이다.
권업회는 1911년 연해주에서 이상설, 유인석, 이범윤 등이 결성한 단체이다.
① 경학사는 1910년 삼원보에 설립된 자치기구이다.
③, ④ 이회영 등은 신민회의 지원을 받아 남만주에 삼원보를 건설하였다. 이곳에서 조직된 항일 독립운동 단체인 경학사는 훗날 부민단, 한족회로 발전하면서 서로군정서를 양성하였다. 또한 삼원보에 설립된 신흥 강습소는 가장 대표적인 독립군 사관 양성기관이라고 할 수 있는 신흥무관학교로 발전하였다.

35

다음 자료는 어떤 애국계몽운동단체의 취지문이다. 이 단체의 활동으로 가장 옳은 것은?

> "… 무릇 우리 대한인은 내외를 막론하고 통일연합으로써 그 진로를 정하고 독립자유로써 그 목적을 세움이니, 이것이 원하는 바이며 품어 생각하는 것이다. 간단히 말하면 오직 신정신을 불러 깨우쳐서 신단체를 조직한 후에 신국가를 건설할 뿐이다. …"

① 고종 강제 퇴위 반대운동으로 해산되었다.
② 국권회복과 공화정체의 국민국가 건설을 목표로 했다.
③ 일제의 황무지 개간 요구를 철회시켰다.
④ 기회주의를 배격하고 정치, 경제적 각성을 촉구하였다.

해설 제시된 자료는 신민회의 취지문에 해당한다. 신민회(1907~1911)는 국권회복과 공화정체의 국민국가 건설을 궁극적인 목표로 하여 조직된 항일 비밀결사단체이다.
① 일제의 고종황제의 양위 강요에 반대운동을 주도하다가 강제로 해산된 단체는 대한자강회이다.
③ 일제의 황무지 개간권 요구에 반대하여 이를 철회시킨 단체는 보안회이다.
④ 기회주의자의 배격과 정치·경제적 각성의 촉구, 민족의 단결을 공고히 하는 것은 모두 신간회(1927~1931)의 기본 강령이다.

36

신민회에 대한 설명으로 틀린 것은?

① 대한매일신보를 기관지로 발간하였다.
② 일제의 군대 해산을 계기로 그 조직이 와해되었다.
③ 안창호, 양기탁 등이 중심이 되어 조직한 비밀결사단체이다.
④ 국권 회복과 공화 정체의 국민 국가 수립을 목표로 삼았다.

해설 신민회는 1907년 안창호, 양기탁, 이동녕 등이 중심이 되어 언론인, 종교인, 교사, 학생 등을 모두 규합하여 조직한 비밀결사단체로 민족 교육의 추진, 민족 산업의 육성, 민족 문화의 계발 등 각 방면에서의 진흥 운동을 전개하였으며, 대한매일신보를 기관지로 발간하였다. 신민회는 105인 사건을 계기로 그 조직이 와해되었다.

핵심정리

신민회(1907~1911)
- **조직** : 사회 각계각층의 인사를 망라하여 조직된 비밀결사
- **구성원** : 안창호, 양기탁 등
- **목적** : 국권 회복, 공화정체의 국민 국가 건설
- **활동**
  - 문화적·경제적 실력 양성 운동 : 자기 회사 설립(평양), 태극서관 설립(대구), 대성학교·오산학교·점진학교 설립 등
  - 양기탁 등이 경영하던 대한매일신보를 기관지로 활용했고, 1908년 최남선의 주도하에 〈소년〉을 기관잡지로 창간
  - 군사적 실력 양성 운동 : 이상룡·이시영이 남만주에 삼원보, 이승희·이상설이 밀산부에 한흥동을 각각 건설하여 항일 의병 운동에 이어 무장 독립 운동의 터전이 됨
- **해체(1911)** : 일제가 날조한 105인 사건으로 해체

제6편 근대의 문화와 예술

실전문제

제2장 개항 이후의 경제와 사회

대표유형문제

국가직 9급 기출

개항기 체결된 통상 협약에 대한 설명으로 옳지 <u>않은</u> 것은?

❶ 조 · 일 통상장정(1876) – 곡물 유출을 막는 방곡령 규정이 합의되었다.

② 조 · 청 수륙무역장정(1882) – 서울에서 청국 상인의 개점이 허용되었다.

③ 개정 조 · 일 통상장정(1883) – 일본과 수출입하는 물품에 일정 세율이 부과되었다.

④ 한 · 청 통상조약(1899) – 대한제국 황제와 청 황제가 대등한 위치에서 조약을 체결하였다.

정답해설 곡물 유출을 막는 방곡령은 개정 조 · 일 통상장정(1883)에 합의되었다. 조 · 일 통상장정(1876)에서는 무관세, 무항세, 무제한 양곡 유출 등의 불평등 조약이 체결되었다.

오답해설 ② 1882년 조선과 청나라 사이에 체결된 양국 상인들의 수륙 통상에 관한 규정으로 조선이 청의 속방이라는 조항을 포함하여 이후 내정 간섭을 심화시킨 불평등 조약이다.

③ 1883년 조선과 일본 사이에 체결된 규정으로 조 · 미 수호 통상 조약에서 관세 조항이 규정되자 개정한 조약으로 방곡령, 관세 부과 등이 개정되었으나, 일본에 최혜국 대우 규정이 추가되었다.

④ 청일전쟁 이후 조청종속관계가 공식적으로 파기되어 새롭게 맞은 조약으로 대한제국 황제와 청 황제가 대등한 위치에서 조약을 체결하였다.

핵심정리 조 · 일 통상장정

• **조 · 일 통상장정(1876)**
 − 일본 수출입 상품 무관세 및 선박의 무항세
 − 조선 양곡 무제한 유출 허용
 − 조선국 개항장에서 쌀과 잡곡 수출 허용
 − 일본 화폐 사용 가능
 − 일본 상인의 활동범위 개항장 10리 제한

• **개정 조 · 일 통상장정(1883)**
 − 아편수입 금지
 − 방곡령의 선포 조항(시행 1개월 전 일본 영사관에 통고 의무)
 − 관세 및 벌금의 조선 화폐에 의한 납입
 − 최혜국 대우
 − 인천항 곡물 수출 금지권 폐지

01

국채보상운동에 대한 설명으로 옳지 않은 것은?

① 부녀자들은 비녀와 가락지까지 내어 이 운동에 적극적으로 호응하였다.

② 차관 제공 정책은 대한제국을 재정적으로 일본에 완전히 예속시키려는 것이었다.

③ 이 운동은 처음 평양에서 조만식 등이 조선물산장려회를 발족시키면서 시작되었다.

④ 서울에서는 국채보상기성회를 중심으로 여러 애국계몽단체들이 모금운동에 참여하였다.

해설 ③은 1922년에 시행된 물산장려운동에 대한 설명이다.

---- **핵심정리** ----

국채보상운동(1907)

• **배경** : 일제의 강제 차관 도입으로 인해 정부가 짊어진 1,300만 원의 외채를 국민의 힘으로 상환하여 국권을 회복하자는 운동

• **경과**
  – 서상돈 · 김광제 등이 대구에서 개최한 국민 대회를 계기로 전국으로 확산
  – 국채보상 기성회가 서울 등 전국 각지로 확대되고 대한매일신보 등 여러 신문사들도 적극 후원(금연운동 전개)
  – 부녀자들은 비녀와 가락지를 팔아서 이에 호응했으며, 여성 단체인 진명 부인회 · 대한 부인회 등은 보상금 모집소를 설치하여 적극적인 활동을 전개
  – 일본까지 파급되어 800여 명의 유학생들도 참여

• **결과** : 일본은 국채보상 기성회의 간사인 양기탁에게 국채보상금을 횡령하였다는 누명을 씌워 구속하고 1908년 초 2천만 원의 차관을 억지로 추가 공급하여 좌절시킴

02

다음의 경제적 구국운동에 대한 설명으로 옳은 것은?

> 일제는 한국을 재정적으로 예속시키기 위해서 우리 정부로 하여금 일본에서 차관을 도입하게 하였다. 그 결과 한국 정부가 짊어진 외채는 총 1,300만 원이나 되어 상환이 어려운 처지에 놓였다. 이에 국민의 힘으로 국채를 상환하여 국권을 회복하자는 경제적 구국운동이 일어났다.

① 총독부의 간교한 방해로 인해 좌절되고 말았다.

② 일본 상품을 배격하고 국산품을 애용하자는 것이었다.

③ 민족주의 진영과 사회주의 진영이 협동하여 추진하였다.

④ 대구에서 개최한 국민대회를 계기로 전국으로 확산되었다.

해설 제시문은 국채보상운동에 대한 설명이다. 일제는 통감부 설치 후 한국 정부로 하여금 일본으로부터 거액의 차관을 들여오게 하였는데 1907년까지 들여온 차관 총액은 대한제국의 1년 예산과 맞먹는 1,300만 원에 달했다. 이에 1907년 서상돈의 발의로 대구에서 국민의 힘으로 국채를 갚으려는 국채보상운동이 일어났다.

제6편

국민의 윤리와 법

03

다음 중 경제적 구국운동에 대한 설명으로 옳지 않은 것은?

① 보안회는 일제의 황무지 개간권 요구에 반대 운동을 벌였다.

② 독립협회는 이권수호운동을 적극적으로 주도 하였다.

③ 함경도, 황해도에서는 일제의 약탈적인 곡물 유출에 대항하여 방곡령을 시행하였다.

④ 국채보상운동은 국민들의 지지와 신문사들의 후원으로 성공을 거두었다.

해설 국채보상운동은 전 국민의 지원으로 6000여만 원을 모금 하였으나 일제 통감부가 언론 기관에 압력을 가하고 국 채보상기성회의 간사인 양기탁을 횡령죄로 투옥하는 등 일제의 간교한 탄압으로 지속적인 경제구국운동은 좌절 되고 말았다.

04

다음과 같은 활동을 전개했던 사회 단체는?

> 러 · 일 전쟁이 진행되는 동안에 일본이 한국 정부에 황무지 개척권을 강요하여 우리 토지를 빼앗으려 하자, 이를 반대하는 국민 여론을 일 으키는 데 앞장섰다. 결국 일본은 황무지 개척 권을 일시 포기하게 되었다.

① 농광회사   ② 통운사

③ 육운회사   ④ 종삼회사

해설 일부 민간 실업인과 관리들은 농광회사를 설립하여 황 무지를 우리 손으로 개간할 것을 주장하였다. 이들은 정부에 황무지 개간 특허를 요구하여 허가를 받기도 하 였다.

핵심정리

일본의 토지 약탈

• **개항 직후**
  - 초기 : 일본 상인들이 개항장 안의 토지를 빌려 쓰 는 데 그침
  - 토지 소유의 확대 : 활동 범위가 개항장 밖으로 확 대됨에 따라, 차압과 고리대를 이용하여 우리 농민 의 토지를 헐값으로 사서 점차 농장을 확대해 감

• **청 · 일 전쟁 이후(1890년대)** : 일본 대자본가들이 침 투하여 대규모 농장 경영, 전주 · 군산 · 나주 일대에 대규모 농장 경영

• **1900년대** : 토지 약탈의 본격화
  - 계기 : 러 · 일 전쟁
  - 명목 : 철도 부지 및 군용지 확보, 황무지 개간, 역 둔토(驛屯土)의 수용 등
  - 결과 : 1908년에 설립된 동양척식주식회사는 1년 만에 3만 정보의 토지를 소유하게 되었고, 국권을 빼앗길 무렵에는 1억 5천만 평에 이르는 토지를 일 본인이 소유

• **황무지 개간권 반대 운동(1904)**
  - 일제의 요구에 대항하여 적극적 반대 운동을 전개
  - 보안회는 일제의 황무지 개간권 요구에 대한 반대 운동을 벌여 토지 약탈 음모를 분쇄
  - 이도재 등은 농광회사를 설립하여 황무지를 우리 손으로 개간할 것을 주장

05 국가직 9급 기출

다음은 외세의 경제침략 과정을 서술한 것이다. 이에 대한 우리 민족의 경제적 침탈 저지 운동에 대하여 연결이 잘못된 것은?

> ㉠ 조선 각지에서 청국 상인과 일본 상인의 상권 침탈 경쟁이 치열해졌다.
> ㉡ 제국주의 열강의 경제 침탈이 아관파천 시기에 특히 극심하였다.
> ㉢ 러·일 전쟁 이후 일본은 화폐 정리와 시설 개선의 명목으로 차관을 강요하였다.
> ㉣ 1910년대 일본은 토지조사령을 발표하여 우리나라의 토지를 약탈하였다.

① ㉠ – 시전 상인들이 황국중앙총상회를 조직하여 상권운동을 전개하였다.

② ㉡ – 독립협회는 러시아의 절영도 조차 시도를 저지하였다.

③ ㉢ – 대구 기성회가 중심이 되어 국채보상운동이 전개되었다.

④ ㉣ – 일본 상인의 농촌 시장 침투와 곡물 반출에 대항하였다.

해설 일제는 1912년 토지조사령을 발표하고 1910년부터 1918년까지 토지조사사업을 실시하였다. 1890년을 전후하여 실시된 방곡령은 일본 상인의 농촌 시장 침투와 지나친 곡물 반출을 막기 위하여 내린 조치였다.

핵심정리

방곡령과 상권수호운동

• **방곡령(防穀令, 1889)**
 – 목적 : 일본 상인의 농촌 시장 침투와 지나친 곡물 반출을 막기 위함
 – 실시 : 개항 이후 곡물의 일본 유출이 늘어나면서 가격이 폭등한데다가 흉년이 겹쳐 함경도와 황해도를 중심으로 시행
 – 결과 : 일제는 1개월 전에 통고해야 한다는 조·일 통상장정(1883) 규정을 구실로 방곡령의 철회를 요구하고 거액의 배상금을 요구

• **상권수호운동** : 상인들은 상권수호운동을 벌여 경제적 침탈에 적극적으로 대응
 – 1880년대 : 관리들과 객주, 보부상 등이 대동상회, 장통회사 등의 상회사 설립
 – 시전(市廛)상인 : 황국 중앙 총상회(1898)를 만들어 서울의 상권을 지키려 함
 – 경강상인들은 증기선을 도입하여 빼앗긴 운송권을 회복하려 함

• **근대적 산업 자본의 성장**
 – 조선 유기 상회(鍮器商會) : 유기 공업과 야철 공업을 계승하여 서울에 설립
 – 직조 산업 : 외국산 면직물의 수입으로 타격을 받았지만, 민족 자본에 의하여 대한 직조 공장과 종로 직조사 등을 설립하여 생산 활동 전개
 – 기타 : 연초 공장(煙草工場), 사기 공장(砂器工場) 등

실전 문제

제3장 근대 문화의 발달

● **대표유형문제** ●

국가직 9급 기출

밑줄 친 '이 신문'에 대한 설명으로 옳지 <u>않은</u> 것은?

> 신문으로는 여러 가지 신문이 있었으나, 제일 환영을 받기는 영국인 베델이 경영하는 <u>이 신문</u>이었다. 관 쓴 노인도 사랑방에 앉아서 이 신문을 보면서 혀를 툭툭 차고 각 학교 학생들은 주먹을 치고 통론하였다.
> — 유광열, 〈별건곤〉

① 국민의 힘으로 국채를 갚아야 한다는 운동을 주도하였다.

② 고종은 을사조약의 부당성을 폭로하는 친서를 발표하였다.

③ 양기탁이 신민회를 조직하면서 신민회의 기관지 역할을 하였다.

❹ 을사조약 체결을 비판하는 '시일야방성대곡'이라는 사설이 발표되었다.

정답해설 제시된 신문은 영국인 베델이 양기탁 등과 함께 창간한 대한매일신보(1904~1910)이며, 을사조약 체결을 비판하는 '시일야방성대곡'이라는 사설이 발표된 신문은 황성신문(1898~1910)이다. 황성신문은 남궁억 등 개신유학자들이 발행한 민족주의적 성격의 항일신문으로, 장지연의 '시일야방성대곡'을 게재함으로써 을사조약을 폭로·비판하여 80일간 정간되기도 하였다.

오답해설 ① 대한매일신보는 국채보상운동(1907)을 주도적으로 참여해 애국운동에 앞장섰다. 국채보상운동은 일제의 강제 차관 도입으로 발생한 정부의 외채를 갚아 국권을 회복하고자 한 경제적 구국운동이다.

② 1910년 을사조약의 부당성을 폭로하는 고종의 '을사조약부인친서'를 보도하였다.

③ 대한매일신보는 양기탁이 조직한 신민회 기관지로 활용되기도 하였다.

핵심정리 언론 기관의 발달

언론 기관	주요 활동
한성순보(1883~1884)	• 최초의 신문, 관보, 순한문 • 개화파에 의해 박문국에서 발간 • 국가 정책 홍보와 서양의 근대 문물 소개
독립신문(1896~1899)	최초의 민간 신문, 한글판·영문판, 독립협회 기관지
황성신문(1898~1910)	• 남궁억, 유림층을 대상으로 함, 국한문 혼용 • 장지연의 시일야방성대곡(1905)
제국신문(1898~1910)	이종일, 한글로 발행, 부녀자, 서민층 계몽
대한매일신보(1904~1910)	베델, 양기탈, 국채보상운동 주도
만세보(1906~1907)	오세창, 천도교 기관지
일본의 탄압	• 신문지법(1907)을 제정하여 언론 탄압 • 국권 피탈 이후 민족 신문 폐간

01

다음 중 근대 문물의 보급에 대한 설명으로 옳지 않은 것은?

① 노량진과 제물포 사이를 운행하는 경인선이 부설되었다.
② 지석영은 종두법을 연구 · 보급시켜 국민 보건에 공헌하였다.
③ 박문국은 최초의 민간 출판사로 근대 기술 서적을 출판하였다.
④ 독립문은 프랑스 개선문을 본떠 독립협회에서 건립하였다.

해설 박문국은 신문 간행을 주관하는 곳으로 한성순보를 발간하였다. 최초의 민간 출판사는 광인사이다.

───── 핵심정리 ─────

근대 시설의 도입
• 인쇄 시설
  – 박문국 설립(1883) : 최초의 신문인 한성순보 창간
  – 광인사 설립(1884) : 최초의 근대적 민간 출판사, 근대 기술에 관한 서적 출판
• 통신 시설
  – 전신 : 청에 의해 서울과 인천 간에 가설(1885), 이후 독자적 기술에 의한 근대적 통신망 완성
  – 전화 : 처음에 궁궐 안에 가설(1896), 그 후 서울 시내에도 가설(1902)
  – 우편 : 우정국이 갑신정변으로 중단되었다가 을미개혁 이후 부활(우편사, 1895), 만국 우편 연합에 가입하여 여러 나라와 우편물을 교환(1900)
• 교통 시설
  – 철도 : 최초로 경인선(1899) 부설, 경부선(1904)과 경의선(1905)은 일본의 군사적 목적에 의하여 부설
  – 전차 : 황실과 미국인 콜브란의 합자로 설립된 한성 전기 주식회사가 발전소를 건설하고 서대문과 청량리 간에 최초로 전차를 운행(1898)

02

다음에서 설명하는 근대 교육기관은?

• 우리나라 최초의 근대적 사립학교이다.
• 1883년 함경도 덕원 주민들이 개화파 인물들의 권유에 의하여 설립하였다.
• 외국어, 자연과학 등 근대 학문과 무술을 가르쳤다.

① 동문학   ② 육영공원
③ 원산학사   ④ 보성학교

해설 원산학사는 1883년 민간에 의해 함경남도 원산에 설립되었던 중등학교로, 덕원 · 원산의 지방민들은 일본 상인의 침투에 대한 대응책을 세워야 할 것을 절감하여 설립하였다.

───── 핵심정리 ─────

근대 교육의 발전
① 근대 교육의 실시
  • 원산학사(1883) : 최초의 근대적 사립학교, 외국어 · 자연과학 등 근대 학문과 무술을 가르침
  • 동문학(1883) : 정부가 세운 영어 강습 기관(통리교섭통상사무아문의 부속 기관)
  • 육영공원(1886) : 정부가 보빙사 민영익의 건의로 설립한 최초의 근대식 관립학교, 길모어 · 헐버트 등 미국인 교사를 초빙하여 상류층의 자제들에게 근대 학문 교육
② 근대적 교육제도의 정비
  • 교육입국조서 반포(1895)
    – 근대적 교육제도가 마련되어 소학교 · 중학교 등 각종 관립학교가 설립
    – 국가의 부강은 국민의 교육에 있음을 내용으로 함
  • 광무개혁 : 실업학교 설립

제6편

근대의 문화의 발달

03 <small>서울시 9급 기출</small>

근대 교육기관에 대한 설명으로 가장 옳지 않은 것은?

① 배재학당 : 선교사 아펜젤러가 서울에 설립한 사립학교이다.

② 동문학 : 정부가 설립한 외국어 교육 기관으로 통역관을 양성하였다.

③ 경신학교 : 고종의 교육 입국 조서에 따라 설립된 관립 학교이다.

④ 원산학사 : 함경도 덕원 주민들이 기금을 조성하여 설립한 학교이다.

해설 갑오개혁 이후 고종의 교육 입국 조서에 따라 근대적 교육제도가 마련되어 소학교·중학교 등 각종 관립학교가 설립되었으며, 교원양성 학교인 한성 사범학교도 이 때 건립되었다(1895). 경신학교는 미국 초대 선교사 언더우드에 의해 서울에 설립된 중등과정의 사립학교이다(1886).

① 배재학당은 미국의 개신교 선교사 아펜젤러가 선교를 목적으로 서울에 설립한 사립학교로 신학문 보급에 기여하였다(1885).

② 동문학은 정부가 설립한 외국어 교육기관으로 통리교섭통상사무아문의 부속 기관이며 통역관을 양성하였다(1883).

④ 원산 학사는 함경도 덕원부사 정현석과 주민들이 개화파 인물들의 권유로 설립한 최초의 근대적 사립학교로(1883), 외국어·자연 과학 등 근대 학문과 무술을 가르쳤다.

핵심정리

교육입국조서

세계의 형세를 보면 부강하고 독립하여 잘사는 모든 나라는 다 국민의 지식이 밝기 때문이다. 이 지식을 밝히는 것은 교육으로 된 것이니 교육은 실로 국가를 보존하는 근본이 된다. …… 이제 짐은 정부에 명하여 널리 학교를 세우고 인재를 길러 새로운 국민의 학식으로써 국가 중흥의 큰 공을 세우고자 하니, 국민들은 나라를 위하는 마음으로 지·덕·체를 기를지어다. 왕실의 안전이 국민들의 교육에 있고, 국가의 부강도 국민들의 교육에 있도다.

04

다음 중 근대의 국학연구에 대한 설명으로 옳은 것은?

① 조선광문회를 조직하여 외국의 건국 영웅이나 혁명운동의 역사를 소개하였다.

② 박은식은 '독사신론'을 저술하여 민족주의 역사학의 연구 방향을 제시하였다.

③ 주시경은 국문연구소를 설립하여 국문의 정리에 크게 이바지하였다.

④ 지석영은 〈서유견문〉을 간행하여 국·한문체의 보급에 공헌하였다.

해설 주시경과 지석영은 국문연구소를 설립(1907)하여 국문 정리와 국어의 체계를 확립하고 〈국어문법〉을 편찬하였다.

① 최남선, 박은식은 조선광문회을 조직하여 민족 고전을 정리·간행하였다.

② 신채호는 1908년에 '독사신론'을 〈대한매일신보〉에 발표하여 민족주의 정신에 근거한 한국사의 체계를 모색하였다.

④ 〈서유견문〉은 유길준이 구미 여행에서 돌아와서 쓴 기행문으로, 국·한문 혼용체로 간행된 최초의 단행본이다. 그는 서문에서 언문일치를 주장하여 그 후의 문체에 많은 영향을 주었다.

핵심정리

국어 연구

• **국·한문체의 보급**
  – 갑오개혁 이후 관립학교의 설립과 함께 국·한문 혼용의 교과서 간행
  – 서유견문(西遊見聞) : 유길준, 새로운 국·한문체의 보급에 크게 공헌
  – 독립신문·제국신문은 순한글, 한성순보·황성신문·대한매일신보 등은 국한문 혼용

• **국문 연구소의 설립(1907)** : 주시경·지석영이 설립, 국문 정리와 국어의 이해 체계 확립, 〈국어문법〉 편찬

05

다음 자료와 관련 있는 인물의 활동으로 옳은 것은?

> 무릇 동양의 수천 년 교화계(敎化界)에서 바르고 순수하며 광대 정미하여 많은 성인이 뒤를 이어 전하고 많은 현인이 강명(講明)하는 유교가 끝내 인도의 불교와 서양의 기독교와 같이 세계에 대발전을 하지 못함은 어째서이며, 근세에 이르러 침체 부진이 극도에 달하여 거의 회복할 가망이 없는 것은 무슨 까닭이뇨. …… 그 원인을 탐구하여 말류(末流)를 추측하니 유교계에 3대 문제가 있는지라. 그 3대 문제에 대하여 개량(改良) 구신(求新)을 하지 않으면 우리 유교는 흥왕할 수가 없을 것이며 …… 여기에 감히 외람됨을 무릅쓰고 3대 문제를 들어서 개량 구신의 의견을 바치노라.
>
> – 〈서북학회 월보〉 제1권

① 양명학을 토대로 대동사상을 주창하였다.
② 만세보를 발간하여 민족의식을 고취하였다.
③ 독사신론을 통해 역사학의 방향을 제시하였다.
④ 신민족주의를 제창하여 민족주의의 한계를 극복하려 하였다.

해설 서북학회는 1908년 조직된 애국계몽단체로 이동휘, 안창호, 박은식 등이 설립하였다. 독립을 위해서는 실력양성이 중요하다고 보아 국권회복과 인권신장을 통한 근대국가 달성을 목표로 하였다. 이 중 박은식은 〈유교구신론〉을 통해 유교의 개혁을 주장하였다.
박은식은 양명학을 토대로 한 지행합일과 인(仁)에 근거한 세계평화주의인 대동사상을 강조하였다.
② 〈만세보〉는 손병희의 발의로 만들어진 천도교 기관지로, 오세창을 사장으로 한다.

③ 신채호는 '독사신론'을 통해 우리 민족의 역사적 정통성을 일깨웠으며, 민족주의 사학의 연구방향을 제시하였다.
④ 신민족주의는 안재홍, 손진태가 중심이 되어 주장한 민족주의 이념이다.

유교구신론
박은식이 제기한 것으로, 실천적이고 새로운 유교정신을 강조한다. 박은식은 이를 통해 유교의 개혁을 주장하면서, 첫째, 유교가 민중 중심일 것. 둘째, 유교를 알릴 것. 셋째, 양명학과 같이 실천을 강조하고 알기 쉬운 유교로 개혁할 것을 주장하였다.

06

개항 이후 전개된 종교단체들의 활동 중 천도교에 대한 설명으로 옳은 것은?

① 개화·개혁을 외면하여 시대의 흐름에 역행한다는 비판을 받았다.
② 만세보라는 민족 신문을 간행하고 민족의식 고취에 노력하였다.
③ 고아원과 양로원을 설치·운영하고 교육과 사회사업을 통하여 애국계몽에 힘썼다.
④ 서양 의술을 보급시켰고 학교를 설립하여 우리나라 근대 교육의 발전에 크게 기여하였다.

해설 동학의 3대 교주인 손병희는 동학을 천도교로 개명하고 동학의 정통을 계승하여 민족 종교로 발전시켰으며, 교리를 재정립하고 교육활동을 전개하면서 〈만세보〉라는 민족 신문을 간행하고 민족의식 고취에 노력을 기울였다.
①은 유교, ③은 천주교, ④는 개신교에 대한 설명이다.

제6편 근대의 문화와 흐름

나두공

제7편

민족 독립 운동의 전개

제1장 국권 침탈과 민족의 수난

● 대표유형문제 ●

서울시 9급 기출

다음 ㉠의 추진 결과 나타난 현상으로 옳지 않은 것은?

> 일본은 1910년대 이후 자본주의 경제가 급속하게 발전하면서 농민들이 도시에 몰려 식량 조달에 큰 차질이 빚어졌다. 이를 해결하기 위해 (㉠)을 추진하였는데, 이는 토지개량과 농사 개량을 통해 식량 생산을 대폭 늘려 일본으로 더 많은 쌀을 가져가고 우리나라 농민 생활도 안정시킨다는 목표로 추진되었다.

① 쌀 생산량의 증가보다 일본으로의 수출량 증가가 두드러졌다.
② 만주로부터 조, 수수, 콩 등의 잡곡 수입이 증가하였다.
③ 한국인의 1인당 연간 쌀 소비량이 이전보다 줄어들었다.
❹ 많은 수의 소작농이 이를 통해 자작농으로 바뀌었다.

정답해설 산미 증식 계획(1920~1934)에 대한 내용이다. 제1차 세계 대전 후 일제는 고도 성장을 위한 공업화 추진에 따른 식량 부족과 쌀값 폭등을 우리나라에서의 식량 수탈로 해결하고자 산미증식 계획을 수립·실시하였다. 그 과정에서 발생한 수리 조합비·비료 대금 등 증산 비용은 고스란히 농민에게 전가되었으며, 지주에게 지불하는 소작료마저 인상되어 농촌 경제는 파탄에 이르렀다. 따라서 토지를 상실하고 화전민이 되거나 국외로 이주하는 경우가 많아졌다.

오답해설 ① 증산은 계획대로 이루어지지 않았으나 수탈은 계획대로 진행되어 많은 양의 쌀이 일본으로 수출되었다.
②, ③ 쌀의 증산량보다 수탈량이 훨씬 많자 한국 내 식량 사정은 극도로 악화되었다(한국인의 1인당 연간 쌀 소비량이 이전보다 감소). 일제는 한국의 부족한 식량을 보충하기 위해 만주 에서 조, 콩 등 잡곡을 수입했다.

핵심정리 산미증식계획(1920~1934)
• 배경 : 일제는 공업화 추진에 따라 일본 내 식량 부족과 쌀값 폭등을 우리나라에서의 식량수탈로 해결하고자 함
• 방법
 – 수리조합 설치, 토지 및 품종·종자 개량, 비료 증산 등
 – 논농사(쌀) 중심의 기형적인 단작형 농업구조로 전환시킴
 – 조선농회령 제정(1926), 지주 중심의 착취 극대화를 위한 조선농회 조직
• 결과
 – 식량사정 악화 : 증산량보다 많은 수탈, 만주 잡곡 수입
 – 농민 몰락 : 수리조합비와 비료대금 등의 증산비용을 농민에게 전가, 지주의 소작료 인상
 – 화전민·유랑민·소작농 증가, 만주·일본 등으로 이주
 – 쌀 중심의 단작형 농업구조 형성, 소작쟁의 발생의 원인 제공, 일제의 농촌진흥운동 실시(1932~1940)
• 1930년대 세계경제공황과 일본 내 농민 보호를 위해 1934년 중단

01 ^{지방직 9급 기출}

다음 내용의 결과로 나타난 역사적 사실이 아닌 것은?

> 삼국간섭으로 대륙을 침략하려던 일본의 기세가 꺾이자, 조선 정부 안에서는 러시아의 힘을 빌려 일본의 간섭에서 벗어나려는 움직임이 일어났다.

① 일본은 낭인과 군대를 앞세워 궁중을 침범하여 명성황후를 시해하였다.
② 신변의 위협을 느낀 고종은 러시아 공사관으로 피신하였다.
③ 김홍집 내각이 출범하여 홍범 14조를 발표하였다.
④ 박영효는 반역 음모가 발각되어 다시 일본으로 망명하였다.

해설 삼국간섭은 청·일 전쟁 직후에 체결된 시모노세키 조약으로 인해 일본이 차지한 랴오둥(요동) 반도를 러시아·프랑스·독일 등 3국이 개입하여 청에 반환하도록 한 사건이다. 이 대가로 3국은 청으로부터 이권을 얻게 되었고 조선 내에서는 일본세력이 약화되고 친러세력이 새로 성립하였다(제3차 김홍집 친러내각).
홍범 14조는 제2차 갑오개혁 중 삼국간섭 이전인 1895년 1월에 발표하였다. 청·일 전쟁(1894. 7 ~ 1895. 4)에서 일본이 승리하자, 제2차 김홍집·박영효 친일 연립내각이 성립(1894. 12)하여 제2차 갑오개혁(1894. 12 ~ 1895. 7)을 단행하였다. 이 과정에서 고종은 왕족 및 백관을 거느리고 종묘에 나아가 독립서고문(獨立誓告文)과 홍범 14조를 선포하였다.

02

다음 〈보기〉의 내용을 순서대로 바르게 나열한 것은?

> ─ 보기 ─
> ㉠ 일본이 대한제국의 외교권을 대행하였다.
> ㉡ 외교와 재정분야에 일본이 추천하는 고문을 두었다.
> ㉢ 일본군이 전략상 필요한 지역을 마음대로 사용할 수 있었다.
> ㉣ 조선 고등 관리의 임명과 해임을 일본 통감의 동의를 받게 하였다.

① ㉠ → ㉡ → ㉢ → ㉣
② ㉡ → ㉠ → ㉢ → ㉣
③ ㉡ → ㉢ → ㉠ → ㉣
④ ㉢ → ㉡ → ㉠ → ㉣

해설 ㉢은 한·일 의정서(1904. 2), ㉡은 제1차 한·일 협약(1904. 8), ㉠은 을사조약(1905), ㉣은 한·일 신협약(1907)에 대한 내용이다.

───── 핵심정리 ─────

한·일 신협약(정미 7조약, 1907. 7)
• 체결 과정 : 고종을 퇴위시키고 순종을 즉위시킨 후 황제의 동의 없이 강제로 체결
• 내용
  – 정부에 일본인 차관을 두어 실제 행정권을 장악하는 차관 정치 실시
  – 모든 통치권이 통감부로 이관(통감부 권한 강화, 내정권 장악)
  – 군대 해산(1907. 8) : 일제는 군대를 해산하고 의병의 저항을 무력으로 진압
  – 정미의병(1907) : 해산 군인들이 의병에 합류

제 **7** 편

민족 독립 운동의 전개

03

일제 식민지 시대 총독부의 자문기관이었던 중추원에 대한 설명으로 틀린 것은?

① 중추원의 의사 규칙에 따르면 의장의 허가 없이는 발언할 수 없었다.

② 3 · 1 운동까지 매년 한 차례씩 소집되었다.

③ 중추원의 구성원은 모두 친일 인사로 실질적인 발언권은 없었다.

④ 일본의 강점 통치에 조선 사람도 참여한다는 명분을 내외적으로 내세우기 위해 설치하였다.

해설 총독부의 자문기관인 중추원은 친일파 한국인을 정치에 참여시키는 형식을 취하였으나 친일파 한국인을 회유하기 위한 술책에 불과하였으며, 3 · 1 운동 때까지 거의 10년간 단 한 차례의 정식 회합도 소집되지 않았다.

「핵심정리」

조선총독부(朝鮮總督府)

• **설치(1910)** : 일제는 식민 통치의 중추기관으로 조선총독부를 설치하고 강력한 헌병 경찰 통치를 실시, 언론 · 집회 · 출판 · 결사의 자유를 박탈

• **총독부의 조직**
　– 조선 총독 : 일본군 현역 대장 중에서 임명됨, 일본 왕에 직속되어 절대 권력을 행사
　– 조직 체계 : 총독 아래에 행정을 담당하는 정무총감, 치안을 담당하는 경무총감을 둠
　– 중추원(中樞院) : 자문기관으로, 친일파 한국인을 참여시키는 회유 술책(3 · 1 운동까지 한 차례의 정식 회의도 소집되지 않은 명목뿐인 기관)

04

일제의 1920년대 식민정책에 대한 설명으로 옳은 것은?

① 무단통치에서 문화통치로 전환되면서 문관총독을 임명하였다.

② 경찰관서 및 경찰의 수와 유지면에서 무단통치 때보다 줄어들었다.

③ 자치론이 대두되면서 우리 민족에게 일부 분야에서 실질적인 자치를 허용하였다.

④ 치안유지법을 제정하여 민족운동 및 독립운동을 억압하였다.

해설 치안유지법은 1925년에 제정한 사상 통제법으로 공산주의 및 무정부주의 운동을 탄압하기 위해 제정한다고 했으나 사실상 독립 운동에 대한 전반적 탄압을 위해 만들어진 법률이었다.

① 일제의 문화통치 시기에는 단 한 명의 문관총독도 임명되지 않았다.

② 경찰의 수와 장비, 유지비는 3 · 1 운동 이전보다 크게 증가되는 양상을 띠었다.

③ 자치론이 대두되기도 했으나 일제의 조작된 허구에 불과하였다.

「핵심정리」

문화 통치의 내용과 실상

일제의 정책	실상
문관 총독	한 명도 임명되지 않음
보통 경찰제	경찰 예산 및 관서 · 경찰의 수 증가, 고등계 형사 강화
조선 · 동아일보 간행	검열 강화, 기사 삭제, 정간 · 폐간
교육 기회 확대	초등교육 · 실업교육 치중
• 참정권 허용 • 결사, 집회의 자유허용	• 친일 단체의 집회만 인정 • 치안 유지법(1925) 제정

05

다음은 우리나라와 일본 간에 체결된 조약이다. 이 조약의 체결로 인해 발생한 역사적 사실은?

> - 일본 정부는 한국과 타국 간에 현존하는 조약의 실행을 완수하는 책임에 있어서 한국 정부는 금후 일본 정부의 중개를 경유하지 않고서는 국제적 성질을 가진 어떠한 조약이나 약속을 하지 않을 것을 서로 약속한다.
> - 일본 정부는 그 대표자들로 하여금 한국 황제 폐하의 궐하에 1명의 통감을 두되 통감은 전적으로 외교에 관한 사항을 관리함을 위하여 경성에 주재하고 친히 한국 황제를 알현하는 권리를 가진다.

① 아관파천
② 국채보상운동
③ 광주학생 항일운동
④ 을사의병 전개

해설 일제는 러·일 전쟁에서 승리한 후 을사조약의 체결을 강요하여 대한제국의 외교권을 박탈하고 통감부를 설치하여 내정을 간섭하였다. 을사조약을 계기로 국가의 존립이 위태로워지자 을사조약의 폐기와 친일 내각의 타도를 내세우며 을사의병이 전개되었다.

핵심정리

을사조약에 대한 저항
- **을사의병** : 최익현, 민종식, 신돌석
- **친일 매국노의 처단** : 5적 암살단(나철·오혁 등)
- **상소운동** : 조약의 폐기를 요구하는 상소운동
- **항일 언론 활동** : 장지연의 시일야방성대곡(황성신문)
- **자결** : 자결로써 항거(민영환 등)
- **외교를 통한 저항** : 미국에 헐버트 특사 파견(1905), 헤이그 특사 파견(1907)

06

다음은 일제의 식민통치 방식이 전환되는 과정이다. (가)와 (나)에 들어갈 내용으로 적절한 것은?

> (가)   (나)
> 헌병경찰제 → 보통경찰제 → 민족말살정책

	(가)	(나)
①	신간회 결성	만주사변 발발
②	중·일전쟁 발발	제2차 세계대전 발발
③	3·1 운동 전개	세계 대공황 발생
④	제1차 세계대전 발발	조선 공산당 창당

해설 일제의 식민통치 방식은 헌병경찰통치(무단통치, 1910~1919), 문화통치(보통경찰제 실시, 1919~1931), 민족말살통치(1931~1945)로 변화되었다.

핵심정리

민족말살통치
- **배경** : 대공황(1929)을 타개하기 위해 침략 전쟁 확대(만주 사변(1931), 중·일 전쟁(1937), 태평양 전쟁(1941))
- **목적** : 조선의 민족성을 말살하고 일본인으로 동화시켜 전쟁 수행을 위한 인적·물적 수탈 강화
- **민족말살 구호** : 내선 일체, 일선 동조론, 황국 신민화
- **민족말살 정책** : 우리 말·우리 역사 교육 금지, 조선·동아일보 폐간, 창씨개명, 황국 신민 서사 암송, 신사 참배, 궁성 요배 강요

제 **7** 편

민족 독립 운동의 전개

07

1920년대 이래 일제가 실시한 산미증식계획의 결과에 대한 설명으로 틀린 것은?

① 미곡 중심의 단작형(單作型) 농업이 강행되었다.

② 조선 쌀의 생산량 증가 비율보다 일본에 대한 수출 비율이 크게 증가하였다.

③ 증산량은 목표에 미달하였으나 수탈량은 목표대로 수행해 갔다.

④ 수리조합비, 비료대, 운반비 등의 증산비용은 일본에서 부담하였다.

해설 수리조합비, 증산에 투입된 운반비, 비료대 등은 농민이 부담하였다.

08

일제의 토지조사사업에 대한 설명으로 틀린 것은?

① 토지조사사업으로 지주 계급의 토지소유는 근대적 소유로 법인되었다.

② 토지조사사업은 도지권, 경작권 등 토지에 대한 소작농민의 권리를 부분적으로 인정하였다.

③ 농민들은 토지 소유에 필요한 서류를 갖추어 지정된 기간 안에 신고해야 했다.

④ 조선총독부는 막대한 자금과 인원을 동원하여 전국적인 토지조사사업을 벌였다.

해설 친일파 지주들의 소유권은 유일한 배타적 권리로 확정되었으나 농민들의 모든 권리는 부정되었다.

09 국가직 9급 기출

중일전쟁 이후 조선총독부가 시행한 민족 말살 정책이 아닌 것은?

① 아침마다 궁성요배를 강요하였다.

② 일본에 충성하자는 황국 신민 서사를 암송하게 하였다.

③ 공업 자원의 확보를 위하여 남면북양 정책을 시행하였다.

④ 황국 신민 의식을 강화하고자 소학교를 국민학교로 개칭하였다.

해설 중일전쟁은 1937년부터 1945년 일본 항복까지 이어졌다. 남면북양 정책은 1930년대 공업 원료 증산 정책으로 남부에서는 면화, 북부에서는 면양 사육을 장려하였다(병참기지화 정책).

① ② 중일전쟁 이후 민족 말살 정책의 일환으로 우리 말·우리 역사 교육 금지, 조선·동아일보 폐간, 창씨개명, 황국 신민 서사 암송, 신사 참배, 궁성 요배를 강요하였다.

④ 1941년 소학교를 국민 학교로 개정하였다.

핵심정리

민족 말살 정책의 내용

- **내선 일체(內鮮一體)** : 내(內)는 내지인 일본을, 선(鮮)은 조선을 가리키며, 일본과 조선은 한 몸이라는 뜻이다. 한국인을 일본인으로 동화시키고자 하였다.
- **일선 동조론(日鮮同祖論)** : 일본인과 조선인은 조상이 같다는 이론으로, 한국인의 민족정신을 근원적으로 말살하기 위한 이론이다.
- **황국 신민 서사(皇國臣民誓詞)** : "우리들은 대일본 제국의 신민이다. 우리들은 마음을 합하여 천황 폐하에게 충의를 다한다."를 요지로 한다.

10 국가직 9급 기출

일제의 식민지 정책을 시기 순으로 바르게 나열한 것은?

> ㉠ 농촌경제의 안정화를 명분으로 농촌진흥운동을 전개하였다.
> ㉡ 학도지원병제도를 강행하여 학생들을 전쟁터로 내몰았다.
> ㉢ 회사령을 철폐하여 일본 자본이 조선에 자유롭게 유입될 수 있게 하였다.
> ㉣ 토지의 소유권과 가격에 대한 대대적인 조사를 진행하였다.

① ㉢ → ㉣ → ㉠ → ㉡
② ㉢ → ㉣ → ㉡ → ㉠
③ ㉣ → ㉢ → ㉠ → ㉡
④ ㉣ → ㉢ → ㉡ → ㉠

해설 ㉣ 토지조사사업(1910~1918)은 토지를 약탈하고 지주층을 회유하기 위한 목적으로 실시되었다.
㉢ 회사령 철폐(1920)는 회사의 허가제를 신고제로 바꿔 일본 독점자본의 진출이 용이하게 하기 위한 것이었다.
㉠ 농촌진흥운동(1932~1940)은 조선총독부가 주도한 것으로, 소작농 및 농민들의 불만 억제와 각종 소작쟁의 운동의 통제, 황국신민화 정책의 효과적 달성 등을 위한 관제농민운동이었다.
㉡ 학도지원병제도(1943)는 일제의 4차 조선교육령(1943) 시행 당시 학생들의 강제 징용을 위해 실시되었다.

11

1930년대 우리나라에 대한 일제의 주요 경제정책으로 옳은 것은?

① 대륙 침략의 병참기지로 삼아 군수물자 수탈
② 광업령을 제정하여 자원 약탈
③ 회사령 철폐에 따른 독점자본의 침투
④ 토지소유권의 약탈과 일본인에게의 불하

해설 일제는 만주사변(1931)을 일으킨 후 전쟁에 필요한 물자를 생산하기 위해 우리나라를 병참기지로 삼아 군수물자를 약탈해 갔다.

----핵심정리----

경제적 수탈
① 병참기지화 정책
 • 배경 : 경제공황 극복을 위한 침략 전쟁 전개로 전쟁 물자의 조달 필요
 • 발전소, 군수 공장, 금속 · 기계 · 중화학 공업, 광공업 육성(북부 지방)
② 남면북양 정책(1934) : 공업 원료 증산 정책(남부에서는 면화, 북부에서는 면양 사육 장려)
③ 국가 총동원령(1938)
 • 식량 수탈 : 산미증식계획 재개, 미곡 공출제, 식량 배급제
 • 전쟁 물자 공출 : 금속제 공출(농기구, 식기, 제기, 교회나 사원의 종)
 • 인적 자원의 수탈
  – 징용 : 노무 동원(1939), 징용령(1939)
  – 근로 동원 : 어린 학생을 동원
  – 여자 정신대 근로령(1944) : 여성 동원을 법제화
  – 일본군 위안부 : 반인권적, 반인륜적 범죄
  – 병력 동원 : 지원병제(1938), 학도 지원병제(1943), 징병제(1944)

제7편

민족 독립 운동의 전개

제2장 민족 독립 운동의 전개

● 대표유형문제 ●

지방직 9급 기출

일제 강점기 만주 연해주 등지에서 행해진 무장 독립운동에 대한 설명으로 옳지 않은 것은?

① 홍범도의 대한독립군은 봉오동 전투에서, 김좌진의 북로군정서군은 청산리 전투에서 크게 승리하였다.

② 연해주의 자유시로 이동한 독립군은 적색군에 의해 무장 해제를 당하였다.

❸ 독립군의 통합운동으로 참의부, 정의부, 신민부가 조직되어 각각 입법부, 사법부, 행정부의 역할을 담당하였다.

④ 1930년대 초 만주에서의 독립 전쟁은 한국 독립군과 조선혁명군이 중심이 되어 추진되었다.

정답해설 참의부, 정의부, 신민부의 3부는 각각 민정기관과 군조직을 갖춘 독자적 정부 형태를 갖춘 조직이었다. 3부의 통합운동으로 전민족유일당촉성대회(1928. 5)가 전개되었으나 실패하고, 이후 혁신의회와 국민부의 활동으로 전개되었다.

오답해설 ① 홍범도가 이끄는 대한독립군은 1920년 최진동의 군무도독부군과 안무의 국민회독립군과 연합해 일본군 1개 대대 병력을 만주 봉오동 전투에서 대파하였고, 김좌진의 북로군정서군은 대한독립군 · 국민회독립군 등과 함께 일본군 대부대의 공격을 만주 지린성 청산리 전투에서 대파하였다.

② 대한독립군단은 소련 연해주의 자유시에서 레닌의 적색군에 의해 무장해제를 당하여 큰 타격을 입었다 (1921. 6).

④ 1930년대 초 만주에서의 독립 전쟁은 한국 독립군과 조선혁명군을 주축으로 하여 중국군과 연합작전을 전개하는 것이 그 중심을 이루었다.

핵심정리 3부 성립

• 자유시 참변 이후 독립군은 다시 만주로 탈출하여 조직을 재정비하면서 역량을 강화한 후, 각 단체의 통합 운동을 추진

• 3부

참의부(1923)	압록강 건너 만주의 집안(輯安) 일대에 설치된 임시정부 직할하의 정부 형태
정의부(1924)	길림과 봉천을 중심으로 하는 남만주 일대를 담당하는 정부 형태
신민부(1925)	자유시 참변 후 소련에서 되돌아온 독립군을 중심으로 북만주 일대에서 조직된 정부 형태

• **3부의 활동** : 민정 기관과 군정 기관을 갖추고 자체의 무장 독립군을 편성하여 국경을 넘나들며 일제와 치열한 전투를 벌임

01 국가직 9급 기출

1919년 3 · 1 운동 전후의 국내외 정세에 대한 설명으로 옳지 않은 것은?

① 일본은 시베리아에 출병하여 러시아 영토의 일부를 점령하고 있었다.

② 러시아에서 볼셰비키가 권력을 장악하여 사회주의 정권을 수립하였다.

③ 미국의 윌슨 대통령이 민족자결주의를 내세워 전후 질서를 세우려 하였다.

④ 산동성의 구 독일 이권에 대한 일본의 계승 요구는 5 · 4 운동으로 인해 파리평화회의에서 승인받지 못하였다.

해설 제1차 세계대전 발발 후 일본은 산둥성에 있는 독일의 권익을 일본이 계승한다는 것을 포함한 21개 항의 조항을 요구하였고, 1919년 개최된 파리 강화회의에서 일본 측의 주장이 승인되어 중국은 산둥의 권익을 일본에게 빼앗기게 되었다. 이에 대한 반감으로 중국에서는 5 · 4 운동이 촉발되었다.

① 일본은 공산주의의 확산을 차단한다는 구실로 러시아 시베리아에 출병하여 러시아 영토의 일부를 점령하였다.

② 1917년 10월에 일어난 볼셰비키 혁명으로 볼셰비키당이 권력을 장악하여 소비에트 사회주의 정권을 출범시켰다.

③ 민족자결주의(民族自決主義)는 미국 윌슨 대통령이 1919년 1월에 개최된 파리 강화회의에서 제창한 14개조의 평화 원칙의 하나로서 한 민족이 다른 민족이나 국가의 간섭을 받지 않고 자신의 정치적 운명을 스스로 결정하는 권리를 실현하려는 것을 말한다. 이러한 윌슨의 평화 원칙은 세계대전의 뒤처리를 위해 개최된 파리 강화회의에서 기본 원칙으로 작용하였다.

핵심정리

3·1 운동의 전개

- 시위 운동 준비
  - 종교계(천도교, 불교, 기독교) 중심
  - 대중화, 일원화, 비폭력의 3대 원칙
- **독립 선포** : 최남선이 독립 선언서를 작성하고, 손병희 · 이승훈 · 한용운 등 민족 대표 33인의 이름으로 독립 선언서를 발표하여 국내외에 독립을 선포
- 만세 시위 운동의 전개

제1단계 (준비 · 점화 단계)	민족 대표들이 독립 선언서를 제작하고 종로의 태화관에 모여 낭독 · 배포함으로써 서울과 지방에서 학생 · 시민들이 중심이 되어 거족적인 만세 시위를 전개(이때의 독립운동의 방향은 비폭력 주의)
제2단계 (본격적 단계)	• 학생 · 상인 · 노동자층이 본격 참가하여 시위 운동이 도시로 확산 • 학생들이 주도적 역할을 하였고, 상인 · 노동자들이 만세 시위 · 파업 · 운동 자금 제공 등의 방법으로 적극 호응
제3단계 (확산 단계)	• 만세 시위 운동이 주요 도시로부터 전국의 각지로 확산 • 농민들이 시위에 적극적으로 참가함으로써 시위 규모가 확대되고, 시위 군중들은 면 사무소 · 헌병 주재소 · 토지 회사 · 친일 지주 등을 습격(비폭력 주의가 무력적인 저항 운동으로 변모)

- **국외의 만세 시위 운동** : 만주(간도 지방), 연해주(블라디보스토크), 미국(필라델피아 한인 자유 대회), 일본(도쿄, 오사카 등)
- **일제의 무력 탄압** : 헌병 경찰은 물론 육 · 해군까지 긴급 출동시켜 무차별 총격을 가하고, 가옥과 교회 · 학교 등을 방화 · 파괴, 제암리 학살 사건

정답 01 ④

02

다음 중 3·1 운동의 역사적 의의를 잘못 설명한 것은?

① 상하이에 대한민국 임시정부가 수립되는 계기를 마련하였다.
② 세계 약소 민족 국가들의 민족운동을 고양시켰다.
③ 노동자와 농민 계층이 사회주의를 수용하였다.
④ 일제가 무단통치를 문화정치로 바꾸는 계기가 되었다.

해설 노동자와 농민이 사회주의를 수용한 것과 3·1운동의 직접적인 연관성은 없다.

03

다음 선언을 채택한 단체와 관련된 설명으로 옳지 않은 것은?

> …… 이상의 이유에 의하여 우리는 우리의 생존의 적인 강도 일본과 타협하려는 자나 강도 정치 하에서 기생하려는 주의를 가진 자나 다 우리의 적임을 선언하노라. …… 민중은 우리 혁명의 중심부이다. 폭력은 우리 혁명의 유일한 무기이다. 우리는 민중 속에 가서 민중과 손을 잡아 ……(중략)…… 이상적 조선을 건설할지니라.

① 만주 길림에서 김원봉이 중심이 되어 조직하였다.
② 일제 요인 암살, 식민 통치 기구 파괴를 활동 목표로 삼았다.
③ 이 단체의 소속원인 이봉창은 일왕 폭살을 시도하였다.
④ 후에 이 단체의 계통 인사들은 조선 의용대를 조직하였다.

해설 제시된 것은 의열단의 창립선언문이자 활동지침이라고 할 수 있는 조선혁명선언의 일부로, 신채호가 작성하였다. 신채호는 이 글을 통해 자치론·외교론·준비론 등 기존의 독립운동 방법을 비판하고 민중의 직접혁명을 통한 독립의 쟁취를 주장하였다.
일왕에게 폭탄을 투척한 이봉창은 한인애국단 소속이다.

04 〔지방직 9급 기출〕

(가) 단체의 활동에 대한 설명으로 옳은 것은?

> 탑골공원에 모인 수많은 학생과 시민이 독립 선언식을 거행하고 만세를 부르며 거리를 행진하였다. 이후 만세 시위는 전국으로 확산하였다. 이 운동을 계기로 독립운동가 사이에는 독립운동을 더욱 조직적으로 전개하자는 공감대가 형성되어 (가)가/이 만들어졌다. (가)는/은 구미 위원부를 설치하는 등 적극적으로 독립운동을 펼쳐 나갔다.

① 「대동단결선언」을 발표하였다.
② 국내와의 연락을 위해 교통국을 두었다.
③ 독립군을 양성하기 위해 신흥무관학교를 설립하였다.
④ 「조선혁명선언」을 강령으로 삼아 의열투쟁을 전개하였다.

해설 (가) 단체는 3 · 1 운동을 계기로 형성된 대한민국 임시정부이다. 대한민국 임시정부는 국내 항일 세력들과 연락하기 위해 연통제와 교통국을 운영하였다.

① 대동단결선언은 독립 운동 세력에 의한 임시정부 수립 노력의 일환으로 대한민국 임시정부 수립(1919) 전인 1917년에 발표되었다.

③ 신민회는 서간도에 군사교육기관인 신흥 강습소를 설립하고 이후 신흥무관학교(1919)로 발전하였다.

④ 의열단은 신채호의 조선 혁명 선언(1923)을 활동 지침으로 삼아 활동하였다.

핵심정리

임시정부의 활동

① 비밀 행정 조직망
  - **연통제(聯通制)** : 문서와 명령 전달, 군자금 송부, 정보 보고 등의 업무를 담당
  - **교통국(交通局)** : 통신 기관으로, 정보의 수집 · 분석 · 교환 · 연락의 업무를 관장

② 활동
  - **군자금의 조달** : 애국 공채 발행이나 국민의 의연금으로 마련, 국내외에서 수집된 자금은 연통제나 교통국 조직망에 의해 임시정부에 전달되었으며, 만주의 이륭 양행이나 부산의 백산 상회를 통하여 전달되기도 함
  - **외교 활동** : 파리 강화 회의에 김규식을 대표로 파견하여 독립을 주장, 미국에 구미 위원부를 두어 국제 연맹과 워싱턴 회의에 우리 민족의 독립 열망을 전달
  - **문화 활동** : 기관지로 독립신문을 간행하여 배포, 사료 편찬소를 두어 사료집을 간행
  - **군사 활동**
    - 한계 : 중국 영토 내에서 직접 군사 활동을 하는 데에는 많은 제약과 한계가 있었음
    - 육군 무관학교의 설립 : 독립 전쟁을 수행할 초급 지휘관 양성
    - 임시정부 직할대 : 만주에서 활동하던 무장 독립군을 임시정부 직할의 군대로 개편하여 광복군 사령부 · 광복군 총영 · 육군 주만 참의부 등을 결성
    - 한국 광복군의 창설 : 임시정부가 직접 창설하여 무장 항전을 주도

05

다음 중 1920년대의 민족운동에 대한 설명으로 틀린 것은?

① 참의부, 정의부, 신민부가 국민부로 통합되었다.

② 의열단은 무정부주의를 지향하는 과격한 행동 강령을 내세웠다.

③ 민족주의자들은 물산장려운동과 민립대학 설립운동을 주도하였다.

④ 임시정부 내의 창조파와 개조파의 노선 갈등은 국민대표회의에서 완전히 해소되었다.

해설 대한민국 임시정부는 독립운동 방향에 대한 견해 차이와 일제의 탄압 등으로 갈등을 빚게 되자 1923년에 국민대표회의가 개최되었다. 그러나 회의 과정에서 새 정부를 수립하자고 주장하는 창조파(신채호)와 임시정부를 개편하자고 주장하는 개조파(안창호), 임시정부를 현상대로 유지하자고 주장하는 현상 유지파(김구)가 대립함으로써 갈등이 심화되었다.

핵심정리

창조파와 개조파의 대립

구분	주장	인물
창조파	• 임시정부 해체, 신정부 수립 • 무력 항쟁 강조	신채호, 박은식
개조파	• 임시정부의 개혁과 존속 주장 • 실력 양성, 자치 운동, 외교활동 강조	안창호
현상 유지파	• 임시정부를 그대로 유지 • 국민대표회의에 불참	이동녕, 김구

제 **7** 편

민족 독립 운동의 전개

06 　서울시 9급 기출

다음 사건을 순서대로 나열한 것으로 옳은 것은?

> ㉠ 자유시 참변
> ㉡ 봉오동 전투
> ㉢ 간도 학살(경신 참변)
> ㉣ 청산리 전투

① ㉠ - ㉡ - ㉢ - ㉣
② ㉠ - ㉢ - ㉣ - ㉡
③ ㉡ - ㉠ - ㉢ - ㉣
④ ㉡ - ㉣ - ㉢ - ㉠

해설 ㉡ 봉오동 전투(1920. 6)는 홍범도가 이끄는 대한독립군이 최진동의 군무도독부군, 안무의 국민회 독립군과 연합하여 기습해 온 일본군 1개 대대 병력을 만주 봉오동에서 포위 · 공격하여 대파한 전투이다.
㉣ 청산리 전투(1920. 10)는 봉오동 전투에서 독립군에게 참패를 당한 일본군이 독립군을 공격했을 때 북로군정서, 대한독립군, 국민회독립군 등이 만주 지린성(吉林城)의 청산리에서 6일간 10여 차례의 전투를 전개하여 일본군을 크게 대파한 전투이다(→ 독립군 사상 최대의 승리).
㉢ 간도 학살(경신 참변)은 1920년 10월 봉오동 · 청산리 전투에서의 패배에 대한 보복으로 일제가 만주의 관동군에 조선에 주둔하고 있던 일본군 병력까지 합류시킨 대규모 정규군을 간도로 보내, 독립군을 토벌한다는 명목으로 그 지방에 살고 있던 무고한 한국인을 대량으로 학살한 사건이다.
㉠ 자유시 참변(1921. 6)은 대한독립군단이 소련 영내의 자유시에서 레닌의 적군(적색군)의 무장해제에 저항하면서 입은 타격을 말한다. 간도참변(1920. 10~1921. 5)으로 분산된 대오를 정비하던 독립군은 밀산부에 집결하여 서일을 총재로 하여 대한독립군단을 조직한 후 소련영내의 자유시로 이동하였는데, 레닌의 적군이 돌발적으로 소련 공산당을 위하여 싸워달라는 요구를 하였고, 이를 거절하자 강제로 독립군을 무장해제하려고 하면서 발생하였다.

07

다음 중에서 한인애국단의 활동으로 옳은 것을 〈보기〉에서 모두 고르면?

> ─── 보기 ───
> ㉠ 이봉창의 일본 국왕 사살 기도
> ㉡ 김익상의 총독부 투탄 의거
> ㉢ 조명하의 타이중 의거
> ㉣ 나석주의 동양척식 주식회사 폭탄 투척
> ㉤ 윤봉길의 상하이 훙커우 공원 투탄 의거

① ㉠, ㉤　　　　　　② ㉡, ㉢, ㉤
③ ㉠, ㉢　　　　　　④ ㉡, ㉣

해설 김구는 한인애국단을 조직하여 이봉창과 윤봉길 의사의 의거를 계획하였다. ㉡과 ㉣은 의열단의 활동 내용이며, ㉢ 조명하는 어느 단체에도 소속하지 않고 활동하였다.

─── 핵심정리 ───

한인애국단의 활약
① 조직 : 1931년 상해에서 김구가 임시정부의 위기 타개책으로 조직
② 활동
　• 이봉창 의거(1932)
　　- 일본 국왕에 폭탄 투척
　　- 중국 신문의 호의적 논평으로 인해 1차 상하이 사변 발발, 일본이 상하이 점령
　• 윤봉길 의거(1932) : 상하이 훙커우 공원 의거
③ 의의
　• 한반도 문제에 대한 국제적 관심 고조, 독립운동의 의기 고양
　• 중국 국민당 정부의 임시정부 지원 계기(한국광복군 창설(1940))

08

일제 강점하 만주에서의 독립전쟁에 대한 설명으로 틀린 것은?

① 자유시참변 후 만주의 독립군은 참의부, 정의부, 신민부의 3부로 통합되었다.

② 홍범도가 지휘하는 대한독립군은 봉오동 전투에서 일본군을 대파하였다.

③ 일제가 간도참변을 일으키자 김좌진이 이끄는 북로군정서군과 홍범도의 대한독립군이 연합하여 일본군을 대파하였다.

④ 독립군은 소련 적색군을 도와 자유시로 이동하여 내전에 참여했으나 적색군에게 무장해제까지 당하는 자유시참변을 당했다.

> **해설** 봉오동 전투와 청산리 전투에서 큰 타격을 입은 일제는 한국 독립운동의 근거지를 소탕하기 위해 간도참변을 일으켰다.

핵심정리

봉오동 전투 (1920. 6)	• 홍범도의 대한독립군, 최진동의 군무도독부군, 안무의 국민회군이 연합 • 간도 지역을 기습한 일본군 1개 대대 병력을 포위 · 공격하여 대파
청산리 대첩 (1920. 10)	• 김좌진의 북로군정서군, 홍범도의 대한독립군, 안무 국민회군 등 연합 • 간도 청산리의 어랑촌, 백운평, 천수평 등에서 6일간 10여 차례의 전투 끝에 일본군 대파 • 독립군 사상 최대의 승리
간도참변 (1920. 10)	• 봉오동 · 청산리 전투에서의 패배에 대한 일제의 보복 • 한인촌에 대한 무차별 학살, 방화, 파괴(경신참변)

09 국가직 9급 기출

(가)와 (나) 사이의 시기에 만주에서 전개된 무장 항일 운동에 대한 설명으로 옳은 것은?

> (가) 경신년에 왜군이 내습하여 31명이 살고 있는 촌락을 방화하고 총격을 가하였다. 나도 가옥 9칸과 교회당, 학교가 잿더미로 변한 것을 보고 그것이 사실임을 알았다. 11월 1일에는 왜군 17명, 왜경 2명, 한인 경찰 1명이 와서 남자들을 모조리 끌어내어 죽인 뒤 …(중략)… 남은 주민들을 모아 일장 연설을 하였다.
>
> (나) 상해의 한국 독립투사 조직에 속해 있는 한국의 한 젊은이는 비밀리에 도쿄로 건너갔다. 그는 마침 군대를 사열하기 위해 마차에 타고 있던 일본 천황에게 수류탄을 던졌다. 그는 영웅적인 행동 후에 무자비하게 살해되었다. 이 사건은 전 일본에 충격을 주었다. 이 사건은 일본 군국주의자들에게 한국인들은 결코 그들에게 지배될 수 없다는 것을 당당히 보여 준 것이다.

① 남만주에 조선 혁명군이 창설되었다.

② 한국광복군이 국내 진공 작전을 준비하였다.

③ 독립군이 봉오동 · 청산리 전투에서 일본군을 크게 무찔렀다.

④ 동북 항일 연군을 중심으로 치열한 항일 유격전이 전개되었다.

> **해설** (가) 간도참변(경신참변)에 대한 설명이다.
> (나) 1932년 이봉창 의사의 의거 활동에 대한 설명이다. 조선 혁명군은 1929년 남만주에서 조직된 조선 혁명당의 군사조직이다.

10

다음 중 1910년대 국외의 무장 독립운동에 대한 설명으로 옳지 않은 것끼리 짝지은 것은?

> ㉠ 만주에 대한광복회를 결성하였다.
> ㉡ 서간도에 경학사를 건설하고 신흥무관학교를 설립하였다.
> ㉢ 연해주 지역에 권업회를 조직하여 활동하였다.
> ㉣ 조선의용대를 한커우에서 창설하였다.

① ㉠, ㉡

② ㉠, ㉣

③ ㉡, ㉢

④ ㉢, ㉣

해설 ㉠ 대한광복회는 국외에서 결성된 단체가 아니라 국내의 조직이다. 대한광복회는 박상진(총사령)·김좌진(부사령)·채기중 등 풍기의 대한광복단과 대구의 조선국권회복단의 일부 인사가 모여 군대식으로 조직·결성(1915)하였고, 각 도와 만주에 지부를 두었다. 1910년대 국내 항일결사 중에서 가장 활발한 활동을 전개하였다.
㉣ 조선의용대가 창설된 것은 1930년대이다. 조선의용대는 중·일전쟁(1937)이 일어나자 군사 조직의 필요성이 대두되면서, 조선민족전선연맹의 산하 부대로 한커우에서 창설(1938)되었다. 창설 후 중국 국민당과 연합하여 포로 심문, 요인 사살, 첩보작전 등을 수행하였다. 이후 1940년대 초 조직이 분열되면서, 김원봉이 이끄는 조선의용대 일부는 충칭의 한국광복군에 합류(1942)하였고, 다수의 조선의용대 세력은 중국 화북 지역으로 이동하여 중국 팔로군, 조선독립동맹과 그 산하의 조선의용군으로 합류하였다.
㉡ 1910년 만주지역의 서간도 삼원보에 자치기구인 경학사를 건설하였고, 군사교육기관인 신흥강습소를 설립(1911)하였다. 신흥강습소는 이후 신흥무관학교(1919)로 발전하였다.
㉢ 이상설·이종덕 등이 연해주의 신한촌에서 권업회를 조직(1911)하였다.

핵심정리

조선의용대
• 중·일 전쟁(1937)이 일어나자 군사조직의 필요성 대두
• 조선민족전선연맹 산하 부대로 한커우에서 창설
• 중국 국민당과 연합하여 포로 심문, 요인 사살, 첩보 작전 수행
• **분열**
  – 김원봉은 조선의용대의 일부를 이끌고 충칭의 한국광복군에 합류(1942)
  – 다른 일부는 중국 화북지역으로 이동하여 중국 공산당 팔로군에 합류(김두봉과 무정을 중심으로 조선 독립 동맹, 조선의용군 조직)

11

1940년 충칭에서 지청천이 중심이 되어 조직한 항일 독립군 부대는?

① 대한독립군

② 한국광복군

③ 북로군정서군

④ 조선혁명군

해설 김구, 지청천 등은 충칭에서 한국광복군을 창설하였다.
① 대한독립군 : 1919년 홍범도가 의병 출신을 중심으로 창설
③ 북로군정서군 : 3·1운동 이후 서일 등이 만주에서 조직
④ 조선혁명군 : 1930년대 남만주에서 활약한 조선혁명당의 산하 무장군

핵심정리

한국광복군의 창설(1940)과 활동
• 창설 : 임시정부의 김구와 지청천 등이 만주와 시베리아에서 항전하던 신흥무관학교 출신의 독립군과 중국 대륙에 산재해 있던 무장 투쟁 세력을 모아 충칭에서 창설, 조선의용대를 흡수(1942)
• 활동
  – 대일 선전포고(1941)
  – 영국군과 연합작전 전개(1943) : 인도, 미얀마 전선
  – 포로심문, 암호번역, 선전전단작성 등 심리전 수행
  – 국내 진입 작전(1945. 9) : 미국 전략정보처(OSS)의 지원과 국내 정진군 특수 훈련(일제 패망으로 실행 못함)

12 〔서울시 9급 기출〕

〈보기〉의 (가)~(라)에 대한 설명으로 가장 옳은 것은?

──── 보기 ────
(가) 한국 광복군   (나) 한인 애국단
(다) 한국 독립군   (라) 조선 혁명군

① (가) – 미 전략 사무국(OSS)과 협력하여 국내 진공 작전을 계획하였다.
② (나) – 중국 관내 최초의 한인 무장 부대로, 중국 국민당 정부의 지원을 받았다.
③ (다) – 양세봉이 이끄는 군대로, 영릉가 전투와 흥경성 전투에서 일본군을 격퇴하였다.
④ (라) – 지청천이 이끄는 군대로, 항일 중국군과 함께 쌍성보 전투, 동경성 전투 등에서 일본군을 격퇴하였다.

해설 (가)는 1945년 미 전략 사무국(OSS)의 지원과 국내 정진군의 특수 훈련을 통해 국내 진공 작전을 계획하지만 일제의 패망으로 실현하지 못하였다.
　② (나)는 김구가 조직한 의열단체이며, 중국 관내 최초의 한인 무장 부대는 조선 의용대로 1938년 한커우에서 창설되었다.
　③ (다)는 지청천이 인솔하며, 중국의 호로군과 한·중 연합군을 편성하여 쌍성보 전투(1932)·사도하자 전투(1933)·동경성 전투(1933)·대전자령 전투(1933)에서 승리하였다.
　④ (라)는 양세봉의 지휘로 중국 의용군과 연합, 영릉가 전투(1932)·흥경성 전투(1933)에서 대승을 거두었다.

13 〔국가직 9급 기출〕

다음의 성명이 발표된 이후 시작된 일본의 식민지 지배 정책만을 〈보기〉에서 고르면?

우리들은 3천만 한인 정부를 대표하여 삼가 중국, 영국, 미국, 소련, 캐나다, 호주 및 기타 제국의 대일 선전을 축하한다. 일본을 쳐서 무찌르고 동아시아를 재건하게 하는 가장 유효한 수단인 까닭이다. 이에 우리는 다음과 같이 성명한다.
1. 한국 전 인민은 이미 반침략 전선에 참가하여 한 개의 전투 단위로서 추축국(樞軸國)에 대하여 전쟁을 선포한다. …… (이하 생략)
　　　　– 〈대한민국 임시정부 대일 선전포고〉

──── 보기 ────
㉠ 징병
㉡ 신사 참배
㉢ 농촌 진흥 운동
㉣ 조선여자정신대 동원

① ㉠, ㉡　　　　② ㉡, ㉢
③ ㉢, ㉣　　　　④ ㉠, ㉣

해설 제시문은 대한민국 임시정부의 한국광복군이 발표한 대일 선전포고(1941)이다.
　㉠ 일제는 태평양 전쟁(1941)을 전후하여 징병제와 학병제(1943)를 실시하여 우리나라의 많은 청년·학생들을 일본군으로 강제 징집하였다.
　㉣ 일제는 1944년 여자 정신대 근무령을 공포·시행하여 조선의 많은 여성들을 강제로 정신대에 동원시켰다.
　㉡ 일제가 신사 참배를 강요한 것은 1930년대 중국 대륙 침략을 획책하던 시기였다.
　㉢ 농촌진흥운동은 일제 조선총독부의 주도로 1930년대(1932~1940)에 전개된 관제·어용농민운동이다.

실전문제 제3장 사회·경제·문화적 민족 운동

● 대표유형문제 ●

지방직 9급 기출

일제가 다음과 같은 취지의 조선교육령을 공포한 것에 대한 설명으로 옳은 것은?

- 보통학교의 수업연한을 4년에서 6년으로, 고등보통학교는 4년에서 5년으로 연장한다.
- 조선인과 일본인의 공학을 원칙으로 한다.

① 헌병경찰 중심의 통치체제하에서 낮은 수준의 실용 교육만 실시하고자 하였다.
② 태평양 전쟁을 일으키고 황국 신민화 교육을 더욱 강화하고자 하였다.
③ 만주 침략을 감행하고 한국인을 동화시켜 침략 전쟁의 협조자로 만들고자 하였다.
❹ 3·1 운동 이후 격화된 한국인의 반일감정을 무마하고자 하였다.

정답해설 일제가 보통교육의 수업연한을 6년으로, 고등 보통학교의 수업연한을 5년으로 연장하고 명분상의 교육 차별 철폐를 규정한 것은 제2차 조선교육령(1922)이다. 제2차 조선교육령은 3·1 운동 이후 격화된 우리 민족의 반감을 무마하기 위한 식민통치 방식의 변경에 따라 제정되었다.

오답해설 ① 무단정치(헌병경찰통치)하에서 우민화 교육 및 보통교육, 실업교육, 기술교육 등 낮은 수준의 실용 교육만을 실시하고자 한 것은 제1차 조선교육령(1911)이다.
② 전시 체제에 따라 황국 신민화 교육이 더욱 강화된 것은 제4차 조선교육령(1943)이다.
③ 만주사변(1931) 이후에 공포된 것은 제3차 조선교육령(1938)이다.

핵심정리 조선교육령

정책	내용
제1차 (1911)	• 우민화 교육 : 교육 기회 축소, 사립학교 축소(사립학교 규칙, 1911) • 보통학교 수업 연한 축소 : 일본인은 6년, 한국인은 4년 • 초등·기술 교육만 실시 • 민족의식 억압, 국어(일본어)교육 강요 • 서당 규칙(1918) : 개량 서당의 민족교육 탄압
제2차 (1922)	• 유화 정책 : 조선어 필수 교육 • 보통학교 연한 연장 : 일본인과 동일한 6년제, 고등 보통학교는 5년 　– 일본인 : 소학교, 중학교 　– 한국인 : 보통학교, 고등 보통학교 • 경성제국대학 설립 : 조선에 있는 일본인을 위한 대학, 민립대학 설립 운동 저지가 목표
제3차 (1938)	• 황국 신민화 교육 • 조선어 선택 과목화(수의 과목) • 보통학교와 고등 보통학교를 소학교, 중학교로 통합(일본어로 된 수업만 가능) • 국민학교(1941) : 황국신민학교
제4차 (1943)	• 군사교육 강화·조선어·조선사 교육 금지

01

다음 자료와 관련된 운동이 전개된 배경으로 옳은 것은?

> 부자와 빈자를 막론하고 우리가 우리의 손에 산업 권리 생활의 제일 조건을 장악하지 아니하면 우리는 도저히 우리의 생명, 인격, 사회의 발전을 기대하지 못할지니 우리는 이와 같은 견지에서 우리 조선 사람의 물산을 장려하기 위하여 조선 사람은 조선 사람이 지은 것을 사 쓰고, 조선 사람은 단결하여 그 쓰는 물건을 스스로 제작하여 공급하기를 목적하노라. 이와 같은 각오와 노력 없이 어찌 조선 사람이 그 생활을 유지하고 그 사회가 발전할 수 있으리오.

① 대일 채무가 늘어나 대한제국의 재정적자가 심화되었다.
② 일제의 국방헌금 강요로 민중의 생계가 더욱 곤란해졌다.
③ 일본과 조선 사이의 무역에서 관세 철폐 움직임이 있었다.
④ 일제가 병참 기지화 정책을 추진하여 생필품이 부족해졌다.

해설 1920년대 초반에 일어난 물산장려운동에 대한 설명이다. 물산장려운동은 1920년 일본이 회사령을 철폐하고 1923년 관세를 철폐하여 일본 자본과 상품의 한국 진출을 용이하게 하자 민족 자본을 지키려고 일어난 운동이었다.
① 1907년 국채 보상 운동과 관련된 내용이다.
②, ④ 민족 말살 통치기에 해당되는 내용이다.

02

물산장려운동에 대한 설명으로 틀린 것은?

① 노동자, 농민 중심의 경제적 구국운동이었다.
② 1920년 조만식 등이 중심이 되어 조선물산장려회를 발족시켰다.
③ '내 살림 내 것으로'라는 구호를 내세워 일본 상품을 배격하였다.
④ 민족 산업을 육성하여 민족 경제의 자립을 도모하자는 운동이었다.

해설 노동자, 농민 중심의 경제적 저항운동은 소작쟁의나 노동쟁의의 경제적 민족운동으로 이어졌다.

핵심정리

물산장려운동
- **배경**
  - 회사령 철폐(1920), 관세 철폐(1923)
  - 일본 대기업의 한국 진출로 국내 기업의 위기감 고조
- **단체** : 평양물산장려회(조만식, 1920), 조선물산장려회(서울, 1923), 자작회(학생, 1922), 토산애용부인회(여성계, 1923)
- **활동** : 일본 상품 배격, 국산품 애용 등 강조
- **문제점**
  - 상인, 자본가 중심으로 추진되어 상품 가격 상승 초래
  - 사회주의자들의 비판

제 7 편

민족 독립 운동의 전개

03

일제 강점기 농민운동에 대한 서술로 옳지 않은 것은?

① 초기 소작쟁의의 요구 사항은 주로 소작권 이동 반대, 소작료 인하 등이었다.

② 일본인 농장 · 지주회사를 상대로 한 소작쟁의는 규모도 크고 격렬해지는 경우가 많았다.

③ 1920년대 농민들은 자위책으로 소작인 조합 등의 농민 단체를 결성하였다.

④ 소작인 조합은 1940년대 이후 자작농까지 포괄하는 농민조합으로 바뀌어 갔다.

해설 1920년대 전반에는 주로 소작인 조합이 중심이 된 소작쟁의가 전개되었으나 1920년대 후반에는 자작농까지 포함하는 농민조합이 소작쟁의를 주도하였다.

① 1920년대부터 시작된 초기 농민운동은 주로 소작료 인하와 소작권 이동 반대를 목적으로 한 소작쟁의가 중심이 되었다.

② 일본인 농장과 지주회사를 대상으로 하는 소작쟁의는 참여 농민의 수가 많아 그 규모도 크고 격렬해지는 경우가 많았다.

③ 1924년에 전국 노농총동맹, 1927년에 전국 농민총동맹 등 농민 조합이 결성되었다.

핵심정리

농민운동과 노동운동의 전개

- 배경 : 사회주의 사상의 유입
- 소작쟁의 · 노동쟁의

	소작쟁의	노동쟁의
배경	• 토지조사사업, 산미증식계획 • 지주제 강화(소작권 상실) • 고율의 소작료, 세금 부담	• 일제의 식민지 공업화 정책 • 노동자 수 증가 • 저임금과 열악한 노동 환경
1920년대	• 생존권 확보 투쟁 : 소작료 인하, 소작권 이전 반대 • 암태도 소작쟁의 (1923~1924) • 조선농민총동맹 (1927)	• 생존권 확보 투쟁 : 임금 인상, 노동 조건 개선 요구 • 원산 총파업 (1929) : 최대의 총파업, 생존권 투쟁에서 항일 운동으로 변화
1930년대	• 항일 민족 운동화 (정치 투쟁화) • 혁명적 농민 조합 운동 전개 • 토지를 농민에게 (농민의 토지 소유권, 지주제 폐지)	• 항일 민족 운동 • 병참기지화 이후 탄압 가중 • 비합법적 노동 운동 (혁명적 노동조합)
1930년대 후반	중 · 일 전쟁(1937) 이후 일제의 탄압 강화로 크게 위축됨	

- 조합 결성
  - 조선노동공제회(1920), 조선노농총동맹(1924)
  - 1927년 조선노농총동맹이 조선노동총동맹과 조선농민총동맹으로 분화

04 선관위 9급 기출

다음 지문과 관련 있는 것은?

> 우리가 실제로 우리 자체를 위하여 우리 사회를 위하여 분투하려면 우리 조선 자매 전체의 역량을 공고히 단결하여 운동을 전반적으로 전개하지 않으면 안 된다.
> 일어나라! 오너라! 단결하자! 분투하자!
> 조선의 자매들아! 미래는 우리의 것이다.

① 근우회   ② 조선여성동우회

③ 한인애국단   ④ 정우회

해설 3 · 1 운동 등 국내외 독립운동에 여성이 대거 참여하는 등 여성의 정치, 사회의식 고양을 배경으로 생겨난 근우회(1927)는 김활란 등을 중심으로 여성계의 민족 유일당으로 조직되었다. 여성 노동자의 권익 옹호와 생활 개선에 대한 행동 강령을 제시하였다.

핵심정리

근우회의 행동 강령
- 여성에 대한 사회적 · 법률적 일체 차별 철폐
- 일체 봉건적 인습과 미신 타파
- 조혼의 폐지와 결혼의 자유
- 인신매매와 공창(公娼) 폐지
- 농촌 부인의 경제적 이익 옹호
- 부인 노동의 임금 차별 철폐와 산전 · 산후 임금 지불
- 부인 및 소년공의 위험 노동 및 야업 금지

05

다음과 같은 취지문을 발표한 단체와 관련 있는 것은?

> 공평은 사회의 기본이고 애정은 인류의 본령이다. 그러한 까닭으로 우리는 계급을 타파하고 모욕적 칭호를 폐지하여 우리도 참다운 인간이 되는 것을 기하자는 것이 우리의 주장이다.

① 1910년대 도량형을 통일하여 상거래 질서를 정비하는 데 앞장섰다.

② 여성 평등을 실현하여 증가된 여성 노동자의 지위 향상에 힘썼다.

③ 1923년 진주에서 계급 차별에 대한 반발로 일어난 민중운동이었다.

④ 백정들에 대한 차별 대우를 없애기 위한 정책을 정부에서 실시하였다.

해설 제시된 지문은 조선 형평사의 취지문이다. 갑오개혁 이후 백정의 법제적 신분차별은 철폐되었으나 백정의 차별이 그대로 존속되자 진주에서 이학찬 등은 1923년 조선 형평사를 창립하고 백정의 평등 대우, 공평한 사회 건설, 교육의 균등 등을 주장하며 형평 운동을 전개하였다.

핵심정리

조선 형평사 운동(1923)
- **조직** : 이학찬을 중심으로 한 백정들은 진주에서 조선 형평사를 창립
- **전개** : 사회적으로 평등한 대우를 요구하는 형평 운동을 전개, 각종 파업과 소작쟁의에도 참여하여 민족 해방운동으로 발전
- 1930년대 중반 이후 경제적 이익 향상 운동으로 변질

제 **7** 편

민족 독립 운동의 전개

06

다음 주장에서 강조하는 있는 내용으로 가장 적절한 것은?

> 그러면 지금의 조선 민족에게는 왜 정치적 생활이 없는가?
>
> 일본이 조선을 병합한 이래로 조선에게는 모든 정치활동을 금지한 것이 첫째 원인이다. 지금까지 해 온 정치적 운동은 모두 일본을 적대시하는 운동뿐이었다. 이런 종류의 정치 운동은 해외에서나 할 수 있는 일이고, 조선 내에서는 허용되는 범위 내에서 일대 정치적 결사를 조직해야 한다는 것이 우리의 주장이다.

① 무장투쟁을 통해 독립을 이루어야 한다.

② 농민, 노동자를 단결시켜 일제를 타도해야 한다.

③ 일제의 식민 지배를 인정하고 그 밑에서 정치적 실력양성을 해야 한다.

④ 국제적인 외교를 통해서 일제의 만행을 알리고 우리나라의 독립을 알려야 한다.

해설 제시된 자료는 이광수가 동아일보를 통해 발표한 〈민족적 경륜〉(1924)의 일부로, 일제의 지배하에서 자치를 이루는 것을 목표로 했던 자치운동(자치론)에 관한 내용이다. 일제강점기 민족주의자들 중 이광수 · 최남선 · 최린 · 김성수 등의 타협적 민족주의자들은 일제의 식민지배 현실을 인정하고 허용 가능한 범위 내에서 정치적 실력양성을 해야 한다는 자치운동, 즉 참정권 운동을 주장하였다(선실력 후독립 주장).
한편, 이러한 타협적 민족주의자들의 자치운동에 반발한 이상재 · 안재홍 · 권동진 등은 비타협적 민족전선의 수립을 제창하였고, 1920년대 급속히 성장한 사회주의자들과의 협력을 모색하여 민족유일당 운동(신간회 중심)을 전개하였다.

①, ④ ①은 독립운동의 방법 중 무장투쟁론에 대한 내용이며, ④는 외교론에 대한 내용이다.

② 일제강점기에 전개된 농민 · 노동자운동에 대한 내용이다. 농민과 노동자들의 쟁의는 1930년대 항일운동의 성격을 띠면서 더욱 격렬해져 절정에 달하였다.

핵심정리

민족운동의 분열과 위기

계열		주요 활동
민족주의 계열	자치론 (타협적 민족주의)	• 일제의 식민 지배를 인정하고 자치 운동 전개 • 민족의 개조 주장 • 이광수(민족 개조론, 민족적 경륜 발표), 최린
	비타협적 민족주의	• 일제와의 타협 거부, 민족 개량주의 비판 • 실력 양성 운동, 즉각적인 독립 추구 • 사회주의자들과의 연대를 추진, 조선 민흥회 조직 • 이상재, 안재홍
사회주의 계열		• 치안 유지법(1925)으로 사회주의 운동 탄압 • 민족 운동의 분열을 초래한다는 비판을 받음 • 정우회 선언 : 민족주의 계열과의 연합을 주장

07

밑줄 친 이 단체에 대한 설명으로 옳은 것은?

> 이 단체가 조직되었다. 각 당파가 망라된 통일조직인 이 단체는 전국 각지에 150여 개의 지회를 두고 활발한 활동을 전개하였다. 부녀자들의 통일단체인 근우회 역시 이 무렵 창설되었다. 이 무렵에는 국내뿐만 아니라 해외에도 수많은 혁명단체들이 조직되었다. 동북의 책진회, 상해의 대독립당 촉성회와 같은 단체는 국내에서 활발한 활동을 전개하고 있던 이 단체와 깊은 연계를 맺고 있던 통일조직이었다.
>
> – 조선 민족해방운동 30년사, 〈구망일〉

① 일제의 황무지 개간권 요구를 철회시켰다.
② '기회주의의 일체 부인'을 강령으로 제시하였다.
③ 단군신앙을 중심으로 한 종교운동을 전개하였다.
④ 민중혁명에 의한 민중적 조선의 건설을 지향하였다.

해설 제시문에서 언급된 단체는 신간회이다. 신간회는 기회주의의 배격과 정치·경제적 각성, 민족의 단결 등을 기본 강령으로 제시하였다.
① 보안회(1904)에 대한 내용이다.
③ 단군신앙을 기반으로 하는 종교는 대종교이다. 대종교는 나철·오기호 등이 창시(1909)한 민족 종교로, 민족적 입장을 강조하는 종교 활동을 전개하였으며, 특히 간도·연해주 등지에서의 항일 운동과 밀접한 관련을 가지면서 성장하였다.
④ 신채호가 의열단의 요청으로 집필한 조선혁명선언(의열단선언)에 대한 설명이다. 조선혁명선언은 항일 독립운동의 방법으로 무장투쟁을 강조하였고, 민중혁명을 강조하여 민족독립운동을 민중해방운동과 동일시했으며, 민중봉기를 주장했다.

08

신간회에 대한 설명으로 틀린 것은?

① 민족의 단결과 정치·경제적 각성을 촉구하였다.
② 평양에 자기회사와 대구에 태극서관을 세웠다.
③ 전국 순회강연을 통해 민족의식을 고취하였다.
④ 노동쟁의와 소작쟁의를 옹호하였다.

해설 ②는 신민회의 활동으로, 신민회는 민족 산업 육성을 위해 자기회사를 설립하고 민족 문화 보존을 위해 태극서관을 세워 출판 활동을 하였다.

핵심정리
신간회 결성과 활동
• **결성(1927)** : 조선 민흥회(비타협 민족주의)와 정우회(사회주의)가 연합하여 결성(회장 이상재)
• **조직과 강령**
 – 전국에 약 140여 개소의 지회 설립, 일본과 만주에도 지회 설립이 시도됨
 – 민족의 단결, 정치, 경제적 각성 촉진, 기회주의자 배격
• **활동**
 – 민중 계몽 활동
 – 노동쟁의, 소작쟁의, 동맹 휴학 등 대중 운동 지도
 – 광주 학생항일운동 조사단을 파견하고 민중대회를 계획하였으나 일제에 의해 무산

09

민족 유일당 운동의 일환으로 결성된 단체를 〈보기〉에서 모두 고르면?

─── 보기 ───

㉠ 근우회
㉡ 천도교 청년회
㉢ 청구학회
㉣ 신간회
㉤ 조선 형평사

① ㉡, ㉢   ② ㉠, ㉣
③ ㉠, ㉤   ④ ㉣, ㉤

해설 신간회는 민족주의 진영과 사회주의 진영이 통합되어 조직한 일제하 최대의 합법적 항일 단체이고, 근우회는 신간회의 자매 단체로 김활란, 유영준 등이 중심이 되어 여성계의 민족 유일당으로 조직되었다.

핵심정리

민족 유일당 운동(좌·우 합작 운동)

국외	• 한국 독립 유일당 북경 촉성회(1926) • 3부 통합(국민부, 혁신 의회) • (조선) 민족 혁명당(1935) • 조국광복회(1936) • 조선의용대의 한국광복군 합류(1942)
국내	• 조선청년 총동맹(1924) • 6·10 만세운동(1926) • 신간회, 근우회(1927) • 조선건국 동맹(1944)

10 국가직 9급 기출

일제 강점기 우리나라 역사학자들의 역사연구 활동에 대한 설명으로 옳지 않은 것은?

① 안재홍은 우리나라 역사를 통사 형식으로 쓴 〈조선사연구〉를 편찬하였다.
② 백남운 등의 사회경제사학자들은 민족주의 사학자들의 정신사관을 비판하기도 하였다.
③ 신채호는 〈조선상고문화사〉를 저술하여 대종교와 연결되는 전통적 민간신앙에 관심을 보였다.
④ 정인보는 광개토왕릉 비문을 연구하여 일본 학자의 고대사 왜곡을 바로잡는 데 기여하였다.

해설 〈조선사연구(朝鮮史研究)〉는 정인보가 단군부터 삼국시대에 이르는 우리나라 고대를 특정 주제로 설정하여 통사 형식으로 서술한 사서이다. 정인보는 이를 통해 민족정기를 강조한 '얼 사상'을 정립하려 하였다.

② 백남운, 이청원, 박극채, 전석담 등의 사회경제사학자들은 유물사관을 토대로 한국사가 세계사의 보편 법칙에 따라 발전하였음을 강조하여 식민사학의 정체성론을 타파하고자 하였고, 민족주의 사학을 정신사관을 비판하였다.

③ 〈조선상고문화사〉는 민족주의 사학자인 신채호가 저술한 사서로, 〈조선상고사〉에서 다루지 못한 상고사 관련 부분과 우리 민족의 전통적 풍속, 문화 등을 다루고 있다.

④ 정인보는 식민사관에 대항해 광개토대왕비를 새롭게 해석함으로써 일본의 고대사 왜곡을 바로잡고자 하였다.

11

(가), (나)를 주장한 인물에 대한 설명으로 옳은 것은?

(가) 내정 독립이나 참정권이나 자치를 운운하는 자 누구이냐? 너희들이 '동양 평화', '한국 독립 보전' 등을 담보한 맹약이 먹도 마르지 아니하여 삼천리강토를 집어 먹힌 역사를 잊었느냐? …… 민중은 우리 혁명의 대본영이다. 폭력은 우리 혁명의 유일한 무기이다.

(나) 나라는 없어질 수 있으나 역사는 없어질 수 없으니 그것은 나라는 형체이고 역사는 정신이기 때문이다. …… 정신이 보존되어 없어지지 않으면 형체는 부활할 때가 있을 것이다.

① (가) – 대한민국 임시정부에서 처음으로 대통령을 역임하였다.
② (가) – 독사신론을 연재하여 민족주의 사학의 발판을 마련하였다.
③ (나) – 〈조선불교유신론〉을 통해 새로운 사회의 방향을 추구하였다.
④ (나) – 낭가사상을 강조하여 민족독립의 정신적 기반을 만들려고 하였다.

해설 (가)는 신채호가 의열단의 요청으로 집필한 〈조선혁명선언(의열단선언)〉으로, 항일 무장투쟁을 강조하고 문화운동·독립외교론·준비론을 비판하였다. (나)는 박은식이 저술한 〈한국통사〉의 일부이다. 신채호는 〈독사신론〉을 대한매일신보에 연재하여 근대 민족주의 역사학의 초석을 마련하였다.
① 대한민국 임시정부의 초대 대통령은 이승만이다. 박은식은 2대 대통령을 역임하였다.

③ 〈조선불교유신론〉(1913)은 한용운이 저술하였다. 한용운은 이를 통해 일제 불교계의 침투에 대항하고 불교의 혁신과 자주성 회복을 위해 노력하였다. 박은식은 유교의 개혁을 위해 〈유교구신론〉(1909)을 저술하였다.
④ 신채호에 대한 설명이다. 박은식은 '혼' 사상을 주장하였다.

핵심정리

신채호와 박은식

① 신채호
  • 연구 부분 및 사관
    – 일제의 왜곡이 심하였던 고대사 연구에 치중하여 〈조선 상고사〉·〈조선사 연구초〉 등을 저술하여 민족주의 역사학의 기반을 확립(우리 역사의 우수성·독자성을 강조하여 식민 사관을 비판)
    – 민족 사관으로 낭가(郎家)사상을 강조
  • 저술 및 내용: 고대사 연구
    – 〈조선상고사〉: 역사는 아(我)와 비아(非我)의 투쟁의 기록
    – 〈조선사연구초〉: 낭가사상을 강조하여 묘청의 서경천도운동을 '조선 1천 년래 제일대 사건'으로 높이 평가(이러한 사상을 토대로 민족 독립의 정신적 기반을 다지고자 함)

② 박은식
  • 민족 사관: 민족 정신을 혼(魂)으로 파악하고, 혼이 담긴 민족사의 중요성을 강조
  • 저술 및 내용
    – 〈한국통사〉: 근대 이후 일본의 침략 과정을 밝힘("나라는 형(形)이요, 역사는 신(神)이다.")
    – 〈한국독립운동지혈사〉: 일제 침략에 대항하여 투쟁한 한민족의 독립운동을 서술

제7편

민족 독립 운동의 전개

12 지방직 9급 기출

1920년대의 시대적 상황에 대한 설명으로 옳지 않은 것은?

① 고등 교육기관으로 대학을 설립해야 한다는 취지하에 민립대학 설립운동을 추진하였다.

② 민족 자본의 육성을 위해 물산장려운동을 추진하였다.

③ 사회주의 운동이 활발하게 전개되었고, 조선 공산당도 조직되었다.

④ 조선학 운동이 전개되었고, 한국 학자들이 결집하여 진단학회를 창립하였다.

해설 조선학 운동과 진단학회의 창립은 모두 1930년대에 전개되었다. 조선학 운동은 기존의 민족주의 사학의 국수적 · 낭만적 성격을 지적하고 우리의 고유성을 바탕으로 조선 후기의 실학과 상고사. 조선사에 주목한 민족 문화 운동으로, 1930년대 중반에 정인보 · 문일평 · 안재홍 등이 중심이 되어 전개하였다. 진단학회(1934)는 청구학회를 중심으로 한 일본 어용학자들의 왜곡된 한국사 연구에 대항하여 이병도 · 손진태 · 문일평 등이 조직한 학술단체로서 진단학보를 발간하고 강연회와 간담회를 개최하는 등 우리 역사와 문화 연구에 매진하였다.

① 민족 실력 양성을 위해 1920년대 조선교육회 등을 중심으로 하여 우리 손으로 대학을 설립하려는 민립대학 설립운동을 전개하였다.

② 물산장려운동은 조선물산장려회(1920)의 발족을 기점으로 시작되었다.

③ 1920년대 러시아와 중국 지역에서 활동하던 독립 운동가들은 사회주의 사상을 수용한 후 활발한 사회주의 운동을 전개하였다. 조선공산당(1925)은 국내 공산주의 모임인 화요회와 일본 유학생들이 조직한 북풍회 등이 함께 조직한 단체이다.

13

다음 내용과 관련 있는 종교 단체에 대한 설명으로 옳은 것은?

> • 어린이는 어른보다 더 새로운 사람입니다.
> • 어린이를 결코 윽박지르지 마십시오.
> • 어린이를 어른보다 더 높이 대접하십시오.
> • 어린이는 항상 칭찬해 가며 기르십시오.

① 단군숭배 사상을 전파하여 민족의식을 고취하였다.

② 만주에서 의민단을 조직하여 무력 투쟁에 나섰다.

③ '개벽', '학생' 등의 잡지를 간행하여 민중의 자각과 근대 문물 보급에 기여했다.

④ 불교의 대중화를 주장하며 개간 사업, 저축 운동을 통해 민족자립 정신을 키워갔다.

해설 지문은 일제 강점기 때 방정환, 조철호 등이 중심이 되어 제정한 '어린이날' 선전문이다. 천도교 소년회(1922)에서는 5월 1일을 어린이날로 제정하고 소년 보호 운동을 전개하였다.

①은 대종교, ②는 천주교, ④는 원불교에 대한 설명이다.

핵심정리

천도교 활동

제2의 3 · 1 운동을 계획하여 자주독립 선언문 발표, 〈개벽〉 · 〈어린이〉 · 〈학생〉 등의 잡지를 간행하여 민중의 자각과 근대 문물의 보급에 기여

14

일제 강점기에 전개된 (가)~(라)의 민족 운동에 대한 설명으로 옳지 않은 것은?

> (가) 한민족 1천만이, 한사람이 1원 씩!
> (나) 일어나라! 단결하자! 조선의 자매들아! 미래는 우리의 것이다.
> (다) 검거된 학생들을 탈환하라! 조선인 본위의 교육 제도를 확립하라!
> (라) 배우자! 가르치자! 다 함께 브나로드!

① (가) – 부녀자들은 비녀와 가락지까지 내어 모금에 동참하였다.
② (나) – 봉건적 굴레로부터의 여성 해방과 일제 침략으로부터의 해방을 목표로 하였다.
③ (다) – 민족 차별에 반발한 광주 지역 학생들의 시위를 계기로 전국적으로 확산되었다.
④ (라) – 농촌 계몽 운동의 일환으로 한글 보급을 통한 문맹 퇴치 운동을 전개하였다.

해설 (가)는 민립대학 설립 운동인데 부녀자들의 참여가 컸던 것은 1907년의 국채보상운동이다.
(가) 민립대학 설립 운동(1922), (나) 근우회(1927), (다) 광주학생 항일운동(1929), (라) 브나로드 운동(1931) 순이다.
② 여성운동. ③ 광주 학생 항일 운동. ④ 동아일보가 주도한 문맹 퇴치 운동인 브나로드 운동이다.

15

일제 강점기 시기의 예술 활동이 바르게 연결되지 않은 것은?

① 1910년대 – 최남선은 〈소년〉, 〈청춘〉 등을 통해 언문일치의 우리말 문장을 확립하는 데 선구적인 역할을 하였다.
② 1920년대 – 민족주의 계열에서는 프로문학에 반대하는 국민문학 운동을 전개하였다.
③ 1930년대 – 정지용, 김영랑 등은 시문학 동인으로 활약하면서 순수문학과 서정시 발전에 이바지하였다.
④ 1940년대 – 신경향파 문학이 대두하여 문학의 사회적 기능이 강조되었다.

해설 신경향파 문학은 1920년대 중반에 대두한 것으로, 순수 예술을 표방하는 문인들의 각성을 촉구하면서 문학이 현실과 생활을 반영할 것을 강조하였다.

핵심정리

1920년대 문학
- 계몽주의를 지양하는 순수문학 발전(염상섭·이상화), 일부 작가들이 잡지(〈창조〉, 〈폐허〉, 〈백조〉, 〈조선 문단〉) 간행
- 1920년대 중반
  - 신경향파 문학의 대두 : 사회주의 문학. 1920년대 사회주의 사상이 지식인 사이에 퍼지면서 현실 비판 의식이 더욱 강화됨. 1925년 카프(KAPF, 조선 프롤레타리아 예술가 동맹)를 결성
  - 프로 문학의 대두 : 신경향파 문학 이후 등장하여 극단적인 계급 노선을 추구
  - 국민 문학 운동의 전개
  - 민족주의 계열이 계급주의에 반대하고 문학을 통해 민족주의 이념을 전개
  - 동반 작가라고 불림. 염상섭과 현진건 등이 대표적

제 7 편

민족 독립 운동의 전개

나두공

제 **8** 편

현대 사회의 발전

**실전
문제**

제1장 대한민국의 건국과 발전

● 대표유형문제 ●

국가직 9급 기출

이승만 정부의 경제 정책으로 옳지 <u>않은</u> 것은?

① 한미 원조 협정을 체결하였다.

② 농지개혁에 따른 지가증권을 발행하였다.

③ 제분, 제당, 면방직 등 삼백 산업을 적극 지원하였다.

❹ 제1차 경제개발 5개년 계획을 추진하였다.

정답해설　제1차 경제개발 5개년 계획은 박정희 군사 정부 시기인 1960년대에 추진되었다.

오답해설　① 이승만 정부는 1948년 12월 10일 한국의 경제적 위기를 극복하고 국력 부흥을 촉진하며 안정을 확보한다는
목적 아래 미국과 경제 원조 협정을 체결하였다.

② 이승만 정부의 농지 개혁법은 3정보를 상한으로 하여 그 이상의 농지는 유상 매입하고 지가증권을 발급하여
5년간 지급하였다.

③ 이승만 정부 시기인 1950년대 후반부터 미국의 원조 물자에 토대를 둔 제분(製粉)·제당(製糖) 공업과 섬유
공업이 성장하였다.

핵심정리　이승만 정부의 경제 정책

- 미국과 경제 원조 협정을 체결
- **농지 개혁법(1949년 제정, 1950년 시행)** : 소작제를 철폐하고 자영농을 육성하고자 경자 유전의 원칙에 따
라 시행
- **귀속 재산 불하** : 일본인 소유의 재산을 민간인에게 불하
- **삼백 산업(三白産業)의 성장** : 1950년대 후반부터 미국의 원조 물자에 토대를 둔 제분(製粉)·제당(製糖) 공업
과 섬유 공업이 성장
- **삼분 산업(三粉産業)의 생산 증가** : 시멘트·비료·밀가루 등

01

밑줄 친 '헌법'이 시행 중인 시기에 일어난 사건은?

> 이 <u>헌법</u>은 한 사람의 집권자가 긴급조치라는 형식적인 법 절차와 권력 남용으로 양보할 수 없는 국민의 기본 인권과 존엄성을 억압하였다. 그리고 이러한 권력 남용에 형식적인 합법성을 부여하고자 … (중략) … 입법, 사법, 행정 3권을 한 사람의 집권자에게 집중시키고 있다.

① 부 · 마 민주 항쟁이 일어났다.

② 국민교육헌장을 선포하였다.

③ 7 · 4 남북공동성명이 발표되었다.

④ 한일 협정 체결을 반대하는 6 · 3 시위가 있었다.

해설 제시된 글의 밑줄 친 '헌법'은 박정희 정권(제4공화국) 때 1972년 12월에 공포한 유신 헌법이다. 제시된 글에 긴급조치라는 단어를 통해 알 수 있다. 제5공화국 전까지 이어졌다. 그동안 쌓여왔던 유신 체제에 대한 국민들의 불만이 폭발하여 1979년 부 · 마 항쟁이 발발하는 등 시위가 연일 계속되어 집권 세력 내부에서도 갈등이 발생하였다.
② 국민교육헌장은 박정희 정권(제3공화국) 시기인 1968년에 선포하였다.
③ 7 · 4 남북공동성명이 발표된 시기는 1972년 7월이다.
④ 6 · 3 시위는 박정희 정권(제3공화국) 시기인 1964년에 한 · 일 회담의 진행 과정에서 일제 강점기에 대한 사죄와 과거사 청산이라는 본질이 굴욕적인 청구권 교섭에 밀려 훼손된 것에 대한 분노로 일어났다.

02

다음 중 회담과 그 내용에 대한 설명이 잘못 연결된 것은?

① 카이로 회담 – 우리나라의 독립을 보장하였다.

② 얄타 회담 – 신탁 통치를 루즈벨트는 30년 하자고 했는데, 스탈린은 짧게 하자고 했다.

③ 포츠담 선언 – 미 · 영 · 중 · 소의 대표가 신탁통치를 결정하였다.

④ 모스크바 3상 회의 – 미 · 소 공동 위원회를 설치하기로 결정하였다.

해설 포츠담 선언은 미국, 영국, 중국 등 연합국 대표가 포츠담에서 카이로 선언을 재확인함으로써 우리나라의 독립을 약속한 것이다.

핵심정리

열강의 한국 문제 논의
- **카이로 회담(1943. 11)** : 일제의 군사 행동에 대한 압력을 결의하고 일제가 탈취한 지역에 대한 독립 문제를 논의한 회담이다. 우리나라와 관련된 특별 조상을 마련하여 "적당한 시기에 한국을 독립시킨다."고 결정하였으나, '적당한 시기'에 대한 명확한 언급이 없어 문제가 되었다.
- **얄타 회담(1945. 2)** : 미국 · 영국 · 소련 3국 수뇌가 소련의 대일 참전을 결정한 회담으로, 신탁 통치에 대한 논의가 있었다.
- **포츠담 선언(1945. 7)** : 카이로 회단의 실행. 일제의 군국주의 배제 및 무장 해제, 점령군의 철수, 일제의 무조건적 항복 등을 규정한 회담이다.

03

(가)에 대한 설명으로 옳은 것은?

> 1945년 12월 모스크바에서 미국, 소련, 영국의 외무장관들은 한국 문제를 논의하였다. 이 회의에서 미국, 소련, 영국, 중국이 최장 5년간 신탁통치를 시행한다는 합의가 이루어졌다. 또 미국과 소련이 ⃝ (가) ⃞를/을 개최해 민주주의 임시정부 수립 문제에 대해 논의하기로 했다. 이 합의에 따라 1946년 3월 서울에서 ⃝ (가) ⃞가/이 시작되었다.

① 미 · 소 양측의 의견 차이로 결렬되었다.

② 조선건국준비위원회를 조직하는 성과를 냈다.

③ 민주 공화제를 핵심으로 한 제헌헌법을 만들었다.

④ 유엔 감시하의 총선거로 정부를 수립한다는 결정을 내렸다.

해설 (가)는 제1차 미 · 소 공동위원회이다. 1946년 3월에 제1차 미 · 소 공동 위원회가 서울에서 개최되었으나 참여 단체를 놓고 대립하여 결렬되었다. 소련은 모스크바 3상 회의의 협정(신탁 통치안)을 지지하는 정당 · 사회단체들만이 임시 정부 수립 문제를 협의할 대상이 될 수 있다고 주장하였고, 미국은 신탁통치 반대세력들도 협의대상이 되어야 한다고 주장하였다.

② 조선 건국 동맹(1944)는 여운형이 위원장인 조선 건국 준비 위원회를 조직(1945. 8) 하였다.

③ 1948년 제헌 국회가 구성되고 민주 공화국 체제의 헌법을 제정 · 공포하였다(1948. 7. 17).

④ 유엔 총회는 유엔 한국 임시 위원단의 감시 하에 인구 비례에 의한 남북한 총선거 실시를 결의하였다(1947. 11).

핵심정리

한국에 대한 모스크바 3상 회의 결정서(1945)

- 한국을 독립 국가로 재건하기 위해 임시적인 한국 민주 정부를 수립한다.
- 한국 임시 정부 수립을 돕기 위해 미 · 소 공동 위원회를 설치한다.
- 미, 영, 소, 중의 4개국이 공동 관리하는 최고 5년 기한의 신탁 통치를 실시한다.
- 남북한의 행정 · 경제면의 항구적 균형을 수립하기 위해 2주일 이내에 미 · 소 양군 사령부 대표 회의를 소집한다.

04

다음과 같은 원칙에 합의한 단체에 대한 설명으로 옳은 것은?

- 미소공동위원회 속개를 요청하는 공동 성명을 발표할 것
- 친일파, 민족 반역자 처리 문제는 장차 구성될 입법 기구에서 처리할 것

① 박헌영 등 좌익세력의 지지를 받았다.
② 남한만의 단독정부수립에 반대하였다.
③ 미 군정의 반대와 탄압 속에서 활동하였다.
④ 모스크바 3국 외상 회의의 결정을 반대하였다.

해설 제시된 내용은 좌우합작위원회(1946. 7)에서 발표한 좌우합작 7원칙(1946. 10)의 내용 중 일부이다.
좌우합작 7원칙은 이승만의 정읍 발언(1946. 6) 이후 단독정부수립운동이 일어나자 이를 반대한 여운형 · 김규식 등의 중도파가 좌우합작운동을 전개하면서 발표한 것이다.
① 좌우합작위원회의 여운형과 김규식 등이 좌 · 우익의 주장을 절충하여 발표한 좌우합작 7원칙에 대해서는 좌익세력과 우익세력이 모두 반대하였다.
③ 미군정은 중도적 좌우세력을 결집하여 지지 기반을 확대하고자 좌우합작운동을 지원하였다.
④ 좌우합작 7원칙에는 모스크바 3국 외상 회의 결정에 의해 좌우합작으로 임시정부를 수립한다는 내용을 포함하고 있다.

핵심정리

좌우합작운동과 좌우합작 7원칙
① 좌우합작운동(1946~1947)
- 전개
  - 이승만의 정읍 발언(1946. 6) 이후 단독정부 수립 운동이 일어나자, 이에 분단을 우려한 여운형 · 김규식 등의 중도파가 중심이 되어 좌우합작위원회를 결성(1946. 7)하고 단독정부 수립을 반대하며 좌우합작운동을 전개
  - 미군정은 중도적 좌우 세력을 결집하여 지지 기반을 확대하고자 좌우합작운동을 지원
- **좌우합작 7원칙의 발표(1946. 10)**
  - 좌익과 우측 세력은 합작의 필요성을 인정하여 좌우합작위원회를 구성하였으나, 신탁통치 · 토지개혁 · 반민족행위자 처리 등의 문제를 둘러싸고 양측이 크게 차이를 보임
  - 우익측을 대표한 김규식과 좌익측을 대표한 여운형은 양측의 주장을 절충하여 좌우합작 7원칙을 발표 (좌 · 우익 양 진영 모두 불만을 표시하며 반대)
- **결과** : 동서냉전의 시작과 미 · 소 공동위원회의 결렬, 이승만 등의 단독정부수립운동, 여운형의 암살(1947. 7) 등으로 인해 좌우합작운동은 결국 실패
② 좌우합작 7원칙(1946. 10)
- 모스크바 3국 외상 회의 결정에 의해 좌우합작으로 임시정부 수립
- 미 · 소 공동위원회의 속개를 요청하는 공동성명 발표
- 몰수 · 유조건(有條件) 몰수 등으로 농민에게 토지 무상 분여 및 중요 산업의 국유화
- 친일파 및 민족 반역자 처리 문제는 장차 구성될 입법 기구에서 처리
- 정치범의 석방과 테러적 행동의 중단
- 합작 위원회에 의한 입법기구의 구성
- 언론 · 집회 · 결사 · 출판 · 교통 · 투표 등의 자유 절대 보장

05 [국가직 9급 기출]

대한민국 헌법 전문의 서두이다. (가), (나), (다)에 들어갈 역사적 사건을 〈보기〉에서 골라 옳게 배열한 것은?

> 유구한 역사와 전통에 빛나는 우리 대한국민은 (가)(으)로 건립된 (나)의 법통과 불의에 항거한 (다)을(를) 계승하고, 조국의 민주 개혁과 평화적 통일의 사명에 입각하여 정의 · 인도와 동포애로써 민족의 단결을 공고히 하고 …… (이하 생략)

─── 보기 ───
ㄱ 동학농민운동
ㄴ 광무개혁
ㄷ 3 · 1 운동
ㄹ 대한민국 임시정부
ㅁ 4 · 19 민주 이념
ㅂ 5 · 18 광주민주화운동

① ㄱ − ㄴ − ㄷ   ② ㄴ − ㄷ − ㄹ
③ ㄷ − ㄹ − ㅁ   ④ ㄹ − ㅁ − ㅂ

[해설] 현행 대한민국 헌법은 전문과 본문 130개조, 부칙 6개조로 이루어져 있으며, 1988년 2월 25일부터 발효 · 시행되고 있는 9차 개정헌법이다. 전문에서는 헌법 제정의 유래와 그 기본 원리를 선언하고 있으며, 특히 대한민국 임시정부의 법통과 4. 19 민주이념을 추가한 것이 특징이다.

06 [국가직 9급 기출]

다음 자료와 관련된 설명으로 옳지 않은 것은?

> 제1조 일본 정부와 통모하여 한일 합병에 적극 협력한 자, 한국의 주권을 침해하는 조약 또는 문서에 조인한 자와 모의한 자는 사형 또는 무기징역에 처하고 그 재산과 유산의 전부 혹은 2분지 1 이상을 몰수한다.
> 제3조 일본 치하 독립 운동자나 그 가족을 악의로 살상 박해한 자 또는 이를 지휘한 자는 사형, 무기 또는 5년 이상의 징역에 처하고 그 재산의 전부 혹은 일부를 몰수한다.

① 독립을 방해할 목적으로 단체를 조직했다면 10년 이하의 징역과 재산의 몰수 등이 가능하였다.
② 기술관을 포함하여 고등관 3등급 이상의 관공리는 공소시효 경과 전에는 공무원 임용이 불허되었다.
③ 반민족행위를 조사하기 위하여 특별조사 위원회를 설치하였다.
④ 일본 정부로부터 작위를 받은 자는 무기 또는 5년 이상의 징역과 재산 · 유산의 몰수 등이 가능하였다.

[해설] 제시된 내용은 제1공화국 때 일제 잔재를 청산하기 위해 제정한 「반민족행위 처벌법」(1948. 9) 내용 중 일부이다. 일본 치하에서 고등관 3등급 이상의 직에 있던 자 등을 이 법의 공소시효 경과 전에는 공무원에 임명될 수 없다고 규정하였으나, 기술관은 처벌 대상에서 제외하였다(동법 제5조).

핵심정리

반민족행위 처벌법

• 반민족행위 처벌법의 제정(1948. 9)
 – 목적 : 일제 잔재를 청산하기 위하여 제헌 국회에서 제정
 – 내용 : 일제시대에 친일 행위를 한 사람들을 처벌하고 공민권을 제한하는 것 등
• 반민 특위의 활동 : 반민족행위 처벌법에 의거하여 국회의원 10명으로 구성된 반민족행위 특별 조사 위원회에서 친일 주요 인사들을 조사
• 결과 : 반공을 우선시하던 이승만 정부의 소극적 태도로 친일파 처벌이 좌절됨

07

다음 성명이 계기가 되어 나타난 역사적 사실로 옳은 것은?

우리 국민은 한국 현대사에서 보기 드문 장엄한 민주화 행진을 전개하고 있다. 이는 어느 정파나 특수 계층에 국한된 것이 아니라, 공부하는 학생에서부터 직장인, 상인, 변호사, 의사, 약사, 연예인, 성직자, 택시 기사, 그리고 평범한 주부에 이르기까지 온 국민의 애국적 충정과 열망이 한데 어우러져 연출하는 역사적 행진이며, 우리 국민의 높은 정치적 의식 수준과 안목을 유감없이 드러내 주는 대장정이다. 전국에 걸쳐 연인원 수백만 명이 넘는 국민들의 항의 시위와 끊이지 않는 경찰과의 충돌에도 불구하고,… 장기 집권만을 위해 오히려 국민을 협박하고 있는 현 정권의 정치적 무감각이 오늘 우리의 현실을 한치 앞도 내다볼 수 없는 극한적 대결 상황으로 몰아가고 있다.

① 유신 체제의 붕괴
② 4 · 19 혁명의 발발
③ 대통령 직선제 개헌
④ 내각 책임제 정부 수립

해설 1987년 6월 항쟁의 상황이다. 1987년 1월 박종철 고문치사 사건과 전두환 정부의 4 · 13 호헌 조치에 맞서 국민들의 대통령 직선제 개헌을 통한 민주 정권의 수립을 요구하였다. 전두환 정부는 결국 국민들에게 항복하고 노태우 대통령 후보가 6 · 29 선언을 통해 대통령 직선제를 받아들이게 되었다.

08 　지방직 9급 기출

다음은 1945년부터 1950년까지 발생했던 한국 현대사의 역사적 기록이다. 시기순으로 바르게 나열한 것은?

㉠ 미국, 소련, 영국의 외상들이 삼상회의를 개최하고 '한국 문제에 관한 4개항의 결의서'(신탁통치안)를 결정하였다.
㉡ 남한에서는 유엔 한국 임시위원단의 감시 아래 총선거가 실시되었다.
㉢ 일제의 잔재를 청산하고 민족정기를 바로잡기 위해 「반민족행위 처벌법」을 제정하였다.
㉣ 북한은 38도선 전 지역에 걸쳐 남침을 감행하였다.

① ㉠ → ㉡ → ㉢ → ㉣
② ㉠ → ㉡ → ㉣ → ㉢
③ ㉠ → ㉢ → ㉡ → ㉣
④ ㉡ → ㉠ → ㉢ → ㉣

해설 ㉠ 모스크바 3상회의는 1945년 12월에 개최되었다.
　㉡ 정부 수립을 위해 유엔 한국 임시위원단의 감시 하에 남한에서 총선거(5 · 10 총선거)가 실시된 것은 1948년 5월 10일이다.
　㉢ 일제의 잔재를 청산하고 민족정기를 바로잡기 위해 「반민족행위 처벌법」을 제정(1948. 9. 22)하였다.
　㉣ 북한의 남침으로 한국전쟁이 발발한 것은 1950년 6월 25일이다.

제**8**편

현대 사회의 발전

09

〈보기〉의 법령이 실시된 시기에 일어난 민주화운동으로 가장 옳은 것은?

> ─ 보기 ─
>
> 모두 9차례 발표된 법령으로 마지막으로 선포된 9호에 따르면 헌법을 부정·반대 또는 개정을 요구하거나 이를 보도하면 영장 없이 체포할 수 있었다. 이로 인해 많은 학생, 지식인, 야당 정치인, 기자 등이 구속되었다.

① 3선 개헌 반대운동이 일어났다.
② 「3·1민주구국선언」이 발표되었다.
③ 민주헌법쟁취 국민운동본부가 결성되었다.
④ 신민당이 직선제 개헌을 위한 서명운동을 전개하였다.

해설 〈보기〉는 유신 헌법의 긴급 조치권에 대한 것임을 알 수 있다. 유신 헌법에 반대하는 재야 인사들은 명동성당에 모여 「3·1민주구국선언」을 발표하였다(1976).
① 3선 개헌 반대운동은 박정희 정부의 장기 집권을 위해 3선 개헌이 강행되자 학생들의 시위가 거세게 전개되고, 여·야 국회의원들 사이에는 극심한 대립과 갈등이 발생하였다.
③ 4·13 호헌 조치에 반대하고, 6월 민주 항쟁을 주도하였다.
④ 대통령 간선제를 반대하기 위해 신민당은 서명운동을 전개하였다.

─ **핵심정리** ─
긴급 조치 9호(1975. 5. 13)
• 유언비어·사실 왜곡 금지, 집회·시위 또는 신문·방송·통신 등 공중 전파 수단이나 문서 등에 의한 헌법의 부정·반대·왜곡이나 개정·폐지 주장 등 금지
• 학생의 집단적 정치 활동 금지
• 본 조치의 비방 금지

10

장면 내각 시기에 대한 설명으로 틀린 것은?

① 국토 개발계획에 착수하였다.
② 중립화 통일론, 남북 협상론 등 다양한 통일론이 대두되었다.
③ 국가 발전을 최우선시하여 경제개발계획을 시작하였다.
④ 사회 질서를 유지할 정치력을 제대로 발휘하지 못하게 되면서 국민의 기대에 부응하지 못하였다.

해설 경제개발계획은 박정희 정권 때 실시하였다(1962).

─ **핵심정리** ─
장면 내각(제2공화국, 1960. 8 ~ 1961. 5)
• 허정 과도 내각 : 혁명 후의 혼란 수습을 위해 헌법을 내각 책임제와 양원제 국회로 개정(제3차 개헌, 1960. 6. 15)
• 장면 내각
 - 총선거에서 민주당 압승
 - 장면 내각 출범, 국회에서 대통령 윤보선 당선
 - 내각 책임제·양원제 의회 설립
• 민주주의의 발전
 - 언론 활동 보장 : 국가 보안법 개정, 경향신문 복간
 - 노동 조합 운동 고조 : 교원 노조, 언론인 노조 등
 - 통일 운동의 활성화 : 중립화 통일론, 남북 협상론, 남북 교류론 등
• 한계
 - 민주당의 내분 심화 : 구파와 신파
 - 개혁 의지 약화로 각종 개혁 부진(5·16 군사정변(1961)으로 붕괴)

11

다음 사건과 관련이 깊은 것은?

> (가) 첫째 반공을 국시(國是)의 제일의(第一義)로 삼고 지금까지 형식적이고 구호에만 그친 반공태세를 재정비 강화한다.
>
> (나) 상아의 진리탑을 박차고 거리에 나선 우리는 질풍과 깊은 역사의 조류에 자신을 참여시킴으로써 이성과 진리, 그리고 자유의 대학 정신을 현실의 참담한 박토(薄土)에 뿌리려 하는 바이다.

	(가)	(나)
①	제2공화국 출범	6·3 항쟁
②	부·마 항쟁	4·19 혁명
③	10월 유신	6·3 항쟁
④	5·16 군사정변	4·19 혁명

해설 (가) 1961년 5·16 군사정변 당시 군사 정부가 제시한 혁명공약의 내용 중 일부이다.
(나) 1960년 4·19 혁명 당시 서울대학교 문리대 학생회가 발표한 4월 혁명 선언문의 내용 중 일부이다.

---- 핵심정리 ----

5·16 군사정변(1961)

- **발발** : 장면 내각은 자유 민주주의의 실현을 위해 노력하였으나, 박정희를 중심으로 한 군부세력은 사회의 혼란을 구실로 군사정변을 일으켜 정권을 잡음
- **군정의 실시**
  - 국가 재건 최고 회의 구성 : 헌정을 중단시키고 군정을 실시
  - 혁명 공약 : 반공을 국시로 경제 재건과 사회 안정 추구, 구정치인들의 정치 활동 금지

12

다음 중 〈보기〉의 사실들이 시대순으로 바르게 나열된 것은?

---- 보기 ----

ㄱ 한·일 협정 체결   ㄴ 5·16 군사정변
ㄷ 10·26 사건   ㄹ 10월 유신

① ㄱ → ㄴ → ㄹ → ㄷ
② ㄱ → ㄴ → ㄷ → ㄹ
③ ㄴ → ㄱ → ㄹ → ㄷ
④ ㄴ → ㄷ → ㄹ → ㄱ

해설 ㄱ은 1965년, ㄴ은 1961년 5월 16일, ㄷ은 1979년 10월 26일, ㄹ은 1972년 10월 17일에 일어난 일이다.

13

다음 각 공화국과 정치적 사실이 잘못 연결된 것은?

① 제1공화국 - 발췌 개헌, 사사오입 개헌
② 제2공화국 - 양원제와 내각책임제 선택
③ 제3공화국 - 대통령 중심제, 단원제 의회 구성
④ 제5공화국 - 남북한이 동시에 유엔 가입

해설 국제연합(UN)에 남북한이 함께 가입하는 등 적극적인 외교를 펼친 것은 노태우 정부(제6공화국) 때의 일이다.

실전문제

제2장 통일 정책

대표유형문제

서울시 9급 기출

다음 ㉠, ㉡, ㉢에 대한 설명으로 옳은 것은?

> ㉠ 6 · 15 남북 공동 선언
> ㉡ 7 · 4 남북 공동 성명
> ㉢ 남북 간의 화해와 불가침 및 교류 협력에 관한 합의서

① ㉠ – 한반도 비핵화를 선언하였다.
② ㉠ – 남북한 동시 유엔 가입에 합의하였다.
❸ ㉡ – 통일의 3대 원칙을 천명하였다.
④ ㉢ – 남북정상회담의 성과였다.

정답해설 7 · 4 남북 공동 성명은 1972년 7월 4일 남북한 당국이 국토분단 이후 최초로 통일과 관련하여 합의 · 발표한 역사적인 공동성명으로, 당시 이후락 중앙정보부장과 김영주 노동당 조직지도부장이 서울과 평양에서 동시에 발표하였다. 이 성명은 통일의 원칙으로, 첫째, 외세(外勢)에 의존하거나 외세의 간섭을 받음이 없이 자주적으로 해결하여야 한다. 둘째, 서로 상대방을 반대하는 무력행사에 의거하지 않고 평화적 방법으로 실현하여야 한다. 셋째, 사상과 이념 및 제도의 차이를 초월하여 우선 하나의 민족으로서 민족적 대단결을 도모하여야 한다고 밝힘으로써 자주 · 평화 · 민족대단결의 3대원칙을 공식 천명하였다.

오답해설 ① 1991년 12월 31일 남북한이 국제적 쟁점이었던 한반도 비핵화문제를 타결, 채택한 한반도 비핵화에 관한 공동선언을 발표하였다. 6 · 15 남북 공동 선언은 2000년 6월 14일 분단 이후 최초로 남북한 정상회담을 통해 한국의 김대중 대통령과 북한의 김정일 국방위원장이 합의하여 6월 15일 발표한 5개항의 합의 내용을 담고 있는 공동선언이다.
② 6 · 15 남북 공동 선언은 2000년, 남북한 동시 유엔 가입에 합의한 것은 1991년의 일이다.
④ 2000년 6 · 15 남북 공동 선언 이후 남북 정상 간의 회담이 이루어졌다.

핵심정리 6 · 15 남북정상선언문(2007)
• 남과 북은 6 · 15 남북공동선언을 고수하고 적극 구현해 나감
• 사상과 제도의 차이를 초월해 남북관계를 상호 존중과 신뢰관계로 확고히 전환
• 군사적 적대관계를 종식시키고 긴장완화와 평화 보장을 위해 긴밀히 협력
• 현 정전체제를 종식하고 항구적 평화체제 구축을 위해 직접 관련된 3자 또는 4자 정상들이 한반도지역에서 만나 종전을 선언하는 문제를 추진

01 [지방직 9급 기출]

다음 합의문에 대한 설명으로 옳은 것은?

> • 통일은 외세에 의존하거나 외세의 간섭을 받음이 없이 자주적으로 해결하여야 한다.
> • 통일은 서로 상대방을 반대하는 무력행사에 의거하지 않고 평화적 방법으로 실현하여야 한다.
> • 사상과 이념 · 제도의 차이를 초월하여 우선 하나의 민족으로서 민족적 대단결을 도모하여야 한다.

① 합의문 발표 이후 남북조절위원회가 설치되었다.

② 합의 내용은 6 · 15 남북공동선언으로 정리되었다.

③ 합의문 중에는 한반도 비핵화 문제가 포함되었다.

④ 합의 결과로 경의선 및 동해선 철도가 연결되었다.

[해설] 제시된 합의문은 7 · 4 남북공동성명(1972)이다. 남북 간 정치적 협의기구인 남북조절위원회는 7 · 4 남북공동성명의 합의사항을 추진하고 남북관계를 개선 · 발전시키며 통일문제를 해결할 목적으로 7 · 4 남북공동성명을 통해 구성되었다.

② 6 · 15 남북공동선언은 김대중 대통령과 김정일 국방위원장이 합의하여 2000년 6월 15일 공식 발표되었다.

③ 한반도 비핵화 공동 선언 채택은 노태우 정부시기에 채택이 되어 1992년 발효되었다.

④ 경의선 및 동해선 철도는 6 · 15 남북공동선언에 따라 남북경제협력에 박차가 가해지면서 제2차 남북경제협력추진위원회(2002)에서 합의된 핵심 경제협력 사업 중 하나이다.

핵심정리

남북 대화의 출발(1970~1980년대)

• 배경 : 냉전 완화, 닉슨 독트린(1969), 닉슨 대통령의 중국 방문(1972)

• 통일정책의 변화
- 남북 적십자 회담(1971) : 남북한 최초로 평화 협상의 길이 열림
- 7 · 4 남북공동성명(1972) : 통일의 3대 원칙(자주, 평화, 민족 대단결)에 합의, 남북조절위원회 설치, 남북 직통전화 설치
- 6 · 23 평화통일 외교정책 선언(1973) : 유엔 동시 가입 제안, 호혜 평등 원칙하에 모든 국가에 문호 개방

• 남북한의 통일 방안(1980년대)
- 남한 : 민족화합 민주통일 방안 제시(1982)
- 북한 : 고려민주연방공화국 창립 방안(1980), 1국가 2체제(국가 보안법 철폐, 미군 철수가 전제 조건)

제**8**편

현대 사회의 발전

02

다음 회담이 열렸던 시기의 남북 정세에 대한 설명으로 옳은 것은?

> 이 회담은 평양과 서울을 오가며 총 8차례 개최되었다. 그중 제3차 회담에서 남북은 각각 불가침 문제를 제기하였고, 이듬해 열린 제4차 회담에서는 남북 기본 합의서에 대한 상당한 의견 접근을 이루었는데, 이 회담에서 북측은 한반도 비핵지대화 문제를 제기하였다. 12월 서울에서 열린 제5차 회담에서 남북은 마침내 '남북 사이의 화해와 불가침 및 교류 협력에 관한 합의서'에 합의하였고, 12월 말에는 '한반도 비핵화에 관한 공동 선언'으로 이어졌다.

① 남북 정상 회담이 개최되었다.

② 남북 적십자 회담이 시작되었다.

③ 한국 정부는 북방 정책을 추진하였다.

④ 이산가족 상봉이 처음으로 이루어졌다.

해설 남북 고위급 회담의 결과로 1991년 남북 기본 합의서와 비핵화 선언이 발표되었다. 당시는 노태우 정부로서 세계적인 냉전 붕괴 현상에 따른 북방 외교가 진행되고 있었다.
　① 남북 정상 회담은 2000년 김대중 대통령과, 2007년 노무현 대통령의 방북으로 이루어졌다.
　② 남북 적십자 회담은 1971년 처음 시작되었다.
　④ 이산가족 상봉은 1985년 처음 이루어졌다.

03

다음에 제시된 내용 중 옳지 않은 것을 모두 고른 것은?

> ㉠ 1972년 7 · 4 남북 공동 성명에서는 자주, 평화, 민족대단결의 3대 통일 원칙을 제시하였다.
> ㉡ 1985년 남북한의 적십자간의 합의로 고향방문단과 예술단이 각각 서울과 평양을 방문하였다.
> ㉢ 1991년 남북 기본 합의서가 채택되어 통일 문제 협의를 위해 「남북 조절 위원회」를 두기로 하였다.
> ㉣ 2000년 6 · 15 남북 공동 선언에서 관련 정상들이 한반도지역에서 만나 종전 선언 문제를 추진하기 위해 협력해 나가기로 하였다.

① ㉠, ㉢　　　　　　② ㉡, ㉣

③ ㉡, ㉢　　　　　　④ ㉢, ㉣

해설 ㉢ 7 · 4 남북 공동 성명의의 합의 사항으로 통일 문제 협의를 위해 「남북 조절 위원회」를 두기로 하였다.
　㉣ 관련된 3자 또는 4자 정상들이 한반도지역에서 만나 종전을 선언하는 문제를 추진하기 위해 협력해 나가기로 한 것을 2007 남북정상선언문의 내용이다.

04 [지방직 9급 기출]

(가), (나) 발표 시기의 사이에 있었던 사실로 옳지 않은 것은?

> (가) 통일은 외세에 의존하거나 외세의 간섭을 받음이 없이 자주적으로 해결하여야 한다. 통일은 서로 상대방을 반대하는 무력행사에 의거하지 않고 평화적인 방법으로 실현하여야 한다. 사상과 이념 제도의 차이를 초월하여 우선 하나의 민족으로서 민족적 대단결을 도모하여야 한다.
>
> (나) 남과 북은 나라의 통일을 위한 남측의 연합제안과 북측의 낮은 단계의 연방제 안이 서로 공통성이 있다고 인정하고, 앞으로 이 방향에서 통일을 지향시켜 나가기로 하였다.

① 경의선 철도가 다시 연결되었다.
② 북한에서 국가 주석제가 도입되었다.
③ 남북 이산가족이 서울과 평양을 처음 방문하였다.
④ 한반도 비핵화에 관한 공동 선언이 채택되었다.

해설 (가)는 1972년 7 · 4 남북공동성명. (나)는 2000년 6 · 15 남북공동선언의 내용이다. 경의선 철도가 다시 연결된 것은 6 · 15 남북공동선언 이후이다. 경의선 철도 복원공사는 6 · 15 남북공동선언의 합의로 2000년 9월 착공되어 2003년 6월 연결 행사가 진행되었고, 이후 2007년 12월 정기 운행을 시작하였다. 그러나 남북관계의 악화로 2008년 11월 이후 다시 중단된 상태이다.

05

다음 중 통일을 위한 남한과 북한의 노력이 아닌 것은?

① 6 · 29 민주화 선언
② 남북 정상회담
③ 금강산 관광 사업
④ 7 · 4 남북 공동 성명

해설 6 · 29 민주화 선언은 1987년 6월 29일 민주정의당 대표 노태우가 국민들의 민주화와 직선제 개헌요구를 받아들여 발표한 특별선언으로 통일을 위한 노력과는 거리가 멀다.

─ 핵심정리 ─

6 · 29 민주화 선언

- 여야 합의하에 조속히 대통령 직선제로 개헌하고 새 헌법에 의해 대통령 선거를 실시. 1988년 2월 평화적 정부 이양을 실현한다.
- 직선 제도의 변경뿐만 아니라 이를 민주적으로 실천하기 위해 대통령 선거법을 개정. 자유로운 출마와 공정한 선거를 보장하여 국민의 심판을 받도록 한다.
- 국민적 화해와 대동단결을 위해 김대중 씨를 사면 복권시키고, 자유 민주주의적 기본 질서를 부인한 반국가사범이나 실상 · 방화 · 파괴 등으로 국가를 흔들었던 소수를 제외한 모든 시국 관련 사정들을 석방한다.

제3장 경제 발전과 사회·문화의 변화

대표유형문제

국가직 9급 기출

다음의 상황을 극복하기 위해 실시한 우리 정부의 정책과 그 영향에 관한 설명으로 옳은 것은?

〈1945년 말 현재 남한의 토지 소유 상황〉

(단위 : 만 정보)

구분	답	전	계
농경지	128(100%)	104(100%)	232(100%)
소작지	89(70%)	58(56%)	147(63%)
전(前) 일본인 소유	18	5	23
조선인 지주 소유	71	53	124
자작지	39(30%)	46(44%)	85(37%)

① 유상 몰수, 무상 분배 방식이었다.
❷ 임야 등 비경작지는 대상에서 제외하였다.
③ 신한공사를 핵심 추진 기관으로 삼았다.
④ 북한의 토지 개혁에 커다란 영향을 주었다.

정답해설 제시된 표를 통해 광복 직후 우리나라는 지주에게 전답이 편중되어 자작지 비율보다 소작지 비율이 높았음을 알 수 있다. 이러한 토지 편중 문제를 극복하기 위해 제1공화국 정부는 소작제를 철폐하고 자영농을 육성하고자 농지개혁법(1949)을 제정하였다.
농지개혁법은 삼림, 임야 등 비경작지는 제외하고 농지만을 개혁 대상으로 하였다.

오답해설 ① 농지개혁은 유상 몰수·유상 분배의 원칙에서 시행되었다(3정보를 상한으로 그 이상의 농지는 유상 매입하여 지가 증권의 발급을 통해 5년간 지가를 지급하며, 매수한 토지는 영세 농민에게 3정보를 한도로 유상 분배하여 5년간 수확량의 30%씩을 상환하도록 함).
③ 신한공사는 1946년 2월, 미군정이 남한에 설치한 재산 관리 회사로, 미군정기에 몰수한 일본인 소유 농지 등의 보전·이용 업무를 담당하였다.
④ 북한의 농지개혁은 1946년에 실시되었고, 남한은 1949년에 제정되어 1950년 개정·실시되었다.

핵심정리 농지개혁법(1949년 제정, 1950년 시행)
• 소작제를 철폐하고 자영농을 육성하고자 경자 유전의 원칙에 따라 시행
• 삼림, 임야 등 비경작지를 제외한 농지만을 대상으로 한 개혁
• 3정보를 상한으로 그 이상의 농지는 유상 매입하고 지가 증권을 발급하여 5년간 지급
• 매수한 토지는 영세 농민에게 3정보를 한도로 유상 분배하여 5년간 수확량의 30%씩을 상환하도록 함(예외적으로 부재 지주의 농지는 무상 몰수·유상 분배)

01

대한민국 정부수립 과정에서 순서상 빈칸에 들어
갈 수 없는 사건은?

> 광복 → (   ) → 남한 단독 선거 → 정부
> 수립

① 좌우합작

② 남북협상

③ 모스크바 3상 회의

④ 농지개혁법 제정

해설 광복은 1945년. 남한 단독 선거는 1948년 5월 10일.
정부는 1948년 8월 15일에 수립되었다. ①은 1946년.
②는 1948년 4월. ③은 1945년에 일어났다. ④ 농지개
혁법은 1949년에 제정되었다.

02

농업과 공업의 균형 발전, 소작제 철폐, 사회보장
제도의 실시를 경제의 기본 방향으로 설정하였던
정부는?

① 제1공화국

② 제2공화국

③ 제3공화국

④ 제4공화국

해설 농업과 공업의 균형 발전. 소작제의 철폐, 사회보장제도
의 실시, 기업 활동의 자유 보장. 인플레이션의 극복 등
은 제1공화국 때 경제정책의 기본 방향이다.

03

다음 중 남한의 토지개혁으로 옳은 것을 모두 고
르면?

> ㉠ 임야는 제외되었다.
> ㉡ 3정보 미만의 토지는 제외되었다.
> ㉢ 1950년 3월에 종결하였다.
> ㉣ 유상매수, 무상분배를 원칙으로 하였다.

① ㉠, ㉡   ② ㉡, ㉢

③ ㉠, ㉢   ④ ㉡, ㉣

해설 남한 정부는 1949년 농지개혁법을 공포하고 1957년에
종결하였으며, 부재지주(不在地主)와 3정보 이상의 농지
를 가진 자의 농지를 국가가 유상매수하고, 매수한 토지
는 농민에게 3정보를 한도로 유상분배하여 5년간 수확
량의 30%를 상환하도록 하였다.

04

다음 중 경제 개발 5개년 계획 당시의 경제 상황
으로 옳은 것은?

① 제2차 석유 파동으로 경제 불황에 빠져 큰 어
려움을 겪었다.

② 정부는 수출품의 가격 경쟁력을 위해 저임금
정책을 펼쳤다.

③ 정부는 중공업 분야를 중심으로 수출 주도형
성장 정책을 펼쳤다.

④ 세계 무역 기구의 가입과 농산물 시장 개방으
로 농촌 경제가 어려움에 처하였다.

제 8 편

현대 사회의 발전

해설 1962년 경제 개발 5개년 계획이 시작되었다. 1960년대 에는 국내의 자본과 생산 기반, 기술의 부족으로 저임금 을 바탕으로 한 노동 집약적인 경공업을 중심으로 경제 개발 정책이 시행되었다. 1970년대 들어 3차 경제 개발 5개년 계획부터는 중화학 공업을 중심으로 한 수출 중 심 정책이 시행되었다.
① 제2차 석유 파동은 1970년대 후반기이다.
③ 중공업 중심의 수출 정책은 1970년대의 일이다.
④ 세계 무역 기구(WTO)는 1995년에 만들어졌다.

━ 핵심정리 ━

경제 개발 5개년 계획의 추진

• **제1, 2차 경제 개발 계획(1962~1971)** : 기간 산업, 사 회 간접 자본 확충, 경공업 중심의 수출 산업 육성, 베 트남 특수로 호황, 새마을 운동 시작(1970)
• **제3, 4차 경제 개발 계획(1972~1981)** : 중화학 공업 육성, 중동 진출, 새마을 운동 확산
• **성과** : 고도 성장, 국민 소득 증가, 신흥 공업국으로 부상
• **문제점** : 빈부 격차 심화, 미·일 의존도 심화, 외채 급 증, 농촌 피폐, 재벌 중심 경제, 정경 유착, 저임금과 노 동 운동 탄압, 공해 문제 등(개발 독재에 대한 불만, 민 주화 열망 초래)

05

다음 중 각 시대별 우리나라 경제성장의 특성으로 옳지 않은 것은?

① 1960년대 - 기간산업의 육성과 경공업의 신 장에 주력하였다.
② 1970년대 - 중화학 공업의 육성과 농어촌 개 발을 위한 새마을 운동의 추진에 힘썼다.
③ 1980년대 - 제분, 제당, 면방직 등 삼백(三白) 산업 위주로 발달하였다.
④ 1990년대 - 기업의 해외 진출과 무역 대상국 이 다변화되었다.

해설 1950년대에는 밀가루, 설탕, 면화 등 삼백(三白)을 중심 으로 하는 소비재 중심의 경제 원조가 주를 이루었다. 1980년대에는 중화학 투자를 조정하고 자본 자유화 정 책으로 자본·금융시장의 개방을 적극 추진하였다.

━ 핵심정리 ━

1980년대 이후의 경제

• **1980년 전후** : 중화학 공업에 대한 과잉·중복 투자, 정치 불안정, 제2차 석유 파동(경제위기 발생)
• **전두환 정부** : 중화학 공업 투자 조정, 3저 호황(저유 가, 저달러, 저금리)
• **김영삼 정부** : 금융실명제 실시, 신경제 5개년 계획 발 표(1993), 세계무역기구(WTO) 출범(1995), 경제 협력 개발기구(OECD) 가입(1996) → 외환위기(1997)
• **김대중 정부**
  - 금 모으기 운동, 노사정 위원회 구성, 신자유주의 경 제정책 추진
  - 수출, 무역 흑자 증가, 벤처기업 창업 등으로 외환 위기 극복

06

1980년대 경제 상황의 설명으로 바른 것은?

① 저금리 · 저유가 · 저달러의 '3저 호황'으로 위기를 벗어났다.

② 소비재 중심인 제분, 제당, 면방직 등의 삼백산업이 발달하였다.

③ 우루과이 라운드의 타결로 쌀 시장과 서비스 시장을 개방하였다.

④ 마산과 익산을 수출자유무역지역으로 선정하여 외자를 유치하였다.

해설 1979년에 일어난 제2차 석유파동은 전두환 정부가 부실기업을 정리하는 등의 산업구조조정으로 위기를 오히려 기회로 바꿀 수 있게 되었다. 이 기회는 1986년부터 시작된 저금리, 저유가, 저달러의 이른바 "3저 호황"으로 이어졌다.

② 소비재 중심인 삼백산업이 발달한 것은 이승만 대통령의 집권기 때로 한국전쟁이후~1958년때까지의 모습이다. 전쟁 후 복구작업은 대부분이 미국의 원조에 의해 이루어졌는데, 미국의 원조는 결과적으로 우리경제가 미국에 종속되는 결과를 낳게 되었다.

③ 우루과이 라운드는 관세 및 무역에 관한 일반 협정(GATT)의 제8차 다자간 무역협상으로 1986년 9월 우루과이에서 첫 회합이 열린 이래 여러 차례의 협상을 거쳐 1993년 12월에 타결되었고, 1995년부터 발효되었다. 이로 인해 세계무역기구인 WTO가 설립되었다.(1995년)

④ 수출자유무역지역이란, 방책에 의하여 일반 관세 지역에서 분리된 항구의 일정 지역으로서 선박이 관세 수속을 거치지 않고 입항, 화물을 양육, 환적할 수 있으며 세관의 수속 없이 화물을 장치(藏置), 재포장 및 가공하여 재수출할 수 있는 지역을 의미한다. 마산은 1970년 1월 1일에 착공하여 1971년 3월 12일에, 익산(그 당시는 이리)은 1974년 12월에 착공하여 1993년 10월 17일에 각각 완공하였다. 즉 1970년대의 모습이다.

핵심정리

3저 호황

3저 호황은 해외원유 · 외자 · 수출에 크게 의존하여 경제 발전을 계속해온 한국으로서는 의외의 호기였으며, 이를 통해 86년 이래 3년 동안 연 10% 이상의 고도성장이 지속되었고 사상 최초로 무역수지 흑자를 달성하게 되었다.

07 국가직 9급 기출

다음은 같은 해에 벌어졌던 사건들이다. 이러한 사건들로 말미암아 나타난 사실로 옳은 것은?

- 박종철 사건
- 4 · 13 호헌 조치
- 6 · 10 국민 대회 개최
- 민주헌법쟁취 국민운동본부 결성

① 국가보위 비상대책위원회가 구성되었다.

② 5년 단임의 대통령 직선제 개헌이 이루어졌다.

③ 전국에 계엄령을 선포하고, 모든 정치활동을 정지시켰다.

④ 대통령의 중임 제한을 없애고 간선제를 골자로 하는 헌법을 제정하였다.

해설 제시된 사건들은 1987년 6월 민주항쟁과 관련 있다. 당시 여당인 민정당 대통령 후보 노태우는 6 · 29 선언을 하였고 이후 5년 단임의 직선제를 위한 9차 개헌이 이루어졌다.

- 박종철 사건 : 1987년 1월 14일. 서울대학교 학생이었던 박종철 사망 사건으로, 부검 결과 물고문 중 사망한 것으로 밝혀져 6월 민주항쟁의 기폭제가 되었다.
- 4 · 13 호헌 조치 : 전두환 대통령이 국민들의 민주화 요구를 거부하고 모든 개헌 논의를 중단시킨 것이다.
- 6 · 10 국민 대회 개최 : 박종철 고문치사 규탄 및 호헌 철폐를 위한 국민 대회가 개최되었으며, 이로 인해 6 · 29 선언이 발표되었다.
- 민주헌법쟁취 국민운동본부 : 6월 민주항쟁의 구심체 역할을 하였다. 야당과 재야 민주세력이 결집하여 결성되었으며, 비폭력투쟁 민주헌법 쟁취를 선언하였다.

① 국가보위 비상대책위원회(일명 국보위)는 박정희 대통령이 피살(1979. 10. 26)된 후 사회적 혼란을 수습한다는 이유로 전두환이 설립한 것으로, 신군부의 강경세력이 중심이 된 군의 최고회의의 성격을 띤다.

③ 유신과 신군부 시기에 해당된다. 전두환 신군부의 5 · 17 계엄령 확대는 1980년에 선포되었다.

④ 대통령 중임 제한 철폐 및 대통령 간선제는 박정희 정부의 유신 헌법 내용이다.

제8편 현대 사회의 발전